博学而笃志，切问而近思。

（《论语·子张》）

博晓古今，可立一家之说；
学贯中西，或成经国之才。

复旦博学·复旦博学·复旦博学·复旦博学·复旦博学·复旦博学

作者介绍

张健，苏州大学传媒学院教授、博士生导师，苏州大学学术委员会委员。2005年获复旦大学新闻学院传播学博士学位。近年来在《国际新闻界》《新闻大学》《现代传播》等权威期刊及《苏州大学学报》《西北大学学报》《学习与探索》《中国电视》《电视研究》等CSSCI核心期刊发表论文40余篇。出版《用数字说话：民意调查如何塑造美国政治》《自由的逻辑：进步时代美国新闻业的转型》《民意表达与危机治理》《当代电视节目类型教程》《徘徊在"教堂"与"国家"之间》《网络传播学》6部译著、独著或合著作品；主持国家社科基金项目"新媒体语境下政治认同的建构路径研究"。

当代广播电视教程·新世纪版

视听节目类型解析

张　健　编著

复旦大学出版社

内容提要

　　本书针对广播电视专业初学者的知识结构与日常经验，按照传统电视学科的理论逻辑、电视业界的实践需要和电视观众的收视习惯"三结合"原则，关注新媒体时代下出现的新兴视听节目类型，重点分析了国内外最常见的11种节目类型：电视新闻资讯节目、电视谈话节目、电视纪录片、电视文艺节目、电视真人秀节目、电视剧、微电影、微纪录片、网络脱口秀节目、网络剧、动画。每一章分别详细解析不同视听节目类型的定义、特征、发展脉络和策划方法等。

　　在原《当代电视节目类型教程》的基础上，改版后的《视听节目类型解析》更符合当下高校的专业教育需求。本书理论扎实，案例丰富，结构新颖，是视听节目类型分析领域的前沿教材，不仅可以作为广播电视专业的通用教材，还可以作为新闻、广告、视频制作等相关专业选修课教材或自学辅导用书，广播电视从业人员也可学习参阅。

目 录

视听节目类型的概念与解析方法

网络新媒体以及与之如影随形的互联网思维,正以前所未有的速度重新定义和构建政治、经济、军事、文化,更将传媒行业带入一个陌生化、充满机遇和危险的幽暗远处,传媒业正"面临千年未有之大变局",而各种节目也是"你方唱罢我登场",轮流导演着后现代文化的种种正剧,有时汹涌蓬勃,有时又暗潮涌动,常常令研究者感到难以把握。本书共时性、剖面式地截取某些为大多数公众所熟知,并在传统电视频道、新兴的智能终端上热播的节目类型作为切入点,在视听节目的汪洋大海中挂一漏万,披沙拣金。

一、什么是视听节目?

对节目类型进行说明和解析之前,首先需要明确本书所谓"视听节目"的所指,这是本书从类型学意义上进行节目文本分析的前提。

1. 电视节目

要明确"视听节目"的含义,首先不得不面对"电视节目"这一耳熟能详的称谓或概念。谈到"节目",人们几乎自然而然地将它与"电视节目"或"广播电视节目"联系起来。"节目"(program)一词有"程序"和"安排"等含义,最早是指文艺演出的艺术作品。广播电视诞生后,以其电子传播快和覆盖面广的巨大优势,迅速成为大众传播的主要媒体,几乎所有的艺术节目都可以借助广播电视的优势而得以迅速传播,因此"节目"一词也渐渐被引申为电台、电视台播放的一切项目[①]。"节目"成为一个泛指,有时指编排成套的节目系列,有时指单个的节目

---

① 许鹏:《新媒体节目策划论》,中国人民大学出版社 2009 年版,第 8 页。

产品。

也正因如此,在互联网与新媒体时代来临之前,"节目"几乎就等同于"广播电视节目",人们在新闻学或传播学意义上所考察、探析、论争的"节目",几乎都不言而喻地意指"广播电视节目",比如著名的"培养分析"理论探讨了电视节目对受众现实感知过程的影响。"培养"是一个来自农业种植的暗喻,它把电视讯息看作一个整体,认为不同的节目类型中都有一些持久不变的内容模式,反复灌输给受众,天长日久,便会影响受众对现实的感知,甚至塑造他们的思维方式。美国学者约翰·菲斯克在颇富影响的《电视文化》中也提出:"节目是电视所输出的有明确界定与标识的部分……我们知道一个节目什么时候结束,另一个节目什么时候开始。节目是稳定的,也是固定的实体,是以商品形式生产和出售的,是由节目编排人员安排播出的。"①国内赵玉明先生主编的《广播电视辞典》也把"电视节目"界定为"电视台各种播出内容的最终组织形式和播出形式。电视节目实际上涵盖了电视台和其他电视制作机构制作的、供播出或交流的具有特定内容和形式的电视作品。电视节目内容丰富,形式多样,节目系统具有灵活机动的特点"②。换言之,在传统媒体时代,或者说在电视媒体"一统"大众传媒之"天下"的时代,"电视节目"不言而喻地指代以下两个方面的含义:一是指被媒介机构选编并通过电视频道播放的内容材料,也可以通过音像产品和网络等方式发行,与电视观众见面;二是指这些内容是由各种信号组成,例如按照语言、语调、图像、色彩等,这些信息按照一定规则和程序组成一个个的单元播发出去。

然而,互联网与新媒体改变了电视媒体曾一度主导的格局,受众的"逃离"与"流失"成为不争的事实。据统计,2011年至2015年,尽管从受众规模和消费时间两个指标来看,电视依然是受众消费的第一媒体,然而,电视观众(尤其54岁以下的年轻观众)平均每年以大约2%的速度流失。2015年,电视忠实观众收看电视的时间出现了首次下滑③。与之形成鲜明对比的是,网民规模继续保持稳定的增长。据CNNIC统计数据显示,截至2017年12月,网络视频用户规模达5.79亿,较2016年底增加3 437万,增长率为6.3%,在网民中的使用率为75%。手机网络视频用户规模达到5.49亿,较2016年底增加4 870万,增长率

---

① 约翰·菲斯克:《电视文化》,商务印书馆2005年版,第22页。
② 赵玉明:《广播电视辞典》,北京广播学院出版社1999年版,第220页。
③ 封翔:《媒体融合进程中的电视力量——2015年中国电视收视市场分析》,《现代传播》2016第4期,第1—8页。

为 9.7％,占手机网民的 72.9％。另外,2017 年网络视频行业保持良性发展,用户付费能力明显提升。调查数据显示,2017 年国内网络视频用户付费比例达到 42.9％,相比 2016 年增长 7.4 个百分点,且用户满意度达到 55.8％,预计未来仍将保持较高速的增长趋势。从行业自身发展来看,网络视频行业移动化、精品化、生态化进程在 2017 年得到了持续推进①。

从全球范围来看,2017 年 6 月 1 日,被誉为"互联网女皇"的凯鹏华盈(KPCB)合伙人玛丽·米克(Mary Meeker)公布了 2017 年互联网趋势报告。数据显示,尽管目前美国受众接触时间最长和广告开支最多的媒体仍然是电视,但在世界范围内,互联网广告开支增长迅猛,未来 6 个月之内互联网广告收入规模将超越电视②。

2. 新媒体节目

很显然,网络新媒体对传统广播电视节目的影响势必推动学术界重新建构"节目"的内涵、外延、类型与形态。早在 2007 年就有学者指出,"数字技术、IP 技术的发展赋予广电节目更为丰富的内涵和表现形态,今天的广电节目形态不仅在类型、格式、来源等方面更趋多样化,其互动性、分众性特征也越来越明显,而且节目形态还进一步延伸到电视商务等非广告类经营活动中,逐渐开始形成跨平台、多业务的节目运作模式"③。他们认为,这种变化主要体现在节目来源、节目格式、节目类型等节目形态,而且"节目形态的多样化是新时期节目形态变化最直接的反映,也是最粗浅的表象"。事实上,尽管到本书写作的 2018 年 5 月为止,电视仍然是中国受众人数最多、社会影响力最广泛、产业规模最大的媒介形态,但"电视的强势地位是从 2008 年之后开始呈现较为显著的衰微之势的。从 2009 年开始,电视业无论经营收入的增速、观众的数量与忠诚度,还是作为一种文化力量在中国公共生活的主导性地位,均受到新兴互联网媒介的全面挑战"④。主持过《有话好说》,担任过《挑战主持人》制片人、总导演、主持人,2013 年又主持爱奇艺独播节目《奇葩说》的马东深谙"电视节目"内涵上的本质性变

---

① 《网络视频移动化特征更加显著,用户付费能力明显提升》,http://www.cac.gov.cn/2018-01/31/c_1122340669.htm。

② 周淇隽:《互联网女皇:半年内全球互联网广告收入规模将超电视》,http://companies.caixin.com/2017-06-01/101096903.html。

③ 董年初、关字奇、熊艳红:《视听新媒体与广电节目形态的变化》,《中国广播电视学刊》2007 年第 11 期,第 88—90 页。

④ 常江:《中国电视史:1958—2008》,北京大学出版社 2008 年版,第 3 页。

化,他坦言:"互联网来了之后,电影、剧集、节目,甚至是游戏、短视频以及其他的弹幕等互动形式,它们之间的内容界限被模糊了。所有的这类东西,最后都可能只是一种内容形态。所以不去过分强调它们的内容界限,只去想在同一个内容类型里,到底可以生发和衍生出多少种内容形态及产品。"①

有学者提出"新媒体节目"这一概念来抗衡、抵御甚至去颠覆曾经为人熟知的"电视节目","如果我们用一种历史的眼光看待新媒体节目的话,所谓新媒体节目应该是伴随着新媒体的诞生与发展,逐渐形成不同于传统广播电视的节目内容与服务功能。此类节目要么在结构形式上具备与传统广播电视节目不同的模式,要么在服务功能上对传统广播电视节目有新的拓展。总之,新媒体节目应该是传统广播电视播出平台上所没有的内容、形式或服务。因此,即使在新媒体平台上播出的传统电视节目内容,如电视剧和电视栏目,也并不属于新媒体节目"②。该学者还界定了新媒体节目形态的内涵:第一,新媒体节目形态是指与传统广播电视节目不同的内容、形式或服务,其突出特征是基于互联网技术的交互性;第二,新媒体节目形态是指在数字新媒体平台播放的节目或提供的服务;第三,新媒体节目形态处于不断运动发展的变化中,新的品类将随着新媒体的发展不断涌现和成熟完善。

也有学者基于媒介融合所形成的"数字化互动式新媒体",将视听新媒体作为新媒体的一种业务形态,提出"新媒体视听节目"这一概念,"新媒体视听节目就是视听新媒体这一'新媒体业务形态'所传播的'视听节目'内容","基于这样的概念界定方式,网络广播影视、IP 电视、手机电视、互联网电视属于视听新媒体范围,那些能够开展互动交流的多媒体广播电视和各种公共视听服务也属于视听新媒体"。视听新媒体节目具有传统广播电视节目所不具备的数字化和碎片化特征,"新媒体视听节目的制作技术草根且多元,新媒体的节目类型也更新锐和生动"③。所以,有学者则直接了当地认为,"新媒体视听节目主要是指在手机、PC、平板电脑等新兴媒介上播放的视频与音频节目"④。

总的来看,这些以新媒体或视听新媒体为主要研究对象的著作或论文将"节

---

① 彭苏:《〈奇葩说〉为什么会走红? 马东:世道变了》,https://www.thepaper.cn/newsDetail_forward_1379995。
② 高红波:《新媒体节目形态》,河南大学出版社 2013 年版,第 3 页。
③ 邓秀军:《新媒体视听节目制作》,北京大学出版社 2014 年版,第 1—3 页。
④ 周建青:《新媒体视听节目制作》,北京大学出版社 2014 年版,第 1 页。

目"的外延延伸到"网络广播影视、IP 电视、手机电视、互联网电视以及多媒体广播电视和各种公共视听服务中所提供的视音频内容",从而削弱"电视节目"在"节目"外延中的地位。

3. 视听节目

本教材主要目的是从类型学意义上将受众眼中所有可能被收看的视频节目进行分类,这样,讨论的对象自然包括两个大类:传统广播电视网络中播放的节目和在视听新媒体中播放的节目。本教材主要采用自 2004 年 10 月 11 日起施行的《互联网等信息网络传播视听节目管理办法》中的"视听节目"概念。该《办法》将"视听节目"界定为"利用摄影机、摄像机、录音机和其他视音频摄制设备拍摄、录制的,由可连续运动的图像或可连续收听的声音组成的视音频节目"。其所涵盖的节目范畴"适用于以互联网协议(IP)作为主要技术形态,以计算机、电视机、手机等各类电子设备为接收终端,通过移动通信网、固定通信网、微波通信网、有线电视网、卫星或其他城域网、广域网、局域网等信息网络,从事开办、播放(含点播、转播、直播)、集成、传输、下载视听节目服务等活动"[①]。

按照该《办法》的界定,本书所谓的"视听节目"在外延上既包括"电视台各种播出内容的最终组织形式和播出形式",比如新闻资讯节目、电视剧、视频广告等基本以传统广播电视传播特征为基础制作的各种节目;又包括明显区别于线性的传统广播电视传播,主要根据网络新媒体的技术特性,以网络受众为主要接受对象,具有碎片化、互动性、草根性等微文化特征的新媒体节目,如微电影、微纪录片等。

二、什么是节目类型?

1. 类型与类型学

要了解什么是节目类型,先要明确类型和类型学。先看看语义层面的"类型"。上海辞书出版社 1989 年出版的《辞海》中,"类型"有三种意义:在自然辩证法上,同"层次"组成一对范畴;在文学上,指作品中具有某些共同或类似特征的人物形象,有按人物所属阶级或阶层来分的,如工人类型、知识分子类型等,有

---

① 《互联网等信息网络传播视听节目管理办法》,http://www.cac.gov.cn/2004-08/01/c_1112728747.htm。

按社会性质来分的,如英雄人物类型、普通人物类型以及正面与反面人物类型等;在辞书学上,指辞书等工具书按照一定标准划分成的种类。商务印书馆2005年版的《现代汉语词典》将"类型"解释为具有共同特征的事物所形成的种类。总起来看,"类型"在公共知识体系中意味着复数意义上的人或物之间存在着共同、相似的特征,按照这个共同的特征被归结为同样的"类",并与其他人或物之间存在着共同、相似特征的"类"相区别。

不过,在大量的研究文献中,"类型"这一概念往往与作为一种研究方法的"类型学"联系在一起,对"类型"的界定离不开作为研究方法的"类型学"的说明。比如,著名考古学家俞伟超在20世纪80年代的一次演讲中曾详细说明过"类型"与"类型学"。他认为,英文"typology"源于古希腊文"typos"和"logy"的结合。"typos"的本义是多数个体共有的性质或特征,所以"typology"的直接意思是一种研究物品所具共有显著特征的学问。"typos"在希腊文中演变为"typo",英文为"type"。80年代以后编写的许多英汉字典往往把"type"释为样式、类型,把"typology"称为类型学。

类型以及作为研究方法的类型学还在文学艺术、建筑学、电影学、大众文化等许多学科中有着广泛的运用。亚里士多德时代是古希腊文学的"英雄时代",亚里士多德在模仿说的基础上根据使用媒介、选取对象以及采取方式三个不同方面对艺术进行了划分。根据使用媒介的不同,可以将绘画与音乐区分;根据对象不同,可以将悲剧与喜剧区分;根据采取方式不同,可以将史诗与戏剧表演区分。亚里士多德还把文学分为悲剧和史诗两种类型,其共同特征是表现同各种可怕势力斗争的英雄,悲剧中的英雄被恶势力吞没,史诗中的英雄是胜利者。

电影研究中的类型理论起初是从19世纪文学借来的,如把悲剧、喜剧和情节剧并列,更多地受文学理论的影响。美国的《电影术语图解》认为类型是由于主题或技巧而形成的种类。梭罗门在《电影的观念》中的"样式"(type)一词现在应译为"类型"。他从几个方面强调类型概念:类型的承继性,"类型的意思是一部影片配上观众已经在其他几十部以至上百部影片中看到过的地点和人物";类型划分是以"风格"和"地点"相似为基础,而不是以主题为基础(他说的"主题"指我们文艺理论中的"题材",这里的"地点"应指"环境");类型电影反映了电影的许多特殊规律,"每一种盛行过的样式看来都具有某些真正的电影特性"[①]。

[①] 郝建:《影视类型学》,北京大学出版社2004年版,第58页。

在总结已有研究和考察电影创作、欣赏状况的基础上,学者郝建将"类型电影"界定如下:类型电影是按照同以往作品形态相近、较为固定的模式来摄制、欣赏的影片。他认为类型是按照观念和艺术元素的总和来划分的①。换言之,在某一类型作品中,形式元素和道德情感、社会观念的题材领域搭配形成较固定的构成模型,而不同的艺术趣味和社会崇尚的观念在整个类型体系中的分布是较固定的,比如西部片,它在形式上必然以善恶冲突构成跌宕有致的情节线,喀斯特地貌的背景,枪手和枪战,牛仔的衣帽是形式体系中必不可少的元素。在价值观和道德情感上,西部片也是一脉相承的:崇尚开拓精神,赞颂个人英雄主义;处理人与自然、文明与蛮荒的矛盾这类基本主题。这样,所谓的类型电影,实际上是一个集合概念,各类型影片有自己类的特征、有类的差别,如西部片、爱情片、喜剧片、强盗片、侦探推理片、惊险片、动作片、音乐歌舞片、灾难片、战争片等。

关于类型和类型学的方法,日本美学家竹内敏雄说得更加清楚。他在《艺术理论》一书中提出:"一般地说,所谓类型是我们比较许多不同的个体,抓住在它们之间可以普遍发现的共同的根本形式,按照固定不变的本质的各种特征把它们全部作为一个整体来概括;同时,在另一方面,把这种超个体的、同形的统一的存在与那些属于同一层次的其他的统一的存在相比较,抓住只有它自己固有的、别的任何地方均看不到的特殊形象,把这一整体按照它的特殊性区别于其他的整体时,在这二者的关系中形成的概念。约而言之,这个概念包含了对于自己的共同性和对于他物的相异性两个方面的含义,是从这两个方面把握的一定范围内的存在者群。因此,一切类型都是在其自身可以结为一体的同时,也都可以与他物相区别,起到普遍与个别的媒介、多样与统一的联结的作用。"②

概括来说,如果对我们的研究对象,采取类型学的方法进行分析,将视听节目划分成各种不同的类型,这意味着以下五个重要的方法论意涵。

第一,研究对象需要累积、集聚起庞大的数量存在,数量是进行类型分析的前提和基础。这一方面的条件电视节目早就具备,根据相关权威机构公布的统计数据,2004 年我国有电视频道 2 389 个;根据央视—索福瑞媒介研究有限公司(CSM)对 68 个主要城市的调查统计,全国城市平均可接收到的频道数量达到

---

① 郝建:《影视类型学》,北京大学出版社 2004 年版,第 59 页。
② 竹内敏雄:《艺术理论》,卞崇道等译,中国人民大学出版社 1990 年版,第 81 页。

69 个。2004 年,我国电视媒介购买节目的播出时间已达 467 万小时,占广电行业全年节目总播出时间 1 103 万小时的 42.3%;各电视台外包加工制作的节目占全年节目播出总量的 22.8%;而各电视台自己制作的节目则只占全年节目播出总量的 34.9%。新媒体视听节目则更为丰富,截至 2017 年 6 月,中国网络视频用户数量达 5.65 亿,较 2016 年底增长 3.7%,其中手机视频用户规模为 5.25 亿,与 2016 年底相比增长 5.1%①。这就保证了类型分析的现实基础和可能性。

第二,这些庞大的数量存在之间可以进行相互比较,抽取出有内在共同性、本质性的东西。比如每天播出的 BBC 纪录片、上海广播电视台的纪实频道、央视的纪录片频道、视频网站的微纪录片频道所播放的节目之间,虽然在传播制度、制作理念以及目标追求方面存在着很大差异,但是在类型学的视野中,特别是在对视听节目比较分析的意义上,这些存有差异、目标不同的电视栏目仍然可以归入"纪录片"这一个大类中。这些节目与 NBC 的《周六夜现场》(*Saturday Night Live*)、央视的《正大综艺》、湖南卫视的《快乐大本营》之间存在着重大的区别,后者可以共同隶属于"电视文艺节目"这个"类"。

第三,通过类型学的比较和鉴别,这些不同的"类""型"之间的区别不是像生物学上的种和类之间的区别那么泾渭分明。比如纪录片和电视剧,从类型上它们分属于非虚构类节目和虚构类节目。纪录片以纪实见长,纪录片尤其是新闻纪录片具有一定的调查和分析性,日本 NHK 公司制作的《激流中国》系列,在北京奥运会前夕推出,直指中国现实问题,不偏不倚,承认中国成绩的同时更提出了问题,尤其是遍布中国城市与农村、穷人与富人、主流与边缘的采访记录,让不少人看了为之震撼。而作为虚构故事的《蜗居》,借买房故事吐露了当前都市人群面临的普遍困惑,不仅是来自房子、工作的物质压力,更多的是婚姻、情感上的精神压力,都市白领情感上的苦闷焦灼在夫妻情、母女情、姐妹情、恋人情中都被透彻地展现和诠释出来,淋漓尽致地展现了现实生活中人性的善与恶,有人评论说其展示的现实矛盾比纪录片还要真实。如果仅仅就节目与社会现实之间的关系这一方面而言,纪录片与电视剧甚至有可能被放在同一个类别上。

第四,无论就某个具体的电视栏目还是就整体上的电视节目,被划归的节目类型可能会发生一定程度上的位移、置换甚至变异。比如《正大综艺》一般被认为属于电视综艺节目。在 1990 年推出的时候,节目定位围绕着"看"做文章,观

---

① 徐亚萍:《2017 年中国网络视频产业发展综述》,《现代视听》2018 年第 1 期,第 45—55 页。

众耳熟能详的一句话"不看不知道,世界真奇妙"仿佛成了《正大综艺》的代名词。20多年来,《正大综艺》的定位渐渐发生改变,最终以吉尼斯挑战的综艺节目形态定格在央视综艺频道。2010年9月改版后新增的《墙来了》则以真人秀特征见长。《墙来了》每组至少三人,组成红、蓝两组对抗阵营。游戏规则简单,奖惩明了。整场节目以"墙"为媒介,精巧设计闯关模式,以通过或损坏墙体为评判过关与否的标准,赛制分为积分赛、观众幸运赛、终极赛,通过终极赛的队伍才能获得最终大奖。2018年1月1日起,《正大综艺·动物来啦》全新登场,科普益智与竞猜合一,在每期节目中,三组家庭通过多轮答题对抗,优胜家庭最终进入"惊喜大挑战"与动物管理员杨毅进行知识速答。

第五,类型从属于某个团体、社区或社群,对相关的社群具有一定的准制度约束意义。如同《影视类型学》所提示的,类型电影首先是个大众心中有数的现象,不是理论家独具慧眼指给大众看的;这种类型是被结合成一个承载了价值观和叙事规范的体系,因而制作者和观众对一种风格的表现范围都很敏感。这样,对视听节目来说,节目类型也应该是在这样的社区、社群中产生的,既有节目制作者们思考、思维的影响,更有观众的接受和理解对这种类型的预期与塑造。而且,一旦这种类型获得某种程度的认可,就可以产生契约式的力量,对后来的节目再生产、接收、批评、监管等诸多环节都有一定的导向与制约作用。

2. 节目类型与类型节目

在语言学上,著名语言学家索绪尔曾经提出:语言系统是累积的、顺时的、历时的,也是历史性的。索绪尔认为,当语言系统形成后,基本凝定不变,人们所说的每一句话、单一话语或个别的发言(parole),都来自语言系统。就个人而言,语言系统先于系统内的单一话语,而单一话语是我们作为个体在出生、成长的过程中对语言系统加以学习并接受语言系统规则限制与约束的结果。语言系统累积了种种有形或无形的规范,个人言语活动中说的每一句话,所谓的个别发言,都必须接受语言系统的控制。索绪尔认为,单一的话语不会改变语言系统的整体性,个人虽然偶尔会犯各种语法、语义上的错误,但是整个语言系统的存在和规则不会改变。学者们从索绪尔的思想中提炼出"语言"与"言语"这一对富有意涵的概念。

顺着这个思路,如果说电影类型相当于索绪尔在现代语言学中强调的"语言",意味着一种秩序、语法、范式或者话语体系,如武侠片、爱情片,那么观众欣赏的某一部具体的电影,如《新龙门客栈》《山楂树之恋》就是电影类型中的具体的类型电影,如同我们运用语言系统进行一次演讲,属于一种"言语"活动一样。就像口语中的口误一样,尽管有偏离、游移、冒犯或者颠覆,但都无损于语法本身或者电影类型的核心架构和叙事方式。

电影类型与类型电影这样的思路可以继续延伸到视听节目研究和分类之中,形成一组相对应的概念:节目类型与类型节目。对每个具体的节目制作者和受众来说,存在着作为语言系统的节目类型,如新闻资讯节目类型、真人秀节目类型,指导和约束着视听节目的制作和接受,比如当江苏卫视策划《新相亲时代》时,必然要分析异性约会型真人秀的运行规则。同样,就每一个具体的节目,比如《看东方》《暴走大事件》而言,这样的节目必然存在于新闻资讯节目类型之中,或者是新闻资讯节目类型的具体化。

关于节目类型和类型节目,中外学者都进行过相应的说明。比如,孙宝国认为,节目类型是指由具有相似元素与结构的电视节目所形成的类别。类型指的是研究对象因特征方面的相似性而归结出的类别,"譬如京剧中的脸谱,固然忠臣的脸是表现着忠臣的特征,奸臣的脸表现有奸臣的特征,就忠臣对奸臣来说是各不相同的;然而凡忠臣和忠臣、奸臣和奸臣都是大致一样的,这就是所谓的类型"。一般而言,类型是一个静态的概念,约定俗成,相对稳定,强调趋同[①]。类型被观众所熟悉,一提到它或看到它,观众就会与自己的经验相联系,从节目中找到自己习惯的趣味,并因熟悉而有了参与的兴趣;而电视节目制作人掌握了制作类型化节目的常规手法,提高了效率,节目也因此拥有惯常风格而并不仅仅呈现制作人的个人风格。

孙宝国这个说法凸显了复数性研究对象背后所存在的相似元素与结构,但是对电视节目而言,更为关键的问题是,这些相似元素或结构究竟是什么,又是如何形成的。对于这些问题,孙宝国并未明说。

电影理论宗师安德烈·巴赞曾形容美国西部片为"一种寻找内容的形式"(a form in search of a content),学者方德运认为这句话其实可以用来概括所有类型的电视节目。"类型的概念被借用到电视节目中,就是用来区别某个节目形态与另外的节目形态,每个形态的节目都有其特定的惯例,包括它的叙事方式、叙事结构等。节目类型化的重要意义一方面是让节目的忠诚受众或潜在受众带有特定的期待去解读电视文本,能将已经被接受的、可辨识的并且能调

---

① 孙宝国:《电视节目三大概念》,《中国广播电视学刊》2009 年第 10 期,第 33—34 页。

控的愉悦传达给观众;另一个方面,它是电视节目市场化发展与完善的一个重要前提。"①

大卫·麦克奎恩则更进一步。他提出,电视节目类型划分的主要依据存在于不同节目所使用的特殊程式、惯例之中,这些惯例在观众经常接触之后就能够一眼识别;不同的节目类型使用的是不同的程式②。所谓程式就是一些重复出现的元素,是节目类型划分的依据。受众熟悉这些重复的元素后,它们就会被自觉运用于对节目的理解和期待中。程式包括人物、情节、场景、服装和道具、音乐、灯光、主题、对话、视觉风格。

麦克奎恩还以新闻节目为例说明了这些惯例、程式。一般而言,新闻节目的程式是用旋律鲜明的音乐宣告新闻开始;节目中有一个或更多的新闻播报员,他们的外表和服装都很漂亮,既不太老也不太年轻(男性在 30—55 岁,女性在 25—45 岁③),不能有明显的地方口音;演播室环境包括:一张桌子、一台计算机终端机、一沓纸,在播报员身后的斜上方还有可以显示影像和标志性图案的"大屏幕";布光是高调的,不能有影子;视觉风格通常包括:段落开始和结束时的全景长镜头以及节目大部分时间里的中等近景镜头(头部、肩部和胸部,有时候还带一点儿桌子);如果条件许可,除了在新闻事件现场录制的素材,新闻节目还经常使用计算机制图;新闻报道的题材依据已经确立的新闻价值观进行选择,对话的风格简洁、正式,常常使用一些套语,比如"这场悲剧的全部发展""刚刚收到的新闻"和"在最后……"等。

总结一下,所谓节目类型,是指复数意义上的视听节目"通过一定的'形'呈现出来的类的'型'",是该类节目中相对稳定、统一,在结构形式、主题内容、叙事风格、表达特征等方面呈现出来的惯例、程式。节目类型是介于节目个体与节目一般性之间的中介,每个类型又具有自己类型的一般性,正是在类型一般性的框架下将个体加以集合,而每个类型的一般性又统领于节目这一更高系统的一般性。因此对节目类型的划分关键是要判定每个类型的一般性,这就涉及到类型划分的标准、原则问题。

---

① 方德运:《试析电视节目类型化和节目市场化》,《声屏世界》2002 年第 11 期,第 74—76 页。
② 大卫·麦克奎恩:《理解电视:电视节目类型的概念与变迁》,苗棣等译,华夏出版社 2003 年版,第 22 页。
③ 麦克奎恩这里对主持人年龄的说法跟我国的情形有很大不同,我国播报员一般更加年轻、亮丽。

3. 类型与意识形态

节目类型除了内含特殊的惯例、程式之外,往往还富含强烈的意识形态含义。大卫·麦克奎恩指出,节目类型一旦为观众和制作者所熟悉和承认,就会具有"类型的意识形态意义"。"当类型的内容、形态和信息通过反复得到加强,那些不包含在这些模式里的媒介形式在被接受时就会面临着更大的困难"。这一点,约翰·菲斯克也注意到了,他认为:"类型(类别)是一种文化实践。为了方便制作者和观众,它试图为流行于我们文化之中的范围广泛的文本和意义建构起某种秩序……电视是一种高度'类型化'的媒体,很少有在既定类型范畴之外的一次性节目。"①

也许正因如此,2007年8月,重庆卫视的选秀节目《第一次心动》才会成为观众声讨和国家广电总局封杀的对象。2009年4月,国家广电总局在发给湖南卫视《快乐女声》的批文中,对真人选秀节目明确提出"三不准"要求:一不准是"凡有非议、争议、有绯闻、有负面评价、曾有犯罪记录的人不得担任主持人、嘉宾和评委"。二不准是"主持人不得穿着奇装异服,不得梳怪异发型。不得喧宾夺主,喋喋不休,胡乱调侃。不得涉及主持人、嘉宾、选手的私生活内容,主持人要紧紧围绕节目内容本身,不得大吵大闹"。三不准是"抱头痛哭、泪流满面、粉丝团狂热、观众狂呼乱叫等不雅镜头一律不得播出"。2011年10月,国家新闻出版广电总局下发《关于进一步加强电视上星综合频道节目管理的意见》,提出从2012年1月1日起,34个电视上星综合频道要提高新闻类节目播出量,同时对部分类型节目播出实施调控,以防止过度娱乐化和低俗倾向。2013年10月所发的《关于做好2014年电视上星综合频道节目编排和备案工作的通知》被称为"加强版限娱令",主要内容为:优化节目结构,丰富节目类型;坚持自主创新,加强引进管理;抵制过度娱乐,防止雷同浪费。其中要求"上星综合频道每年播出的新引进境外版权模式节目不得超过1个,当年不得安排在19:30—22:00之间播出";"2014年1月1日起,每天任何时段播出的新闻类、道德建设类、歌唱选拔类、晚会类、引进境外版权模式节目需要提前两个月申报备案"。

有趣的是,节目类型虽然反映着一个社会占主导地位的价值观念,但是,节目类型本身的惯例或程式并非一成不变和不可置疑的。实际情况是,节目类型

---

① 约翰·菲斯克:《电视文化》,祁阿红、张鲲译,商务印书馆2005年版,第157页。

在改变,亚类型也在发展,新的节目类型也在形成。在某些时候看起来是"标准的""时尚的""常规的"类型,几年以后就会变得陈腐不堪,不再被从业者和电视观众接受。比如有学者认为,以央视春节联欢晚会为鼻祖的综艺晚会在这30多年的光景中,内容和形式也发生了相当的变化,经历了联欢、游戏、歌会、选秀、文化五个阶段:以《春节联欢晚会》《快乐大本营》《同一首歌》《超级女声》《中国诗词大会》为典型代表,可以说这五种晚会模式是中国综艺晚会发展的标志和转折点。这当中既有社会文化语境和电视节目制播观念的变化,更有电视观众欣赏口味的提升,综艺晚会类型节目自身惯例、程式的变化只不过是这一系列变化的结果。

三、有哪些节目类型?

众所周知,类型电影的出现是追求商业利润的好莱坞制片厂制度下的必然结果。好莱坞式的制片厂制度使得电影创作不再是一种个人的行为,而是一种批量的、流水线式的工厂化过程,模式化、程式化成为其基本特征。视听节目类型同样具有这种模式化的市场规范背景。

1. 美国电视节目类型划分

美国电视节目在对传统文学类型叙事和好莱坞电影类型片制作经验学习的基础上,迅速将二者公式化的情节设置、定型化的人物建构和图解隐喻意义明显的视觉形象融进自己的节目制播体系中,逐渐形成并建构起自己的节目类型体系。从总体上说,美国电视节目的类型可以划分为两大类,即信息性节目和娱乐性节目(参见表1)。信息性节目以新闻为主,包括新闻杂志和一些纪实性作品;而娱乐性节目则种类繁多,涵盖了黄金时段和非黄金时段的游戏综艺节目、肥皂剧、情节剧、脱口秀和各种儿童电视节目、体育类节目等。除了这些主类型之外,美国电视业中还有众多下属的次级或亚节目类型,如日间肥皂剧、晚间肥皂剧、白天脱口秀、晚间脱口秀、资讯脱口秀、新闻娱乐脱口秀、电视电影、电视戏剧、家庭情景剧、科幻剧等,它们都有着自己相对固定的制播规则和类型特征。这些节目类型影响着电视观众的收视心理,也影响着广告主和制片方的市场收益预期。

表1　美国电视节目类型划分体系

类别		内容与叙事方式
信息性 节目	新闻 节目	电视新闻节目的叙事方式是见证人的叙事方式,通过新闻播报、现场取景等方式为人们提供见证现实的感觉。与此同时,新闻的叙事方式还有助于预测未来。每一个新闻事件本身都是历史发展中的一个环节,是现实的一部分,新闻的叙事方式不仅仅告诉人们现实的情况,还有助于人们预测未来的发展。
	纪录片	纪录片通过从日常生活中收集的内容向人们展示社会生活的方方面面。和新闻的叙事方式不同,纪录片不会对内容的时效性有很强的要求,也不会对内容的客观性、中立性有过多的要求,纪录片更强调对内容的解释。
	娱乐 杂志	娱乐杂志是一种兼娱乐和教化功能于一体的节目类型。娱乐杂志节目所关注的往往是观众日常生活中所涉及的话题,比如化妆、做饭等。这类节目通过方法介绍、普通人表演等方式,培养普通人的认同,促使普通人效仿。其叙事方式介于纪录片和脱口秀之间。
娱乐性 节目	脱口秀	谈话是人们日常生活中最重要的内容之一,脱口秀自然成为最热门的节目类型之一。脱口秀节目关注的内容涉及社会生活的方方面面。与新闻不同,脱口秀在关注新闻的同时,更注重对新闻话题的挖掘;与纪录片不同,脱口秀并非主要用镜头,而是用谈话、讨论的方式向观众解释内容。脱口秀可以被归结为一种舞台化、表演化的谈话。
	肥皂剧	肥皂剧同样要向人们讲述故事,不过其叙述方法与脱口秀和纪录片都不同。肥皂剧解释故事的方法是采用多样化、立体化的叙事方式,通过剧情重构人们在日常生活中所拥有的心理系统。此外,肥皂剧还有一个重要的特征,即通过一个关键的、处于变化中的人物来展示整个故事情节。
	情景剧	情景剧从本质上来说属于喜剧范畴,第二次世界大战之后,这类节目在各个方面都取得了飞速发展,成为目前最为流行的一种节目类型。情景剧和喜剧最大的不同是将叙事挪入了特定的场景当中,尤其是战后家庭生活的场景中。此外,情景剧中既包含许多欢快的场景,也体现生活中的一些困难和问题。
	喜剧	早期的电视喜剧来源于大众文化。喜剧节目最大的特征就是采用"非连贯性"剧本写作方式,情节转换通常没有明显的逻辑性,非常突然;其叙事方式意在突破现实生活中的惯例和常规的限制,使人们摆脱现实的烦恼,获得放松。

类别		内容与叙事方式
	体育节目	体育节目从某种意义上具有新闻节目的特征。和新闻不同,体育节目往往会在一个事先确定的时间范围之内,按照明显的先后顺序进行叙事;同时,体育节目所叙述的内容往往会有一个明确的结尾。和新闻节目相似的是,体育节目存在的主要价值就在于通过直播的方式与观众一起见证结果。
	真人秀	参赛者为高额奖金展开竞争,由观众或评委或二者一起投票选出胜利者;无演员,可在不同的地方举行,普通人也可参赛,参赛者在一定时间内完成比赛任务,由观众或评委进行裁判或淘汰,最后决出一个代表队或个人。

随着社会环境和文化语境的不断变化,美国电视节目类型划分越来越趋于精准和细化,受众观看或消费的模式也越来越接近于"自助餐"模式,各个社会阶层和不同收视人群基本上都可以根据自己的生活特点、价值品位和审美旨趣,在电视荧屏上收看到自己喜欢和欣赏的节目类型。另一方面,所有与电视业相关的群体,不管是管理者、制作者,还是普通观众,都可以通过类型概念来理解一个节目的特性与指征,类型已经形成了一种制作和收视上的约束机制与运作规则。无论是从具体批评层面,还是从理论研究层面,美国电视文化研究者和业内实践者在对电视节目类型的体系划分和观念梳理上,从 20 世纪 90 年代开始就逐步达成一个共识:电视节目类型不应仅仅是一种文本意义和艺术表现上的类别划分,而更应该是一个涵盖更大文化范围、融合更多社会因素的综合性概念,其范围和内涵应延及工业生产、收视消费、文化建构与社会流通的各个领域。

2. 我国电视节目类型划分

我国的电视节目类型划分也是随着电视市场化改革进入人们研究视野的,并主要集中于传统形态的电视节目。20 世纪 90 年代初的《中国应用电视学·节目编》将电视节目划分为 8 个类型加以分别说明,它们是:电视新闻节目、电视教育节目、电视文艺节目、电视文学节目、电视剧节目、电视纪录片、电视专栏节目、电视广告节目。与此同时,90 年代初进行的《电视新闻节目分类与界定条目定稿会纪要》《中国电视专题节目界定——研讨论文集锦》等均对节目形态与类型进行了一个简约化的归纳与整理,并对所涉及的节目形态或类型进行了概念表述。自此而后,出现了各种不同的标准和说法。比如,以内容性质为标准,分为新闻类节目、社教类节目、文艺类节目、服务类节目;以内容涉及的专业领域为标准,分为经济节目、卫视节目、军事节目和体育节目等;以电视节目的形态为标准,分为消息、专题、访谈、晚会和竞赛节目等;以节目的组合形式为标准,划分为单一型节目、综合型节目、杂志型节目等;还有以传播对象的社会特征为标准,将节目划分为少儿节目、妇女节目、老年人节目、工人节目、农民节目等。

在各种不同的分类系统中,采用"四分法",依据节目的内容性质(也可以说是节目的社会功能)将电视节目划分为新闻类节目、娱乐类节目、社教类节目和服务类节目的节目分类系统比较受学者们的青睐。学者们在进行电视节目传播形态研究、节目经营研究的时候,大都采用这种较为简洁的分类方法。例如,童宁在其《电视传播形态论》中,将电视节目分为新闻节目、社教节目、文艺节目和服务节目四类;周鸿铎在其《电视节目经营策略》一书中,也将电视节目分为新闻节目、教育节目、文艺节目和服务节目四类。

"四分法"虽然简洁,但在具体的应用实践中,容易出现归类困难的情况。为此,我国的部分学者和研究人员也采用其他方法或标准,力求让节目划分在应用实践中更具可操作性。这当中,最具代表性的两项研究分别是王振业、方毅华和张晓红教授提出的"多层节目分类系统",刘燕南教授等人提出的"电视节目多维组合分类法",张海潮提出的"中国电视节目分类体系"。

王振业、方毅华、张晓红三位教授在《广播电视新闻性节目规范研究》课题中对中国电视节目分类问题进行了探讨。三位学者把种类繁多的电视节目定性分类方法归纳为按社会功能、结构类型、反映领域划分的三种大的节目分类原则和方法。

一是按节目的内容性质和社会功能划分的分类系统。一般分为四类:新闻性节目、教育性节目、文艺性节目、服务性节目。

二是按节目的构成或组合方式划分的分类系统。一般分为三类:综合节目、专题节目、板块节目。

三是按内容或反映领域划分的分类系统。如经济、文化、科技、体育、医疗卫视节目。

王振业等三位学者认为,以上三种节目分类方法,分开来看各有所长也各有所短,把它们放在一起加以考查,却不难发现它们之间存在着相互兼容、相互补充的关系。为了充分发挥三种节目分类方法的优势,让节目分类系统更具可操作性和可参照性,三位学者将社会功能、结构类型和反映领域分别作为三个层级,绘制了多层节目分类系统图(见图1)。

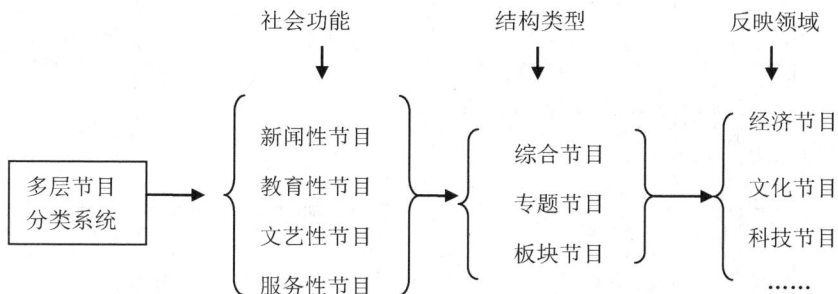

图 1　多层节目分类系统图

刘燕南教授等人认为,表征电视节目的维度,无外乎内容、行业、形式和所诉求的对象四个方面,这四个方面可以包容电视节目的主要特征和全部类别。在具体分类的过程中,以内容维度进行的划分,参照并吸取了目前通行的主流节目分类的一些经验;以行业、形式和对象维度进行的分类,则主要根据当前电视节目的实际情况进行。为适应节目审核管理的需要,刘燕南教授等人还在其设计的电视节目"多维组合"分类标准表(见表2)中,设置了审核管理级别编码[1]。

表 2　"多维组合"分类标准表

分类维度	定义码	类别	分类维度	定义码	类别
内容	A	新闻	形式	O	竞赛
	B	影视剧		P	谈话
	C	综艺娱乐		Q	连续/系列
	D	戏曲/音乐		R	杂志/板块
	E	专题/纪录		S	直播
	F	生活服务		T	卡通
	G	广告		U	引进片

---

[1] 刘燕南等:《电视节目"多维组合"分类法及其编码设计》,《现代传播》2003 年第 1 期,第 74—76 页。

续　表

分类维度	定义码	类别	分类维度	定义码	类别
行业	H	法制类	对象	V	老年类
	I	军事类		W	女性类
	J	科教类		X	少儿类
	K	农业类	管理	1	严格管理
	L	体育类		2	有条件管理
	M	时政类		3	基本管理
	N	财经类		4	开放管理

由中国传媒大学出版社出版、中国国际电视总公司副总裁张海潮博士撰写的《中国电视节目分类体系》[①]，在吸纳国内外现有分类系统优点的基础上，结合我国国情，构建了较为系统、全面的电视节目分类系统。从内容、形式、功能、对象四个维度，把我国电视节目分为由 4 种 A 类型节目、27 种 B 类型节目和 84 种 C 类型节目、54 种 D 类型，共约 169 种节目类型构成。因为内容繁复，此处不一一列出。

此外，央视—索福瑞媒介研究有限公司是目前我国规模最大、数据应用范围最广的媒介市场研究机构。出于收视率量化分析的需要，该公司在进行电视节目市场分析和评估的时候，把我国的电视节目分成了 15 总类，81 分类。其中节目总类 15 类，即新闻/时事类、专题类、综艺类、体育类、教学类、外语类、少儿节目类、音乐类、戏剧类、电视剧类、电影类、财经类、生活服务类、法制类、其他类。

以上各种类型划分体系因为参照各自标准，各有特点，也各有千秋。"四分法"简洁实用，但对成千上万的电视节目而言，却又过于粗疏，难免在电视实践面前捉襟见肘。刘燕南等人的体系以及张海潮博士的"中国电视节目分类体系"因为过于偏重理论和符号化，实际操作性较弱，不仅对业界推广意义不大，而且对初学者而言，体系与内容也较为繁琐，难以掌握。央视—索福瑞公司的类型划分虽不免庞杂之嫌，但是因为从实践中来并直接服务于实践，所以操作性很强。王振业等三位教授的分类体系和方法，对视听节目分类研究和实践都具

---

① 张海潮：《中国电视节目分类体系》，中国传媒大学出版社 2007 年版。

有很重要的指导意义。

　　3. 本书的节目类型划分

　　有论者指出:"网络视频节目本身的样态是模糊的,在互联网领域也并未严格定义所谓网络视频节目应该是什么样子,故而网络视频节目有严肃题材,亦有娱乐、综艺、恶搞等多种题材,题材的宽泛、自由度的开放性给了网络视频节目更大的可能性,当然也给网络视频的研发者提出更高的要求。"①既然在网络新媒体时代,原先的节目内涵与外延发生了本质的变化,那么从理论上来说,传统电视节目与视听新媒体节目本身自然就可以按照题材内容、互动性、碎片化、草根性等方面存在的差异分成为两个大类,但是这样的划分仅仅具有认识论上的意义,对于初学者与视听节目的实践者来说效用不大。

　　在借鉴国内外电视节目研究成果的基础上,本书针对初学者的知识结构与实际情况,按照广播电视学、网络传播学等学科的理论逻辑,包括电视机构、视频网站在内的视听业界实践需要,电视观众、网络用户的收视习惯相结合的原则,在偏重视听节目类型"内容属性"的前提下,重点解析以下目前业界最为常见的11种节目类型。属于传统电视节目范畴的节目类型:电视新闻资讯节目、电视谈话节目、电视文艺节目、电视纪录片、电视剧、电视真人秀节目;属于新媒体节目范畴的节目类型:微电影、微纪录片、网络剧、网络脱口秀节目;既可以属于传统电视节目范畴,又可以归属于新媒体节目范畴的动画。鉴于各种教材、论文对传统电视节目类型的讨论颇多,限于篇幅,本书在编著过程中对传统电视节目类型稍微简略,新媒体节目则尽可能详细一些。

四、本书的类型解析体例

　　本书的节目类型解析所涉及的内容包括三个部分:第一部分,各节目类型的定义或界定;该类型中的主要惯例、程式(即类型特征);该类型的中外演进简史等。第二部分,该节目类型之下的亚类型,其中部分既说明国外的类型划分,又说明国内的类型划分;部分受资料所限仅涉及国内的节目类型划分。第三部分,如何对该节目类型进行策划,涉及策划的原则、方法或主要环节等。下面对

────────────

① 王亚红:《网络视频节目特质探索——以〈奇葩说〉为例看"网生代"节目》,《声屏世界》2015 年第 5 期,第 62—65 页。

于定义、演进简史、策划等方面做些简单说明。

下定义通常有两种方法：词语定义和实质定义。词语定义是明确某一语词表达某一概念的定义，其作用在于表明一个词语作为能指的所指或含义，比如百度百科"二次元"定义，"二次元，来自日语"にじげん"，意思是'二维'，指动画、游戏等作品中的角色。相对地，'三次元'（さんじげん）被用来指代现实中的人物"。实质定义重在揭示某个概念所反映对象的特性或本质，一般形式为：被定义的概念＝种差＋邻近的属概念。比如本书对"微纪录片"进行定义时就采取这种方法，"所谓微纪录片是一种以新媒体技术为基础，以网络新媒体为主要播放平台，运用纪实性手法拍摄真人真事，以建构人和人类生存状态的影像历史为目的，风格简约又意味深长的视听节目类型"（详见《微纪录片》一章）。这个定义中，"视听节目类型"是"属概念"，"以新媒体技术为基础，以网络新媒体为主要播放平台，运用纪实性手法拍摄真人真事，以建构人和人类生存状态的影像历史为目的，风格简约又意味深长"便是"种差"，用来揭示和说明微纪录片的本质特性。

演进简史其实就是编年体方法的简写版。编年体是修志中常用的一种基本方法，完全以时（年）系事，按照事件发生的顺序，逐年、逐月、逐日记事。这种方法有三个优点，一是以时为序记事清楚；二是记事结果符合人们认识事物的规律；三是符合"竖不断线"的要求，按年度收集资料，稍加编排即可完成长编的编写任务，但缺点是不易集中反映同　历史事件前后的联系，特别是事件的社会背景、原因、影响因素等都有很大欠缺。之所以采取这种"时间＋事件＋简评"的编年体写法，主要是由于当下的新媒体节目，如微电影、微纪录片、网络剧乃至传统电视节目，如真人秀、电视文艺节目等都"时间不长，积淀不够，历史纵深感欠缺，有很多正在发生和演变的文学现象还不具备稳定的史的性质"，正如唐弢先生在评论文学史时所说的，"历史需要稳定，有些属于开始探索的问题，有些尚在剧烈变化的东西，只有经过时间的沉淀，经过生活的筛选，也经过它本身内在的斗争和演变，才能将杂质汰除出去，事物本来面目逐渐清晰，理清线索，找出规律，写文学史的条件也便成熟了"[①]。

视听节目策划是一个系统性的工程或过程，主要指"根据目标受众、目标市场的潜在和现实需求，在分析外部和内部竞争环境的基础上，形成一个视听节目

---

① 唐弢：《唐弢文集（文学评论卷）》，社会科学文献出版社 1995 年版，第 495 页。

创意方案，包含节目的主题内容、表现形式、传播模式和商业模式"①。本书在讨论节目策划时，主要包括主题策划、形式策划、传播模式策划、商业模式策划等问题。其中主题策划主要解决"做什么"的问题，是视听节目策划的核心；形式策划即解决"如何做"的问题，包括节目形态、环节设置、节奏、风格、包装、舞台等一切与节目形式相关的内容；传播模式策划，重视解决"如何播"的问题；商业模式策划，重视解决销售即在众多节目包围之下"如何活"的问题。当然，在策划某一种节目类型，比如新闻资讯节目时，本书并未对这四个方面的问题面面俱到，而是根据具体的节目类型，有所侧重，突出要点。

思 考 题

1. 什么叫视听节目？它与电视节目有何区别？
2. 什么是"类型"？对"类型"的分析有何方法论意味？
3. 节目类型与类型节目这两个概念有何区别与联系？
4. 试简单叙述中外电视节目类型的划分。
5. 本书对视听节目类型的划分有何优缺点？

---

① 周笑：《视听节目策划》，高等教育出版社 2015 年版，第 14 页。

第一章

电视新闻资讯节目

案例 1.1 美国哥伦比亚广播公司之《60分钟》 ·······················

《60分钟》是美国电视史乃至世界电视新闻史上的常青树：截至2018年，已经连续播出40年。从1968年创办至今，《60分钟》一直是美国新闻历史上资历最老、收视率最高的10个电视节目之一。它还是美国电视节目中获得美国电视最高奖——艾美奖（Emmy Awards）最多的节目之一。艾美奖的评委们认为，《60分钟》"用简单、有效的方式深入故事的核心，进入人物的内心，编排自由、富有活力，开创了一种新的节目样式"。从很大程度上来说，《60分钟》拓宽了新闻的视野，重新诠释了新闻的本质。它的成功不仅仅冲击着新闻本身，使它成为新闻业的旗帜，更使它成为客观、公正、自由的新闻品质的象征。

《60分钟》

《60分钟》基本由3个独立的新闻深度报道和1个新闻评论板块组成，深度报道各13分钟左右，评论板块4分钟左右，加上片头导视、片花和广告，总共60分钟整。

案例 1.2 《电视问政》 ••••••••••••••••••••••••••

2011 年 11 月,武汉广播电视台推出该栏目,旋即引发收视热潮,并得到《人民日报》、中央电视台、《联合早报》等主流媒体的关注。2012 年,节目收视率达到黄金时段日播电视剧的 3 倍,并获得当年度"中国年度电视掌声·嘘声"的"年度掌声"奖;2015 年 8 月,该节目又获得第 25 届中国新闻奖电视访谈类二等奖。

《电视问政》

作为一个由电视媒体发起,政府参与和主导,公众积极配合的新型舆论监督平台,《电视问政》获得了良好的社会效应与较高的收视率。在策划上,节目以"加强作风建设,推进城市治理"为主题思想,以"问题导向、群众路线、依法问政、重在建设"为四项基本原则。具体操作中,节目有一套严格缜密的工作机制:基于市委常委会议的专题研究,节目形成了宏观导向与微观操作相结合的策划机制、问政内容及官员的选择机制、问政嘉宾遴选机制、直播专班组建机制、整改督办问责机制和问责单位年终考评机制。

案例 1.3 央视新闻移动网 ••••••••••••••••••••••••••

2017 年 2 月 19 日,中央电视台正式发布线上移动融媒体新闻平台——央视新闻移动网。该平台由四大系统组成:记者视频回传系统、移动直播系统、账号矩阵系统、用户上传系统(user generated content,UGC)。

该平台的一大特色在于,无论用户还是央视新闻遍布全球的记者,都可以通过"央视新闻移动网"App来完成现场的采集(拍摄)、编码、传输等环节。面对突发事件,央视新闻可基于位置信息和关键词搜索,及时发现新闻现场的当事人、潜在爆料人,经过认证授权后,用户利用现场移动设备直接向演播室传输现场画面,其内容将成为专业记者到达现场前的重要信息源。每条视频下方还给网友留言提供了空间,其间的用户体验、新闻评

央视新闻移动网平台

论、事件感言、新闻线索提供等颇具挖掘价值与参考意义。

作为20世纪人类社会最伟大的发明,电视因其听觉、视觉形象直接传送的传播特点和深入家庭、自由接收的传播优势,已成为具有最广泛影响的大众传播媒介,其在国家政治、经济、社会生活中的地位举足轻重。在当代信息社会,电视新闻资讯成为人类信息沟通的最重要渠道之一,对社会进步起到重要的组织作用和推动作用。

2010年左右,以微博、微信为代表的社交媒体正式登上历史舞台,开始成为新闻信息流动的重要节点。而后的社交工具与资讯客户端协同发展,极大提升了新闻传播的范围和速度;另一方面,基于社交的自媒体应用在用户规模方面的优势,拓展了新闻素材的来源。互联网赋予社会公众更多发表自己意见的机会与平台,参与热情日益提高。社会不同利益群体利用各类新媒体表达自己心声,转发评论热点新闻,表达阶层诉求,成为中国舆论场上一个显著的特点。

第一节　电视新闻资讯节目的定义与类型特征

一、电视新闻资讯节目的定义

什么是电视新闻资讯节目?考虑到在实务界、受众理解中"新闻"和"资讯"并未严格区分并经常连用这样一个现实,对"电视新闻资讯节目"这样一个概念

的界定至少需要注意以下三个层次：一是新闻的含义；二是资讯的含义；三是电视新闻资讯的传播手段是电视媒介而不是其他形式的媒介，具有自身独特的特性。

1. 新闻的定义

根据学者的最新考证，"新闻"一词始见于约在宋明帝泰始四年至宋后废帝元徽四年间（公元468—476年）朱昭之撰写的《难顾道士夷夏论》一文，联系到南朝佛教兴起的背景，应作"新知识"之解更为恰当[①]。后来随着现代新闻事业的诞生，原先所谓"新知识"的含义则不断演化，产生了与现代大众传媒事业相适应、各种不同的新闻定义。这些定义从不同的侧面强调了"新闻"的不同特征，概而言之，大致有三类。第一类定义强调新闻是一种报道或传播活动，行为主体以新闻机构为主，也可以是其他机构或个人。例如，"新闻是已经发生和正在发生的事情的报道"（［美］约斯特），"新闻是新近发生的事实的报道"（陆定一）。第二类定义强调新闻的"事实"特征，把新闻看作是一种事实、现象，并且是指事实、现象本身。例如，"新闻者，乃多数阅者所注意之事实也"（徐宝璜），"新闻就是广大群众欲知，应知而未知的重要事实"（范长江）。第三类定义是随着西方社会的信息理论传到国内而出现的"信息说"。例如，"新闻是向公众传播新近事实的信息"（宁树藩），"新闻是及时公开传播的非指令性信息"（项德生）。

此外，还有一些经常为人们所引证，从新闻内容的趣味性、反常性等角度来说明和解释新闻的定义，例如，"狗咬人不是新闻，人咬狗才是新闻"（约翰·博加特），"新闻是一种令人尖叫的事情"（达纳），"新闻是三个W，即女人、金钱和罪恶的记录"（斯坦利·瓦里克）。

进入网络与新媒体时代，关于新闻的内涵与外延再次发生变动。例如，早在2009年，赵振宇教授就指出"新闻是对新近发生或发现有价值事实及意义的信息传播。它通过报纸、广播、电视、互联网和新兴媒体，运用对事实过程的描述和对事实性质判断、价值意义的评论让大众更深切地感受和领悟该事实"[②]。这个定义概括了新媒体时代新闻业的信息采集、加工与传播所发生的巨大变化及其给人们带来的全新媒介体验和生活感受。也正是在这个层面上，"新闻是新近发生事实的报道"的经典概念可能已经无法尽述当下新闻生产的状貌。在这里，新

---

① 邓绍根：《"新闻"一词最早出现可提前200多年》，《新闻与写作》2009年第11期，第74—76页。
② 赵振宇：《新闻及其时空观辨析》，《新闻与传播研究》2009年第2期，第32—40页。

闻不仅包括对过往事实的回顾,更包括不同主体借由新媒体对正在发生的事件的要素采集与拼接、价值评判与对冲,这也就意味着"新闻"和"舆论"两个概念的交集日渐增大,于是有学者提出,所谓"新闻"即是"新近信息的媒介互动,这是一个动态过程,是媒介和受众的联动,是舆论和社会事件的共振"①。

　　以上各类不同的定义出现在不同时代,特别是出现在媒介与社会之间的互动关系剧烈转型时期,反映了人们试图根据社会与媒介特点把握新闻现象、新闻规律的努力。但是,对照这些定义,细心的人也许会发现,部分实用性、服务性的内容似乎无法包容在这些定义之中,比如央视号称"新鲜资讯一小时,健康时尚每一天"的《第一时间》、号称"全球资讯榜,一榜知天下"的《全球资讯榜》以及其他的《时事辩论会》《零距离》《电视剧风云榜》《娱乐人物周刊》《生活提示》《星推荐》《华人世界》《中国电影报道》《体育界》等。换言之,20世纪90年代以来,实务界所实践的新闻节目类型已经远远超出单纯新闻定义所指向的内容,节目涉及的范围越来越广,大大超越了新闻的范畴,不仅有传统意义上的时政新闻,而且还包含财经、证券股票、影视娱乐、文化体育、日常生活服务等方面的内容。所以,在此基础上有必要探讨一下"资讯"的定义。

　　2. 资讯的定义

　　一般根据意指范围的不同,可以将资讯(信息)分成广义资讯、一般资讯、狭义资讯三大类:广义资讯是指所有对象在相互联系作用过程中呈现出来的各自的属性;一般资讯是指与人类的认识过程和传播活动相关的知识积累。狭义资讯则是指脱离载体或依附物质的内容,它能够使人们在对事物的认知过程中减少、降低或消除人们随机不确定性的东西,而所谓的随机不确定性或偶然性,是指现实生活中所出现的影响人们生存、发展等多种变动的可能性。

　　从涵盖的范围而言,"资讯"与"新闻"有一定的重合之处,都包含新的情况、新的知识、新的内容,但"资讯"所包含的内容要更加广泛,如凤凰卫视董事局主席刘长乐曾经解释,"凤凰卫视"全称为"凤凰卫视资讯台"而不是"凤凰卫视新闻台"。他表示:"有一些边缘的东西,不见得都归在新闻上。我们在资讯台定位的时候,也考虑加入一定的财经的东西,比如外汇牌价、期货市场,这些都是资讯。所以我们叫作资讯台,就可以把这些边缘的东西都考虑进去了。"

---

① 陈响园:《"新闻是新近信息的媒介互动"——试论新媒体传播背景下"新闻"的定义》,《编辑之友》2013年第11期,第45—49页。

有学者分析,从与新闻报道相结合的认识角度出发,资讯还具有其他特点,如共享性或使用不灭性,单一的物质无法共享,但是资讯的共享性,使得资讯得以传播;扩缩性,资讯在传播过程中既可以压缩也可以扩展;组合性,两个及两个以上的资讯的有机组合,可以产生出新的资讯;资讯运用的多角度性,从不同的侧面可以得到不同的认识,看到不同的色彩;相对性,对纷繁复杂的世界,人们通常只注意到一部分跟自己有关、对自己有利的资讯。这些特点要求新闻工作者了解、熟悉受众的需要,"尤其是随着信息化时代的到来,受众细分为各种群体,小群体趋势日渐明晰,受众对资讯的需求更趋多样"[①]。

3. 电视新闻资讯的界定

关于对"电视新闻资讯"的界定,如同对"新闻""资讯"两个概念的界定一样,也是众说纷纭,这里仅列举几个具有代表性的定义,例如,"电视新闻是利用电视传播工具,对新近发生或发现的事实所进行的报道","电视新闻是以电视屏幕的图像与口头解说相配合为手段的新闻报道","电视新闻是借助电视作为传播的视听符号,对变动的事实的及时报道","电视新闻是以现代电子技术为传播手段,以声音、画面为传播符号,对新近或正在发生的事实的报道"。

这些定义既考虑了电视新闻与其他媒介新闻,如报刊新闻、广播新闻、通讯社新闻、网络新闻等的共同属性——对新近发生或正在发生、发现的事实的报道,又以"图像""解说"或"声音、画面"等传播符号强调了电视新闻与其他媒介资讯的区别:报刊主要以理性化、条理化的文字为传播符号;广播仅以声音为传播符号;电视则声形兼备,将视觉、听觉多种符号信息,画面、声音、字母或动画、图片等符号系统加以综合利用,这种独特的传播符号使得电视新闻资讯具有明显的个性化传播特点与优势。

综合上述"新闻""资讯""电视新闻"等概念,本书将电视新闻资讯节目定义为:电视新闻资讯节目是以现代信息通信技术为传播手段,以声音、画面为主要传播符号,对最新发生或正在发生、发现的有价值的事实、资讯及意义进行传播的视听节目类型,它是一个关于信息和意义的媒介互动过程。

了解电视新闻资讯的概念,还需要明确"正在""发现""互动"这三个关键词。

(1)"正在"——电子新闻采集系统尤其互联网通信技术,使记者或社会公众利用专业设备或移动互联终端,在新闻事件现场随着事态的发生、发展面向全

---

① 李良荣:《新闻学概论》,复旦大学出版社 2001 年版,第 39 页。引文略有改动。

球观众/用户进行同步的现场直播,让观众/用户看到与事态本身同步进展的新闻报道,电视新闻将新闻的时效由"今天的新闻今天报道"变成了"现在的新闻现在报道"。

(2)"发现"——新闻报道随着时代的前进而发展,报道题材面在不断扩大,报道内容也在深化,今天的电视新闻不仅需要加强形象化和时效性的优势,同时需要强调其思想深度,电视新闻深度报道的崛起增强了新闻报道的理性思辨色彩。今天新闻的外延已经由纯客观事实报道扩展到对有新意的思想、观点的传播。

(3)"互动"——互联网正成为重构整个社会现实的操作系统。该系统所具有的"关系赋权"能力正前所未有地使权力和垄断资源从国家行为体向非国家行为体转移,这种能力体现在信息传播领域便是受众地位与作用的大大提高。媒介融合交错混杂的网络中,各个节点的重要性不取决于它们本身的属性,而在于其信息吸纳、处理及转换能力。于是,壁垒被打破,界限正在消融,所有的竞争者都被拉到一个平台上,不重视受众意见反馈,不与用户互动,不尊重多元价值主张的媒介势必会在竞争中被淘汰。

二、电视新闻资讯节目的类型特质

所谓类型特质是指某个节目类型所特有的性质,也就是作为电视新闻资讯节目具有的区别于其他媒介新闻的性质。众所周知,新闻的共性包括真实性、新鲜性、及时性、公开性,而电视新闻资讯的特质则是新闻现场性、证实性;新闻传播的及时性;新闻内容的易受性;新闻画面情节的不完整性;新闻现场要素的忌干涉性。

1. 新闻资讯现场的证实性

所谓证实性,是指画面所传达的新闻现场的视觉因素,证明新闻内容确实无误所产生的心理认同效应。"耳听为虚,眼见为实""百闻不如一见"这些古老格言,说明了人在信息获取过程中对发生信息的现场的依赖、信赖。尽管报纸有视觉新闻,广播有现场录音,但受众的接受都免不了经过感觉的转换,和电视相比,报刊、广播的这种"二传手"式的视觉内容无疑黯然失色。

新闻现场的证实性,在突发事件、大型群体活动的报道中易于得到最佳体现。矿难、空难、地震、火灾、车祸、战争等都有特定空间,空间里人物的悲哀喜乐、事物发展的节奏,都有其特定的轨迹,更不可能介入组织加工和导演摆布。这类新闻的证实价值通过现场画面、现场报道尤其是新闻事件转播、直播而得到有效的体现。

2. 传播行为的及时性

及时性是针对新闻的传播时效而言,从新闻发生到受众接受,这中间所耗费的时间越短,则时效性越强,反之则越差。随着现代电视技术的发展尤其卫星直播技术、互联网通信技术的发展,新闻事件现场直播使得电视新闻资讯节目回归本体:电视可以在新闻事件发生、发展的同时,进行同步的、无间断的跟进和现场报道,保证了新闻本体"时间、空间、事情发展"三位一体的高度统一,保证了事件本源、事件过程、新闻采制、新闻接受同步统一。

3. 新闻资讯的易受性

新闻传播以受众为最后的"目的地",新闻传播的价值和效果取决于受众的接受和反馈。这里所说的易受性是指电视新闻资讯在传播过程中拥有众多的符号系统,使得受众接受新闻资讯的费力程度降到最低。

电视新闻运用图像、播音、音响、文字、动画、图片、影像资料等声画符号系统,融声形于一体,图文并茂,大大降低了报刊新闻、广播新闻等新闻形式对文化程度的依赖性。正因为多通道、多系统的信息都指向同一个信息目标,各单个信道的负荷量相对减轻,受众处于较为放松的情境之下,这样信息输入量就达到最大。

4. 资讯画面情节的不完整性

所谓新闻画面情节的不完整性,是指画面在新闻资讯节目中呈现不连贯状态,不具备叙述事情变化和经过的能力。一般而言,情节性影视节目中,即使是没有任何声音,画面也能够向人们叙述事件的变化和经过,此所谓"此时无声胜有声"。画面按照制作人预定的情节线索,将诸多镜头组合起来,合乎逻辑地形成一个个完整的故事。而电视新闻是由声音(语言播音或现场语言)这条主线来承担表述情节(事件的变化与经过)这一任务的,画面就没有情节性影视节目所承担的叙述任务,不受情节性影视节目镜头组接的逻辑规范,也不需建构画面与画面的承继关系。新闻资讯中的画面,主要功能是以准确的画面内容证实新闻事件中涉及的人、物体、地域等新闻要素的可信性,最大限度地消除信息中的不确定成分,满足受众"百闻不如一见"的现场感。

5. 新闻资讯现场要素的忌干扰性

新闻资讯现场要素即指"电视新闻资讯所反映的与事实有关的特定时间、空间、人物、事物和人物的表情、言语、行动及环境音响等一切细节,这些要素往往以采访同期声的形式再现于屏幕上"①。一个事件的发生有其特定的构成要素,电视的魅力就在于其对构成事件要素的复现与证实。因此,事后的补拍、对环境布局的造假、对人物言谈举止的"设计"、对事件发生进程与结果的干预等,都是对事实的干扰。于是,为了解决机构媒体信息采集力量的有限性与事件发生的无限性之间的矛盾,广泛发动社会公众利用自己手中的移动互联网终端时时记录周遭世界的变动,将 UGC 与 PGC(professional generated content,PGC)两种生产方式相结合,就成为弥补自身短板、顺应时代发展之举。

三、中美电视新闻资讯节目演进简史

1. 美国电视新闻资讯节目演进简史

1936 年 11 月,英国广播公司(BBC)在伦敦郊区亚历山大宫播出电视节目,正式宣告电视的诞生。1939 年 4 月,美国总统富兰克林·罗斯福在纽约世界博览会开幕式上进行了讲话,成为第一个出现在电视屏幕上的美国总统,尽管不是正式的电视新闻广播,却被公认为是最早有声音和图像的电视新闻。在相当长的时间内,电视新闻资讯节目并未建立起自己的威信。1951 年,爱德华·默罗把由他创办、二战期间声誉卓著的广播新闻节目《现在请听》(CBS Is There)"嫁接"到电视领域,创办哥伦比亚广播公司(CBS)的名牌电视新闻节目《现在请看》(See It Now)。默罗和他的新闻班子把新闻事件从全国各地、世界各地,甚至朝鲜战场发回美国,赢得了极为可观的收视率,同时掀起了各家电视网之间的第一次电视新闻大战。

电视新闻在 20 世纪 60 年代发展到一个重要的成熟期,电视新闻在这个阶段显示出它独有的现场报道的特长。在一系列重大新闻事件中,各家电视网都给观众提供了难以忘怀的新闻现场画面:两党政治大会、肯尼迪总统的葬礼、人类第一次踏上月球、民权运动、种族骚乱、越南战争……真实的现场画面影响了美国人的政治观点,影响了舆论的倾向,从而最终影响了政府决策和行动。

1963 年开始,美国三大电视网哥伦比亚广播公司、全国广播公司(NBC)、美国广播公司(ABC)先后把晚间新闻从 15 分钟增加到 30 分钟。晚间新闻节目确

---

① 周占武:《论电视新闻现场要素的忌干涉性》,《新闻世界》2003 年第 2 期,第 23—24 页。

立了主持人制度,CBS 的沃尔特·克朗凯特和 NBC 的一对搭档切特·亨特利与戴维·布林克利均成为全国家喻户晓的人物。

1968 年 9 月,哥伦比亚广播公司推出著名的《60 分钟》节目,成为电视新闻中调查性新闻报道的鼻祖,并长期成为美国收视率最高的节目之一。它因进攻性的采访技巧和提问方式以及用摄像机毫不留情地表现新闻事件现场的方式被称为"伏击式新闻"。"伏击式"的采访和报道方式成为该节目的显著特点,并影响着其他调查性新闻报道如 ABC《20/20》风格的形成。

到 20 世纪 70 年代晚期,出现了新闻脱口秀以及一批新的新闻播音员。男性播音员更年轻、大胆,虽然他们也穿西装打领带,但服装的剪裁、款式和色彩却是最流行的;女性播音员也坐到了新闻主持人的交椅上,多半年轻且漂亮。新的主持人带来"新的"新闻播报风格。这种迹象从某种程度上来说是一种转变的趋势:电视新闻从关注新闻事件本身开始转而关注播报新闻的个人,从信息播报转向轻松娱乐,从严肃正统转向通俗流行。也就是说,电视新闻中潜在的娱乐和表演因素战胜了新闻因素,并居于主导地位。1980 年 6 月 1 日,美国有线电视新闻网(CNN)正式开始 24 小时连续播放实况新闻,并在美国和世界各地的主要城市都建立新闻办事处。播放直接的、未经编辑的新闻,打破了地域界限,让一切同步发生,将新闻机构"今天的新闻今天播报"(TNT 模式)改变为"现在的新闻现在播报"(NNN 模式)。

自 20 世纪 90 年代,全球电视新闻的发展以迎接数字化和互联网技术浪潮为主旋律。英美主流电视新闻制作机构不仅利用 Facebook、Twitter 和 Instagram 等各大社交平台发布消息,还针对各平台受众的特点专门制作了平台独有的节目内容。在这个基础上,利用数据挖掘、搜寻网络热点事件、分析用户媒体接触习惯,形成良性互动,拉近彼此间距离,反哺节目内容,创新节目产品,成为大家的通行做法。

2006 年 8 月,美国有线电视新闻网正式推出 CNN iReport,用户可以将自己采集到的音视频、图片及文本等新闻素材上传平台。经过筛选和再次编辑制作,CNN 将其中符合要求的素材应用于正式的新闻报道中。2011 年,iReport 推出 Open Story 产品,由总部设置主题,带动 CNN 全球公民记者围绕同一个主题做不同的报道,成效显著。iReport 的成功吸引和带动了 ABC、福克斯新闻网(FOX)、NBC、半岛电视台(AI Jazeera)等多家新闻机构模仿。

近年来,虚拟现实技术(VR)、增强现实技术(AR)、无人机等新技术的应用给视频新闻的制作与传播创新带来巨大想象力。2016年里约奥运会，BBC推出了首个360度视频试验服务"BBC Sport 360"，每次以4个不同的拍摄角度充分给观众带来视觉上的满足；2017年9月27日，希拉里和特朗普进行首次电视辩论，NBC进行了VR直播报道。用户可利用VR设备以及PC浏览器观看，同时，还可以设定自己的形象参与社交媒体互动。这次支持终端设备适用范围更广，社交化应用形式更加灵活，成为VR直播的里程碑①。

2. 中国电视新闻资讯节目演进简史

跟英美等西方国家相比，我国电视新闻资讯节目出现较晚，却发展迅速。从1958年5月1日北京电视台试播开始，到1966年"文革"之前，早期的电视新闻资讯几乎全部采用直播的方式，体现了电视的独特魅力。除实况转播外，早期电视新闻资讯节目的形态主要有图片报道、简明新闻、口播新闻、新闻纪录片以及专题片等。这些新闻资讯节目主要采用摄影机和电影胶片拍摄，在报道形式方面也主要学习、沿用新闻电影的手法，基本上停留在"画面加解说"这种单一的节目形态上。

20世纪70年代后期，改革开放带来了经济的发展，同时也为电视界引进了许多西方电视传播形态的先进经验与理念，电子摄录设备（ENG）在全国各电视台也开始广泛使用，电视新闻进入充分发挥电视特色的新时期。1978年1月1日，央视《新闻联播》正式开播，为省、市电视台树立了电视新闻资讯节目的样板；1980年7月1日，央视开播《观察与思考》，成为中国电视新闻史上第一个以栏目形式固定下来的，集评论、评述、深度分析等于一体的电视新闻资讯节目。1987年7月，中国第一个杂志类电视新闻资讯节目——上海电视台《新闻透视》正式开播，成为上海电视节目的"三驾马车"之一。

从1993年开始，新闻类节目逐渐成为各家电视台的节目主体，以新闻为主的央视第一套节目覆盖全国80%以上的地区，全国上千家各级、各类电视台当中有800家以上自办新闻节目。央视从1993年3月1日开始设立《早间新闻》，从而实现每天12次的新闻整点滚动播出；而同年5月1日开播的《东方时空》则被广泛认为是这一轮电视新闻改革的发端。随后的几年，《焦点访谈》《新闻调查》《实话实说》等著名新闻资讯节目成为90年代电视新闻资讯节目的代名词。

---

① 周小普、刘楠、张翎：《新战略、新融合、新技术——2016国外广播电视发展与未来趋势》，《中国广播》2017年第2期，第47—51页。

1997 年被称为"中国电视直播年",央视先后直播了日全食、彗星同现苍穹的天文奇观,以及香港回归、中共十五大开幕式、三峡截流、黄河小浪底截流等重大历史事件,而 1999 年澳门回归、2003 年伊拉克战事直播等重大事件的多点移动式直播报道,其技术设备之先进、规模之大、时间之长、影响之巨大,在中国电视新闻发展史上都具有里程碑的意义。

2003 年 5 月,央视新闻频道的诞生喻示着中国电视新闻新一轮改革的发端,而地方电视台新闻的发展主要体现在民生新闻上。2002 年,《南京零距离》栏目开播之后,南京地区出现了以报道社会新闻和百姓生活资讯为主的电视新闻栏目群,形成一股民生新闻热潮,这股热潮由南京迅速蔓延到全国。

2008 年北京奥运会的举办为我国电视业的发展提供了一个难得的契机。央视网成为国际奥委会授权的新媒体转播机构,标志着新媒体成为重要的传播渠道。央视充分利用多媒体的传播优势,多媒体、全方位、立体化地全程转播北京奥运会。此外,央视网引领国内 9 家商业网站组成的奥运新媒体传播联盟,以及由 174 家网站组成的公益性传播联盟,联合进行北京奥运会的网络传播。奥运传播史上第一次大规模运用新媒体平台对北京奥运会进行赛事转播。

从 2010 年开始,以微博、微信等为代表的社交媒体开始在中国舆论场上发力。微博迅速成为新闻爆料平台、社会舆论策源地、群体事件导火索,给社会管理者带来巨大压力。传统媒体与网络新媒体构建的两个舆论场之间的矛盾在加剧,交集在减少。因此,要"打通两个舆论场"成为政府与学界的共识。正是在这样的背景下,以央视新闻为代表的中国电视新闻业以媒体融合为方向的改革与调整开始步入快车道。2012 年 11 月,央视新闻正式启动新媒体业务,"央视新闻"微博上线;2013 年 4 月"央视新闻"又开通了微信公众账号;2013 年 5 月,央视新闻在搜狐订阅平台上推出了"央视新闻"客户端,当天订阅用户达到 29 万,创造了搜狐订阅单日最高纪录;同年 7 月央视又推出基于自有平台的独立客户端,以强大的新闻数据库和网络保障为基础,对新闻频道的一手资源进行新媒体化改造。至此,"央视新闻"新媒体扭转了在渠道上对商业平台的依赖,实现了自建平台的打造和自有品牌持有的突破。

在此期间,商业新闻资讯类网站、客户端的竞争日趋激烈,各类产品数以百计:新浪微博打造"秒拍",作为短视频聚合产品;腾讯推出了"天天快报",主打个性阅读、轻松评论;凤凰网投资"一点资讯"客户端,定位在兴趣引擎和自媒体内容分发;今日头条通过机器算法进行个性化推荐的方式,也逐渐被其他产品吸纳,各平台在产品上的相似度越来越高;斗鱼、一直播等平台也吸纳着巨量网民的注意力。

2016年全国"两会"报道中,央视新闻中心首次把新媒体平台作为大型活动报道的主战场,并将内容策划与媒介创新紧密结合,首次试验性使用全球记者视频回传(VGC)平台,传播效果良好。内容呈现方式上,H5新闻、大数据新闻、无人机全景新闻、VR/AR新闻等层出不穷,应用广泛。2017年2月19日,央视新闻移动网正式上线运行,作为央视中央厨房式全媒体报道平台的重要组成部分,该系统将前端的用户上传互动平台(包括全球记者回传系统)与后端的新闻采编播存用数字化、集约化管理融为一体,重点打造短视频、直播与互动,被视作具有重大意义的飞跃。

第二节　电视新闻资讯节目的类型划分

一、消息类电视新闻资讯节目

消息类电视新闻资讯节目,简称电视消息,它迅速、广泛、简要地报道国内外最新发生的事态,在电视新闻节目中处于重要地位,是新闻资讯节目的主体。消息类新闻资讯是观众了解新闻事件的主要窗口,《新闻联播》《朝闻天下》《江苏新时空》《凤凰午间特快》等就是典型的消息类新闻资讯节目。正确认识消息类电视新闻资讯的基本特点,增强报道的创新意识,熟练驾驭各种报道形式,充分发挥电视传播的优势,使消息类电视新闻资讯既有广度又有思想深度,这对提高整体电视新闻节目的水平有重要意义。

1. 消息类电视新闻资讯节目的基本特质

消息类电视新闻资讯在真实、客观的基础上,旨在迅速、广泛、简短地报道国内外新近或正在发生、发现的事。用客观事实说话,形象真实,"短、频、快、活"地传播新闻,这是消息类电视新闻资讯和其他媒介新闻的共同特点。

第一,快速。消息类电视新闻资讯以快取胜。它的时效性要求报道刚刚或正在发生、发展的事件。为此,记者应有抢新闻的意识,尽量以最快速度把新闻事件传播出去。

第二,简短。"快"和"短"是相辅相成的关系。消息类新闻资讯的任务是迅速、简要地报道国内外大事,至于事件的来龙去脉及前因后果的详尽分析、解释则是其他类型电视新闻的任务。消息类新闻应该做到简短而充实丰满、信息量大。

第三,广泛。消息类新闻节目应该力求在单位时间内容纳更多的消息,提供更多的信息,同时,消息类新闻要注意拓宽视野,扩大报道面,广泛反映各个领域的发展变化。

第四,鲜活。要使电视新闻"活"起来,必须强调新闻的基本规律,即用事实说话。"好"新闻必须用事实说话,既要概括性地交待全面情况的材料,又要有具体的典型材料,还要用电视语言展现这些材料、事实。

消息类电视资讯节目的采制上强调以"新"取胜,对新意的开掘是电视新闻工作者探索的永恒课题。记者要立足于认真体现消息新闻基本特点的基础上,增强创新意识。既要在提高新闻时效上下功夫,也要在选题立意、角度表现的"新"上做文章。

首先,要"抢"独家新闻。"独家新闻"原是西方新闻学的术语,是指抢先刊载或首先发布独此一家报道的新闻,它具有特殊的新闻价值和一定的权威性。然而,在网络与新媒体时代,新闻对时效性的要求达到了登峰造极的地步,时效性变成了实时性。这样,对机构媒体来说,"抢"到独家新闻的难度越来越大。在这种情况下,在事件简讯发布之后,追求新闻报道的"第二落点",即澄清谣言、固定事实、深度挖掘,就成为专业媒体机构抢占"重磅独家"的利器。

其次,要找准"新闻由头"。新闻由头又叫"新闻根据""新闻依据"。由于新闻是对新近或正在发生、发现的事件的报道,所以必须找到这个事件新近发生或发现的一个缘由,才能成为名副其实的新闻,这是新闻规律所独具的个性。因此,又有人把新闻由头形象地比喻为"新闻眼"。

最后,要选"好"新闻角度。新闻角度是记者凭借新闻敏感,为了充分展现事件价值而选择的报道角度。新闻角度即报道角度,是指记者观察、挖掘、表现新闻事件时的着眼点、侧重点。选择报道角度同确立主题思想密切相关,它直接关系到报道的客观效果,因此,有经验的记者都十分重视选择最佳的角度,以增强报道的新闻价值。

2. 消息类电视新闻资讯的主要报道形态

随着电视的发展,消息类新闻资讯陆续衍生出整点播报、滚动播出、随时插播最新消息等形式,与生活节奏有机地融为一体。从报道形式而言,有包裹式新闻、连续报道、系列报道、挂牌报道等多种组合形态。

（1）包裹式组合报道，即在一个完整的时间段里，围绕一个新闻事件或某一类别，通过新闻主持、播报者面向观众进行直接交流，将多条不同形态的相关消息有机组合在一起，形成一种团块性的信息提供，以一种整体的优势使新闻增值，常见的有《新闻背景》《新闻特写》《新闻分析》等立体组合报道节目，亦有称"连锁报道"。

（2）系列报道，即对重大新闻事件进行的立体化、全方位同时报道，它以集中宣传形成规模，扩大新闻的社会影响，能满足观众对某一新闻事件整体把握的要求，尤其在贯彻党的方针政策上更能够深入人心。2018 年 2 月 2 日起，央视新闻频道推出"新春走基层系列报道"，一方面整体报道落实"四全"，生动记录新时代春节的新气象、新作为，另一方面创新选题策划。《一枝一叶总关情》回访了习近平总书记近年来走访调研过的地方；《幸福都是奋斗出来的》选取饱含新时代奋斗、实干精神的典型人物故事；《青年中国说》《春运故事》《在岗位上》《乡风文明新气象》等系列，以小切口微视角观察我国经济社会发展成就、保障改善民生成果以及各地欢度春节的景象。

（3）连续报道，就是对同一新闻事件或新闻人物在一定时间内进行连续追踪最新信息的报道方式，是当今各媒体进行深度报道的一种重要形式。

近年来，央视新闻频道策划了很多连续报道，例如 2001 年的"中美撞机事件"、2004 年的"11·21 包头空难事件"、2006 年"青藏铁路通车"、2011 年"我利比亚人员撤离行动"、2017 年到 2018 年"关注叙利亚局势"等都是有着广泛影响力的连续报道。这些连续报道揭示了事件的来龙去脉、最新发展动向以及最终结果、事件的重大意义等，使受众对整个事件有了较为完整的了解。

《新闻直播间》

（4）整点新闻播报。"整点新闻"播报源于广播电台,因其时效性强、信息量大而受到推崇,伴之而生的有实时直播和全方位的互动。1980年,美国开办CNN新闻频道,将这种先进的传播方式率先引入电视。整点播报应该说是当前绝大多数全新闻频道的主要竞争利器之一。2003年央视新闻频道开播之后,也在很大程度上借鉴凤凰卫视中文资讯台的做法,采取新闻整点播报的方式。所不同的是,凤凰台的整点播报时长为25分钟,而央视时间在7点、8点、12点、15点、16点、17点,以及原来在一套播放的19点《新闻联播》、22点《晚间报道》,都是半小时的节目,在其余时间的整点播出为10分钟。

（5）大新闻架构。所谓"大新闻构架",是指以新闻资讯为骨架,包括整点新闻、半点新闻、深度报道和新闻评论专栏、大板块中的新闻话题、交通信息、经济信息,以及有关新闻和社会事务的谈话节目及其他服务性新闻,互相补充,共同满足受众信息需求的电视新闻资讯节目结构形式。2009年8月17日,央视新闻频道推出了一档8小时的新栏目《新闻直播间》,这档号称"大直播时段、焦点新闻播报"的新改版栏目,也为央视新闻频道自7月27日长达半个多月的全面改版画上句号。《新闻直播间》依然延续央视此次改版大头像、大字幕、关键词、评论等包装风格。每小时都会将当天的重点新闻滚动播出一遍,但并非简单重复,而是随时增补该新闻的后续追踪、背景资料或请专家和特约评论员做解读并逐渐增加深度。时效性是这档节目追求的目标,在长达8小时的直播中,经常插播"最新消息"。此外,观众们还注意到,在加强新闻性的同时,还有意识地增强了娱乐性,在每小时节目接近尾声时,使用了网络上流行的滑稽图片与视频。大新闻架构的优势在于,可以克服整点、半点新闻量多却不深的弱点;可以满足受众不同的视听需求;可以充分发挥新闻在广播电视节目链中的骨架作用。

3. 融合转型下的消息类电视新闻资讯节目

为遵循互联网思维,实现全媒体、全天候、个性定制化传播,提升用户媒介接触体验,国内众多广电新闻机构纷纷拓展传播渠道,打造新型传播平台:一方面,在渠道端积极布局,使网站PC端、IPTV+电视端、移动App,以及微博、微信矩阵等,成为全媒体平台的"标配";另一方面,一些媒体开始尝试打造用户沉淀平台,利用数据存储和数据挖掘技术,分析用户行为、刻画用户肖像,找到目标用户和核心用户,知道他们的现实需求和潜在需求,并通过一套精准有效的算法,及时进行智能推送,为优化产品服务提供参考。进入网络与新媒体时代,传统电视新闻生产在与受众互动关系、内容表现手法、传播渠道布局等方面发生了巨大变化。

第一，Flash动画、漫画、H5等可视化手段得到广泛应用。2016年2月9日的央视《新闻联播》特别节目"新春走基层，孝顺怎么做"中，Flash动画中抛出了记者提出的问题——"你觉得怎么做是孝顺？""你对父母不耐烦过吗？"

第二，数据新闻传播更加成熟。2014年1月25日，央视《晚间新闻》推出"据"说春运特别节目，开创了我国电视新闻运用数据可视化思维进行数据新闻报道的先河。此后，"两会大数据""数说五一"等数据新闻节目陆续出现。这种报道方式亮点在于，让静态数据更加直观，让动态数据更具画面感，让新闻叙述更加活泼，播报风格更贴近生活。

央视《晚间新闻》

第三，虚拟现实技术开始逐步试水电视新闻。虚拟现实技术曾一度是游戏和娱乐领域的热词，自2015年下半年《纽约时报》、《卫报》、今日俄罗斯电视台等相继推出VR新闻产品后，这一新技术开始为世界新闻业提供一种新的创新契机与资源。VR技术对真实场景或虚拟场景的360度呈现大大延伸了观者的感官，因此目前在战争、灾害、自然、科技、体育赛事等的新闻资讯报道中得到广泛应用。2016年里约奥运会期间，央视体育频道微信公众号推出了《全景夺金》专栏，将必须通过可穿戴设备才能体验到的VR场景植入手机，为用户带去360度全景奥运交互场景体验。

第四，无人机新闻报道（drone journalism）开始出现。无人机新闻报道是指利用无人飞行器进行空中拍摄,为突发新闻事件或专题报道提供相关素材的报道方式。2015年8月,多家媒体使用无人机采集的天津港爆炸中心画面让人们感受到了事态的严重与现场的惨烈;同年国庆假期即将结束,京港澳进京高速收费站的航拍将近百公里的车辆拥堵状况呈现给观众,道路上的汽车密密麻麻,极具视觉冲击力。可以说,2015年成为中国无人机新闻报道元年。该技术成本低廉、视角独特、画面效果震撼,具有较强的空间突破力与环境适应性,通过地面遥控能够迅速甚至实时完成多媒体新闻信息的精确采集,尤其适合用于突发事件、灾难现场、恶劣地理条件、大场景活动等人力难以企及的报道任务中。

　　以上要素的重新组合又一次实现了节目的二次创新。例如,2017年全国"两会"期间,新华网发布的微视频《无人机航拍:换个姿势看报告》,就采用了无人机航拍与数字动画可视化相结合的方式,将工作报告关键性内容和数字进行鲜活的呈现,让受众对抽象的宏观报告有了新的解读方式。

微视频《无人机航拍:换个姿势看报告》

二、评论类电视新闻资讯节目

　　1993年底,央视在《东方时空》《观察思考》《今日世界》等基础上成立一个部门,被命名为"新闻评论部",从此以后,这个部门制作的节目都被视为评论类节目。"《焦点访谈》《新闻调查》,一个又一个形态迥异的'评论类节目'被大家在困惑中接受了,甚至后来的《实话实说》……还是被大家迟迟疑疑地当作'评论类节目'接受了。"由于这些节目带来可观的社会影响力与经济收益,各地方台争相模仿，"评论部"制作的各类节目被理所当然地视为评论类节目。

1. 评论类电视新闻资讯节目的主要类型和定义

评论类电视新闻资讯节目采用视听结合、多感官符号共享的综合传播形式，运用电视化的表现手法，为评论性信息、意见性信息的表达创造出了更多更灵活的形式，构建了更为活跃的话语平台。此处主要结合央视新闻频道和地方台民生新闻的相关节目，把评论类电视新闻资讯节目出现的播出平台划分为如下五种类型。

(1) 综合新闻资讯节目中的评论。"综合新闻资讯节目"一般都是比较重要的新闻资讯的总汇，像央视新闻频道的《新闻直播间》《共同关注》《新闻30分》《新闻联播》《东方时空》《晚间新闻》《24小时》《中国新闻》《国际时讯》《午夜新闻》等都属于此类。

在这类节目中出现的评论，一是播发报纸或通讯社的新闻评论。主要是《人民日报》或新华社的评论；二是连线评论员直接对新闻事件进行评论，如央视《朝闻天下》就有专门的特约评论员对相关新闻事件发表即时评论；三是播发本台自己制作的"本台短评"；四是由主持人直接点评。例如，改版后的《东方时空》定位是"新闻热点全景式报道"，一个小时的节目，通常选择当天发生的8—9条重要新闻，呈现事实后，由主持人进行点评。有时还要连线评论员评论，对新闻报道的深度增加了。

在这里值得一提的是"本台短评"的出现，这是类似于报纸社论级的评论，是央视发出"自己声音"的一种最重要的方式，从此央视有了自己常态性的评论。

(2) 新闻谈话类节目。这类节目主要是指通过主持人或记者就某一新闻热点问题同评论员、新闻人物或重要嘉宾以访谈、讨论的形式制作的新闻节目。这类节目中的一部分话题类节目就是新闻评论。像新闻频道的《新闻1+1》《新闻会客厅》，财经频道的《今日观察》，中文国际频道的《今日关注》《环球视线》等。这种方式是电视新闻评论中最常见的方式，以提供意见性信息为主，是纯观点型解析言论类的节目。在这类节目中，主持人除了提供大量事件背景外，还应该预设各种不同的观点，对评论员的表述提出质疑，从而赋予谈话过程某种辩论的色彩。而且，这类节目一般是直播或"准直播"，对当日或近期的重要新闻资讯进行比较全面、深入的解读，时效性强，更具有新闻性，节目的"硬度非常高"。

(3) 新闻杂志节目中的评论。"新闻杂志节目"主要是指在一期节目中包含几个板块的新闻专题栏目或节目。央视现有的新闻杂志节目主要有《朝闻天下》

《新闻周刊》《世界周刊》《第一时间》《全球资讯榜》等。

在这类节目中出现的评论,一是在播发资讯时进行短评,如央视财经频道的"马斌读报"(2009 年 9 月改为"读报时间");二是连线评论员对新闻事件直接点评;三是主持人述评,另外也有播报的"本台短评"。

(4) 深度报道类新闻资讯节目中的评论。"深度报道类新闻资讯节目"主要是指就重要新闻事件或公众普遍关心的话题制作的深度报道类新闻资讯栏目和节目。像《焦点访谈》、《新闻调查》、中文国际频道的《深度国际》等都属于此类。2009 年央视新闻频道改版的一个基本原则就是"淡化专题,强化新闻",因此,深度报道类节目有所减少,最典型的就是把《东方时空》《共同关注》这样的新闻专题节目都改成了新闻综合节目。

在这类节目中出现的评论主要是通过述评的方式,在展开事件的同时,对事件加以解读,对其所体现的本质和意义加以评说,让观众深入了解。

(5) 地方民生新闻类节目的评论,如齐鲁电视台《拉呱》、四川卫视《新闻连连看》、江苏电视台城市频道《零距离》(原名《南京零距离》)、江苏卫视《1860 新闻眼》、杭州电视台的《阿六头说新闻》等,其基本特征为地域性、贴近性的内容和表达方式;个性化的主持人;多样化评论手段;娱乐化评论;传者与受者的界限较为模糊。

概括以上各种节目形态或类型,可以给评论类电视新闻资讯节目下一个定义:评论类电视新闻资讯节目是以电视化手段,针对新近发生或者发现的具有普遍意义的事件、问题或社会现象,为公众提供除事实性信息之外的评论性信息或者分析性信息的一种电视节目类型。

2. 评论类电视新闻资讯节目的主要特点

评论类资讯节目既是对其他媒介评论的承袭和融合,又在各方面条件的作用下发挥出自身特色,形成了评论类电视资讯节目的个性特质。下面重点分析以央视《焦点访谈》为典型代表的评论类电视新闻资讯节目的主要类型特点。

(1) 报道与评论同时进行。电视评论由两部分构成:作为事实的信息和作为意见的信息。电视媒介所报道和揭示的事实本身就包含着评论,而且是最有力的一种评论。报道和评论的并行是现代电视评论节目的重要特性。

报道和评论并行的结构形态与电视评论节目用事实说话的话语方式相辅相成。通过报道与评论的并行,在对生活自身进行记录、传递的同时,表达出党、政府及社会各界的意见和看法,将事件性信息和意见性信息融为一体,事实在各方面的声音中呈现,评说在对事实的人格化铺叙中凸显,给观众带来极大的思考空间。

不仅是这些有既定话语倾向的评论节目强化了报道的作用,对一些无定论的调查过程来说同样也是如此。这是基于电视特性和人的需求所反映的体认。譬如评论节目《焦点访谈》的定位语由初始的"时事追踪报道,新闻背景分析,社会热点透视,大众话题评说"变为今天的"用事实说话"。以对进行过程的展示和对同一事件各个层面的纪实,提供给观众的是一个内容和形式结合、信息和意见兼备的整体。而成都电视台《新闻背景》的特点是"只述不评",实际上就是以一种隐晦的手段让观众自己作出评论。上海台《新闻透视》的指导思想之一就是"通过对新闻事件的报道、追踪、深化、解释、评述,既生动形象地宣传党的路线、方针、政策,又及时反映群众的意见、呼声和要求",评论节目逐渐以报道和评论的并行形成一种有利于观众进行个人判断的信息体系,以更多价值丰富的信息为人们提供多元化的思考角度。

(2)采访、调查的过程即为评论的过程。电视评论中最重要的一点就是汇集方方面面的声音,记者、主持人的采访、调查是这些声音的最佳载体。事实上,意见、情感等评论要素都可以在其中获得人性化的体现,用事实说话也落实于此。记者、主持人采访、调查的过程即为评论的过程,这是现代电视评论节目独有的结构形态。一方面,采访调查的过程使评论具象化,使之更具有电视特色。事实的呈现本身就是一种意见表达,但这种表达需要通过记者、主持人的视线,通过摄像机的镜头有目的地进行,让事实在动态过程中展现。另一方面,采访调查的过程中,当事人、群众、相关方面专家乃至记者、主持人等各方的意见、话语都作为一种信息,和事实的信息汇集在一起,提供给观众一个尽可能宽阔的视角。

此外,由于评论节目所具有的舆论监督作用,有些事实并不是常规采访途径所能获取的。在某些特殊情况下,隐性采访就成为评论节目展示事件过程的重要手段和内容,使观众获得一些更为贴近真相的信息,从而作出较为准确的判断。

(3)评论的多向互动。评论是一种话语表达,而任何的话语都是双向或者多向的,只有在一种互动的过程中,评论才得以真正完成。对这种多向互动的追求首先体现在充分展示相关人士的评论。对于一件事情,人们会发表不同的看法,这些看法在他们的判断中可能发挥着重要的作用,电视评论节目就需要在各种评论的多向交汇中架构观众的思考空间。譬如上海台的《新闻透视·为公平竞争喝彩》讲的是上海放开市场,实行私车牌照无底价拍卖,记者没有作任何评论,而是在一石激起千层浪之后,迅速采集了多方面对这一事件的反馈,来完成对事件的评论。其次,将观众的参与、反馈及时组织到节目中来。

(4)评论的个性化。评论的个性化是电视评论节目的发展趋势,也是节目营销和形成节目核心竞争力的需要。这种个性化主要体现在两个方面,一方面是评论类资讯栏目的个性化。在今天频道纷呈、传播手段多元的情况下,各种评论栏目要想保持立足之地,必须要办出特色,要有明确定位,针对特定的对象、特定的题材范围,特定的方向和目的,对栏目进行整体策划,把栏目当成信息交流工程来设计,打造自己的品牌,形成观众对评论栏目的期待视野。就内容而言,随着频道的增多,评论节目的专业化是评论节目发展的重要方向,财经评论、法制评论、政治评论、音乐评论、体育评论等,使评论更精更专,强化追求深度的信息传播定位,从而形成自己的个性。另一方面,从主持人、出镜记者而言,他们也需要发出自己的声音,展示自己的个人特色和个人魅力。

传统的以传者为中心的传播方式已经很难在公众心中产生广泛的共鸣,如果不在新闻生产理念与模式上作出相应调整,完成从组织化新闻生产向"协作性新闻策展"的过渡,传统媒介组织的舆论引导力势必会在"自说自话"中被边缘、被屏蔽。因此,近年来,越来越多的电视评论节目根据舆论场的新形势作出以下调整。

(1)保证准确,讲求时效。碎片化阅读的影响下,公众信息接收耐心明显降低。面对突发事件,对于正在"表达意见、寻求见解"的网民,专业媒体如不及时供给信息与意见,便势必给谣言的产生提供生存空间。但另一方面,随着自媒体的繁荣,整个媒介生态出现"评论过剩,二手信息过剩,新闻事实生产能力严重不足"的局面。如何保证在尊重事实的前提下提升新闻评论的时效性、针对性成为一门准入门槛颇高的艺术。

(2)力求权威专业,具有较大社会分享价值。面对众声喧哗的舆论场,传统电视媒体的权威专业弥足珍贵。只有准确把握事物的逻辑,提供辨别是非的标准,给人们一个观察新闻事件的框架,只有这样媒体才有足够的能力成为整个舆论场的"定海神针"。

(3)巧设选题,多元互动。选题策划的重要性不言而喻。深圳卫视《正午30分》"午观察"板块的操作方式值得品味。对于国际选题,其操作方式有二:一是就事论事,一语中的,语言鲜活,趣味盎然,例如《神逻辑:卡塔尔外交危机只因特朗普?》《英国提前大选 特蕾莎·梅再次演绎"不作不死"》《荷兰公投这么玩 小心民意的小船说翻就翻》《特朗普访欧只说两件事：更多钱打仗，更少钱环保》等；二是加强贴近性，寻找与国内热点事件、思想观念、价值判断、文化背景的交集，如《法国大选马克龙胜 欧洲暂时没有继续向右走》《有颜有钱有爱，法国史上最年轻总统马克龙还有啥?》等。

三、深度报道类电视新闻资讯节目

深度报道起源于 20 世纪 40 年代的西方报业，本来是报刊为对抗电子新闻媒介竞争而发展起来的新闻报道形态。1968 年，美国哥伦比亚广播公司推出大型杂志型电视新闻节目《60 分钟》，以对社会问题进行有深度的调查为特点，很快成为美国电视收视率最高的节目。20 世纪 90 年代初，随着电视的普及，深度报道类电视资讯节目开始尝试进入中国电视领域：1994 年、1996 年央视先后推出《焦点访谈》《新闻调查》，随着两个栏目的口号"实事追踪报道，新闻背景分析，社会热点透视，大众话题评说"以及"新闻背后的新闻"的广泛流行而逐渐在中国的传媒土壤里扎稳了脚跟。

1. 深度报道类电视新闻资讯节目定义

虽然深度报道类电视新闻资讯节目已经在电视荧屏上屡见不鲜，但关于什么是电视深度报道却有不少争论。《新闻学大词典》给深度报道的定义是："运用解释、分析、预测等方法，从历史渊源、因果关系、矛盾演变、影响作用、发展趋势等方面报道新闻的方式。"[1]《中国应用电视学》提出："解释性、调查性、分析评述性、问题探讨性等一些具有思想内容深度的报道都可属于广泛的深度报道范畴。"

可见，深度报道是关于重要新闻资讯的具有事实广度和思想深度的报道形态。深度报道的功能是在"五 W"纯消息性告知之外，对新闻事件的相关要素作进一步的深化处理，报道的事件往往和社会热点、焦点、难点、疑点乃至冰点问题相关，关注的是事件发展的"过程性"，而不仅仅是本质的瞬间；将新闻事件放到人与社会的关系层面考察，通过深入挖掘阐明事件发生的因果关系来揭示其现实意义，并追踪和探索其发展趋向，是新闻五个"W"和一个"H"的进一步深化；

---

[1] 甘惜分：《新闻学大词典》，河南人民出版社 1993 年版，第 153 页。

最后,深度报道是基于事实的深度,是用事实达到的深度,要用事实来说话,以事实为依据,一切的意义和观念必须置于事实的统合之下,通过事实来体现。

结合电视新闻必须具备的声画、现场感、证实性等媒介特点,对深度报道类电视新闻资讯节目可以作如下界定:以现代电子技术为传播手段,以多元素的图像、声音为传播符号,对新近发生或正在发生、发现的新闻事件或资讯进行解释性、分析性、调查性等报道的节目类型。

2. 深度报道类电视新闻资讯节目类型特征

作为一种相对独立的电视新闻资讯类型,深度报道承担着提供深度信息,反映、阐释、分析乃至预测新闻事件原因、背景与未来等多种功能,既区别于信息类新闻资讯报道,又区别于广播、报刊等媒介的深度报道,具有非常鲜明的自身特质。

(1)强化思想性和思辨性。思辨性是电视深度报道最显著的特征。深度报道将"大"和"专"对接在一起,实现了报道厚度与深度的统一,而这其中又以"专"更为重要,深度报道必须由表及里,透过现象看本质,提供给观众可以思考、受到启迪的东西。思想性、思辨性是衡量一个报道是否达到深度报道的根本标准。理性思辨带给人们的不是简单的介绍经验、做法,而是通过对典型事件的分析,传播思想,颂扬精神。理性思辨、思想深度是深度报道的灵魂。如《经济半小时》作为央视财经频道经济时事的深度报道性栏目,选题上总是着眼于"大经济"——选择重大经济事件、业界风云人物作为报道的焦点,以严谨的态度、新闻的眼光、经济的视角、权威的评论,深度报道经济事件、透彻分析经济现象、忠实记录企业变革、准确把握经济脉搏。从 20 世纪 80 年代中原商战到 90 年代国企改革试点追踪、软着陆;从"95 农村小康纪实"到"99 财富对话"和"新千年达沃斯论坛",从追踪"网络水军"操控舆论到透视"网络团购"陷阱,《经济半小时》总是走在中国市场经济改革与发展的最前沿。它的权威性和深度透析力,给普通百姓提供了及时准确的信息,也给国家宏观经济的决策层提供了生动鲜活的参考价值。

(2)对新闻事件的整合强化。电视深度报道是围绕一个主题、紧扣一个焦点,对新闻信息进行整合报道,它的首要功能就是要产生"1+1>2"的聚合效应。深度报道的"兴奋点"常常都是社会关注程度极高的热点、重点、难点、甚至冰点问题。另外,深度报道因其重要性和显著性,也易引发观众产生足够的注意力。从这个意义上说,深度报道是传播学理论中所谓"议程设置功能"理论的"显著性

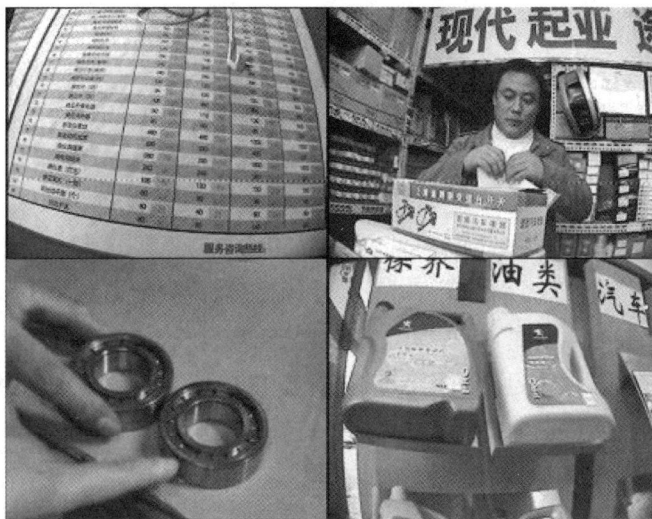

《经济半小时·4S 店的秘密》

模式"的成功应用,即"媒介对少数议题的突出强调,会引起公众对这些议题的突出重视"。同样的新闻事件,采用了深度报道的方式,其新闻价值更容易得到提升,其传播效果更容易得到强化。

(3)重视过程的展示。电视深度报道对新闻事件过程中的曲折性、复杂性要有所反映,上承以往报道的事实或观点,下继新闻事实的最新发展趋势,使观众对整个事件有一个全面深刻的认识。《新闻调查·医保疑团》中,记者带着经过患者和知情者认证的复印单据到骗取医保的医院求证,从院长到肾内科主任,到原信息科工作人员及综合管理科长,再到原医保科长,"我不知道"的声音不断出现,记者始终没有放弃,直到最后找到原信息科长才最终确认了单据的真实性。正是在这步步深入的调查过程中,医院人员相互推诿、力图遮盖事实的行为表露无遗,医院联合患者共同骗取医保金的真相才得以逐步浮出水面。

(4)报道手法多样。电视深度报道内容上的多侧面、多角度、全方位决定了其表现手法的多样化。同时,由于电视自身的优势,声、光、画、字幕等各方面技术传播系统都能应用在电视深度报道过程中。如在《新闻调查·看病难》里,记者清晨六点多在同仁医院门诊与排队患者的对话,现场抓获号贩子的镜头,以及医院录下的号贩子间为利益殴斗的片段,都属于这样的兴奋点。它们对调动观众情绪,提高收视兴趣无疑都起到了很大作用。《经济半小时·4S 店的秘密》里,记者通过明察暗访,多处求证,通过镜头记录,真实还原了走访的现场。在采访过程中,通过全景(汽配城或 4S 店的门面)、中景(店面招牌和店面情况)、近景(采访或秘密拍摄过程)、特写(配件和价目表)的转换运用,再加上主持人的旁白和解说,将整个拍摄过程流畅地展示在观众面前。

总之,电视深度报道是一种在事实性和调查性的基础上围绕一个主题,紧扣一个焦点,综合运用镜头、声音等电视符号,整合新闻信息资源,进行高密集度和强渗透力的信息传播,体现"包容量大、形式手法丰富、主题鲜明"等特点的新闻资讯节目类型。电视深度报道可以充分利用一切符号和技术手段,在节目编排的策划、结构的安排、叙事的选择以及出镜记者等方面大展所长,使深度报道成为中国电视新闻深化主题、发挥舆论监督作用的一种全新报道形式。

四、直播类电视新闻资讯节目

直播类电视新闻资讯节目调动一切手段,让观众及时、直接地接近信息源,并有一种逐渐推进的体验过程,随时将新闻事件的进程与人们共同分享,是最具有电视特性的一种新闻形态。直播节目在世界各国的新闻资讯节目中都占有越来越大的比例,是电视新闻资讯节目发展的最终趋势。直播类新闻资讯有两个含义:新闻资讯节目的演播室直播;重大新闻事件的现场直播。

1. 新闻资讯节目的演播室直播

新闻资讯节目的演播室直播是指在演播室播报节目的同时把节目信号传送出去,新闻的播报与观众的收看同步进行,实际上是演播室播报与新闻制作合成、受众在电视机前观看三个环节合三为一的直播。

与在规定时间内按时播放已经录制好的新闻资讯节目播出带(录播)的方式相比,新闻资讯的演播室直播具有明显的优势,首先是报道时效快。录播节目的截稿时间往往需要提前三至四小时不等,而采用演播室直播,即使新闻资讯节目已经开播,仍可以将刚刚制作好的资讯插进去,甚至可以与现场直播或连线报道相结合,把重大新闻事件引到新闻资讯节目中,更能凸显电视新闻资讯的时效性。比如 2010 年从 10 月 1 日 18 时 59 分 55 秒开始,央视《新闻联播》运用"画中画"的方式,将卫星发射的倒计时实况画面嵌入到报时时段和《新闻联播》片头的画面右下角,19 时 0 分 18 秒片头结束,卫星发射现场实况充满全屏,观众在第一时间同步看到卫星成功发射升空的壮观场面,现场直播了点火、升空全过程,并向观众预告了 20 多分钟后将进行星箭分离的关键节点。其后在 19 时 25

分 05 秒至 27 分 11 秒,《新闻联播》再次现场直播了"嫦娥二号"星箭分离的实况。两段直播时长 6 分 07 秒。其次是新闻编排更加灵活。录播按照预先的设计,一般无法插播新闻资讯,而直播的新闻资讯节目,只要节目播出没有结束,就可以随到随发。最后是演播室直播对电视新闻从业人员的工作态度、作风、技巧等提出了更高的要求,有助于培养新闻从业者快速、准确的工作作风。

演播室直播加强了新闻资讯的时效性、现场性,也促进了新闻资讯节目编排的改革和新闻观念的更新,代表了电视新闻资讯节目的发展方向。目前我国各级电视台的新闻资讯节目大多数实现了演播室直播,比如央视的《新闻联播》《朝闻天下》《新闻 30'》等,江苏卫视的《江苏新时空》,东方卫视的《看东方》,黑龙江卫视的《黑龙江新闻联播》等。

2. 重大新闻事件的现场直播

重大新闻事件的现场直播是指以新闻现场的多机位拍摄、现场编辑与卫星传播直接相连的现场新闻即时传送为主体,综合背景资料、相关知识介绍、演播室的串联、评述、现场记者采访及多个现场之间的交流为一体的综合报道系统,既能发挥新闻现场的全部潜能,满足人的好奇心,又能进行多种形态的资讯整合,以多元方式构建完整的新闻资讯系统。

就全世界范围来说,电视新闻资讯直播的数量和质量都是电视节目保持生命力的重要标志,也是电视台追求的目标。而重大新闻事件的现场直播恰恰是电视新闻资讯节目中最具生命活力的一种类型,最直接、集中地体现了电视新闻资讯传播的本质特征。

第一,原生态还原了现场复合资讯。在事件发生时让观众直接感受到现场的氛围,与社会实践同步前行,是媒介的职责和功能所在。新闻事件的现场直播能与新闻事件正在发生的现实时空平行,能够直接摄取新闻现场的形象、音响、环境氛围,人物事件作为传播符号,同步制作播出,还原并延伸了生活的视像、声音、心态、情绪、氛围等,保留了运动的延续性、过程的可体验性、事件的不可预知性。在 2005 年 11 月 28 日对伊拉克前总统萨达姆的庭审中,曾先后不止一次出现直播画面被切断的情况,究其原因,是美国官方不愿意萨达姆将直播作为舆论宣传的舞台。然而百密一疏的是,负责庭审直播的管理人员在切断画面时忘记了关掉麦克风,致使法庭内的一些激烈辩论,萨达姆的"真情告白",甚至是萨达姆与老部下的玩笑之词,均被防弹玻璃外的西方记者聘用的阿拉伯翻译听得一清二楚。《芝加哥论坛报》在最先获得这些内幕消息后,立即进行了曝光,随后美国主流媒体《华盛顿邮报》和《纽约时报》竞相跟进。尽管各家报纸报道的侧重点不同,但萨达姆显然是雷打不动的主角。这些文章指出,或许是已经被关押将近两年的缘故,在休庭期间,萨达姆的表现一直比较活跃。他除了在庭上向法官抱怨自己在监狱受到的"虐待",还在休息时和自己的老部下甚至是安保人员拉家常。

第二,满足了人的共识需求。人们渴望能够在事件发生的同时共时感知,在过程中同步体验,将个体的生命融入集体之中。当全世界的人都在为同一件事欢呼或者悲恸,为同一个画面激动不已的时候,个体的生命在交汇中产生了巨大的能量,人类的生命因此变得无比辉煌和厚重。2015 年 9 月 3 日,纪念中国人民抗日战争暨世界反法西斯战争胜利 70 周年大会上,盛大的阅兵活动通过直播向全球展示国威军威,凝聚全民力量。调查显示,央视并机直播频道总收视高达 27.39%,观众 4.5 亿,观众忠实度冲破 78%,各年龄段收视均超过 20%,除了 24—33 岁观众外其余到达率均超 30%,中老年、高学历、男性观众的表现尤为突出[1]。另据新浪微博统计,截至 2015 年 9 月 4 日 21 时,与"9·3 胜利日大阅兵"相关话题累计阅读总量达 146 亿人次,有 2 151 万人参与微博讨论,4 675 万人为祖国点赞,点赞 2.159 亿次破历史纪录[2]。

看过 2015 年纪念抗日胜利 70 周年大会直播后,网民"@松果果真"写道:"苦难中觉醒,危机中奋起,五千年的灿烂文明扎根于神州大地,当今的中华民族已是今非昔比。正视历史,尊重历史,不滥用武力,不蓄谋战争,一个崛起并强大的中国永远都是保卫世界和平的中坚力量。为祖国欢呼,祖国万岁!"

第三,重大新闻事件的现场直播成为人类体验的一部分。人的心理欲求总是超过自己的生理能量,媒介所需要做的就是尽可能地满足人延伸自己的心理需求。新闻事件现场直播具有与生活类似的同构性,并以其技术能力所提供的无尽可能性与鲜活的生活结合在一起,构成一个更人性化的现代生存空间,让人获得梦想中的体验,在满足观众需求、实现人的梦想的过程中培育了观众。

特别是在体育竞技中,媒体实际上决定了体验的性质。电视直播在很大程度上改变了体育竞技,他让体育竞技焕发出生命的神圣感,人们从体育中获得的

[1] 电视台收视率排行榜:《2015 纪念抗战胜利 70 周年阅兵式》,http://www.tvtv.hk/archives/2017.html。

[2]《抗战胜利 70 周年阅兵活动引发广大网民强烈反响》,新华网,http://www.jiaodong.net/news/system/2015/09/07/012865483.shtml。

已经远远超过了那些运动本身,泰国僧侣甚至在神庙里为足球运动员贝克汉姆塑了金像,称足球在某种程度上也成了宗教。

技术的进步推动着电视直播手段的更新换代。在经历了北京奥运会史无前例的大直播后,2009 年 60 周年国庆大直播则采纳了飞猫索道系统、直升机航拍、高清设备等多种先进拍摄转播手段。而到了 2014 年 APEC 北京峰会,2015 年抗战胜利 70 周年、南昌西汉海昏侯墓主椁室考古发掘工作,2016 年 G20 杭州峰会等重大事件的电视直播,演播室虚拟抠像技术、GoPro 摄像与 4G 移动直播技术、SNG 直播车与无人机航拍技术、虚拟动画植入技术,以及多屏互动全媒体直播技术等使得虚拟与实景相结合,视觉美感最大化呈现在观众面前,极大地增强了报道的冲击力和感染力,现代人的生存体验已经是和电视现场直播紧密联系在一起的延展性体验。

第四,信息传播的系统结构发生变化。就信道定理而言,在信息传输过程中,信息量服从一条相应的规律:它只会在传输过程中不断减少,不会增加。信息传递通过的通道越长,环节越多,损失越大。只要在信息传递过程中任何一环控制能力被减弱,都会受影响。电视直播节目在同一时态完成了信息源—编码—传输—解码的全过程,它所传递的信息具有同时共享性,在信息传播上最大限度地减少了损耗。

当然,现场直播仍然不能等同于现场,它是一种传播形态,需要选择直播对象,并对时空进行重构。现场直播提供了一种以新闻现场为信息链条的系统结构。新闻现场直播虽然设置许多不同机位,利用不同景别,在一个或多个新闻现场拍摄,但每个机位都有不同的角度、不同的视点、不同的选择,在发送信息时还需要编辑人员进行有序的排列,事实上,新闻现场的时空已经被这种选择和有序排列进行了重构,显示出信息的选择、梳理、强化和突出的意义。所以说,现场新闻直播的过程也是信息有序化、集约化的过程,满足观众对信息准确性、鲜明化和系统化的心理需求。

除了自造平台,传统电视媒体还借助商业类内容分发平台拓展影响力。例如,基于数据挖掘的推荐引擎产品的"今日头条"与各类媒体合作,各取所长,后者专注于内容生产,前者负责精准推送,2016 年下半年到 2017 年上半年,在不到一年时间里,共推出 6 000 余场直播。其中包括"G20 杭州峰会""国家主席习近平发表 2017 年新年贺词"等国家重大事件;"对话'箭步哥'还原 3 秒翻桌跳梯救人""菏泽山药丰收菜农却犯了愁"等正能量事件;"嘘!菏泽交警正在查酒驾"

"夜查远光灯,一辆、两辆……交警如何处理?"等执法宣传;"大年初一的西湖""实拍济南民众欢庆元宵佳节"等民风民俗;还有庭审直播、公共交通状况直播以及骑猪大赛、赛鸽大赛、钓鱼比赛等趣味直播。今日头条平台上,上述各类直播的用户观看量少则数十万,多则上百万。

五、对象性电视新闻资讯节目

如前所述,20 世纪 90 年代以来电视实务界所实践的新闻节目类型已经远远超出单纯的新闻定义所指向的内容,节目涉及的范围越来越广阔,大大超越了传统新闻的范畴,不仅有传统意义上的时政新闻,而且还包含财经、证券股票、影视娱乐、文化体育、生活服务等方面的内容。1979 年,央视创办了《为您服务》,立足于满足人们日常生活需求,介绍日常生活知识。广东电视台 1981 年创办《家庭百事通》,湖北电视台创办《生活之友》,等等。这些节目大都与老百姓的衣食住行息息相关,强调贴近性、服务性。尤其 2002 年 1 月 1 日江苏广播电视总台城市频道开通的《南京零距离》,更使得电视媒体意识到民生资讯的巨大魅力。

1997 年,光线传媒推出娱乐节目《中国娱乐报道》,口号是"我们了解娱乐界,娱乐传闻到此为止",成为娱乐资讯的典型样式。紧接着,《世界娱乐报道》《娱乐人物周刊》《音乐风云榜》《体育界》《电视剧风云榜》《摩登时代》等一系列娱乐资讯节目相继与观众见面,吸引了大批观众。世纪之交,一大批在原先的新闻节目定位中较为少见的资讯节目纷纷亮相,如《中国证券》《谈股论市》《影视同期声》《健康之路》《房产直通车》《天下足球》《综艺快报》《东方体育快评》等。"资讯"可以说是 CCTV-2 中出现频率相当高的一个词。从早间的《第一时间》"用资讯唤醒清晨",提供国际国内最新经济、市场行情与生活实用资讯,到午间的提供以国际为主、国内外融通的《全球财经连线》,再到晚上主动为观众挑选最重要的经济新闻的《经济半小时》,为广大观众传递有价值的经济类资讯已成为该频道中各大栏目服务受众的一项重要指标。

这些以资讯为主的节目着眼于提供受众需求的信息,是传统意义上的新闻向服务性信息的拓展,内容也更贴近受众的日常生活。换言之,这些"资讯"就是对受众有实用意义的信息,传统新闻节目更注重时事政治内容,特别强调时效性,同时注重对民众进行宣传和教育,表达方式相对严肃、精准;而这些节目提供的资讯内容更宽泛,形式更灵活,风格更亲切、活泼,常常用图像、动漫、字幕、图表等方式使得资讯更加简化、具象化,更易于吸引受众。从内容角度进行划分的话,这些在传统新闻定义之外的资讯节目可以分为财经资讯节目、生活服务资讯节目、娱乐资讯节目、体育资讯节目等。有学者把这些新闻之外的资讯节目称为"资讯信息类电视新闻资讯节目"①,按照最基本的定义,它应该有广义和狭义之分。按照"资讯为先"的业界原则,字面上来讲,广义的资讯信息类节目指提供简要新闻及各个方面、各种类型动态的集成化电视形态,它甚至可以放大成为独立的电视频道,比如凤凰卫视资讯台;而狭义的资讯信息类则指以不同行业及不同形式构成的集纳式专业信息板块,比如 CCTV－2 财经频道的《全球财经连线》、CCTV－6 电影频道的《光影星播客》。

　　跟传统的新闻时政类电视新闻节目相比,这些资讯性节目具有其独有的传播特质。

　　一是直接锁定目标受众。依据社会学理论,现代社会有一个明显的发展趋向,就是不断地分化,进而导致社会分层的不断出现和变化。面对社会分层以及细分之后的不同受众需求,电视传媒决策者将媒介产品等同于一般消费品在市场上的流通,依据市场营销学理论,依据消费者消费需求的变化,成熟的市场必然要达到细分的阶段。换句话说,现代营销战略的核心可以被描述为 STP 营销——即细分(segmenting)、目标(targeting)和定位(positioning)。经过细分之后,原先"自说自话""目中无人"的传播模式转变为"观众是上帝"式的观众中心模式,节目制作之前必须先找到自己的目标受众,这是中国传媒业 40 年来最重要的转型之一,也是这些资讯节目存在的基本前提。比如《中国证券》节目注意股民心理;《全球财经连线》栏目最具价值的地方就是其高端受众的传播价值。栏目虽经过不少调整,但目标受众一直锁定在高端人群中,这批社会中坚力量的消费能力成为栏目的最大卖点。《娱乐现场》则主要针对"追星族""粉丝族"。凤凰卫视资讯台的《天下被网罗》这样一档结合网络新媒体形式的电视新闻节目,有效地改善了新闻资讯类节目在内容和形式上的单一、枯燥,并且把握住年轻观众在收看资讯的同时,渴求娱乐的心理和有效互动的需求,同时利用凤凰卫视已有的网络电视直播平台和网络在线视频节目的优势,吸纳一部分非电视爱好者的网民收看节目。

　　面对复杂的竞争,一个栏目或节目必须将目光锁定在目标受众群的收视需

————————

① 徐舫州、徐帆:《电视节目类型学》,浙江大学出版社 2006 年版,第 41—43 页。

求以及需求的变化发展上,充分利用市场条件,为节目创造最大的受众群和最大的经济利润。而且由于受众需求包括多个方面,有显性与隐性之分,显性需求是受众意识到的,而隐性需求可能是尚未被发掘的。资讯节目所做的不仅是满足这种显性需求,还需要通过节目制作者敏锐的判断力、预测力和捕捉能力,去创造满足受众各种显性或隐性的需求。比如凤凰卫视1998年4月份新创的《凤凰早班车》,一改以往严肃的播音腔,以"说"新闻的方式,使得原先"我播你看"的方式变为"你说我听",运用口语化的播报风格来应对早上刚刚醒来、需要祥和气氛的观众,在温和、轻松中将当日世界最新的时政和财经资讯传递出来。

二是承担资讯"万事通"功能。有"客厅媒体"之称的电视是人们家居生活的一部分,资讯节目直接为受众的日常生活提供各种及时服务,包括新闻时事、天气预报、商品信息到购物指南、旅游出行、股市行情、期货动态、金融理财等,这就要求资讯节目中的信息具有实用性、及时性、贴近性等"管家服务"的特点。比如杭州电视台生活频道在2005年整合《都市报道》《都市生活》等栏目,推出一小时生活服务资讯类节目。节目以百姓日常生活服务指南为报道主体,给广大受众提供最全面、最实用的杭州及周边地区的生活服务信息。结合信息搜集、现场报道、深度调查、投诉跟踪等多种形式,关注普通老百姓的生存状态与生存空间。按照以新闻方式提供生活服务的总体思路在现有频道资源的范围内,根据节目内容进行细化,使节目能较为集中地反映某些特定领域的需求。节目内容定位的专一化与目标观众的分众化,使受众在感兴趣的频道和栏目里可以最大限度地获得有价值的信息,从而培养固定观众群的收视习惯,提高收视率。节目集服务、热线、互动等功能于一体,风格轻松明快,语言风趣通俗,生活气息浓郁,努力贴近普通观众。

三是整合信息的逻辑清晰、角度独特。因为要服务于明确的目标受众,资讯节目往往直接根据目标受众的需求对纷繁复杂的信息进行整理、整合,编排角度、编排技巧是一档资讯节目成功的关键。例如2014年8月停播的《全球资讯榜》是央视财经频道新闻主框架的组成部分之一,在正午黄金时段为观众提供全球经济资讯。2005年CSM全国收视调查报告显示,该节目收视率呈现明显强劲上升态势,而15秒的千人收视成本仅1.42元,可谓是CCTV-2广告投放最为超值的经济类栏目。该节目的成功与节目独特的编排方式不无关系:节目突破常规新闻播报形式,巧妙嫁接报纸的编辑模式,借用"排行榜"这一形式梳理浩如烟海的经济资讯,"一榜知天下"的编排方式是中国电视新闻资讯编排史上的全新尝试。如此一来,编辑只需根据经济资讯的不同重要程度选择节目所需素材,这就找到了编排逻辑,也轻松掌握了众多经济信息与节目之间的契合点。

《全球资讯榜》　　　　　　　　　　　　　《环球财经连线》

2009年8月24日,央视财经频道正式推出《环球财经连线》,与另外三档成熟节目《第一时间》《经济半小时》《经济信息联播》共同构成资讯板块的主线。开播以来,《环球财经连线》收视率表现不俗,与之相伴的四位主持人也成为央视"名嘴"。节目打破了国内资讯与国际资讯的板块划分传统,而是以大洲为单位,选择重要信息作为头条,辅以若干其他资讯;在解读上,依托一个经济热点问题,从全球视野进行观察,或站在国际视角解读国内新闻,或找寻国际新闻的国内落点,在保持专业性的基础上深入浅出,形成了栏目特有的风格。

四是平民化视角及沟通的亲和力。品牌亲和力是消费者对某种品牌的感情量度,当消费者视某种品牌为生活中的一位不可或缺的朋友,对它产生熟悉感、亲切感和信赖感,认同其存在的意义时,该品牌就具备了品牌亲和力。以关注民众、服务民生为核心的"民生新闻"的出现,动摇了传统新闻资讯高高在上、一成不变的形式,它以报道民众身边事,通过电视反映群众声音的鲜明风格赢得了观众的喜爱,我国电视新闻节目的收视格局也因此发生了显著变化。《南京零距离》2002年推出后收视率屡创新高,也创下单个栏目年收入超亿元的奇迹。民生新闻资讯类节目的推出,既是群众知情权、话语权的需求,也是一种市场的选择。广西电视台资讯频道晚间主打栏目《资讯晚报》节目长度40分钟,节目定位就是一档专说百姓身边事的新闻;一档全方位为百姓提供说话平台的新闻;一档无微不至为百姓服务的新闻。节目设有"百姓话题""百姓说话""拍马赶到""高枫说事""许菲说事"等板块。主持人风格以说为主,边说边评。其中的"百姓话题"每天从一件百姓身边发生的事说起，从百姓最关注的话题说起，配以"百姓说话""相关链接""主持人观点""观众评说"等小板块，形成一个较完整的板块结构。这一板块注重观众的参与和互动，要求话题有所链接和延伸，并可根据观众的建议寻找第二天节目的话题，在实践和摸索中逐步形成根据观众需求办节目的模式，依靠千万观众做智囊团，保证节目信息源的生生不息。目的是通过对百姓身边事的深入探讨，强化观众对节目的参与，为百姓提供说话的平台。

《传奇故事》

根据以上分析，本书对对象性电视新闻资讯节目作如下定义：所谓对象性新闻资讯节目是指以受众分化为基础，针对特定目标受众播出，并侧重表现特定内容领域或范畴的一种节目类型。对象性电视新闻资讯节目是电视节目从"广播"向"窄播"发展过程中的必然产物。

2005年，江西卫视创办大众性新闻节目《传奇故事》。仅仅开播三个月后，节目跻身尼尔森全国卫视晚间收视前50名。十一个月后，收视率攀升至前10位。十多年过去了，这档品牌栏目收视率一直保持在相对稳定的中等水平，且产生了良好的社会反响。节目定位上，栏目以人为核心，以民主、科学的理念以及中国优良的道德传统作为节目立意，在雅与俗之间寻找平衡，以此关注当下新闻热点话题，执行媒体守望功能。一事当前，节目会在最短时间内拿出成熟的思想、观点与角度，使新闻事件成为"真善美义理德"的载体。同时，用观众喜闻乐见的方式表述让节目趣味盎然。2015年，山西卫视推出以律师为主体的原创法律服务类节目《顶级咨询》，该节目最大的特色在于搭建专业法律平台，架起百姓和权威律师之间的桥梁，邀请国内知名律师为百姓提供"量体裁衣"式的服务，让服务接地气、更务实。2016年，央视综合频道推出了全新"融媒体"新闻资讯节目《生活圈》，该栏目将微信朋友圈理念融入到栏目创新中，利用先进的"全媒体演播室"搭建了一个包括观众、专家、专业记者与生活达人等在内的"生活圈圈友群"网络平台，实现"你点我播、你评我播"，内容涉及安全、健康、消费、人际等与百姓生活相关的领域，突出互动、快捷、服务、实用、平等对话等特点。

新闻资讯节目《生活圈》

以上一共列举了五类电视新闻资讯节目,电视资讯节目的类型当然不止这些。譬如数字技术的发展使得可以传送的频道数量剧增,电视资源的丰富为观众群的分化提供了可能性。当手机电视和新闻融合,新闻的时效性优势以及手机电视的即时传播特色都将发挥到极致,而以此相伴的节目形式为24小时随时更新的"手机新闻台"。另外,网络巨头、小型独立制片人和手机创意者开始加紧制订需求保障的移动视频节目计划,可供下载的节目从12分钟到40多分钟不等,内容涉及音乐、体育、戏剧、喜剧和新闻等领域。2016年,短视频超过图文和组图成为今日头条最大体量的内容形态。当年平台短视频每天拥有10亿次播放量,其中93%的视频时长在10分钟以内,74%的视频时长在5分钟以内①。

同样,在2016年7月,澎湃新闻CEO邱兵离职率队创业。2016年11月3日,以资讯类短视频为主打产品的梨视频App正式上线,目标用户直指以"好奇、分享、萌宠、二次元、新鲜、冒险、表达"等为特征的年轻用户。内容定位上,与更多关注制度建设的"我们"(《新京报》与腾讯合作产品)、澎湃新闻短视频等不同,梨视频倾向于关注心灵建设,即便报道新闻也主要呈现事件的"第一落点"。自上线以来,梨视频相继策划了"蓝瘦香菇""带鲤鱼上学""拉面小哥"等一系列转发量大、分享度高、广受欢迎的"病毒话题"。

---

① 任晓宁:《今日头条正式进军短视频领域》,www.chinaxwcb.com/2016-09/21/content_34567.htm。

第三节　电视新闻资讯节目的策划

在日益激烈的媒介竞争环境中,策划新闻资讯节目的能力是一个媒体号召力、影响力的重要体现,是媒体在新闻大战中占尽先机、立于不败之地的一个重要手段。经过精心策划的电视新闻资讯节目或者栏目会成为一个电视台的品牌,不仅给媒体带来可观的经济回报,更重要的是由此带来巨大的社会效益和媒体忠诚。

一、选题策划

电视节目的选题一般是指电视节目制作人员根据对新闻资讯价值的判断,抓住一定时期的政治、经济、社会等方面的变化与事物的非正常状态,紧扣不同观众的需求、思想变化,进行报道方向和内容的选择,以吸引和影响观众。《新闻会客厅》栏目制片人包军昊认为,新闻资讯类"谈话节目的龙头是选题,'选题为王'这是一个基本认识"。成功的节目往往来自成功的选题,选题是第一道关口,是方向性的选择,而选题的征集、选取过程和深广度、可操作性都要与电视栏目定位保持充分的契合。

1. 对时事资讯的选题策划

电视时事资讯节目最直接地反映资讯和政治的关系,以传达党和政府的声音、报道国内外重大时事为基本内容,承担着舆论宣传、上情下达,在政党、政府与人民群众之间架起沟通桥梁的使命。因此,此类时事政治资讯节目需要遵循政治体制的要求,把握好节目追求与政治分寸,同时需要加强感染力、吸引力,以期达到较好的宣传效果。这就要求节目制作者有"举重若轻"的本领,将重大主题转化为可视性强、说服力强、新闻性强的资讯节目。在具体的选题上,策划者应该将中央的大政方针、宣传精神充分地理解消化;从实际中调查研究,掌握大量的具体事实;从观众关心和熟悉的角度出发将二者有机结合起来,使枯燥的东西生动化、立体化,充分体现主题性报道的贴近性和服务性。比如《焦点访谈》选题坚持"政府重视、群众关心、普遍存在",号称舆论监督的"选题三原则",并在过去很长一段时间内被视为标杆。

2. 对对象性新闻资讯的选题策划

此类策划应从受众入手,强调以人为本。受众对传媒一般有着以下需求和期待:瞭望需求,因为媒介是人的延伸,不同的传播媒介也就是人的不同感官向外部世界的"延伸",大众传媒日益成为受众观察社会环境的主要手段;实用需求,读者通过接触大众传媒获得生活上的帮助和指导;社会化需求,读者通过大众传媒获得信息、知识和技能,获得判断是非的标准,通过大众传媒学习和扮演社会角色;调剂生活的需求,大众传媒往往能使受众的感情得到宣泄和释放,产生愉悦的心情。具体而言,对象性新闻资讯的选题策划有以下五个原则。

(1) 可受性原则。可受性是新闻资讯策划对于读者的可接受的程度。由于新闻资讯策划是媒体有目标指向的新闻筹划活动,是传媒人的一种主观行为和"议题设定",很容易出现一厢情愿、"目中无人"的局面。新闻资讯的可受性取决于受众的共同心理要求,因此,媒体策划的选题必须是大多数受众欲知、应知而未知的。

(2) 时新性原则。新闻资讯的本质是"新",新闻策划是以新闻资讯事实为基础的策划和运作活动,当然也要新,要有较强的新闻性。对于事件性报道,要有较强的时效性,对于没有准确时间要素的非事件性报道,可将它放在特定的时间坐标系或特定的背景下实现其时新性。如《经济半小时》通过"奥运大盘点"的选题方式使已经结束的奥运会再次成为新闻资讯。

(3) 深度原则。媒体对客观事实应有整体的把握和高屋建瓴的认识,以开阔的思维去观察和思考,做到宏观把握,微观着手。策划者要善于用联系和发展的眼光看问题,有计划、有目的地深入挖掘,将百姓关心的报道层层做深,给读者留下全面、深刻的印象。对于热点新闻资讯和重要新闻资讯还必须通过报道来推进事件的发展,最终揭示事件的本质,满足人们的期待,而不能在平面上无休止重复,最终令人失望。

(4) 前瞻性原则。随着新闻竞争越来越激烈,新闻资讯策划已为越来越多的媒体所重视。因此,领先一步占得先机也就成为新闻资讯策划成功与否的关键,所谓"快手打慢手"。要做到前瞻,首先要做到准确把握热点,这就要求编采人员具有高度新闻敏感,一线记者要及时向报社反馈信息,使策划人事先对自己要做的选题心中有数。同时,获取信息也是新闻策划前瞻性的一个重要前提。这就要求媒体和记者要与社会各界保持密切联系,要将新闻触觉伸展到各个角落,要做全天候的新闻人。

（5）策划中的人文意识。好的新闻资讯策划应当有忧患意识和人文情怀。新闻策划的人文情怀更多的是关注当下社会普通人的生存境遇和发展要求，新闻采访学上有一个公式：平常人 + 不平常事 = 新闻。因此，新闻的主题策划可将视点下移到普通民众身上，挖掘平凡人不平凡的经历，反映普通人的声音①。

二、采访策划

当我们说到采访策划时，常常是和采访技巧、采访经验、采访准备、采访程序等内容联系在一起的。区别于文字采访，电视采访是在镜头前完成的，讲求多工种的配合，在时间、场合环境上要求很多，电视采访本身不是在完全自然的条件下进行的，而摄像机在其中更是带有某种主观意识。从策划角度上说，电视新闻资讯类节目的采访要求记者具有四种意识。

1. 换位意识

指采访记者与被采访对象之间思想、情感的互动与交流，也指采访记者与假想镜头背后的电视观众之间的思想、情感的互动与交流。换位思想首先要求采访记者要考虑和尊重被采访对象在镜头前的感受，使他们放松情绪，进入自然的谈话状态，这是做好采访的前提。通过这样的"换位"，使被采访对象敢于面对镜头吐露真实的想法，让受众通过屏幕看到真相，听到真话。曾经做过《新闻调查》《面对面》记者、主持人的王志曾经介绍说："《东方之子》对采访对象有一个原则：平视。平视到底是什么概念？这么多年我思考这个问题，平视不应是记者的眼光，应该是观众的眼光。当你对强者的时候，你要把他压下去，当你面对弱者的时候要给他扶一下。"

2. 无知意识

无知意识是指出镜记者在采访过程中要保持一种无知心态和求知的好奇心，有些采访即使知道结果，也要在设计采访问题时从无知开始，到获知结束。无知意识首先体现为记者采访前的一种谦虚心态，从而保持一种积极应变的心理状态。镜头下的采访一旦开始，记者绝不能像一个全知全能的上帝，在采访中似乎把对方想说的话都料到了，或者替对方把话说完，只给人家点头说"是"或摇

---

① 《策划制胜：怎样做好新闻的选题策划》，http://www.zjol.com.cn/05cjr/system/2004/11/22/003928289.shtml。

头说"不"的机会。无知意识还体现在记者面对采访对象时的问题设计。问题的设计要有逻辑性,前一个问题与后一个问题之间要呈现出层层递进的关系,这样才符合人们的认知规律。

3. 怀疑意识

怀疑意识是指在调查采访时,采访记者始终要保持警惕,不要轻易相信眼前看到的场景、耳朵听到的话语,用足够的怀疑来作出冷静的判断,尽可能采访到方方面面的事实和证据。怀疑意识不仅是一种科学的调查精神,也是一种采访策略,在具体操作中,要找到灵活、聪明的方式。此外,言语的表述还要遵循一定的交流技巧,不能给对方造成太大的交流阻力。

4. 现场意识

现场意识是指现场记者的采访要和事件同步进行,尤其要善于抓住每一个反映事物本质的瞬间,并通过采访把它揭示出来。反映事物本质的瞬间往往构成节目的精彩段落。记者要善于把握事件进程和人物活动的各种变化,作出正确判断,尽可能还原出一个真实的时空流程和场景。

三、嘉宾策划

电视领域的嘉宾是指被邀请到节目现场,参与节目的所有客人,这是广义上的嘉宾概念。狭义上的嘉宾是指坐在主景区,与主持人共同构成主体的某位或几位人士。在新闻资讯类节目中出现的嘉宾主要包括两类人:一类是以专家、名流为代表的社会精英人士;另一类是以新闻事件当事人为代表的社会各阶层人士,尤其是中下层人士。这些嘉宾可以对新闻现场第一时间获取的新闻事实进行解读和分析,深化新闻节目的内涵;也可以增加节目的信息量,嘉宾精彩的分析也能够成为新闻信息的一个有机组成部分;另外,嘉宾还能帮助控制节目进程,在重大新闻资讯现场直播过程中,如前方新闻信号不能及时传送到演播室,嘉宾的谈论能够有效地"救场",避免现场失控的尴尬。

选取参与电视新闻资讯节目的嘉宾有以下三个原则。

1. 资格原则

不管是以嘉宾为中心的新闻资讯节目,还是以嘉宾作为重要组成部分的新闻资讯节目,嘉宾的第一要求是资格,就是具备符合节目需要的所谓"谈资"。参与节目的嘉宾可以是新闻的当事人,或者是对新闻解读和评价有充分把握的专家学者,嘉宾共同的一个特征是比一般观众掌握更多关于新闻本身或新闻背后的信息。当请不到主要当事人时,可以请见证者、目击者或者当事人的亲属、朋友等了解情况的其他人。资格原则是选择嘉宾时的一个根本原则。

2. 权威原则

权威原则是指邀请的嘉宾是某个专业领域的权威。权威嘉宾能够提升节目的影响力和公信力。但要注意扬长避短,激发嘉宾热情,协调嘉宾言论与节目的关系。在嘉宾选取上还要注意嘉宾是否健谈、嘉宾的形象是否符合上镜要求,邀请多位嘉宾时注意协调彼此的关系。好的嘉宾策划能够有效地激发嘉宾参与节目,深化节目内涵。作为带有新闻调查特性的辩论节目,东方卫视《东方直播室》节目中,每一位嘉宾的发言都带有导向作用,节目进程基本上是新闻调查 + 观点辩论 + 道理阐述 =《东方直播室》。所以,栏目成立了专门的策划小组,由资深新闻人组成,对主题进行严格筛选、把关。总制片人陆天旗表示:“我们选择的嘉宾,不但要有学问,还要有思想深度。”

3. 组合原则

组合原则是指邀请一个以上不同嘉宾时要进行功能设计与组合,以便形成对话中的互动、反差、冲突等关系,更好地发挥出场嘉宾的功能,为节目增光添彩。2016 年—2017 年,共享单车一夜之间火遍大江南北,改变了人们的出行方式,让骑车重新成为城市时尚。成为资本宠儿的共享单车企业,不断上演着各种“神话”。然而,对于共享单车的前景,叫好者有之,嗤之以鼻者亦有之。2017 年 6 月 25 日,央视《对话》将共享单车的利益相关方邀请至演播室,共同讨论产业发展机遇与挑战。栏目讨论的议题包括:如何挑战互联网企业“火得快,死得也快”的宿命? 对共享单车进行市场监管的尺度在哪里? 共享单车会催生其他职业吗? 共享单车如何实现盈利? 如何解决用户诚信问题? 如何解决乱停乱放等社会乱象等,为回答这些问题,《对话》节目邀请到了多元利益主体代表作为嘉宾参与对话,其中包括摩拜、ofo 等共享单车企业负责人、项目投资人、政府相关职能部门官员和经济学者等。各方从不同角度切入上述问题,权威、精准、深入而全面,现场气氛热烈。

四、节目形式策划

在确立选题和主题的情况下,可以采取不同的形式进行新闻报道。形式的选择体现的就是如何运用特有的声画结合手段把策划者的报道意图充分实现。构成节目形式的主要要素有：节目类型、播出长度、编辑特点、结构方式、交流形式、节目包装等。从节目类型来看，是采用系列报道、连续报道还是深度报道形式，还是采用演播室访谈的形式，主要系根据不同的节目定位和报道意图进行策划。从实践效果看，得当的新闻报道形式是优秀新闻资讯传播成功的基本保证之一。

《南京零距离》自 2002 年元旦开播 7 年来，曾作为"民生新闻"的代表在竞争日益白热化的电视市场上独树一帜，一度挑起南京地区新闻大战。2009 年 5 月 1 日起，《南京零距离》正式改版升级，栏目名称改为《零距离》。原先是"新闻＋评论＋故事"的节目结构，亦即俗称的杂志型节目结构，新版《零距离》力图继续发挥这种结构的优点，形成"五个一"模式：一个焦点、一个人物、一组评论、一个调查和一个故事。《零距离》升级之后，收视表现立竿见影，相比于 2009 年前 4 个月的平均收视份额，江苏省网从 5.33％上升至 8.09％，同比增幅十分喜人，在苏州、常州、盐城等地的收视上升态势也十分明显，南京市网也从 14.87％上升至 17.1％。

2014 年 9 月 1 日，武汉广播电视台联合武汉市食品药品监督管理局推出《厨房现场直击》节目，每期节目 2—3 分钟，每周一、三、五及周日 20:00 播出。节目由相互补充的三个板块组成：由市民投票选出的"江城餐饮黑榜"；由市食品药品监察执法总队执法人员带队、记者全程跟踪记录的"厨房现场直击"；问题曝光一周后对涉事餐厅再度回访、督察的"食品安全回头看"。整个过程中，节目打通 QQ 群、微博、微信、新闻爆料平台、"掌上武汉"客户端，将电视节目引导、电视互动、"两微一端"软文推送形成一个闭环，搭建起公众、餐饮企业、监管部门三者之间双向互动、共同参与治理食品安全的社会共治平台——前期发动市民积极监督；执法过程中及时跟踪披露，展开网络调查；节目制作完成，提醒观众收看晚间电视节目，并积极推动引导节目播出之后的网络讨论。①

思考题

1. 什么叫新闻？新闻的含义是什么？电视媒介产生之后，新闻的含义又有

---

① 程凯、郎端、陆燕：《新媒体环境下电视民生新闻的发展新路径》，《中国广播电视学刊》2016 年第 2 期，第 9—61 页。

什么改变？新的传播技术对新闻、电视新闻的定义会产生怎样的影响？

2. 电视新闻资讯节目有哪些亚类型？各有什么传播特性？

3. 深度报道类电视资讯节目有哪些主要类型特点？

4. 对象性新闻资讯的选题策划有哪些要求？

5. 电视新闻直播策划的要点是什么？

6. 评论类电视新闻资讯节目可以分为几个类型？各有何特点？

7. 请选取一条报纸新闻，撰写一篇消息类新闻资讯节目的策划文案。

第二章

电视谈话节目

案 例 2.1 《朗读者》 ....

　　《朗读者》是中央电视台推出的大型文化情感类节目,由著名节目主持人董卿首次担当制作人,央视创造传媒有限公司承担制作,于中央电视台综合频道与综艺频道黄金时间联合播出。以个人成长、情感体验、背景故事与传世佳作相结合的方式,选用精美的文字,用最平实的情感读出文字背后的价值,节目旨在实现文化感染人,鼓舞人,教育人的传导作用,展现有血有肉的真实人物情感。

《朗读者》

　　《朗读者》邀请各个领域具有影响力的嘉宾来到现场,分享自己的人生故事并倾情演绎来自朗读者文学顾问团队的国家顶级文学家、出版人、专家、学者精心挑选的经典美文,最终节目将会呈现出生命之美、文学之美和情感之美。

　　不少观众将《朗读者》喻为传播文化的又一股"清流",以此肯定该节目的创办意义。而节目中朗读嘉宾分享各自的动人故事则带给观众文学、文字以外的享受及思考，让这股"清流"更加透彻、明亮。正是这一环节的呈现，使得原本能打八十分的《朗读者》可以打到九十分，甚至更高。

案 例 2.2 《中国故事大会》

《中国故事大会》讲述百姓故事，展现民生百态，节目设定"故事大会掌门人""故事讲述者"和"故事评客团"三种角色，"故事讲述者"在讲述故事前，用一句极富悬念的话来提炼故事的主题，并由"故事大会掌门人"、中国首席财经主持人陈伟鸿挑选故事。首期主题为"那件小事儿"。

跟其他文化类节目相比，《中国故事大会》讲述的内容题材更为广泛，不拘泥于文学作品，更多是挖掘老百姓身上平凡、真实、感人的故事，呈现百姓生活的平凡气息和非凡精神，使文化节目既充满文化内涵又富于百姓生活气息，做到了"高而不冷""触手可及"。

案 例 2.3 《莱特曼深夜秀》

《莱特曼深夜秀》

大卫·莱特曼主持的《莱特曼深夜秀》是美国深夜电视的传奇节目，莱特曼的智慧和讽刺一切的风格也代表了当今美国大众文化的一部分。《莱特曼深夜秀》是新闻评论和脱口秀节目的混合体，在每周周一至周五的晚上 11 点 30 分至次日凌晨的 12 点 30 分播出。

其中包含了很多小栏目：第一个环节是"CBS 信箱"——大卫宣读并回答观众的来信；第二个环节是"愚蠢的宠物骗局"，在这个环节里，嘉宾带领他们的宠物展示它们不同寻常的才能，比如善于舔干净主人嘴角牛奶的狗；第三个环节就是"愚蠢的人类骗局"，人们在这里展示自己不同寻常的才能，比如舌头能变化出很多不同的形状；《莱特曼今夜秀》中最有名的保留环节是"头十名列表"，由莱特曼以荒谬的喜剧效果讲出 10 条最近发生的重要事件和公众关心的话题；而最重要的部分则是莱特曼对某个名人或特殊身份人物的访谈。

第一节　谈话节目的界定

电视谈话节目是当今社会比较火爆的节目类型之一。尤其在西方国家，电视"脱口秀"(talk show)的影响与威力越来越大，成为一道独特的文化景观——一把解读西方社会政治、经济、文化的钥匙。比如《奥普拉脱口秀》，邀请的嘉宾是一些普通大众，谈论的主题也集中在个人生活方面。为启发嘉宾"实话实说"，奥普拉常不惜将自己的一些秘密告诉对方。当嘉宾的故事令人感动时，她会和嘉宾一起抱头痛哭。

在我国，继20世纪90年代中期央视推出《实话实说》之后，各电视台也纷纷上马新式的谈话节目，令人目不暇接，中国电视也进入了一个众语喧哗的时代。与红火的新闻传播实践相对应，在新闻传播学科的理论研究中，电视谈话节目研究甚至也一度成为"显学"。

一、谈话节目的定义

一般认为，谈话节目来源于英文的"talk show"，而在香港等地区被翻译为"脱口秀"。这一翻译既契合英文的发音，又通俗地点明了此类节目的主要内涵：没有脚本，脱口而出，即兴发挥；具有"秀——表演性"的特点，可谓形象而传神。那么，究竟怎么界定电视谈话节目？从20世纪90年代以来至今已经出现了各种各样的定义。这里选几个代表性的说法加以分析。

由甘惜分教授1993年主编出版的《新闻学大辞典》收录有"电视讨论"条目："新闻人物或有关专家、学者等在一起讨论问题的实况录像节目形式。参加讨论者由电视台邀请、组织，讨论活动大都由节目主持人主持，一般围绕某一新闻事件、某个社会问题或国内外形势发表看法，交流意见。或原样播出，或剪辑后播出。题材、内容比较广泛，适用于新闻性和教育性节目，并可设专门栏目。"[①]这里的"电视讨论"，已十分接近"电视谈话节目"，或者说反映了我国电视谈话节目起步阶段的某些特征。然而，这一定义的时代局限也是显而易见的。就我国电

---

① 甘惜分：《新闻学大辞典》，河南人民出版社1993年版，第252页。

视谈话节目今天的实际情况而言,无论是在选择嘉宾、组织话题,还是此类节目的外延上都大大突破了这一定义。

有论者提出,所谓电视谈话节目是"谈话人(包括特邀嘉宾、现场观众)在演播室里就某一主题在主持人的引导下阐述和讨论观点的节目"[①]。这一定义突出了节目主持人在现场的"控制器"角色,但对谈话的空间予以了限制。其实,电视谈话节目完全可以走出封闭的演播室,回归嘉宾真实的生活空间。央视《当代工人》就是一档在野外的谈话节目,它常把演播现场设在厂矿企业,这种纪实情境有助于增强谈话节目的可视性和感染力。

也有人认为,电视谈话节目是"由一位主持人、几位特邀嘉宾、一群现场观众参与,围绕一个确定的话题展开讨论的,面对面敞开的,即兴的,双向交流,平等参与的"[②]节目。这个定义有其优点:一是强调了谈话类节目的本质特性之一,即面对面的人际交流,参与各方面对某个话题展开谈话,阐述各自的见解与主张;二是强调了对话各方的平等性,这也是此类节目一个较为重要的特点,不问阶层或背景,可以针对共同的话题,各种观点自由碰撞,没有明显的是非对错。但是该定义也存在值得商榷之处:第一,对主持人和嘉宾的数量限制没有实质性意义。主持人可以是一位,也可以是两位甚至更多。芭芭拉·华特斯早间的谈话节目《观点》由 5 位年龄、种族、背景都不同的妇女一起主持,她自己也不是每次都露面,嘉宾也可以只有一位。第二,现场观众的设置的确能起到独特的传播效果,例如提高谈话节目的客观性、可视性,使电视机前的广大观众产生参与感和认同感,但是不是每个具体的电视谈话节目都必须有现场观众,而且观众在各种具体节目中的作用也不同。第三,话题既可以是确定性的也可以是不确定的,凤凰卫视《锵锵三人行》经常是漫无边际的"意识流"海吹神侃。

上述几类定义瑕瑜互见,由于都是通过描述节目表现形式来界定的,比较具体,反而损害了其外延的确定性,无法涵盖现实世界中电视谈话节目各种鲜活的具体形态,难免挂一漏万,不仅不利于对电视谈话节目形态流变的历史追问,也不利于给它的未来发展留下足够的空间。因此,给"电视谈话节目"下定义只有在内涵上予以定性,才能使它的外延具有一定的包容度[③]。

---

① 张泽群:《脱口而出——浅谈电视谈话节目》,《电视研究》1996 年第 5 期,第 17—19 页。
② 周振华:《从〈实话实说〉看电视谈话节目的中美差异》,《新闻知识》1999 年第 3 期,第 4—6 页。
③ 徐雷:《电视谈话节目三题》,http://academic.mediachina.net/article.php? id = 1682。

从传播学角度看,谈话的基本内涵就是彼此的对谈或对事实、意见、问题等的陈述,是人与人之间交流思想感情的口语传播活动,是最基本、最普通的人际传播,是互动的信息交流,"对话式"的人际传播。传播学家施拉姆认为,发生传播的关系看起来是简单的:两个人(或两个以上的人)由于一些他们共同感兴趣的信息符号聚集在一起①,即面对面亲身参与的传播。关于电视交流的本质,有学者认为,从某种意义上说,是人际口头语言传播通过电视技术的放大,而电视谈话节目恰恰把"谈话"这种人际传播方式和"电视"这种大众传播媒介较好地结合起来。

根据以上分析,我们不妨将"电视谈话节目"定义为:通过话语形式,以语言符号和非语言符号双渠道来传递信息,通过电视媒介再现或还原日常谈话状态、营造屏幕内外人际传播信息场的一种视听节目类型,通常由主持人、嘉宾(有时还有现场观众)在演播现场围绕话题或个案展开即兴、双向、平等的交流,它本质上属于大众传播活动。这个定义既直观地描述了电视谈话节目的形态,又从传播学角度指出了它的内涵、性质,从而具有较广的涵盖面和较强的说服力。

这个定义可以从三个层次理解:从外延上来看,电视谈话节目是电视节目的一种形式,是声画结合、具有明显电视特点的大众传播活动;从内容上说,它的传播内容是以"人际口语传播活动"为主,而这种口语传播活动是即兴的、双向的;从形式上看,电视谈话节目大多是在演播室现场,以主持人、嘉宾、现场观众面对面的交谈为主要形式。总的来说,即兴和面对面的双向交流是电视谈话节目的基础。

二、谈话节目的基本组成元素

根据传播学的一般理论,传播包括三个基本元素:传播者和接收者、传播环境、传播内容。对于电视谈话节目而言,其基本要素相应地包括主持人、现场嘉宾、现场观众、环境和话题。

1. 话题

话题,也称选题、主题,是电视谈话节目的"源头""活水",主要根据节目的指向设定,通常是既可以激发谈话者的积极性,也能调动电视观众兴趣的话题。话

---

① 威尔伯·施拉姆、威廉·波特:《传播学概念》,陈亮等译,新华出版社1984年版,第45页。

题的选择不仅要有意义,还要有意思、有意味。话题选择应该是多元思考后的结果,应该具有时代感,贴近生活,贴近实际,贴近公众,应该是公众普遍关注的社会热点和焦点问题。电视谈话节目的魅力主要在于其交锋性,强调的是思维的多向发展,一旦失去了多向性,节目的价值也就大打折扣了。

2. 主持人

节目主持人是在电子媒体中,以个体行为出现,代表着媒体群体观念,用有声语言、形态能动地操作和把握节目进程,直接、平等地进行大众传播活动的人。对于电视谈话节目来说,主持人是节目的核心元素,直接决定节目的档次、品位乃至成败。许多电视谈话节目是以主持人的名字命名的,譬如《一丹话题》《小崔说事》。在整个节目过程中,主持人的名字反复出现,以强化其在观众心目中的地位。因为主持人实际上是节目的商标,主持人的风格往往就是一个栏目的风格,是形成一个电视谈话节目自身独特品格的最重要元素。

在电视谈话节目中,主持人承担着三种角色:第一,虽然主要处于在现场嘉宾和现场观众之间穿针引线的位置,但主持人本身就是一个谈话者;第二,不论是否有现场观众,即使是一对一的访谈,电视谈话节目主持人都是现场的组织者,一方面要主导节目,引导话题,另一方面要作为现场嘉宾和现场观众之间的桥梁和纽带,拉近彼此之间的距离,产生亲近感,创造良好的沟通氛围;第三,作为节目的形象代表,主持人是媒体对外的传播者,需要展示节目的品牌与个性,或者说是节目个体特质的人性化载体。

3. 现场嘉宾

电视谈话节目的另一个关键因素是现场嘉宾的选择。本书将现场嘉宾分为两类:来到演播室现场的嘉宾和电子屏幕上的嘉宾。在电视谈话节目中,嘉宾是节目现场的主要谈话者,嘉宾的谈话是否顺畅直接影响到节目的推进,因此嘉宾的地位举足轻重。从传播学的角度来说,嘉宾既是传播者,又是受众;而针对现场观众而言,嘉宾与主持人一样,都是传播者。如果说主持人只是交代、引导话题,那么话题的进一步展开、不断深入、最终达到升华则主要由嘉宾来承担。

既然现场嘉宾发挥得如何将直接影响节目的质量,那么在选择嘉宾时需要考虑以下一些问题:一是现场嘉宾是否有"谈资",即对某一具体话题是否掌握有大量的资料,并对该话题具有权威性发言权;二是现场嘉宾是否有"谈品",即在节目中能否顾及交谈者,而不是一味地表现个人,搞"话语霸权";三是现场嘉宾是否有"谈技",即是否具有一定的口才和辩才,包括说得是否有逻辑、有道理,语言表达是否简练、清晰,甚至具有幽默感。此外,如果不止一位现场嘉宾,那么,根据节目收视特点的需要,选择的现场嘉宾不能都是持有相同或相近观点的人,必须选择能够代表几种主要观点的嘉宾。这样在谈话过程中才可能从多侧面多角度对话题进行深入分析。

4. 现场观众

一些电视谈话节目中有观众参与,如《相约夕阳红》,一些则完全没有现场观众,如《锵锵三人行》。这里参照现场嘉宾的界定将现场观众也分为来到演播室的观众和电子屏幕上的观众两类。在有现场观众参与的电视谈话节目中,现场观众是节目的元素之一,而不是可有可无的看客和摆设。一方面,现场观众的出现可以增强谈话的现实感,营造谈话氛围,增加话语表达的多元性、代表性;另一方面,现场观众的参与可以起到拾遗补缺、调节气氛和节奏的作用,如《实话实说·鸟与我们》的那期节目里,第一次走进中央电视台《实话实说》节目的北京胡同养鸟老伯在被大家进行一顿环保教育之后,仍然鼓足勇气表达出自己的困惑:"听来听去,我有点纳闷,好像是养鸟的不如不养鸟的爱鸟。"这种可以引起掌声和笑声,令人回味无穷的谈话是该节目难得的灵光乍现。

《当代工人》节目现场

5. 环境

电视谈话节目的谈话环境大多设置在专业的电视演播室,也有的设置在普通的客厅、书房甚至户外等其他场所,如央视《当代工人》的"外景谈话节目"模式即把"生产第一线"作为谈话的主环境,充分体现出编导人员日益成熟的现代电视观念,即以平等、开放的视点制作节目,最大限度地尊重观众,最大限度地接近电视本体。《当代工人》还采用快速剪切的画面与快节奏的解说,构成充分电视化的导语,在视觉与听觉冲击力中营造热烈昂扬的收视氛围,是对电视本体的复归。

电视谈话节目的谈话环境设置要做到形式与内容的协调一致。例如,涉及重大的时政话题,谈话环境宜简洁明朗;深刻的经济话题,谈话环境宜朴实大方;轻松的社会话题,谈话环境宜动感活泼。一个普遍的原则就是,对谈内容越是深刻复杂,谈话环境就越应简单明了。要尽可能地缩短谈话环境、电视屏幕与观众的距离,谈话环境的设计上要给人透明、开放的视觉感受。

三、电视谈话节目的类型特性

电视谈话节目自诞生至今,一直是国内外电视机构主打的节目类型之一。究其原因,这是由其自身所独有的一些传播特性决定的。

1. 直接的人际互动

谈话是人们相互交流最有力的方式,它能调动人的整体感知,人们能在其中获得超越于语言之上的亲密感觉,是最为人性化的交往方式之一。在电子和数字技术的支持下,电视谈话节目具有最符合电视本质的传播状态。它能够以人自身作为传播符号,将谈话的完整状态加以保留、物化、传递,以人际交往的即时互动构成节目内容,满足并延伸了人们面对面谈话的愿望,而且将人际传播和大众传播有机地结合在一起,经由电视传媒的放大,创造了一种广域的人际传播空间,成为现代社会里人与人、人与环境建立联系,加强沟通的渠道之一。

2. 个性的自然流露

电视谈话节目为传播者和接收者个性的自然流露提供了良好的环境。当电视与人联系或者是传达信息时,它是被一个个家庭所收看的,电视已成为人们家庭中的一员,激荡个性,让人自身得到充分的展现,是电视体现其成员关系的一个重要方面。

实际上,电视谈话节目中传播者和接收者这种个性的自然流露是有其社会基点的。人的个性都是社会性的体现,人的语言因个人的身份及所有的社会经济条件的差异,而呈现不同的方式,在观点的碰撞中流露的实际是不同的社会文化、心理碰撞。这使得个性的流露具有普适性,能够引起广泛层面的认同。

3. 动态的情感碰撞

人的谈话具有动态性和偶发性,电视谈话节目以现场的特定空间最大限度地刺激了人的交往欲望,人的智慧、情感都会在语言中展现,谈话节目中大家感兴趣的话题和主持人的适当引导,会引发现场嘉宾及现场观众的临场对答,加速谈话中动态的情感碰撞。例如在《相约夕阳红》的一期节目《老夫老妻》中,观众中有一位老太太夸赞作为现场嘉宾的老先生幽默时,谁也没有想到,老先生竟以与年龄不相称的动作,敏捷地跳起来,几个箭步跨过场地,扑到现场观众席与她热烈握手,全场为之鼓掌。电视谈话节目中令人意想不到的情感变化常常会引发戏剧性的场面。

4. 优化的信息组合

现代传播技术的发展使电视谈话节目能够在谈话现场利用大屏幕插入图像和文字,也可以通过电脑引入场外信息和观点等,适时插入多重信息,并进行优化组合,使人们在进行人际传播的同时又能得到信息和情感方面的满足。特别是虚拟演播室技术的发展为电视谈话节目开拓了新的信息结构方式。例如,凤凰卫视在《锵锵三人行》中运用虚拟演播室技术,不但提供了一个多维的谈话空间,还随时无缝插入谈话所涉及的影像及文字资料,而虚拟出席可以将分散在世界各地的主持人、嘉宾、观众以及各种动态资料集结在一个电视空间里,使谈话方式的变化更为灵活,人物的交流有超越时空的互动性。

5. 完整的场式传播

信息在形态上可分为两大类:直接信息——事物的存在方式和运动状态本身,这种信息本身是无序的,它通过感官引起知觉活动;间接信息——关于事物存在方式和运动状态的陈述,这种信息是有序的,它通过感官直接影响理智生活。电视谈话节目中,主持人、嘉宾、现场观众的谈话内容传达的是间接信息,电视图像传达的人物、布景、气氛等其他非语言因素则是直接信息。

"场"指的是物质存在的一种基本形式,具有能量、动量和质量,能传递实物间的相互作用。电视谈话节目保留了谈话的动态性和完整性,包含了两种"场"——信息场和舆论场。信息场就是在一个场面事件中,其行为动态的相互关系、形象、声音、环境、氛围等共同积累出的可供观众思考与想象的时空;而舆论场是指舆论的主体与客体之间相互作用而形成的具有一定强度和能量的时空范围。实际操作中,电视谈话节目应该是这两种场的有机结合。电视谈话节目能保留谈话的完整性和动态性,进行场式传播。电视谈话节目以直播或直播形态的录播,完整地保留现场的人际互动情景,全方位展示谈话过程中的语言、性格、心态、氛围,导演现场即时地整体编排、调动在时间链条中绵绵不息的动态谈话,形成一种人际传播的势态。

在"场"的传播中,会因为谈话信息的完整和势态的延伸,而让人获得超越语言之外的感知。因此,观众的兴趣虽由话题始,却常能在节目中获得全方位的满足。

四、中美谈话节目演进简史

1. 美国谈话节目简史

电视史学家一般都把美国全国广播公司 1954 年推出的《今夜秀》视作是开电视谈话类节目先河的栏目。经过近半个世纪的发展,在西方国家,电视谈话节目已成为电视节目的主体样式之一,占据整个西方电视台总量的三分之一左右。以美国为例,各种各样的日间和夜间谈话节目在商业电视网、有线电视网和地方电视频道上播出。在英国,电视谈话节目也被安排在黄金时段,备受关注。

美国电视谈话节目分为两类,一类是在白天播出的日间谈话节目,另一类是在深夜播出的夜间谈话节目。不论是日间谈话节目还是夜间谈话节目,追求娱乐、刺激是其主要的特色。

日间谈话节目主要以人际关系、心理问题等方面的内容为主,比较有名的日间谈话节目包括《奥普拉脱口秀》《杰瑞·斯普林格秀》等,来到这些节目中的嘉宾基本都是美国的普通老百姓。从制作理念上来说,日间谈话节目存在两种不同的倾向:一些节目以揭露个人隐私为目的,追求节目的刺激性,把他人的困境和痛苦作为娱乐观众的手段,通过对他人内心隐私的窥视来吸引观众。这类节目的话题往往带有猎奇的性质,如性变态、双性恋、乱伦、三角恋等,节目的名称往往哗众取宠,如《与自己好朋友的男友偷情的女人》《十几岁少女与性》。这些节目的现场总是充满兴奋的气氛,当嘉宾说出让人震惊的事实时,演播室内往往充满一片尖叫声,有时情绪过于激动的嘉宾、观众甚至会大打出手,现场乱成一团,而这样的混乱正中主持人的下怀,因为节目的收视率因此可以大大提高。可是这样的节目往往给嘉宾造成难以愈合的心理创伤。

与这些"垃圾节目"不同,另外一类日间谈话节目的态度比较严肃,它们正面而积极地处理各种心理问题。来到现场的嘉宾们倾吐自己内心的痛苦,主持人、专家和现场的观众则为他们提供各种建议,尽量化解他们的烦恼,让他们勇敢面对人生,这类节目的代表就是《奥普拉脱口秀》。在这个节目中,主持人奥普拉以善意的态度对待嘉宾,对别人的发言总是满怀兴趣和同情地倾听,不断给他们积极的鼓励,此外,她还敢于大胆地袒露自己的痛苦遭遇,现身说法,以此安慰他人。由于这个节目表现出对嘉宾的尊重,鼓励人们积极乐观地面对人生,因而受到了大众的欢迎。2011 年 9 月 9 日谢幕的《奥普拉脱口秀》可以说是美国电视史上最知名、也最具代表性的脱口秀节目,在 25 年里播出了 3 000 多集。据《时代》周刊统计,这档节目吸引了约 7 000 万家庭收看,连续 16 年排在全球同类节目之首。因此,《时代》周刊称其"将脱口秀带到了一个新高度"。

美国的夜间谈话节目通常在晚上十一点半开始,开场一般是主持人的一段独角戏,以笑话的方式评说当日新闻,中间穿插外拍搞笑片断或是观众访谈。然后是主持人与某位明星或是公众人物的胡乱调侃,最后由一个乐队进行演奏,以此结束一个小时的节目。著名的夜间谈话节目有《莱特曼深夜秀》《今夜秀》等,其主持人分别为大卫·莱特曼与杰·雷诺,这两个主持人的共同特点是伶牙俐齿,喜欢拿别人开涮。夜间谈话节目比较突出喜剧色彩,主持人常常对正在发生的新闻事件以及重要的新闻人物进行挖苦和取笑,比如伊拉克战争之前,杰·雷诺在节目中就开玩笑说,五角大楼的人向他透露,美国不会军事攻打伊拉克,而是准备把安然石油公司的领导们空投到巴格达,这样过不了几天那个国家就破产了。通过这种幽默调侃的方式,政治事件的严肃性和重要性被消解了,观众在现实生活中的压力与紧张也得以松弛,夜间谈话节目因此深受喜爱。

2. 中国谈话节目简史

1995 年,上海东方电视台播出《东方直播室》。这个节目的诞生意味着中国电视出现了一种新的节目类型,然而,当时并未引起轰动。1996 年 3 月,一个在我国具有"标志性"的谈话类栏目《实话实说》诞生,让观众看到一个长得不够"端正"的主持人,嘴角带着坏笑像普通人一样在电视里说话,打破了观众的视觉常规。《实话实说》的热播引起谈话节目的热潮,如中央电视台的《艺术人生》《对话》,北京电视台的《国际双行线》,湖南台的《有话好说》《背后的故事》,湖北电视台的《往事》等,《实话实说》的亮相标志着我国电视谈话节目朝着新方向发展。

20 世纪 90 年代以来,我国电视谈话节目的特点是强调前期策划和品牌意识;

受众呈现出分众化的态势,雅俗共赏与雅俗分赏的局面并存;"谈话"因素向新闻节目、社教节目、文艺节目、体育节目等其他节目形态强力渗透,各种类型的谈话节目风格迥异,多姿多彩;娱乐和幽默成分显著增加;主持人追求个性化;嘉宾选择不拘一格;观众参与热情高涨,话题涉及面更加广泛,观点渐趋多元;运作上开始走市场化的道路。但在繁荣的表象背后存在着隐忧,主要是精品少,"克隆"成风。

我国的电视谈话节目的兴起正值经济体制转型时期,在这个特殊时期,人们的生活突然变得忙碌,彼此缺乏感情上的交流与沟通,谈话节目正好填补这一缺口,从政治到经济,从社会到个人,一些专家学者也参与其中。随着信息产业的发展,信息传播速度加快,某一事件会在极短的时间内成为整个社会的焦点,成为大家共同探讨的话题,这都为谈话节目的发展奠定了基础。在激烈竞争下,媒体开始放下架子,与观众进行平等的交谈,曾经激烈的交锋也不再是展示语言魅力的唯一途径,某央视著名节目主持人也结合自己经验说道:"随着谈话节目主持经验的丰富,尤其是同时积累了'辩论'和'对抗'带来的尴尬和懊恼后,发现了话语魅力的另外一片空间:故事的讲述。"

新世纪以来,娱乐谈话节目有逐渐增长的势头,各电视台争相推出自己的娱乐脱口秀。2008 年,《天天向上》一经推出便引发各方关注,节目中对传统文化通俗的解读使之更易被受众接受。节目采用主持人群模式,避免单个主持人的单调,同时他们又注重"秀"自己的口才;在话题选择上避免政治化,话题平易近人,结合社会热点。2010 年春节,与美国模式相同的《壹周立波秀》开播,节目定位与主持人周立波的风格浑然天成,一时名声大噪。《壹周立波秀》由周立波以充满黑色幽默的话语来评述当前热点,加入自己对该事件的看法,并设有编撰新闻的环节,即与伙伴搭档播报虚构新闻,还有对嘉宾的访谈,这些环节设置与"talk show"基本一致。《今晚 80 后脱口秀》是一档周播节目,节目中的主持人是个人独秀,偶尔穿插嘉宾访谈,采用脱口秀的形式,加入表演等娱乐元素,话题几乎涵盖年轻人所涉的各个领域,是符合受众价值观的一档节目。2014 年 10 月,沿用同样节目形态的《我是演说家》在北京卫视开播。栏目采用"素人"阵容,突出选手的个性和类型,力求以内容取胜,传递主流价值观,并根据时事针砭时弊,融思想价值和娱乐性于一体,挖掘出引发受众共鸣的经历和情怀。

2016 年初,东方卫视先后开办两个节目——《四大名助》和《娜就这么说》。《四大名助》采用四位主持人,邀请生活中的普通人,在节目中讲述自己最近遇到的烦心事,用吐槽的方式去宽慰讲述者每期也会邀请嘉宾,主要是名人,进行轮

《四大名助》

番调侃,最终让观众选出"苦恼王",这是情感解决类谈话节目的娱乐化转型,获得观众的广泛认可。《娜就这么说》以谢娜为核心,承包节目的表演笑料,分为脱口秀、虚拟演绎和访谈等几个板块。话题轻松,涉及各类问题;主持幽默,具有很大的表演性;谈话轻松自在,完全符合节目特性。

第二节　谈话节目类型划分

　　电视谈话节目多姿多彩,划分标准也不统一。本书主要从内容和形式的角度归纳目前我国电视谈话节目的基本类型。

(一) 从内容上看,电视谈话节目有以下四种基本类型

1. 新闻资讯型谈话节目

　　这类节目围绕当前社会的热点、焦点、难点问题,话题覆盖面广,信息量大,新闻事件、新闻人物、社会热点、公共事务等都可以作为谈资。嘉宾多为政府官员、专家学者、媒体工作者和新闻当事人,他们往往能够发布第一手的、准确的信息和富于导向性的见解,满足观众对信息的需求。这类节目的特点是具有权威性、准确性和贴近性,通过社会各方的参与和交流,营造时事分析和意见汇聚的公共空间。比如凤凰卫视的《时事辩论会》以辩论形式评论时事,其创新之处在

于结合主持人和现场嘉宾进行一场火花四溅的争论。节目每次设定一个时事热点话题，并特意邀请不同地区的"名嘴"参与，由多位背景各异、聪慧过人的"名嘴"进行激辩，形成热烈的争辩气氛。通过多角度的辩论，观众能洞悉到事件的不同角度，对事件的真相有更透彻的了解，增强了解事情的多面性。另外，该节目从选题到辩论的全部过程都邀请观众参与其中，节目组每天都在"辩论会论坛"上向观众征集第二天的辩题，每天收到的题目大约有二三十条之多。来自不同地区的观众给出的题目，有助于主持人和嘉宾了解观众的兴趣以及大众对时事关注的焦点所在。

2. 社会生活型谈话节目

这类节目的话题主要涉及家庭、伦理、婚姻、道德、法律、人际关系、教育等社会生活内容的方方面面，既有社会人际交往方面的困惑，也有家庭内部成员之间的调适，既有不同生活状态的展示，也有新旧道德伦理观念的碰撞。谈话基本上在演播室进行，现场观众是不可缺少的组成部分，谈话氛围比较轻松，如央视已经停播的《实话实说》、江西卫视的《金牌调解》、东方卫视的《幸福魔方》、重庆卫视的《龙门阵》等。

江西卫视的《金牌调解》会邀请一对（或多个）有矛盾的当事人进入演播室，主持人和人民调解员现场为当事人排忧解难，通过节目告诉观众面对纠纷的智慧和解决矛盾的艺术，将真实事件和综艺手段完美交融，塑造全新节目模式。节目中体现了人文关怀和心理疏导，倡导文明积极、健康向上的社会风尚。

这类节目的主要特点有两个：一是贴近生活、贴近百姓，参与性强，因而深受观众喜爱；二是各种观点丰富多样，互相碰撞，整个谈话现场形成了一个小型社会，融入各种不同的意见与立场。

3. 综艺娱乐型谈话节目

这类节目把娱乐和追星作为主要元素，以愉悦身心、休闲逗乐为主要目的。谈话对象大多为演艺圈明星和体育界明星，主持人大都与他们有密切的联系，甚至就是圈内人，观众主要是年轻人。在与嘉宾谈话之外，节目还加入较多的综艺成分和滑稽的情境设计，充分展现话语中的幽默，氛围感性煽情，戏剧效果明显。东方卫视已经停播的《东方夜谭》节目，同样是和名人谈话，走的就是一条幽默轻松的路线，主持人刘仪伟用幽默风趣的主持风格，让名人在说笑调侃中"暴露"最平民的一面。《康熙来了》邀请台湾地区当红明星，节目穿插大量搞笑元素，通过逗趣轻松的访谈让观众了解艺人不为人知的一面。

4. 专题对象型谈话节目

这是面对特定的社会群体或某一类社会内容如文化、影视、股票、体育、科技、企业管理而专门开设的谈话节目,特点是具有明确的收视对象,话题集中,追求一定的品位和思想内涵。常见的有以下几种:老年谈话节目,以"老有所养、老有所乐、老有所成"等老年话题为内容,如《相约夕阳红》;体育谈话节目,如《五环夜话》;女性谈话节目,以女性关注的婚姻、家庭、社会地位等话题为内容,如央视《半边天》周末版《谁来做客》;经济谈话节目,如央视财经频道《对话》;法制谈话节目,如南京电视台《有请当事人》,等等。随着频道专业化、观众分众化的发展,专题对象类谈话节目会越来越丰富。

(二) 按照谈话的形式划分,电视谈话节目有以下四种基本类型

1. 论辩型谈话节目

这类节目主要"卖点"在于谈话各方代表着不同的社会利益阵营,通过对立观点的彼此交锋推动谈话现场,主持人则以客观公允的态度引导他们充分陈述。其主要"看点"是论辩双方在交锋中展示各自有个性的观点和语言表达,以及论辩中对相关话题背景的充实和延展。凤凰卫视的《一虎一席谈》是把辩论这种形式融入到访谈节目中,既有谈话的轻松有趣,又有辩论的紧张刺激,二者优劣互补。该节目邀请相关嘉宾分成正反两方展开辩论,各方不断亮出自己的观点,然后进行阐述,并对他人的问题进行回答,同时反驳对方的观点。其中还夹杂着相关资料信息的播放与主持人的提问和总结,使得话题逐步深入,事件的多视角理解也更清晰。由江苏卫视和好看传媒联合制作的大型谈话类节目《世界青年说》于 2015 年 4 月登陆江苏卫视,节目第一季由彭宇、沈凌、柳岩三人主持,十一国型男代表 TK11(关键 11 人)和一位明星嘉宾出席,围绕当下中国年轻人最关心的议题展开讨论,融首脑会谈的庄重仪式和轻松诙谐的谈话氛围于一体,力求以全球性眼光审视议题,探求答案。

2. 访谈型谈话节目

这类节目类似于人物专访,由主持人调动各种电视表现元素,以现场访谈或连线等方式,与被访嘉宾和观众进行平等的对话交流。与单纯的人物专访不同的是,主持人在节目中不仅是提问和倾听,还要把自己的观点和见解亮出来参加探讨。节目的嘉宾人数有限,常常是一位,往往是某领域的专家、权威人士或社

会名人,谈论的话题也相对严肃,能反映一定的内涵。如凤凰卫视的《鲁豫有约》、安徽卫视的《记者档案》、东方卫视的《可凡倾听》,通过主持人与重大事件当事人、著名演艺明星的交谈,揭示幕后的故事,反映时代的变迁。

访谈式谈话节目有时也采取聊天的形式,但与聊天式谈话节目仍然有细微的差别:总的来看,访谈式谈话节目多数情况下为两人对谈,聊天式谈话节目人数可多可少;访谈式谈话节目话题、角度往往经过精心选择,甚至比较专业,聊天式谈话节目话题、角度比较家常,气氛更轻松,话题可以是确定的,也可以是不确定的。

按照访谈内容,访谈型谈话节目又可以细分为:人物专访型,如《大家》;资讯型访谈,如《新闻会客厅》;娱乐型访谈,如《天天向上》《金星秀》。

3. 聊天型谈话节目

聊天类电视谈话节目更具日常生活中朋友间聊天的放松与惬意,偏重于娱乐、轻松。资讯娱乐化、主题世俗化、话语碎片化,以调侃、逗乐的话语方式,"节目怎么好看、好玩,就怎么来、怎么做"。消解严肃主题,以怡情为主,娱乐观众,获得身心的放松[1]。

主持人根据话题需要,从社会上三教九流中邀请带有不同身份、职业特点的嘉宾到演播现场交流。适用于讨论大众普遍关注又无重大分歧,经过深入交流、探讨可能达成共识的问题。这类节目在我国比较多见,也深受观众的喜爱,如央视的《聊天》,但要聊得尽兴,聊得"出彩",并不容易。《锵锵三人行》的节目氛围就十分随意,"意识流"般的侃谈也十分出彩,这种风格无疑更接近日常"聊天"的本来面目。

4. 综合型谈话节目

从形式上看,上述三种谈话节目以话语作为节目的主要传播通道,而其他各种电视表现手段没有得到充分发挥。综合式谈话节目则针对以上三类节目的"空白区",把外景录像、三维动画、片花隔段等电视手段,再加上文艺、游戏、竞技等其他节目的成分,巧妙地与话语融为一体,增强了节目的可视性、娱乐性,特点是活泼、谐趣,适用于谈论轻松的生活、情感话题。这类节目以《超级访问》《康熙来了》为代表。

由央视综合频道和唯众传媒联合制作的《开讲啦》也属于这种综合性谈话节目。每期节目由一位知名人士讲述自己的故事,分享他们对生活和生命的感悟,

---

[1] 徐舫州、徐帆:《电视节目类型学》,浙江大学出版社 2006 年版,第 67 页。

给中国青年带来对现实的讨论和心灵的滋养。讨论青年们的人生问题时也讨论当下中国的一些社会问题。节目每期有八至十位来自全国各大高校的青年代表,向演讲嘉宾提问互动,300 位大学生作为现场观众与嘉宾一同分享这场有思考、有疑问、有价值、有锋芒的思想碰撞。

总之,从以上归类和分析中,可以得出结论:一方面,我国电视谈话节目的内部形态具有差异性,有的差异还比较显著;另一方面,随着时间的增长和新的手法、元素的加入,谈话节目与其他节目类型之间的边界也在变化,越来越模糊,类型也有交叉。新的谈话节目形态将不断出现。

第三节 电视谈话节目的策划

电视谈话节目的策划就是在节目制作前所做的工作,即主持人的挑选、谈话主题的确定、嘉宾和观众的选择、节目的流程以及争议性、故事性内容的选择,还包括谈话过程中影像资料片的准备,甚至什么时间说、谁上下场、用什么道具、放什么背景音乐、人物位置如何确定等具体细节的安排都需要预先筹划。一档电视谈话节目能不能吸引住人,关键在于能否做好以下几个方面的策划。

一、选择个性化的主持人

谈话节目进入常态化播出之前,选择一位个性化的主持人是节目制作人员必须解决的问题,因为,谈话节目的形态特点决定它必须以主持人为节目的核心,而即兴交流又是谈话节目的魅力所在。因此,主持人即兴谈话的风格和魅力便决定了节目的成败,正如《实话实说》制片人时间所说:"没有崔永元,就没有今天的《实话实说》。"

谈话节目中的谈话角色主要有主持人、嘉宾和现场观众,这三者就节目的话题在现场演播室展开讨论,他们之间谈话的好坏直接影响电视机前观众的满意度,从而影响到节目的收视率,因此在对三者的选择上应该准确细致,做到精挑细选。根据节目定位和每个栏目组的团队需求,谈话节目主持人语言表达大致有三个方面的要求。

第一,幽默风趣。幽默感是一种感觉,是一种文化修养的表现,也是人际沟通的润滑剂。一个电视谈话节目的主持人应该具备一定的幽默感,在与参与者的对话中尤其需要幽默。只有运用幽默的力量才能消除观众的顾虑,放松紧张的心情,才能清晰准确、生动有趣地传递讯息,才可能使谈话在轻松活泼的气氛中不断向前深入。崔永元在《实话实说》中的主持可谓幽默风趣,妙语连珠。他自己不仅善于发挥幽默长处,还十分注意调动观众的积极性,让笑声不断,形成一个良好、温馨的谈话氛围。经过他的引导,现场观众朴实的话语也常常获得意想不到的效果。

第二,机智应变。机智应变是主持人必备的能力,也是谈话节目主持人最重要的素质之一。能否机智应变,直接关系到节目主持人能不能把握主动,掌控现场。虽然策划者在前期做了精心的策划,但电视谈话节目的谈话现场会不可避免地出现一些意想不到的事件,有些意外情况即便是有经验的节目主持人也往往无法预料。这个时候,需要节目主持人根据实际情况作出迅速的判断,用自己的智慧和灵活去驾驭全局,将节目引回到原来设想的节奏上,继续推动节目的进行。

第三,简洁凝练。谈话节目的真正主体是嘉宾、现场观众,而不是主持人,主持人所做的就是要尽量让嘉宾和受众的思想观念通过他们自己的语言表达出来。因此,这要求节目主持人在交谈的时候,尤其要注意言语的凝练和传神,在主持节目过程中即使出现感情迸发,千言万语涌上心头的情况,也要尽量控制住自己的情绪,不能任其恣意泛滥,否则很容易出现言多语失的情况。画龙点睛的主持风格应当成为电视谈话节目主持人所要追求的语言境界。

除了语言上要幽默风趣、机智应变、简洁凝练之外,最见主持人功力的当属主持人的节目把控能力。

第一,对策划方案的理解能力。目前,相当多的谈话节目策划来自非电视行业的所谓社会"外脑",这些人所策划的方案需要主持人认真揣摩和准备,这就涉及与策划的磨合、配合甚至执行的问题。谈话节目主持人一般在节目组里对策划内容有比较大的发言权,但毕竟需要尊重节目运营分工的科学规律和策划的劳动成果。假如主持人每次都把别人的方案精髓弃而不顾,节目的长久运营必然面临文化价值上的危机。

第二,选择节目嘉宾和现场观众的能力。选择嘉宾常被视为策划人的职责,然而若深入追究,我们会发现选择大权相当程度上在节目主持人手中:他不一定决定最终人选,但是在节目中他却有权让谁开口说话,让谁保持沉默。在嘉宾选择上,《锵锵三人行》的窦文涛可谓用"情"最专,节目自开播以来,以他为轴心的几个"三三组合"中的几位主要人选几乎是固定的。当然,这些人选的表现也十分出色,嘉宾中的梁文道、张坚庭、马家辉、郑沛芳、潘洁等,都是很有影响的人物,而且在本行当里也是小有所成。

《锵锵三人行》

第三,谈话的把握能力。虽然主持人的个性在任何谈话节目中都是一个关键因素,但是谈话节目成功的真正关键却是"谈话"本身。谈话节目是以传递和交流信息为主的,但观众在收看的时候却往往只为了娱乐。这就对主持人的全面素质提出了更高的要求。主持人对谈话的把握能力一般又可以细化为对话题的把握能力、对现场的把握能力、与节目其他环节的沟通和配合能力等几项。

《金星秀》

二、选题的策划与精选

在日常的节目运营中,话题应该是最为重要的,换言之,"谈什么""怎么谈"

这两个关键问题不解决,主持人、嘉宾和现场观众就失去了存在的价值,他们的功能也就无法得到有效的发挥。所以,成熟的谈话节目需要建立较为严格的选题遴选机制、策划机制、应急机制和储备机制。具体来说,选题的策划包括以下三大方面。

1. 选题的初选

确定选题,一般情况下要经过两个步骤:一是选题的搜集阶段,二是选题的筛选阶段。搜集选题主要有以下几种方法:一是查询相关资料信息,如报纸、杂志等其他媒介所触及的线索;二是通过观众的来信、来电及有关信息部门提供的线索确定选题;三是从各种社区网站或交流网站中寻找选题。

在选题收集完成之后,节目策划人员包括节目的编导、策划、主持人都会根据已有的经验和原则对选题进行筛选和评估,找到一些可以重点挖掘的话题。在选题的初选方面,一般遵循以下几个原则。

(1)根据节目本身定位来确定选题。节目自身的定位和风格对选题起决定性作用,它对选题初步划定界限和规范。譬如央视新闻频道的《新闻会客厅》,这个节目以新闻人物为主要关注对象,嘉宾多是当日或近期国内发生的重大新闻事件中的人物。主持人从与新闻当事人的交流中揭示事件真相,发掘新闻事件中当事人和关联人的亲历、亲为和亲感,突出新闻中人性和新闻性的结合,使新闻更增添人的元素。"新闻因人而生动"正是《新闻会客厅》选题的出发点。

(2)根据选题的可操作性确定选题。确定选题的可操作性是指从选题的确立到节目成片过程中实施工作的难易程度。选题的可操作性受很多因素的限制,比如新闻政策的约束。有时候一个节目的选题尽管有很大的创收效益,但是如果它违背相关的新闻政策和舆论导向原则,或违背整个社会的道德文化底线,都不应该成为电视媒体上公共舆论的焦点,比如2008年国家广电总局直接宣布不得播出的《夜话》就存在这个问题。

(3)根据制作团队的特点来确定话题。不同的电视谈话节目,它们的策划人员、编导、主持人的专业背景不同,对不同的选题有侧重点。在长期的节目制作过程中,策划、编导和主持人会形成一定的倾向,有些选题是节目组驾轻就熟,能够很好操作的,但有些选题操作起来比较困难,主持人在现场很难驾驭。因此,寻求保险系数高的选题是保证节目长时期稳定发展的一个策略。《新闻会客厅》在选题上,最明显的特点之一是时效性和事件性,大部分选题都是最新、最热的新闻话题,是对当日发生或当日报道的新闻进行议论和交流。对话题的时效性和事件性这两个特点的把握才是节目紧扣新闻频道的关键。

(4) 根据选题的性质,寻找亮点或"卖点"。一个成熟的电视谈话节目应该有自己独到的选题范围和规则,而不是随大流。《杨澜访谈录》和《名人面对面》两个栏目曾先后采访过同样的嘉宾:陆川(电影《可可西里》导演)和徐静蕾(《一个陌生女人的来信》导演)。通过对比,可以发现其实在访谈中出现的采访问题大体一致。这就说明,谈话类节目面临一个很现实的问题:题材的同质化和趋同化。应该说,抢焦点人物没错,但大家都来抢,谁抢得好、抢得妙就能看出水平高低了。关键的问题是抓到选题的亮点,或者说是"卖点"。"卖点"应该是一个选题最能吸引人、最有创意的地方,也是最能赢得收视率的保证。

2. 选题可行性再确认

在选题初选之后,策划人员必须要进行调研,来确定选题的可操作性和技术性资料。可行性再确认是对选题的继续研究和分析,以确保选题价值所在。一般来讲,调研的任务是由节目组的专职策划人员完成,具体的调研从以下几个方面考虑:确认选题所引发的基本事实是否准确,是否能挖掘出更有趣味或更有意义的事件或人物;选题所涉及的当事人有哪些,具体情况怎样;能够请进演播室做访谈嘉宾的专家人选及其基本情况;如果是个案人物,其言谈、性格、特点怎样,个案经历是否可以作为公共探讨的话题,如果是讨论型的社会事件或现象,该事件或现象的社会意义何在,是否存在多种声音,从而能够成为争鸣的话题。

3. 话题价值取向和谈话脉络的确定

话题价值取向主要由节目主持人负责掌握,但在确定选题和选题可行性再确认之后,也需要召开专门的策划会,策划会主要需完成的任务、目标有以下几项:第一,确定话题的价值所在,话题能谈到什么程度;第二,确定话题的切入角度,面对同样的题材,不同的谈话节目会选择不同的谈话角度;第三,发挥策划的能动性,通过整合不同的题材提升话题的价值和内涵,使之具有独特性并引起观众讨论的兴趣;第四,确定谈话的基本思路和走向,即怎么谈,遵循"大方向,小变化"的原则。

策划会的目的是对话题的初选进一步细化和深化,在此基础上,策划人员和具体编导会再进一步细化策划方案,以便对嘉宾人选、现场观众选择和谈话场景的设计等进行最后的确定。

三、策划节目的争议性^①

　　短短几十分钟内,谈话类节目要把话题说深说透,而且还要能保持一定的收视率,这其中争议性的策划必不可少。一方面,话题的争议性让话题内蕴含的矛盾冲突得到充分展示和演绎,这是通过让谈话各方对总话题和分话题进行言语的激烈辩论、思维的直接交锋达到的。激烈的辩论往往能激发谈话者表达真实自我的欲望,观点的交锋常常能引起谈话者和倾听者更全面、多角度的思考。谈话类节目中的"争议性"让谈话切入问题的核心,不同观点的交锋可以迸发出新的智慧火花,让节目在谈得深刻、谈得尽兴的基础上体现出"创新"的魅力。另一方面,"争议性"带来的矛盾冲突模式让谈话过程极富戏剧性,使谈话"情节"引人入胜,激发观众的收视欲望。事实上,在美国众多的脱口秀节目中,利用"争议性"已成为谈话类节目最基本的技巧之一。

　　1. 什么是争议性

　　"争议性"是指事物具有引发争论的性质。从传播学的角度来探讨争议性的本体特征,某一问题或现象具有"争议性",可以理解为问题或现象具有引发大众的多元化论点相互争论的性质。《金牌调解》将调解的过程搬上电视,让现实中的一些纠结矛盾次第展开,让调解人在法理与情理的轨道上,帮当事双方把脉,最后达到相互谅解、相互和睦、重归于好的结局。同时,观众的心中也有一个天平,他们看到了对真、善、美的弘扬,对假、恶、丑的鞭挞,体会调解的作用与魅力。

　　2. "争议性"的特点

　　(1)问题或现象内含矛盾冲突。根据矛盾论的原理,任何事物都是矛盾的对立统一体,矛盾的对立面相互排斥、相互斗争,在一些特殊事物或特殊时刻,这种对立会非常尖锐,这时事物就具备受争议的潜能。认识论告诉我们,个体的差异会导致人们对同一事物产生不同的看法,由此形成多元化观点。

　　(2)问题或现象关系人们自身的生存与发展。传播学观点认为,社会成员在信息传播与接受中有一种生存守望的心理——只有及时把握内外环境的变化,才能保证自己的生存和发展。把握内外环境的途径之一就是了解其他个体

---

① 赵志刚、李薇:《浅议"争议性"在谈话类节目中的审美价值及设计》,http://media. people. com. cn/
　GB/5667805. html。

或群体在这些"重要问题"上的观点,"沉默的螺旋"理论的创始者诺依曼曾将这一心理阐述为"对社会孤立的恐惧",这就构成了多元化观点交流的心理驱动。

(3)合理的社会舆论尚未形成。所谓"社会舆论",是社会成员心中"社会上大多数人的看法"(事实上它可能不是)。当社会成员对那些"重要问题"形成多元化观点之后,他们并不一定会相互争论。争论与否要看对"重要问题"的合理社会舆论是否形成。很多社会焦点中的新闻事件、新闻人物之所以受人争议的原因之一,就是社会舆论还未形成。事实上,人们对"重要问题"争议的过程就是形成社会舆论的过程。

3. 如何策划争议性

在谈话节目这种特殊的节目形态特征下,争议性是在主持人串联下,通过嘉宾、现场观众、主持人三方或任何两方之间,由于观点的多元化而表现出来的。在谈话节目的争议性具体表现过程中,策划者可以在以下三个方面多加思考。

(1)利用谈话者群体属性的差异。谈话者(主要是嘉宾与现场观众)分属于不同的社会群体,有不同的社会背景。谈话者看问题的方法、角度通常受到他的群体归属关系、群体利益以及群体规范的制约。谈话者群体属性的不同,意味着他们的社会环境、社会地位、价值和信念、看事物的立场、心理特点和文化背景都有很大的差异,对同一话题的观点和看法也必然不同。例如,北京电视台的《国际双行线》

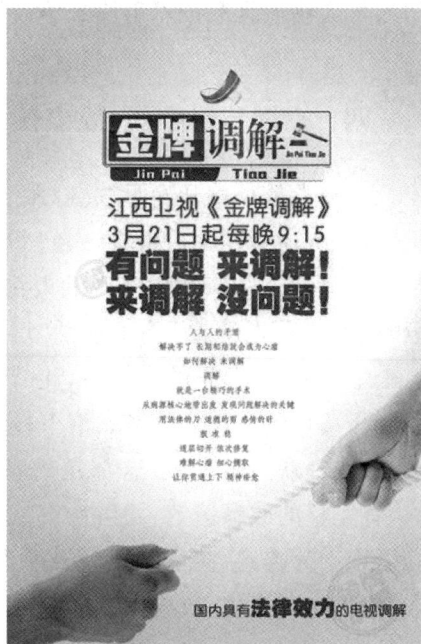

《金牌调解》栏目开播广告

栏目中,嘉宾与现场观众往往来自不同的国家,不同国家民族心理特点和文化背景的差异导致观点的多元化,这也是对谈话者群体属性差异的利用。

(2)选择个体属性不同的谈话者。具有同一群体属性的个体也会对同一话题产生不同的看法。个体先天认识能力的差异、个体生活经验和思想感情的不同都是原因。一些谈话节目经常邀请普通人做嘉宾,这些无权威性的嘉宾常常能出人意料地提出一些独到、精彩的观点,这往往是由于他们有与话题相关的生活经历、情感体验。相反的情况是,一个理论上权威但没有实际经验体会的嘉宾,则经常与上述的有实践体会的嘉宾的观点大相径庭。实际上,这种嘉宾组合常常出现在谈话节目中。比如《实话实说》的一些个案分析节目,除特邀个案当事人(现身说法的普通人)做嘉宾之外,相关领域内的专家(社会学家、心理医生、教育工作者之类)也是嘉宾之一。

(3)创建"争议场"。多元化观点在谈话者心里形成之后,还需要一个"争议场"为交流与争论提供条件。"争议场"不是狭义上的争论场地,它包括节目策划组对争议事先尽可能详尽的设置,临场主持人对争议的激发、推动和掌控,节目制作人员(包括主持人、摄影师、乐队)与外来参加人员对争议氛围的共建,影像切入与人物道具等技术手段。争议场的营造类似于前述的"谈话场"。

四、策划节目中的"故事性"

每个人从小就开始听故事,无论是孩提时代的童话,还是成人世界里的家长里短,当讲述者娓娓道来时,人们都会听得津津有味。电视谈话节目虽然不同于影视剧、情节剧,节目中出现的人物和事件都是真实的,但同样需要运用故事化策略,让它生动起来。有的谈话节目本身就是围绕着一个故事,节目嘉宾会说出一个个感人的、逗乐的小故事,让节目充满趣味性,如《艺术人生》,节目的氛围总能让嘉宾自己和观众都潸然泪下;邓超在《超级访问》中讲自己以前读书时的趣事,又让观众捧腹大笑,这都是故事的效果。故事的感人往往在于它的跌宕起伏,有完整的故事情节、矛盾冲突或戏剧性。正因此,故事化策略在谈话节目中的运用十分普遍,甚至可以说几乎很少有纯理论的谈话节目,更多的是以情动人,将理论通俗化、故事化。强化电视谈话节目的故事性,大致有以下四种策划路径。

1. 寻找一个好的故事脉络

一个好的故事要有打动人心的情节,有起承转合的空间,有令人期待的高潮,有悬念,有意想不到的结尾。湖北电视台的《往事·故事,铭刻在雪山》就是以震撼人心的故事取胜的。故事中的主人公刘连满是我国第一支攀登珠穆朗玛峰的国家登山队队长。为了登顶的重任,他在登上 8 000 米时自愿留下以确保其他三名队员顺利登顶。几十年过去了,登上峰顶的三名运动员现在都是体育名人,而刘连满退休后却在东北的一个工厂里看门(打更),家庭困难。节目播出后,刘连满的故事感动了许多人,《往事》也因此荣获 2001 年度中国新闻奖一等奖。

2. 选择合适的切入点

一般来说,要从整个事件的关键点切入,然后再叙述人物背景。还以《往事》中刘连满的故事为例。像这样一个充满人生百味的故事该怎样讲才吸引人呢?编导从一个小短片进入,介绍 20 世纪 60 年代的那场辉煌的登顶后引出刘连满当年的壮举,从而设下悬念——刘连满是谁?但是开始访谈时却让当年登上珠峰的三个人之一的王富洲回忆当年的情况,使观众对刘连满又有进一步的了解,从而猜测,刘连满现在到底怎么样了?接下来,再请出当年的一个记者满怀深情地讲述了刘连满当年“毅然留下氧气”的壮举给他带来的感动。在这些层层铺垫之后,刘连满终于上场。朴实的刘连满眼含热泪向观众深深鞠躬,说“谢谢大家还记得我”时,全场感动。最后再由刘连满讲述他的人生故事。这样的设计结构使故事一波三折,悬念迭生,效果异常感人。

3. 包装设计的故事化

现代高速发展的电视事业也培养了高素质的观众。电视谈话节目需要在后期包装设计上狠下功夫。除了注重舞美设计、相关的道具,搭建与观众互相交流的平台外,还要精心设计故事的流程,掌握好故事的开端、发展、高潮、结束,控制并配合好整个节目的起、承、转、合,抓住“矛盾点”,将节目步步推向高潮。另外,后期包装中关于片头的要求也非常重要。一般三四十分钟的访谈节目都需要二到三个小片头导视,起到承上启下的作用,也便于刚刚打开电视的观众了解上一段讲了什么故事,引导他们继续看下去。切忌几十分钟的节目从开头到结尾一直讲下去。因为有些观众不是一开始就坐在电视前的。小片头的效果也可以精致结构,尽可能地满足观众越来越高的审美口味。

4. 嫁接真人秀节目元素,讲好人物故事

谈话节目强调真实,真人秀节目突出纪实性,真实是二者在内容要求上的相同之处。在表现形式上,谈话节目突出“谈”,真人秀侧重“秀”,形式服从于内容,“秀”完全可以融于“谈”中。辽宁卫视的《有请主角儿》就是嫁接创新的范例,该节目以谈话为内核,成功嫁接真人秀节目“秀”的要素,以“真人、真事、真情、真演讲”的方式,通过当事人的演讲还原新闻真实和生活真实,展现当下普通但不平凡的中国家庭和中国人,通过主持人和点评嘉宾的互动引导,传递积极的正能量。当事人演讲中穿插的“秀”不仅活跃了气氛,增加了看点,同时有利于凸显人物个性,准确呈现当下普通中国人的梦想与追求。

思 考 题

1. 什么是电视谈话节目?电视谈话节目有何主要类型特点?
2. 电视谈话节目如何挑选节目主持人?
3. 如何策划电视谈话节目的选题?
4. 如何策划电视谈话节目的争议性?
5. 如何增强电视谈话节目的故事性?
6. 如何挑选电视谈话节目的嘉宾?
7. 中外电视谈话节目有何异同?

第三章

电视纪录片

2015 年,中央电视台制作播出首部 4K 超高清大型纪录片《第三极》。《第三极》总共有 6 集,影片以真实、质朴的镜头展现了在青藏高原上多种动物的生存状况,以及藏族人民与自然和谐相处,与动物互相信任的故事。为了完美而真实地再现青藏高原上人与自然的和谐,整部影片的摄制历时两年,出动 6 个调研小组,4 个摄制小组,行程遍及西藏、青海、四川、云南等地,拍摄时长超过 1 000 个小时,总计拍摄 500 多天。除此之外,该纪录片首次在海拔 5 000 米以上的最大的湖泊冰潜拍摄,首次在雅鲁藏布江岸 200 米高的悬崖拍摄。纪录片一经播出就被国家地理频道直接采购,4K 版本在国家地理频道覆盖的全球 200 多个国家和地区的电视网络播出,它精良的制作也受到观众和藏族同胞的一致认可。

纪录片《第三极》

案 例 3.2 《最后的棒棒》 • • • • • • • • • • • • • • • •

2015 年,正团级转业军官何苦通过亲身经历拍摄了纪录片《最后的棒棒》,这也是国内首部自拍体纪录片。《最后的棒棒》总共分为 13 集,每集有不同的主题,每集时长在 29 分钟左右。纪录片聚焦重庆地区特有的"棒棒"行业,他们肩上扛着一米长的竹棒,棒上系着两根尼龙绳,沿街游荡揽活,通过一根棍棒扛起生活的重担。纪录片拍摄一年有余,导演何苦包揽撰稿、解说、编辑多项工作,用最简陋的设备和最低的成本将纪录片制作完成。

纪录片《最后的棒棒》

案 例 3.3 《舌尖上的中国 3》 • • • • • • • • • • • • • • • •

《舌尖上的中国 3》是中央电视台出品的一部大型美食文化纪录片。该片意在强化人物和食物背后的文化,从历史演化过程中探究中国美食的迁徙与融合,深度讨论中国人与食物的关系。《舌尖上的中国 3》共 8 集,每集 50 分钟,8 集的主题分别是:"器具""宴席""厨人""小吃""点心""食养""时节""融合"。

有业界人士评价说:"这部饱含中国人浓郁情感、生活智慧、人文传统的纪录片,将再一次给海内外受众带来文化的滋养和情感的共鸣,必将成为让世界通过美食了解中国的一个窗口,也是中国纪录片作品秉承中国的文化价值理念,给世界提供的一份文化思考与解读。"

纪录片《舌尖上的中国 3》

近年来纪录片在娱乐大潮中表现耀眼,《鸟的迁徙》《华氏 911》《帝企鹅日记》等在知名电影节上屡获大奖,国内纪录片也风头十足,《大国崛起》《舌尖上的中国》《我在故宫修文物》《一带一路》等现象级纪录片引发一波又一波收视潮流。

第一节　电视纪录片的定义与类型特征

虽然从 20 世纪 90 年代至今,国内电视界一直围绕纪录片的本质特性及其叙事技巧争论不休,但有一点是肯定的,就是与新闻资讯、科教、真人秀和电视剧等其他大众化的节目类型相比,纪录片明显属于小众化的电视节目。

一、纪录片的定义

"documentary"(纪录片)一词源自法语"documentaire",意思是游记(travelogue),这与纪录片图画讲解的源头是相契合的,但作为一个与剧情片、叙事片、故事片相区别的片种,这一名称的确立应归功于英国纪录片奠基人约翰·格里尔逊(John Grierson)。格里尔逊于 1926 年在《纽约太阳报》上撰文,用"documentary"一词来评论美国纪录片创作者弗拉哈迪的最新作品《摩拉湾》(Moana),由此一举诞生了"纪录电影之父"弗拉哈迪。

从纪录片实践到理论的初步总结大约经历了 20 年。但此后,这种初步共识却因纪录片的定义一直困扰着业界与理论界,无法兼容,难以取得共识,成为理论研究众所周知的主要难题之一。这里选取几个有代表性的定义。

约翰·格里尔逊称:"凡是摄影机就所发生事件在现场拍摄的(不论拍的是新闻片还是特写片,集锦式趣味还是戏剧性趣味,教育影片或是科学影片,正常影片还是特殊影片)那一事实的影片,便都称为纪录片……它们代表着不同性质的观察,不同目的的观察,以及在组织材料阶段差别很大的力量和意向。"①

著名的革命家和导师列宁认为,纪录片是"形象化的政论"。

美国1979年出版的《电影术语词典》对纪录片的界定是:"纪录片,纪录影片,一种排除虚构的影片。它具有一种吸引人的、有说服力的主题或观点,但它是从现实生活汲取素材,并用剪辑和音响来增进作品的感染力。"

中国中央电视台研究室于1992年组织全国100名专家、学者历时一年多的研究,形成了对纪录片定义的相对共识:"电视纪录片,是以摄像和摄影手段,对政治、经济、文化、历史事件等作比较系统完整的纪实报道,并给人以一定的审美享受的电视作品。它要求直接从现实生活取材,拍摄真人真事,不容许虚构、扮演,其基本报道手法是采访摄像或摄影,即在事件的发生发展过程中,用'等、抢、挑'或追随采撷的摄录方法,记录真实环境、真实时间里发生的真人真事,在保证叙事报道整体真实的同时,要求细节真实。真实是纪录片存在的基础,也是它最可宝贵的价值所在。正是'物质现实复原'的真实,才使纪录片有着它永恒的魅力。"②

吕新雨教授认为,纪录片是以影像媒介的纪实方式在多视野的文化价值坐标中寻求立足点,对社会环境、自然环境与人的生存关系进行观察和描述,以实现对人的生存意义的探寻和关怀的文体形式。

上述关于纪录片定义的简单罗列,并非为了指出其存在的"缺陷"与"不足",也不是为了标新立异,以建立一个涵盖一切,放之四海而皆可的全新定义。这种想法早就被比尔·尼科尔斯给否定了。他认为:"要想对纪录片这个概念进行准确的界定,就像给'爱'或'文化'下定义一样困难,纪录片的定义经常表现为一种相关性的或是相对而言的解释……纪录片的含义体现在它与故事片、实验电影或先锋派电影的相对性中。"③

---

① 游飞、蔡卫:《世界电影理论思潮》,中国广播电视出版社2002年版,第145页。
② 杨伟光:《中国电视专题节目界定》,东方出版社1996年版,第2页。
③ 比尔·尼科尔斯:《纪录片导论》,陈犀禾等译,中国电影出版社2007年版,第28页。

不过,反思中外理论家们给出的这些定义,我们可以发现一些有趣的共性:一是强调纪录片是一种对现实生活进行非虚构性的反映,把非虚构作为区别于其他节目类型的主要特点;二是国外的学者们强调纪录片的艺术性、吸引力、感染力或审美特征,而中国学者大多数强调纪录片拍摄技巧上的"真实性",如真实环境、真实事件、真实时间、真人、真事等。

但是,仔细辨析一下,强调纪录片的非虚构性以及说明拍摄过程中的所谓"四真"并不能把纪录片与新闻节目、真人秀节目以及社教节目等类型区别开来,因为在这些类型的节目中,其共同的特点都是对真人、真事、真环境、真时间等因素的记录和反映,比如,真实性是新闻报道的生命,"对现实生活的非虚构反映"也是新闻报道的基本要求。

另外,强调纪录片的艺术性、感染力、审美属性同样也无法把纪录片与虚构性的电视剧、电视广告、电视动画等节目类型区别开来。因为,对于这些节目而言,艺术性、感染力是其存在的前提和基本价值,比如新版《红楼梦》的导演李少红就认为电视剧要"自然地融入现代的时尚感和审美情趣"。

比较之下,本书认同徐舫州教授的观点,并稍加修改:电视纪录片是一种通过电视屏幕播放的、非虚构的、审美的,以建构人和人类生存状态的影像历史为目的的视听节目类型,是人类个人记忆或某一集团记忆的载体,是对现实生活的有目的选择[①]。

这个定义试图兼顾兼容性和区隔性。兼容性在于把中外各种类型纪录片,包括在电视上播放的电影纪录片也容纳进去;区隔性在于电视纪录片既区别于新闻资讯、社教、真人秀等纪实类节目,又不同于广告、电视剧、电视文学等虚构性节目,强调它必备的审美属性。

二、纪录片的主要类型特征

电视纪录片作为一种独特的电视节目类型,主要有以下三个基本特征。

1. 非虚构性是纪录片第一"道德律令"

电视纪录片"要求反映未经修饰的自然和社会,记录当事人的真实语言",就必须以真实作为灵魂,不仅人物、事件是真实的,而且在时间、空间和细节等方面

---

① 徐舫州、徐帆:《电视节目类型学》,浙江大学出版社 2006 年版,第 150 页。

也都要是真实的。纪录片的真实元素要求创作人员必须深入到事件的中心,对所反映的事件应当找到全面的"证据链条",而不能是道听途说的"孤证"。有些时候,创作人员还要查阅大量的历史文献,旁征博引,以求最大限度地贴近真实。

当然,所谓"真实"其实是有条件有范围的。在人们对真实的礼赞中往往忽视了一点:"客观真实"是一个意识形态的神话,从哲学意义上说,"客观真实"只是一个形而上学的命题,它强调用"摹写"方式使主客观达到统一的理论,其缺憾在于它忽视了观察者,忽视了观察者的观察视野对结果的影响,而实际上任何一个观察者都必须立足于他的文化背景,立足于他的个体经验,这在哲学解释学中被称为"前见"或"前理解"。这种"前见"从某种意义上说,正是揭示人生活在历史中的真实状态。对于一个客观事物来说,并不存在唯一具有真实意义的描述,真实需要多元的描述,事实与事实的关系是多元的。只要这种观察者的角度是存在的,是现实合理的,它就是有效的。

对于纪录片的创作者而言,"真实"实际上包含着三重意义:一是生活真实,源于客观真实又高于客观真实的概念,它更注重道德价值、伦理价值,迫使制造者保持对社会和生活的虔诚与敬畏;二是选择性真实,源于观察者或记录者的"前见"或所谓"合法偏见",这种"前见"渗透于纪录片的影像纪实和价值选择,是多元的、非排他的,随时保持着对他人、对公众的质疑与拷问;三是本质真实,或者说是价值真实,其中价值真实更应该被强调。从某种角度上说,纪录片的文化意义其实就是它的价值意义。在纪录片创作过程中,价值意义正是我们选题、拍摄和剪辑的根本标准。

因此,对于纪录片创作者来说,生活真实、选择性真实、本质真实三者本来就是辩证统一的,它们互相包容,缺一不可。其中生活真实是基础,并且是唯一客观存在的真实。它不能重构,更无法复原。尽管选择性真实经过多重审美选择,它仍根植于生活真实之中。而本质真实则应当是创作者孜孜以求并与电视观众共同对选择性真实进行感悟,从而达到共鸣的一种文化境界和理想。它来源于生活真实,是对生活真实的超越和升华。

2. 故事化的结构载体

用一句话概括来讲,故事,就是以前的事,这个事可能是真实的事,也可能是虚构的事。故事是人类对自身历史的一种记忆行为,人们通过多种故事形式,记录和传播着一定的社会文化传统和价值观念,引导着社会性格的形成。叙述者通过对过去的事的记忆和讲述,构建着社会的文化形态。

从这个意义上说，纪录片同神话、传说、小说、戏剧等一样，是借用电子设备将原先以文字形态出现的故事影像化，或干脆说，纪录片就是影像化的故事。电视纪录片不是零星资料的堆砌，而是经过主创人员的精心编排，围绕着事件的前因后果，叙述一个完整的故事。即使是以传播知识为目的的科教电视纪录片，从头到尾也需要贯穿一条明确的逻辑线索，使观众感觉到似乎在倾听一位现场亲历者讲述故事。

从受众接受的角度上讲，优秀的电视纪录片应该同时让受众在心灵和大脑、心理和生理、感性和理性方面都产生愉悦的感觉。电视纪录片的内容往往是理性的，但必须要通过感性的故事形式来表现，通过这种途径被人们记忆、产生共鸣。以为大众文化辩护而著称的约翰·菲斯克，就力主电视新闻节目应当冲破客观性与社会责任感之类的阅读文本概念束缚，从大众生活的相关性出发，"不要将自己表现为已发生的事件的记录，因为这是书籍和电影的文学化叙述，而要表现为肥皂剧正处于进行状态的悬而未决的叙事，这才是口头叙事的电视中的等价物，从中可以理解我们的日常生活"①。

2008 年北京奥运会期间，在非奥运节目收视率普遍下降的背景下，上海电视台纪录片编辑室播放了《骑虎难下》一片，获得了当期上海电视台纪实频道收视率的第一名。该片主要采用故事化的手法，讲述了政府法规和民间养虎的矛盾冲突，提出了保护和合理利用濒危动物资源的新话题。故事化使一个涉及政府法令的严肃话题变得平民化，从而获得了观众的普遍欢迎。从 2006 年开始，纪录片编辑室对购买的成片纪录片进行全新的包装改革。首次在片中引进适合节目总体风格的新闻节目主持人出镜，采用面对面讲故事的方法对播出的纪录片进行段落切割，在片头、片中分别用故事化的文字和语气对纪录片的内容进行提示，并且设置悬念，引人入胜，以达到吸引观众收看的目的。至于央视著名的纪录片类栏目《探索·发现》则系统性地探索和总结出一些突出的故事化技巧，有一般纪录片难以抗拒的吸引力②：强化故事段落，力图将简单的历史事件情节化、戏剧化；以细节来刻画历史事件背后的戏剧性；以真实再现技法来提升画面的表现力与冲击力；以密集的"钩子"来强化历史矛盾冲突的内在张力。

---

① 约翰·菲斯克：《解读大众文化》，南京大学出版社 2001 年版，第 212 页。
② 张健、于松明：《故事化：是对文化知识的去蔽还是遮蔽?》，《中国电视》2007 年第 4 期，第 43—47 页。

3. 人文化的审美旨归

对电视节目而言,创作者的动机、赋予文本的思想内涵以及作品的选材及文体特点已经决定了特定收视群体、特定的收视和体验方式。有的电视节目观众只能以认识的态度去面对,如新闻资讯、科教类节目,从中获得能够帮助观众进行认知和解惑的信息。有的电视节目只能以功利的态度去面对,比如生活服务类节目、真人秀节目乃至广告类节目。而对于电视纪录片而言,建立在非虚构基础上的影像人物故事,所呈现的是一个陌生化的人性世界。这就要求观众以一种非实用性、非功利性的态度去面对和欣赏,这种态度就是所谓的审美态度。

那么,什么是审美态度或审美活动?朱光潜先生曾经说过,面对一棵古松,不同的人会产生不同的态度。木材商人关心的是木材值多少钱,植物学家关心的是古松的根茎花叶、日光水分,但画家面对古松则是另一种态度,他仅仅是聚精会神地观赏松树苍翠的颜色、盘曲如龙蛇的线纹以及不屈不挠的气概。这三种态度迥然不同,木材商是实用态度,植物学家是认知态度,而画家则是审美态度。"实用的态度以善为最高目的,科学的态度以真为最高目的,美感的态度以美为最高目的。在实用态度中,我们的注意力偏在事物对于人的利害,心理活动偏重意志;在科学态度中,我们的注意力偏在事物间的互相关系,心理活动偏重抽象思考;在美感的态度中,我们的注意力专在事物本身的形象,心理活动偏重直觉。"①

电视纪录片对于观众而言,可以排除日常生活的"平均状态",排除为专业社会分工所倡导的工具理性主义,超越日常生活的琐碎、枯燥和平庸,摆脱各种认知性、功利性的束缚,把人升华到一个更加自由、愉悦的理想境界。优秀的纪录片蕴含一种最高的、本质的人性,可以给观众带来一种形而上的慰藉,唤起人的终极关怀。纪录片《地球脉动》把思考的领域从自然扩展到人类,纪录片共有 11 集,从南极到北极,从非洲草原到热带雨林,最后从荒凉的峰顶到 2 000 米深处的大海,观众看见雪豹在大雪中觅食,看到在地球变暖的背景下,北极的企鹅、北极熊、海豹等生物相互依存的情景。历时 5 年,走遍 62 个国家,向人们展现自然界中多样存在的生物种类,捕捉世界上最瑰丽的场景。虽然在片中并没有直接表明特定的环境保护诉求,但是通过对生物多样性的展现,对在神秘地区壮丽的自然景观的展现,让观众在惊叹壮观风景的同时,也激起他们对生态的关注与对

---

① 朱光潜:《朱光潜美学文集》第一卷,上海文艺出版社 1982 年版,第 451 页。

人类行为的反思。

吕新雨教授提出,电视纪录片应该是人类"生存之镜",通过"他者"观察自身的存在。通过审美精神的释放,纪录片实际上是以一种美学精神塑造一种新型的人生,提升了作为社会主体的人的精神境界。《摇摇晃晃的人间》在2016年的阿姆斯特丹国际纪录片电影节上斩获纪录长片评委会大奖,其颁奖词这样写道:"这部作品以诗意、激烈和富有张力的形式探索人们经历的复杂性,影片的内在力量、主演的精彩表现与影片的精良制作相得益彰。想要制作有关诗歌的影片而不落俗套很难,但《摇摇晃晃的人间》做到了,它如诗一般,以细腻而富有启迪的形式描述了一个非凡的女人。"

三、中外纪录片演进简史

1. 西方纪录片简史

电视纪录片最早来源于电影纪录片,是电影纪录片概念、思路、手法在电视上的引入和应用。因此,早期的纪录片演进史实际上是电影纪录片的演进史。同时,由于纪录片资料和创作者极为庞杂,用流派史的方法来说明纪录片的发展简史是一种省时而又快捷的方法。

从某种意义上说,电影艺术始于纪录片。1895年3月前后,人们看到的第一批影片如《工厂大门》《火车进站》《婴儿午餐》《水浇园丁》等都是对现实生活场景的朴素还原。当约翰·格里尔逊于1926年2月用"documentary"来评价罗伯特·弗拉哈迪的第二部作品《摩拉湾》时,意味着"纪录片的概念是与故事片相对而言的",非虚构由此成为纪录片区别于剧情片或故事片的基本特征。

(1)约翰·格里尔逊与综合性纪录片。约翰·格里尔逊是纪录电影当之无愧的"教父",是他将"纪录片"正式作为一个名称、一种电影类型提出来的,从此,纪录片才彻底从剧情片中分离出来,有了独立的生命。作为电影理论家,约翰·格里尔逊建立了纪录电影的基本体系:形态、功能、语言;作为非职业教师,他通过写作、演讲、建立纪录片小组,在全世界培养了众多的纪录片制作者;作为制片人,他制作过上千部纪录电影。格里尔逊第一个将机构赞助引入纪录电影摄制,使纪录片彻底摆脱了票房依赖,他还为纪录片开辟了非电影院发行的途径,让纪录片进入工厂、学校和电视台。1927年,格里尔逊制作了记录英国渔民捕鱼过程的《漂网渔船》,这部着眼于普通人生活,表现劳动尊严和价值的影片为纪录电影历史翻开了新的一页。

从 1931 年开始,格里尔逊和一批热爱电影的年轻人组成了纪录片小组,创立了一种全新的纪录电影制作模式:从现实社会现象和普通人生活中取材,以电影为工具,以公共利益为目的,参与各个机构的服务性事业,利用字幕、剪辑以及后来出现的解说词等对现实进行创造性处理。格里尔逊模式在二战期间取得了辉煌的成就,成为被宣传机构最普遍采纳的纪录片形式,产生了诸如美国电影大师弗兰克·卡普拉(Frank Capra)在二战期间为美国军方制作的 7 集战争纪录片《我们为何而战》等作品。在当代,综合性纪录片仍然起着重要的作用,除了宣传用途,它的商业价值也被开发出来,人们所熟悉的探索系列就采用了这种制作模式。

(2)以罗伯特·弗拉哈迪为代表的创作者们开创了人类学纪录片。电影诞生初期,英、法、美等几个发达资本主义国家的摄影师将镜头集中在远离西方文明世界的土著或野蛮人身上,出现了《伐木人》《金边的象队》《西贡的苦力》等一批反映土著人生活的民族风情片。罗伯特·弗拉哈迪先后拍摄了《北方的纳努克》《摩拉湾》《阿兰人》《路易斯安那州的故事》。四部纪录电影均采取了《北方的纳努克》的拍摄模式,将镜头对准那些即将消逝的文明,在一家人或一个人的经历中,展现人和自然的关系。这种模式后来被命名为"人类学纪录片":用影像记录社会,用影像挽救文化传统。

(3)"电影眼睛"与"直接电影""真实电影"。吉加·维尔托夫 1918 年进入莫斯科电影委员会纪录片部工作,专司制作新闻纪录片《电影真理报》。他有一句名言,"我是电影眼睛,我是机械眼睛。作为机器,我才能把我看到的世界展现在你们面前"。他发起"电影眼睛派"运动,认为摄影机的眼睛比人的眼睛更完备,电影应该展现摄影机看到的世界,任何从戏剧基础上发展出来的故事片都是一种麻醉,是病态的,应该加以排斥。1924 年,维尔托夫拍摄了反映少先队员夏令营生活的《电影眼睛》,以节奏和速度来组织场景,创立了一种全新的电影语言。摄制于 1929 年的《带摄影机的人》,完全依照节奏和镜头内部的联系讲述了现代城市一天的生活,成为"电影眼睛"理论的代表作。

20 世纪 60 年代初,以罗伯特·德鲁和理查德·利科克为首的一批美国纪录片制作人提出这样的电影主张:摄影机永远是旁观者,不干涉、不影响事件的过程,永远只作静观默察式的记录;不需要采访,拒绝重演,不用灯光,没有解说,排斥一切可能破坏生活原生态的主观介入。这一流派被称为"直接电影",主要代表作为《初选》,影片的宗旨就是把"影片制作者的操纵行为严格限制在最低的工艺范围里,以使电影自身成为一种尽可能透明的媒体"。

弗雷德里克·怀斯曼(Frederick Wiseman)先后拍摄制作有三十余部纪录片,有人认为怀斯曼真正理解了"直接电影"的真谛,并成为美国20世纪60年代"直接电影"运动的主要人物。怀斯曼的作品总体风格是以美国各种机构为主要关注对象,如《法律与秩序》(Law and Order)、《医院》(Hospital)、《基本训练》(Basic Training),一直沿着"用镜头解剖各种机构与人的方式并展示20世纪下半叶的美国综观"的纪录方式,"一条道走下去"。

20世纪60年代,同样在"电影眼睛"理论影响下,法国人让·鲁什和美国人阿尔伯特·梅索斯同样开创了"真实电影"流派。真实电影作为一种拍摄方式或流派主要有下列特点:直接拍摄真实生活,排斥虚构;不要事先编写剧本,不用职业演员;影片的摄制组只由三人组成,即导演、摄影师和录音师,由导演亲自剪辑底片;导演可以介入拍摄过程。这最后一点成为"真实电影"有别于"直接电影"的最重要因素。当然,类似的拍摄手法要求导演能准确发现事件与预见戏剧性过程,摄制动作要敏捷且当机立断,而这种方法也必然限制了题材的选择方向,因此纯粹意义上的真实电影作品很少。

真正意义上的电视纪录片始于1946年,美国著名记者爱德华·默罗在其主持的新闻节目《现在请看》中播出了大量从世界各地拍摄的电视纪录片,首开电视纪录片之先河。电视纪录片的出现构成电视屏幕上以真实记录或阐释现实生活为主要任务的电视节目类型。20世纪70年代以来,许多电视机构纷纷投资制作大型电视纪录片,并将其视为自身实力的标志。

2. 中国纪录片演进简史[①]

与国外纪录片演进史类似,自纪录片作为一种拍摄和叙事方法传至中国,发端于1905年的中国纪录片也在相当长的时期内以电影纪录片为主,直至20世纪80年代随着电视媒体的迅速崛起而走向影视合流。

(1)中国纪录片发端期(1905—1921年)。自1896年初,法国人路易·卢米埃尔陆续向南极洲之外的各个大陆派遣近百名摄影师奔赴世界各地拍片,拍摄了750多部影片,电影正是在这个时期传入中国的。据统计,外国人在中国拍摄

① 参见单万里:《中国纪录片简史》,http://www.douban.com/group/topic/9245043/;何苏六:《中国电视纪录片史论》,中国传媒大学出版社2005年版。

的纪录片有 50 多部,拍摄题材主要包括八国联军攻占北京、日俄战争等。中国人自己拍摄电影的活动开始于 1905 年,在北京丰泰照相馆拍摄了记录京剧名角谭鑫培表演京剧《定军山》片段的短片,片名也叫《定军山》。

(2) 新闻纪录片的发展繁荣期(1921—1945 年)。20 世纪 20 年代以来,随着民族资本纷纷投资电影业,中国电影获得了较大发展,新闻纪录片的数量比过去有所增加,内容也丰富了许多。除了北伐战争,还有反映 1925 年五卅反帝爱国运动的新闻片《五卅沪潮》《上海五卅市民大会》《满天红时事展》,以及反映当时其他重大社会事件的新闻纪录片,如《上海光复记》(1927)、《济南惨案》(1928)、《张作霖惨案》(1928)。民新影片公司创始人黎民伟明确提出了"电影救国"的口号,并在当时中国电影业远离革命的情况下,拍摄了大量表现孙中山革命活动的新闻纪录片。后来,他将以往拍摄的影片汇编成大型文献纪录片《国民革命军海陆空大战记》(1927),并于 1941 年重新编辑了此片的有声版,名为《勋业千秋》。

1931—1945 年,拍摄抗日新闻纪录片是多数中国电影工作者的共识,成为新闻纪录片的主流。"九一八事变"和"一·二八事变"爆发后,许多影片公司都认识到拍摄抗战新闻纪录片的意义,纷纷派出摄制组奔赴战场拍片,如《抗日血战》《十九路军血战抗日》等,其中明星影业公司的《上海之战》和联华的《十九路军抗日战史》是两部内容丰富的影片。

1937 年全面抗战爆发后,国民党方面拍摄抗日新闻纪录片的主要机构是两个官营电影机构:中央电影摄影场(简称"中电")和中国电影制片厂(简称"中制"),以及一家半官营性质的影片公司,即国民党地方行政长官阎锡山设在太原的西北影业公司(1938 年拍摄了《风雪太行》和《华北是我们的》两部抗战纪录片)。1938 年,中共中央创办延安电影团,先后拍摄了新闻素材《晋察冀军区三分区精神总动员大会》《聂荣臻司令员检阅自卫队》《白求恩大夫》《毛泽东同志在延安文艺座谈会上》《中国共产党第七次全国代表大会》等新闻素材。

解放战争开始之后,延安电影制片厂和东北电影制片厂成立,先后拍摄了 30 多万英尺关于东北解放战争的新闻纪录电影素材,这些素材被编入 17 辑杂志片《民主东北》(其中的 13 辑全部为新闻纪录片),第 17 辑《东北三年解放战争》全面记录了东北解放的过程。从 1949 年 4 月 20 日到 10 月 1 日,北影制作完成了 5 部短纪录片(《毛主席朱总司令莅平阅兵》《新政治协商会议筹备会成立》《七一在北平》《解放太原》和《淮海战报》),1 部长纪录片(《百万雄师下江南》)以及《简报》1—4 号。

（3）政治化纪录片时期(1949—1977 年)。这一时期是一个特殊的阶段,由于受社会政治因素的影响,此一阶段的纪录片几乎都带有强烈的政治色彩。政治化纪录片在语言上显得空洞,在题材上出现雷同,在风格上则很单一,缺少甚至可以说几乎没有人性色彩和人文精神。由于特殊的政治气候,党和国家对这一时期的纪录片拥有绝对的话语权,而宣传也成为纪录片头等重要的功能。然而由于缺少宣传经验、不熟悉宣传策略,加上受到前苏联政论性纪录片的影响,使得这一时期的纪录片大多空洞无物、浮夸做作。

1958 年成立的北京电视台(中央电视台的前身),起初主要播放电影新闻纪录片,不久也开始摄影机拍摄自己的新闻纪录片。“文革”前夕,它摄制的纪录片《收租院》在全国范围内掀起了持久的“《收租院》热”。该片系根据四川美术工作者创作的大型泥塑群像《收租院》而拍摄的,反映了解放前四川地主刘文彩逼迫农民交纳租米的情景。1966 年 4 月,这部影片在电视上播出之后产生了很大的反响。为了适应当时的形势需要,有关机构发行了数千部电影拷贝,在全国各地连续放映长达 8 年之久。

（4）人文化纪录片时期(1977—1992 年)。这个阶段中国纪录片领域发生两个显著变化:一是新闻片与纪录片分离,以及纪录片观念的演进。电视新闻的迅速发展迫使电影新闻片淡出荧幕,新闻片与纪录片的分离促使电影工作者和电视工作者开始共同探讨纪录片的观念。二是电影纪录片逐渐衰落,电视纪录片迅速崛起。当然,任何新兴媒体的出现都不可能完全取代原有媒体,而是利用原有媒体的优势和历史积累,电影纪录片与电视纪录片之间既存在矛盾又相互依存。

这个时期纪录片的最大特点是没有了政治说教味道,带有民族象征意义的山川河流以及长城运河等成为这个时期纪录片尤其是电视纪录片的主要反映对象之一。有学者认为,这是中国纪录片历史上最为豪迈、最有成效、最有影响力

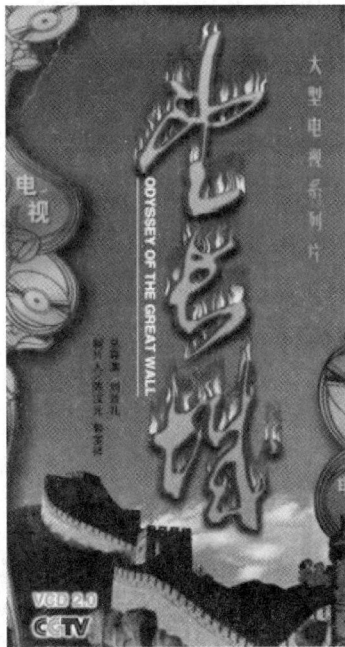

纪录片《望长城》

的一个阶段。中央电视台1978年开办的《祖国各地》播出过不少纪录片，在当时的电视纪录片栏目中独树一帜。进入20世纪80年代，中央电视台制作的系列电视纪录片《丝绸之路》(1980)、《话说长江》(1983)、《话说运河》(1986)等曾经引起强烈的反响。此后，宣传改革的政论片《迎接挑战》(1986)，为纪念红军长征胜利50周年而制作的《长征，生命的歌》(1986)，为纪念建军50周年而制作的文献纪录片《让历史告诉未来》(1987)，都在当时产生了轰动的社会效应。1991年，央视联合日本电视台制作和播出的大型系列纪录片《望长城》，被普遍认为是中国电视纪录片发展史上的一部里程碑之作。

(5) 走向多元化的纪录片(1993年至今)。从20世纪末到21世纪初是中国纪录片走向多元化的时期，总体特征可以概括为：影视合流(电影纪录片与电视纪录片合流)，内外接轨(国内纪录片与国外纪录片接轨)，官民互补(官方纪录片与民间纪录片互补)，新老并存(传统纪录片与当代纪录片并存)，这是改革开放不断深化产生的必然结果。

影视纪录片合流的标志性事件，是1993年10月中央新闻纪录电影制片厂并入中央电视台。不久，北京科教电影制片厂也划归中央电视台，上海科教电影制片厂并入上海东方电视台，八一电影制片厂将新闻纪录片的摄制任务移交给中国人民解放军电视制作宣传中心。这个时期的电影纪录片虽然数量不多，但是产生的社会影响却很大。《较量》(1995)、《东方巨响》(1999)、《挥师三江》(1999)、《周恩来外交风云》(1998)、《灾难时刻》(2004)等展现了党和国家的重大事件，均具有清新独特的风格。

与此同时，电影纪录片开始走向市场，电视纪录片采取了栏目化的生存方式。1993年2月，上海电视台开辟了全国第一家以纪录片为主题的电视栏目

纪录片《八廓南街16号》

《纪录片编辑室》，而且是在主频道晚 8 点的黄金时段播出。1993 年 5 月，央视开播的《东方时空》栏目更是产生了全国性的影响。在这个栏目的四个板块中，以"讲述老百姓自己的故事"为广告语，以纪录片形态呈现的《生活空间》，以反映普通人生存状态的方法，在平凡中见惊奇，激发人们热爱生活和创造生活的热情。此后，全国各地的电视台都掀起创建纪录片栏目的热潮。

与名称相比，国内外纪录片接轨更重要的表现是，越来越多的中国纪录片参加国际影视节，并且获得了承认。进入 20 世纪 90 年代，在国际上获大奖的纪录片大多数是电视台摄制的作品。1992 年，宁夏电视台和辽宁电视台合拍的《沙与海》获亚广联电视大奖，这是中国电视纪录片第一次获得该奖项。1993 年，央视选送的纪录片《最后的山神》（孙曾田）再获亚广联电视大奖，这是央视首次获此殊荣。1997 年，法国真实电影节将大奖颁给了中国电视纪录片《八廓南街 16 号》（段锦川）。这些纪录片的共同特点是，影片制作者花费很长时间与拍摄对象相互交流，深入观察和体验他们的生活，然后才开始影片的拍摄工作，他们继承的是纪录电影鼻祖罗伯特·弗拉哈迪的传统。

民间纪录片的出现是 20 世纪 90 年代以来纪录片领域出现的新现象。依照制作主体划分，官方纪录片是指官方影视机构制作的纪录片，民间纪录片是指民间力量制作的纪录片（也有人称之为"独立纪录片"或"边缘纪录片"或"体制外纪录片"）。通常认为，完成于 1990 年的影片《流浪北京》（吴文光）标志着民间纪录片的开端，之后陆续出现了其他类似的影片。

2016 年，纪录片气质的综艺崭露头角，纪实类真人秀《跟着贝尔去冒险》的播出取得了不错的关注度，这一档热门综艺的背后，是 SMG 控股子公司云集将来传媒、上海纪实频道等实力超强的纪录片制作方的身影。2017 年，纪录片和综艺的融合更加深入，优酷继续制作播出了《了不起的匠人 2》，腾讯播出的《我们的侣行》已然可以称为具有综艺气质的纪录片。同时，东方卫视、云集将来还携手美国福克斯广播公司、国家地理频道推出了"真人秀＋纪录片＋硬科幻"三者融合的《火星计划》。纪录片融入娱乐因素，主动与综艺融合，是纪录片在走向大众的过程中特殊而有效的尝试[①]。

---

① 王华、田诺：《2017 年纪录片发展回望》，《山东视听》2018 年第 1 期，第 40—44 页。

第二节　纪录片的主要类型

从分类功能上来看,纪录片的类型分类如同纪录片概念一样也是"公有公说,婆有婆理",出现了五花八门的分类方式与类型。为便于初学者掌握和区别,本书综合各种分类方法的优点,根据纪录片镜头存在方式以及纪录片的题材加以分类。

一、根据纪录片镜头存在方式来划分

所谓镜头存在方式主要指画面中呈现出来的拍摄者与被摄对象之间的关系状态。按照这一方式,纪录片可以分为参与式记录、旁观式记录、超常式记录、"真实再现"式记录4种①。

1. 参与式记录

参与式记录,即拍摄者参与到所记录的事实、事件当中,摄像机和被记录对象之间形成一种亲密的关系,发掘事件的真实面貌,推动事件的进程,并将整个参与的过程拍摄下来,作为纪录片的有机组成部分。参与有两种方式:一种是声音参与式,即在拍摄过程中只出现拍摄者的声音,在关键时刻用提问或对话的方式与被摄对象交流,但始终隐匿拍摄者的形象。比如王海兵主创的《深山船家》中,女记者与船家一问一答,但是观众始终未见到女记者芳容。

第二种是出镜参与式,即拍摄者在现场,身体、行为全部出现在镜头中的现场介入方式。比如《望长城》第二部《长城两边是故乡》中,主持人焦建成先是在包头砖茶店偶遇一对新婚夫妇,之后在寻找中来到王向荣家,记录王向荣妻子和母亲这几天的生活,最后与大娘依依惜别……这些平常的场景通过主持人与拍摄对象的互动与交流,表现了长城人民的淳朴与真挚。

参与式记录是电视纪录片的主要工作方式之一,可以运用在对各种题材的记录当中。其长处在于记录者可以尽可能地去探究表象之下的真相,对表现内

---

① 参见孙宝国:《中国电视节目形态》,新华出版社2007年版;朱羽君、雷蔚真:《电视采访学》,中国人民大学出版社1999年版。

心世界、过去时空以及赋予记录戏剧性、情节性非常有效。但拍摄者介入生活后会激发出一些非常态的东西,掌握不好,就会在一定程度上改变生活的原生态。

2. 旁观式记录

旁观式记录,亦即朱羽君教授所谓的"作壁上观的直接记录",指记录生活的过程中尽量不在镜头中出现摄制组成员的形象与声音,同时在节目的后期编辑中努力消除摄制者在采访现场的存在痕迹。最理想的是争取把摄像机对被拍摄者的影响降到最低,剪接时强调一种连续性,从技术的角度就尽力避免表露作者的感情色彩和道德取向,尽量完整、真实地表现人物与事件的本来面目。

纪录片大师怀斯曼一直坚持旁观式的直接记录,以视觉形象和片中人物的话语来呈现事件,这种记录方式俨然已经成了一种信仰,体现了他空前的执着与坚持。这与他一贯选择的记录题材有关:学校、军队、警察、医院、监狱以及为人们提供帮助的各种社会服务机构,以此探索当代美国生活的方方面面。他的近作《缅因州的贝尔法斯特》中,一如既往地用镜头剖析机构和人,因此得到"对20世纪最后1/3时间中美国生活的一个印象化概述"。

旁观式记录的目的是要对现实进行直接的观察,从而让观众对现实有直接的了解,这种方式的长处在于充分地还原了生活的原貌,保留了更深度的心理真实和观众自由诠释的空间。但与此同时,旁观式记录在表现人物内心活动、情感及非现实时空等方面有许多不便,观众在接受过程中也可能因为强烈的不确定性而无所适从。

3. 超常式记录

超常式记录,即以超常的视野和特殊的手段去记录人文世界、自然世界和精神世界的活动。

人的本质力量常常会辐射在各方面,人与自然、人与动植物、人与宇宙星空都能对话。纪录片的题材范围也越来越宽广,已深入到人的科学活动、野生动物、地理生态等方面,对历史、心理、生命等进行科学探索。2017年6月,BBC纪录片《鸟瞰地球》在优酷上线,4K超高清画质向观众展现出鸟的视角,在片中集中体现了高科技带来的便利与全新的观看视角。

4. "真实再现"式记录

"真实再现"有广义和狭义之分①。狭义的真实再现是电视纪实类作品的一

① 胡智锋、江逐浪:《"真相"与"造像":真实再现探密》,中国广播电视出版社2006年版。

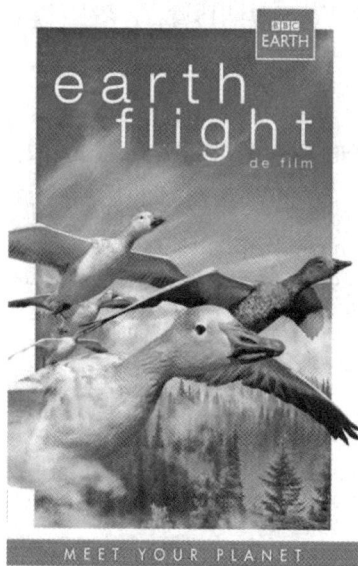

纪录片《鸟瞰地球》

种创作技法,指在客观事实基础上,以扮演或搬演的方式,通过声音与画面设计,表现客观世界已经发生的或者可能已经发生的事件或人物心理的一种电视技法,在纪实类节目中主要起补充叙事、烘托情境等作用。广义的真实再现是一个节目层面的概念,一种节目创作形态,泛指一切运用真实再现创作观念与技法的纪实类节目,不仅包括作品中再现的部分内容,而且包括与真实再现结合使用的部分采访与资料。

其实,不论是广义的还是狭义的,"再现"仅仅是对某一特定人物过去的有意义的经历由本人或演员重新演示进行拍摄。这种对过去发生的事件的溯源表现一般限于个人行为,前后相隔时间不长,周围环境没有变化。"再现"的内容与整个作品内容没有明显视觉差异,即是对象"自身"的重演。在大量的实拍和历史素材中,运用真实再现,表现某段无法实际拍摄获得的内容,营造某种情景氛围,增强视觉感受,形成一种特殊风格的电视纪录片。新媒体平台的纪录片中也通过动画形式来进行再现。

二、根据题材内容划分

1. 社会性题材

社会性题材内在地包含新闻类题材,关注的是人类生存的当下社会中,与人密切相关的话题、人物、场景、事件,创作者选择此类题材的目的是通过展现或揭示现实社会中司空见惯或隐匿不显的内容,通过自己的主观认识将其传播给更多的观众,使自己的主观观点被更多的人接受,继而影响社会。

20世纪末,在中国"新纪录运动"浪潮中,社会性题材被集中、全面地加以展示,独立纪录片导演对原先处于失语状态的边缘人群的重新发掘、体制内电视纪录片导演对社会生活中普通百姓平凡生活的跟踪记录、西部纪录片导演对少数民族社会生活的客观展现,最终丰富了社会性题材,展现出之前观众完全不曾想到也不曾接触到的广大社会领域。如使用DV拍摄的独立制片人王兵,在长达

9 小时的《铁西区》中,用镜头记录了 20 世纪 90 年代末期辽宁省沈阳市铁西工业区由盛转衰,并最终倒闭的历史过程。该片由《工厂》《艳粉街》《铁路》三部分组成,记录了社会体制转型时期的中国工人阶级,如何由主流群体沦落为边缘群体和弱势群体的过程。在这强烈的历史与现实的对比中,影片传达了对过往历史的理性反思和对社会现实的沉重关怀。

2. 历史类题材

如《失落的文明》《清宫档案》和《寻找失落的年表》。历史类题材内在地包含历史资料汇编片,关注的是人类生存和发展历史进程中已经消失的东西,创作者选择此类题材的目的是通过展现消逝的过去,以自己的探索提供给当下一种历史的借鉴意义和知识内涵。比如,根据澎湃网消息,日本电视台(NTV)于 2018 年 5 月 14 日凌晨播出了时长约 45 分钟,题为《南京事件 2——检验历史修正主义》的纪录片。该片以制作组花费近四年时间从中日两国搜集到的一手历史资料为基础,驳斥了试图否认或篡改大屠杀史实的历史修正主义。

3. 政治类题材

政治类题材包含政论片,关注政治生活领域中与意识形态相关的斗争和宣传,创作者选择此类题材的目的是通过为某一政党或领导阶级某一阶段政策和主张的宣传推广,制造民意支持,具有较强的工具色彩,在观众中易形成强大的影响力。以世界与中国近现代政治发展史为题材的《大国崛起》《复兴之路》在 2006—2007 年推出后取得了"叫好又叫座"的效果,打破了以往政论片一直偏向政治教化、宏大叙事、高度符合政策条例与意识形态、流于空泛的说教和呆板的驯化、缺乏社会功能关注的局限,高度宣扬了观众本位意识,依靠生活本身的逻辑来影响受众,变主观灌输为客观分析判断,变以往单一的强制性政府宣传口径为多种声音并存,真理越辩越明的传播策略是新时期政治类题材的成功转型。2016 年播出的《一带一路》由央视科教频道倾力打造,也是此类题材的代表性作品之一。

4. 自然类题材

自然类题材包含科技类题材,关注自然科技领域内神秘的、值得探索的广大领域,创作者选择此类题材的目的是通过把记录镜头推进到人类现代生活中无法触及的自然界,揭示其知识价值和审美价值,为观众提供休闲娱乐和知识服务。应该说,自然类题材在跨文化传播中是最具普适性、离意识形态最远、文化误读可能性最小的题材类型,因此也成为商业纪录片最早关注并持续把持的领地,也是中国纪录片创作者以中国丰富的自然类题材资源进入世界纪录片版图的最佳切入点。20世纪末至今,中国创作者对自然科技类题材的热情持续升温,结合中国独特的自然风情创作了一大批在国内外取得收视佳绩的优秀作品,如《我的朋友》《红树林》《峨眉藏猕猴》《回家的路有多长》《萨马阁的路沙》《蛇·鸟·蛇》《三江源》《236号麋鹿·孤独者的故事》《史前部落的最后瞬间》《复活的兵团》等。但同时也应该看到,由于自然类科技类纪录片所需的前期投入相当大,同时中国纪录片市场的不发达、不规范,目前还未能形成良性的产业发展链条,因此某种程度上制约了中国自然类题材纪录片的创作。

5. 人类学题材

人类学纪录片是用影视记录的手段来反映、再现有关人类学内容的纪录片,与其他题材不同,此类创作必须进行田野调查,创作者必须深入被反映对象所处的社会群体内部生活,通过熟悉该群体生活来取得第一手资料,最终通过取舍,选择决定拍摄的主题。其创作原则也更为苛刻,如不准任何虚假导演内容,不干预主体事件的发展,尊重拍摄对象,顺着事件流程记录拍摄;拍摄的角度应在正常视觉范围,不准带有任何猎奇的主观想法,善于抓取感人的镜头;强调声音的记录和影像色调还原的真实性。20世纪80年代以来,我国涌现出大量人类学题材纪录片,其后随着便携式DV的出现,个体的记录又为人类学题材增加了不计其数的影像资料。政府对人类学题材的一个政策性促进工作是设立了专门以少数民族题材为标准的"骏马奖",《最后的沙漠守望者》《最后的山神》《小苏布达们的故事》等在一定程度上成为人类学题材纪录片的典范。

第三节　纪录片的策划

纪录片是最能代表创作主体综合水平和实力的节目类型之一。随着社会文化生活水准的提高尤其是观众欣赏品位的提高,纪录片把握时代潮流,关怀民众生活,已经成为当代人观察思考人生的重要通道。每一部精心策划制作的纪录片对电视台的声誉形象都会起到较大的推进作用,客观上对电视界的整体制作水平也是一个极大的激励。

纪录片的酝酿与策划主要包括题材的选择、采访、资料搜集、场地勘测、构思、立意、寻找切入点、设计节目形态、节目风格等,而成功的策划文案应当包括:

选题说明(选题简介及现实意义)、作品主题(中心思想)、编导阐述(视角介入、主题开拓、情节支撑、动情点、作品目标)、作品的结构设计、风格展现及制作要求等。下面一一进行说明。

一、策划选题

电视纪录片强调镜头语言和客观事实,淡化作品的主体意识,强调以事实的客观存在去打动观众、感染观众,从而展示个体、人群与自然的原生态和审美意义。这就要求编导要处理好客观事实与"自我"的关系,在众多的题材中淘沙求金,对创作题材走向进行分析和思考。可以说,纪录片是发现的艺术,但这只是第一步,发现绝不仅仅意味着把镜头对准生活中的某个事件或某个人物就可以拍出纪录片;纪录片不是简单随机的生活流的复述,必须通过慎重选择与加工。所以,纪录片是发现的艺术,也是选择的艺术。

媒体的报道、身边耳闻目睹的事件、他人的叙述、自己的亲身经历甚至一段传说都可以成为选题的来源。在这个方面,纪录片创作者要做生活的有心人,深入体验和观察,随时储备生活中的点滴信息和感受。

从选题方向而言,生活中人物、事件、社会、历史、文化都可以作为纪录片展示的对象。首先可以考虑社会生活中那些非同寻常的、有典型意义的人与事,如人与自然的抗争与关系、个体生命的生与死、人的生存状态、人与人的关系等,表达生存、亲情、爱情、理想与现实的矛盾、生命价值的追问等,它们可以超越时间、地域与种族。其次,可以关注当前生活中存在的具有普遍意义的社会问题。

在策划选题的过程中要注意三个基本问题:一是选题要契合时代精神,反映时代主题。审时度势,顺势选题。作为电视纪录片的创作者,如何把社会转型期的时代精神以纪录片的形式渗透在作品中是前期需要思考的问题。

二是选题要注重平民化视角,彰显人文关怀。创作者要以强烈的"平民视角"和"人本"思想,在普通人群中选题,讲述发生在这些普通百姓身上的苦辣酸甜、悲欢离合的故事,反映百姓的欲望、情感、意志和要求,让广大电视受众在心灵深处体会到人文关怀,体现出社会的公平和正义、人间的真善与美丑。

三是选题要注重选取能够记录心灵的题材。记录心灵就是电视纪录片不仅要记录生活本身,还原生活,展示人们的生存状态,而且要深入到故事人物的情感世界,展现人的灵魂。个性的自然和人群是纪录片选题的两大主题,而记录人的心灵和自然的完美统一则是纪录片的最高境界,更能给电视受众以强烈的视觉冲击力。

从选题的开掘而言,纪录片创作者需要深入挖掘选题内涵及戏剧张力。也就是说当我们初步确定一个选题时,应该考虑这个片子拍出来是否有可能引发观众对现实、人生、历史的思考,是否对观众有启发,是否能真正打动观众,最终从理念上归结到人的价值、人类的发展、人类文明的进程、人性的思考等。纪录片《最后的山神》虽然是围绕老萨满孟金福与山神的关系展开情节,然而它并不是简单地记录老萨满的生存状态。它不仅记录了老萨满的心灵,表现了一个游牧民族个体的内心世界,而且记录了大自然的神奇之美,在 40 分钟的镜头画面中,充溢着一种旷远淡泊、古朴神秘的原始意境美,这些天人合一的景致情调,自然产生了强烈的视觉效果。另一方面,要考虑选题可能会产生的矛盾冲突。矛盾冲突是影视剧创作的戏剧性所在,在纪录片创作时也应该考虑如何充分利用矛盾来反映人物性格,产生戏剧效果,增强作品张力。这种戏剧性冲突在现实生活中有着各种各样的表现,如全球变暖、人口爆炸、夫妻争吵、战争与恐怖活动、小贩黑心、道德沦丧等。

纪录片的选题策划还包括对自身制作条件以及市场需求的考虑。纪录片制作也需要重视播出需求和受众需求,同时纪录片栏目化和频道专业化的迅速发展使受众市场得到有针对性的开发,节目受众定位的确立使广告商开始跟进,市场成为纪录片节目和栏目的重要资金来源。

二、策划纪实方式

不同于一般纪实性节目的宣教与动员模式,电视纪录片运用真实朴素的纪实手法吸引和赢得观众。纪录片作为一种媒体艺术,不仅要忠实记录真实事件的发生状态,更要运用纪实性的电视艺术手法,注重真实中的艺术审美。但纪录片的摄制同所有纪实类电视节目一样都面临一个普遍问题:主客观问题,即纪录片创作者在拍摄时必须出现在采访现场,否则就无法记录原始的动态画面。然而创作者的介入恰恰会改变被摄对象的现场、环境、范围以及心态等场信息。于是,创作者对现场的介入方式、在纪实采访过程中与被摄对象的关系亦即创作者的现场镜头存在方式,成为创作者必须策划和思考的主要问题之一,这不仅决定纪实过程中的素材质量,还直接影响着后期制作和最后成片的风格。

1. 长镜头跟拍

俗称多构图镜头的长镜头，通过对动态活动的连续记录，既能充分显示其空间的统一性，又可保持情节、动作和事件发展的时间连续性，从而使画面、信息更真实、更客观。因此，长镜头是纪录片中常见的拍摄手法。譬如早期的中国电视纪录片《望长城》中，长镜头的运用非常巧妙。在主持人沿着长城遗址行走的过程中，长镜头始终跟随着主持人，沿途考察长城的修建与变迁过程，交代了长城在中国历史上的重大意义乃至对当今自然生态环境以及人口迁徙变化的影响。在另一部中国独立纪录片《最后的马帮》中，摄像机在恶劣的环境下，对雪山突围、穿越峡谷等场景采用了跟拍，片子强烈的视觉冲击力无疑是作品成功的关键。该片突破了纯粹客观记录的局限，充分运用长镜头运动的特点，在构图、光线乃至色彩元素上不断寻找突破，画面在时空里自然转换，偶尔的不规范构图亦能增强纪录片的真实感和现场感，其间透过平凡的生活表象却揭示出背后蕴积的深刻自然哲理。长镜头所捕捉到的真实虽然只有一瞬，但要想揭示深刻的人物内心情感是离不开真实镜头语言的感染力的。

纪录片《最后的马帮》

2. 捕捉细节

细节作为纪录片的亮点，是纪录片最能体现本质的地方，正如钟大年先生在他的《纪录片创作论纲》一书中所写："在一部作品中，细节是十分重要的，细节像血肉，是构成艺术整体的基本要素。"所谓细节，就是影视作品中构成人物性格、事业发展、社会情境、自然景观的最小组成元素。纪录片《幼儿园》中有一个段落，镜头在餐桌旁吃饭的小女孩脸上停住，小女孩慢慢地开始委屈，渐渐地哭了

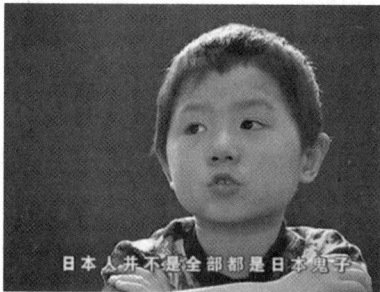

纪录片《幼儿园》

出来。人们不禁好奇，为什么在吃饭的时候小女孩会哭呢？镜头下移，小女孩的身上满是洒了的饭菜，这些细节意识和悬念的设置，展现了小女孩在面对突发事件时生动的面部表情，也构成了整个节目的故事脉络。

三、策划叙事结构

"结构"一词来自建筑学，指建造房屋时所立的间架和内部构造。就电视纪录片而言，叙事结构不仅指电视纪录片部分与部分、部分与整体之间的内在联系与外在秩序的统一，同时也是创作者根据生活规律和主观体验感受，以各种手段有主次、有逻辑地安排纪录片内容，并使之成为严密、有机整体的行为过程。

结构作为纪录片创作中的一个重要方面，往往决定着前期拍摄素材的排列组合方式，不同的结构安排也会产生不同的叙事效果。比如纳粹德国时期里芬斯塔尔的《意志的胜利》被前苏联编辑重新进行剪辑，改变了素材的结构方式，就变成了反法西斯的影片《普通法西斯》。不过，纪录片创作中的这种"化学变化"毕竟只是少数，大多数结构方式的变化只会引起所谓的"物理变化"，即叙事效果的优劣分野。优秀纪录片的结构严谨，统一而又自然，低劣的纪录片结构雕刻痕迹很重，整体给人的感觉是松弛甚至混乱。结构能力的高低是区别纪录片水平高低的一个最重要方面。

纪录片的结构有内部结构和外部结构之分，所谓内部结构是构成形象的各个要素的内在逻辑联系和组织形态，所谓外部结构则是纪录片的外在组织形式，即纪录片的构成框架。内部结构更多的是内容方面的问题，外部结构更多的是一种形式方面的问题，常见的结构有线性结构和板块结构两大类[①]。

线性结构又称渐进结构，是指各个单位的内容之间通过层层递进、逐步深入的切入，保持一种前后相继的不可逆转的逻辑关系、时间关系、空间关系、程度关系的结构思维方式。渐进结构一般具有三个特征：叙述单元容量小，内容相对

---

① 冷冶夫：《纪录片的叙事与结构》，http://www. 94188. cn/JiZheWenGao/XinWenZhuanDiWenGao/D69K5J5IJK_2. html。

比较零碎,但单元数量较多;叙述单元之间有一定联系,成为一种线索关系;叙述单元之间有过渡性连接,不是大幅度切换、跳跃的。线性结构既可以是内在的、逻辑的,如《远去的村庄》中的缺水问题,《中华百年祭》中画家的创作体会;也可以是外在的、形式上的,如《龙脊》中村口的那棵大槐树,《万里长城》中的长城。

板块结构又称平列结构或块状结构,就是按照人物、时间、地域或主题的不同,将不同内容分成不同的部分,部分与部分之间可以互无联系,也可以有起承转合的一种结构方式。板块结构一般也有三个特征:情节内容以板块为单元,单元内的容量比较大,但单元的数量比较少;板块之间在内容上是相对独立的;板块之间没有过渡,是段落切换,往往带有跳跃性。电视纪录片《祖屋》就是以板块结构思维进行构建的,它分为五个板块,每个板块都配有一个小标题,依次是"祖宗风水""耕读世家""族上人物""仁者爱人"和"红白喜事",尽管五个板块都是围绕"冯琳厝"这个祖屋展开的,但是这五个板块彼此之间没有明显的外在联系。

四、策划纪录片中的戏剧化因素

纪录片的戏剧化叙事已经成为当今纪录片的一个重要特性。因为它抛弃了过去那种平铺直叙的创作方式,在一定的时间和空间内表现一个相对完整和连续的矛盾冲突过程,因果关系、开端、发展、高潮都有较好的展现,所以它的可视性远远高于"原生态记录"的故事。如独立制片人拍摄的《纸殇》记录了福建大山里一个造纸作坊的兴衰。50分钟时间内展示了老板与工人、老板与旅游局、老板与继承祖国文化遗产之间的三条矛盾冲突线,最终的戏剧化焦点落在老板与市场销售的环节上。那么如何才能构建纪录片的戏剧性呢?

(1)纪录片要讲故事,精彩的故事才有市场,因此就要有对戏剧化的要求。纪录片创作者在选材或者拍摄的时候,首先要看所拍摄的题材中有没有故事,能不能根据情节构建出故事,创作中是否能拍到矛盾或有故事化因素的情节细节。在后期剪辑中,不妨使用设置悬念、人物铺垫、交叉叙事、加快节奏等故事片创作手法,以加强纪录片的戏剧性创作。在真实记录的基础上,纪录片故事的叙事方式与故事片并没有多大区别,如悬念、细节、铺垫、重复、高潮等,这不仅是故事片的专利,也可以在纪录片中加以使用。一般说来,打击犯罪纪录片的收视率会高于普通纪录片,如《中华之剑》《潜伏行动》就曾经引起收视热潮,画面故事中的未知元素构成了视觉的悬念。

（2）悬念和矛盾是产生戏剧性的有效手段。故事片的故事性以人为地设置悬念见长，并集中了大量叙事技巧甚至语言技巧以推动发展，其中的激烈曲折、动人心魄是纪录片所不能完全具备的。但纪录片的悬念也自有故事片所不能及的，那就是悬念的模糊性与流动性，如《寻找楼兰王国》《回家》《闯江湖》《毛毛告状》。创作者以现在进行时态来记录一个动态的过程：在这个过程中，一切都处于未知的进行状态，谁也不知道在下一秒会发生什么，因此悬念不如故事片般具体，而是由不明确的可能出现的一切形成一个悬念流，伴随着过程的推进以链状形态即时地出现。如《考古中国》之《河姆渡文明之谜》就采用悬念建构叙事结构，它由1973年夏天河姆渡村的村民施工时发现可疑碎石为开篇，铺设悬念，随后讲述考古人员在逐层挖掘中相继发现墓葬、陶片、石器等物，再设悬念，然后进一步对混在泥土中的褐色颗粒提出疑问，发展悬念，由炭化了的稻谷证实，接着又继续设置悬念——新石器时代河姆渡人就开始种植水稻了吗？又由挖掘出的大量稻谷和骨制农具以及对"干栏式建筑"的复原证实，最后得出结论：河姆渡是新石器时代晚期的一处氏族部落生活遗址，后因洪水被埋藏在地下。

纪录片《小巨人》

（3）强化冲突因素。没有冲突也就无所谓故事，纪录片中的故事也要有冲突。但与故事片中重表层事件冲突不一样，纪录片更关注的是人与自我、人与自然或人与社会等深层次的观念冲突、价值冲突。纪录片的冲突是隐在的，在表层的事件冲突上一般进行自然化处理，以冷静客观的方式引导观众去体悟深层冲突,忌讳刻意地强调表层矛盾的激烈性。在《远去的村庄》中,冲突并非没有:起珍家的二儿子同村长赵子平吵架,冲动之下砸了村里的千年老井;乡政府派干部来调查情况,赵子平被停了职;而这时有人要求要重新丈量各家的地并清查赵子平的账;因小学停课,刘秀娃家决定搬到镇上……可编导却对人不对事,没有对事件冲突大加渲染,而是力求客观记录这个过程。他将镜头对准了人,虽然村民们往地上一蹲,半天都不说一句话,却真实地呈现出这里的农民生活状态、深层思维状态和精神状态。在《阴阳》中,故事的背景是宁夏连续 5 年大旱,粮食极度短缺,人与自然的冲突达到了顶峰;而在阴阳先生本身性格矛盾的展开过程中,我们感悟到的是现代文明与传统愚昧的冲突。

思 考 题

1. 试分析关于纪录片的几个概念,并说明它们各自的优劣。
2. 电视纪录片与电视专题片有何根本区别? 为什么?
3. 纪录片可以分为几个类型? 各类型有何主要特点?
4. 如何进行电视纪录片的选题策划?
5. 怎样使纪录片更具戏剧性?
6. 纪录片如何讲好故事?

第四章

电视文艺节目

案例 4.1　央视春节联欢晚会 · · · · · · · · · · · ·

　　春节联欢晚会简称"春晚"，由中国中央电视台春节联欢晚会、地方电视台春节联欢晚会、网络春节联欢晚会与各地各部门举办的春节联欢晚会等组成，其中大众所指最多的含义是央视春节联欢晚会，通常简称为"央视春晚"，或直接称为"春晚"，在演出规模、演员阵容、播出时长和海内外观众及收视率上，创下 3 项世界之最：世界收视率最高的综艺晚会；世界上播出时间最长的综艺晚会；世界上演员最多的综艺晚会。

中央电视台春节联欢晚会节目

　　从文化发展的角度看，央视春晚开创了电视综艺节目的先河，且引发了中国电视传媒表达内容、表达方式等方面的重大变革，不仅牢固确立了自身作为一档特别节目的地位，而且在其影响下衍生出类似的系列节目，如《综艺大观》、《正大综艺》、《曲苑杂坛》、《春节戏曲晚会》、《春节歌舞晚会》、各部委春节晚会(如公安部春晚)以及国庆、五一、中秋、元旦等各种节日综艺晚会。

案例 4.2　《中国诗词大会》

《中国诗词大会》是由央视科教频道自主策划的一档大型演播室文化益智节目,是央视首档全民参与的诗词节目。节目以"赏中华诗词、寻文化基因、品生活之美"为基本宗旨,力求通过对诗词知识的比拼及赏析,带动全民重温那些曾经学过的古诗词,分享诗词之美,感受诗词之趣,从古人的智慧和情怀中汲取营养,滋养心灵。

《中国诗词大会》

《中国诗词大会》开场创意独特。每场比赛都有一首特别设计的开场诗词,百人团将齐声朗诵包括《将进酒》《山居秋暝》《望岳》《送杜少府之任蜀州》等在内的 10 首人们耳熟能详的名诗佳作,在声光舞美的配合下,别有韵味。

《中国诗词大会》的选手来自五湖四海。节目组在全国范围内广泛征选参赛者,并从上千位报名者中挑选出 106 位诗词达人参加节目录制,他们来自各行各业,年纪最大的 65 岁,最小的只有 7 岁,其中甚至还有外国朋友。

案例 4.3　《中国音乐电视》

《中国音乐电视》前身是《音乐电视城》《中国音乐电视 60 分》,该栏目是中国中央电视台综艺频道一个大型日播音乐类栏目。以推广歌手 MV、报道歌坛最

《中国音乐电视》

新消息为主要内容。

以 2018 年 4 月 17 日的《中国音乐电视》为例,这档节目包括:歌曲《中国我为你歌唱》,演唱:王莉、汤非;歌曲《月亮湖畔》,演唱:乌兰图雅;歌曲《幸福等待》,演唱:扎西顿珠;歌曲《瞄着你就爱》,演唱:凤凰传奇;歌曲《摘星记》,演唱:金润吉;歌曲《全家福》,演唱:草帽姐、乔军;歌曲《梦想开始的地方》,演唱:SNH48;歌曲《心情舒畅》,演唱:韩旭。

据统计,从 1997 年到 2010 年,中国人均收视时长的日平均值为 179.25 分钟,而其中集娱乐、教育、认知等功能于一身的电视文艺节目在电视播出的节目中占有很大份额,约为 52%。央视和各省级电视台播出的这类节目比重是 60%以上。电视文艺节目受欢迎程度之高,是其他电视节目类型难以望其项背的[1]。

第一节　电视文艺节目的定义与类型特征

一、电视文艺节目的定义

界定电视文艺节目,首先需要确立一个基本前提,即电视文艺是伴随着传播

---

[1] 晏青:《电视文艺理念与形态》,暨南大学出版社 2016 年版,第 1—2 页。

技术的出现而生成,而且伴随着传播技术本身的演进而发展,因而对其内涵、外延的理解以及对其类型特征的描述也需要因应技术和实践的变化而有差异,且呈现出动态的变化轨迹。对于电视文艺节目概念的变化,有学者曾经进行梳理并在综合权衡的基础上,提出电视文艺就是指"运用艺术的审美思维,把握和表现主客观世界,通过电视声画语言,发挥电视本体特性,塑造鲜明的屏幕艺术形象,给电视观众以认知、娱乐、教育、审美四位一体的综合艺术享受的电视节目类型"①。

本书认为,电视文艺节目可以分为广义和狭义两种说法。广义的电视文艺指电视文学与电视艺术的统称,它包括电视荧屏上的一切电视文学艺术样式,其中有电视文学节目,如电视小说、电视散文、电视诗、电视报告文学等;电视表演性节目,如歌舞节目、戏曲节目、曲艺节目、魔术节目、电视音乐节目;电视戏剧节目,如电视小品、电视短剧、电视单本剧、电视连续剧、电视系列剧;电视艺术片,如电视风光片、电视音乐艺术片、电视专题艺术片等;电视娱乐节目,主要包括各类竞技节目、游戏节目、选秀节目、博彩节目等。本书将电视剧、真人秀节目等作为广义电视文艺节目中的两种类型,在专门章节进行说明,此处主要讨论狭义的电视文艺节目。

所谓狭义的电视文艺节目,在本书中主要是指运用先进的电子技术手段,对舞台上或演播室中演出的各种文艺节目进行二度创作,在保留原有艺术形式的基础上,充分发挥电视视听语言的特色,给观众以审美娱乐和教育认知的视听节目类型。狭义的电视文艺节目排除了电视剧、电视电影、真人秀节目等类型,主要包括电视综艺节目、电视戏曲节目、电视舞蹈节目、电视音乐节目和音乐电视、电视小品节目、电视文学节目等。

当然,这种界定也不能完全排除一些有跨界趋向的作品存在,尤其电视文艺节目类型本身也还处于不断变化和发展之中。比如《中国诗词大会》将古诗词文化和观众参与、声光电的绝美视觉效果等手段有机结合,引发收视热潮。

二、电视文艺节目的类型特征

电视文艺能够作为电视节目中的独立类型,是因为它具有区别于其他节目

---

① 张凤铸:《中国电视文艺学》,北京广播学院出版社 1999 年版,第 10 页。

类型的特性和语言方式。电视文艺的特性离不开电视节目的共性特征,或者说电视文艺节目是电视节目共性特征的构成元素。另一方面,电视文艺节目存在与其他电视节目不同的个性特征。这不仅是在电视文艺历史发展中形成的,也是电视文艺节目制作规律的体现。

1. 电视文艺节目的集约化传播

从艺术本体属性来说,电视文艺的艺术种类繁多,艺术题材非常广泛,音乐、舞蹈、戏剧、美术、电影、文学、曲艺、魔术、模仿等艺术形式都有可能出现,把它们用电视的手段经过加工改造之后,便可以成为具有电视特点的电视文艺节目。更令其他艺术形式望尘莫及的是,电视还可以将各种艺术手段融合起来交叉使用,展现电视化的更为通俗的、令广大电视观众所喜闻乐见的艺术。从传媒属性来说,电视文艺的传播方式灵活多样,既可以录像编播,又可以现场直播,还可以两者相结合;既可以采用外景,又可以选用内景,将演播室充分利用起来,还可以内、外景相结合,还可以采取视频连线将异地表演的节目进行直播;既可以在台上表演,又可以走到台下;网络新媒体时代,电视观众还可以在节目进程中随时提出各种建议与反馈。由于有了丰富的传播手段,就可以达到最大限度进行表现的目的,因为电视所拥有的是一个可以自由转换的天地。在表演形式、节目串联、声画关系以及各种非线性编辑技巧上,电视文艺都可以自由选择。电视文艺工作者面对一个大千世界,需要考虑的是如何从内容的需要出发,发挥集约化传播的优势,将每一种艺术形式、传播手段乃至编辑技巧都运用得自然、巧妙、准确、贴切。

2. 电视文艺节目的娱乐性

娱乐性是电视观众对电视文艺节目的最基本的要求,也是电视文艺的根本宗旨。使人愉快是界定电视文艺节目娱乐性最简单和最直接的方法。电视文艺的娱乐性包含两个方面:由电视文艺节目赏心悦目的画面和声音带来的审美心理满足之后的愉快所支持的娱乐;由非艺术、非思考性的内容构成的简单感官满足所带来的情绪愉快所支持的娱乐。从大众意义的层面来说,娱乐的典型特征是,不用思考不用联想,内容直白且形式感极强。对于普通的中国大众来说,通过电视来娱乐就是最便利和最廉价的休闲和娱乐,这就是电视娱乐存在的心理基础。

作为娱乐品的电视文艺虽然有着不同的节目形式,如晚会、文艺专题、文艺栏目等,但它们都是为实现大众娱乐消费目的而制作的。电视文艺的各种样式提供了不同的虚拟情境,满足了各层次、类别的娱乐需求。从某种意义上讲,电视文艺节目娱乐受众的方式是使其在虚拟的情境中释放感情。在人们经历了为文化而文化,为娱乐而娱乐的极端阶段之后,电视文艺应该渐渐走向以通俗样式来包装丰富娱乐内涵的方式。这种方式或许是电视文艺较好的文化定位。

3. 电视文艺节目的审美性

艺术作品作为精神产品的价值蕴含在某种物质结构中,这种结构可能是声音、体积、颜色和运动中的某种组合。电视设备提供了足够的技术手段,实现了电视文艺的艺术性。一方面,电视文艺之所以能够创造出艺术性,在于它的物质结构提供给创作者以感性形式反映世界的材料,提供了展示形象、轮廓、节奏、色彩、运动的物质可能。另一方面,电视文艺之所以成为艺术,还在于它依赖已经成熟的视听语言。艺术是表现性的和想象性的,是"人类情感符号形式的创造",是人类心灵自由的体现。电视文艺是人创造的精神产品。它虽然要以娱乐消遣为目的,但同时也是美与情感符号形式的创造。电视文艺完全可以创造出独特的艺术文本,表达人的情感和灵魂世界,如电视散文、电视舞蹈、音乐电视等。比如《2008年春节歌舞晚会》可以说是创造电视文化艺术形式之美的典范之作。晚会像一篇隽永的散文诗,从舞台美术、灯光设计到影调处理都超出了一般意义的创作。尤其是镜头,通过组接有机生动的画面,把升华了的艺术审美传达给了观众。

三、电视文艺节目演进简史[①]

电视文艺是伴随着电视的产生而出现的。1936年11月2日,英国广播公司在伦敦郊外亚历山大宫举办的歌舞晚会开始了电视的正式播出,这一天被认为是世界电视的诞生日,而作为电视节目,"歌舞"首先从亚历山大宫通过电波传送到有电视接收机的观众面前,电视文艺节目从此诞生。中国(大陆)电视文艺伴随着北京电视台的建立而诞生,至今经历了初创期、发展期、多元繁荣期等几个阶段。

1. 电视文艺节目初创期(1958—1982年)

电视文艺节目创作初期主要采用直播的形式,如1958年5月1日,向北京

① 参见晏青:《电视文艺理念与形态》,暨南大学出版社2016年版,第16—48页。

地区直播诗朗诵《工厂里来了三个姑娘》、舞蹈《小天鹅舞》、《牧童和村姑》和《春江花月夜》。1959年国庆节期间,北京电视台举办了5场戏剧晚会,邀请了著名艺术家马连良、谭富英、尚小云等人登台表演,转播了话剧《带枪的人》、京剧《穆桂英》、歌剧《刘胡兰》、舞剧《海峡》、越剧《红楼梦》以及苏联大剧院在中国首演的开幕式和芭蕾舞片段。

北京电视台《笑的晚会》

北京电视台在20世纪60年代初播出了三次《笑的晚会》。第一次是1961年8月3日,内容全部是相声;第二次是1962年1月20日,仍以相声为主,但增加了话剧片段、笑话等;第三次1962年8月则在前两次基础上有所改进,内容以电影、话剧为主,包括《在公共汽车上》《变脸》等。1966年1月20日北京电视台转播北京市拥政爱民、拥军优属晚会的同时,也组织播出了一场春节文艺晚会,这是后来央视春节联欢晚会和春节双拥晚会的雏形。

从1958年到1965年,目前电视屏幕上的节目形态或类型都已经出现。1967年以后,电视上主要播出的有《红灯记》《沙家浜》《智取威虎山》《奇袭白虎团》等"样板戏";大型音乐舞蹈《毛主席革命路线胜利万岁》、歌舞《井冈山的道路》《毛泽东诗词组歌》;《地道战》《地雷战》《南征北战》《英雄儿女》《奇袭》《红灯记》《白毛女》《沙家浜》等"红色电影"。此外,还有焰火晚会、外国文艺节目。

从1977年开始,我国电视事业开始进入恢复期,电视节目类型开始回归正常发展轨道。1977年5月,北京电视台恢复了《文化生活》栏目。此栏目既有知识、文化介绍,又有名家新秀,栏目丰富的文化性和艺术性区别于其他节目,陶冶了观众情操,具有观赏性。同年11月,北京电视台又开办了《外国文艺》栏目,内容包括音乐、美术、雕塑、文学名著等。

1979年9月15日到10月21日,央视①举办"庆祝建国30周年全国电视节目联播";1980年央视再次举办"全国电视节目大联播",节目包括电视剧、风光片、戏曲、歌舞等;1981年出现《台湾歌曲演唱会》《首都归侨、侨眷艺术家演唱会》《全国优秀群众歌曲评选获奖歌曲演唱会》等节目。1982年1月25日《迎春联欢晚会》播出,其中相声、歌舞、钢琴独奏等节目深受欢迎。当天还播出了《春节京剧欣赏晚会》,基本上形成了后来春节戏曲晚会的格局。

2. 电视文艺节目发展期(1983—1998年)

1983年,两个方面的因素促使中国电视开始进入发展快车道,一是当年3月,第一次全国广播电视工作会议"四级办广播、四级办电视、四级混合覆盖"给电视文艺提供了平台与政策支持;二是1983年第一届央视春节联欢晚会播出,同年10月,中国电视艺术家委员会电视剧制作部、中国广播艺术团电视剧团、中央电视台电视部合并成立中国电视剧制作中心,"标志着中国电视艺术发展进入了一个崭新阶段。此阶段各具特色的文艺栏目大量涌现,一批综艺性节目相继诞生,大型文艺竞赛节目影响深远"②。

随着创作者对电视休闲娱乐功能的进一步探索,电视节目的轻松、娱乐氛围增强,电视文艺内容由单一走向综合、多元,涌现出了大批优秀节目。央视从1983年开始,每年在除夕之夜举办春节联欢晚会,它的收视率甚至一度达到80%以上,成为中国独有的文化现象和符号,也成为因电视与文艺的结缘而发展起来的特有节目品种。1994年,中央电视台开始在春节同时推出三台晚会——春节联欢晚会、音乐歌舞晚会、戏曲晚会,满足了观众广泛的需求,并形成了一种竞争态势。

1985年,央视开始对电视文艺节目实行栏目化生产和播出,一大批各具专业艺术特色、电视特点的文艺栏目应运而生,如《综艺大观》《曲苑杂坛》《同一首歌》《中国音乐电视》《世界电影博览》以及访谈类文艺栏目《艺术人生》、评论性文艺栏目《文化访谈录》等。

1995年11月30日,央视文艺频道和戏曲音乐频道开播,标志着中国电视

---

① 1978年5月1日,原"北京电视台"更名为"中央电视台",隶属北京市委市政府的北京电视台成立于1979年5月16日。

② 晏青:《电视文艺理念与形态》,暨南大学出版社2016年版,第30页。

CCTV 戏曲频道标志

文艺迈出了具有历史意义的一步①。文艺节目、栏目由此有了较大的改革,出现了央视《艺苑风景线》、山东电视台的《星光 50 分》、河北电视台的《大家乐》等文艺栏目。《曲苑杂坛》栏目以"弘扬中华传统文化,尽显民族艺术瑰宝"为宗旨,节目以相声、小品、魔术、杂技、评书、笑话、马戏、说唱等为主,同时介绍外国的杂技、马戏等节目。

3. 电视文艺节目多元繁荣期(1998 年至今)

1998 年开始,尤其是新世纪以来,我国电视文艺节目进入多元化繁荣期,各种节目类型得到全面发展,节目类型特征、美学范式基本定型,最大的特色是节目的娱乐化审美形态,同时,精英文化、主流文化、大众文化和民间文化彼此交融,互为依赖,相辅相成。

1999 年前后,央视大力推进频道专业化建设,成立了戏曲·音乐·综艺频道(2000 年改为综艺频道)和电视剧频道。综艺频道在保留《中国音乐电视》《艺苑风景线》《音画时尚》《周末喜相逢》《挑战主持人》《幕后》《与您相约》《综艺快报》《国际艺苑》《舞蹈世界》《电视诗歌散文》《演艺竞技场》《新视听》《艺术人生》《曲苑杂坛》《同一首歌》《梦想剧场》《神州大舞台》《正大综艺》《动物世界》《世界各地》《流金岁月》《文艺部特别节目》《感动中国》《欢乐今宵》等栏目基础上,开设《快乐驿站》《星光大道》《联合对抗》《文化访谈录》《想挑战吗》《欢乐中国行》《激情广场》7 个栏目。

2001 年和 2004 年先后开播戏曲频道和音乐频道。戏曲频道共设 15 个栏目,其中欣赏类的节目以《CCTV·音乐厅》《经典》《民歌·中国》《影视留声机》《世界音乐广场》《风华国乐》《星光舞台》《每日一歌》《每周一曲》《音乐人生》《百年歌声》《每日歌曲》《魅力 12》等组成;普及类的节目以《音乐告诉你》《感受交响乐》《音乐·故事》等组成;观众参与类节目和资讯类节目以《周末音乐平台》和

---

① 胡智锋:《电视审美文化论》,北京广播学院出版社 2004 年版,第 345 页。

《音乐在线》等组成。

　　同时,随着大众文化的兴起,特别是湖南卫视的《快乐大本营》《玫瑰之约》等游戏娱乐节目名噪天下,娱乐以极强的冲击力介入了电视节目的生产,诸如电视综艺节目、游戏节目、益智节目、真人秀节目、谈话节目、连续剧等各种类型的节目均不约而同地增加娱乐元素,形成了一股"娱乐旋风""相亲旋风""益智旋风""选秀旋风"。有学者认为,随后的近十年里,中国电视综艺节目的类型并不丰富,一段时间内基本上是单一类型或少数类型节目的大热,如歌唱类(含歌词类)、婚恋类、达人类等,如 2004—2006 年的《超级女声》,2007—2009 年的《星光大道》,2010—2012 年的《非诚勿扰》《中国好声音》等,这些节目和它们所代表的类型曾在一段时间内"独占"综艺节目的荧屏。

　　2013—2014 这两年间,突然有约 30 种新出现的综艺节目类型,呈"井喷式"地活跃在电视荧屏上,如果算上之前长期存在的经典类型,这两年活跃的综艺节目类型超过 40 种。不少新类型节目还成长为"现象级"节目,实现了对综艺娱乐风潮和社会文化话题的双重引领①。

第二节　电视文艺节目主要类型

　　电视文艺节目的分类可以有多个角度,但是由于电视文艺节目内容与形式都很丰富,创作时采用的形式也很复杂,调动的部门和参与人员也是最多、最广的,因此类型总结起来也就有较大难度。由于文艺本体的分类较为明晰,如文学、音乐、舞蹈、戏剧、曲艺、杂技等,不同的艺术品种自身特性鲜明,本书按照电视文艺节目的艺术本体属性,将狭义的电视文艺节目划分为电视综艺节目、电视戏曲节目、电视小品、电视音乐节目、电视舞蹈节目、电视文艺专题节目六种类型。

一、电视综艺节目

　　电视综艺节目是指充分调动电子技术手段,运用独特的电视表现手法,如声

---

① 刘俊、胡智锋:《多元类型的"井喷":中国电视综艺节目内容生产的新景观》,《中国电视》2015 年第 2 期,第 22—25 页。

光效果、时空的自由转换、独特的视觉造型等,广泛融合音乐、舞蹈、戏剧(戏曲)小品、曲艺、杂技、游戏、竞赛(猜)问答等艺术形式或非艺术形式为一体,对各种文艺形式进行二度创作,既保留原有文艺形态的艺术价值,又充分发挥电子创作的特殊艺术功能,用以满足广大观众多方面的艺术审美和消闲娱乐等需求的电视文艺节目类型。

作为一类文艺节目,电视综艺节目起源于美国,1948年开办的《德克萨克明星剧院》《城中明星》以及1950年开办的《热门歌曲巡礼》都是其久播不衰的代表。我国的综艺节目诞生于80年代初期,至今已经伴随观众走过了30多个春秋,以央视春节联欢晚会为鼻祖的综艺节目在这30多年的光景中,内容和形式也发生了相当的变化,以《春节联欢晚会》《快乐大本营》《同一首歌》《超级女声》为典型代表,经历了联欢、游戏、歌会、选秀四个阶段。

相对于较为单一的文艺专题、电视戏曲、电视音乐、电视文学、电视舞蹈等电视文艺节目而言,电视综艺节目最大的特色是综合性。所谓综合性,是指电视综艺节目将音乐、舞蹈、戏剧、美术、电影、文学、曲艺、魔术、模仿、游戏、真人秀等艺术或非艺术表演组合在一起,但却不是简单地拼凑、排列和相加,而是一种高层次的综合,即化合。因而,电视综艺节目既非某种独立的艺术样态演出,也并非只是各种艺术或非艺术形态的简单相加或叠合,而是通过独特的电视艺术语言完成的"电视化"综合。在这一过程中,电视综艺吸收其他艺术表演样式的有益元素并使它们有机化合在一起,从而产生新的电视艺术特质。这样,电视综艺节目能广泛包容和吸收几乎所有的艺术、非艺术样式,成为电视综艺节目的最大优势。

目前,我国电视综艺节目样式很多,诸如节日综艺晚会、专题综艺晚会、持续播出的综艺栏目等,它们往往具有不同的审美功能,能够满足观众多样的文艺、文化需求。从节目存在的形式角度来看,电视综艺节目可以分为两个大类:电视综艺晚会和电视综艺栏目。

1. 电视综艺晚会

电视综艺晚会是指运用现场直播的技术手段和综艺晚会的艺术样式,通过电视技术手段的制作,对各种文艺节目进行再创作,经过主持人的组织和串联,将文艺与娱乐融为一体,给观众带来审美享受的电视文艺节目形态。

(1)按照节目播出方式的差异,电视综艺晚会可以划分为录播综艺晚会、直播综艺晚会。录播综艺晚会是指先录后播的综艺晚会,主要特点是把各种预先准备好的文艺表演或非文艺表演提前录像,然后再经过编辑、制作、合成等环节,最后在预定时间与电视观众见面。录像播出最大的特点是在合成环节可以根据需要,加入各种影像资料、特技、广告、字幕等,还可以根据播出时间的长短进行调节。录播综艺晚会还有一个明显的优势,即可以弥补或删除录像过程中出现的各种差错,同时有较为充分的时间进行后期包装和加工。

直播综艺晚会是指把预先排练好的晚会根据排定的播出时间,直接录制播出,即在录像的同时,节目就已经同步播出,观众可以在第一时间收看晚会。直播综艺晚会将文艺或非文艺演出、摄像、剪辑、合成、播出、收看等节目收视的各个环节合而为一,现场感强,但要求较高,需要精心组织、精心实施,确保准点播出,万无一失。由于是直播,晚会中已出现的各种差错和纰漏也会"第一时间"暴露在电视观众眼前,无法进行后期加工和弥补。

(2)按照是否有固定的播出栏目,电视综艺晚会可以划分为栏目化晚会、非栏目化晚会。栏目化晚会,顾名思义就是在固定栏目内播出的综艺晚会,其栏目的播出时间和内容长度两者都是固定的,如央视的《欢乐中国行》《红星艺苑》《正大综艺》《曲苑杂坛》,地方台的《梨园春》《星光50》《开心100》《萝卜白菜》。这类栏目化的晚会无论采取录播还是直播方式,都有一批稳定的电视观众,影响较大,受众广泛,一般都是各电视台的金牌栏目。比如经过改版的《正大综艺·墙来啦》2010年10月24日到2011年1月30日播出的十三期节目中,收视率最高达到2.871%,十三期节目平均收视率也高达2.448%,牢牢占据当周全国综艺类节目收视冠军宝座。

非栏目化晚会是指不进入正常综艺栏目,只是在录制之后另行安排播出的综艺晚会,其播出的时间、长度都不固定。按照晚会所承担的功能,非栏目化的综艺晚会可以分为节庆晚会、主题晚会、行业晚会。节庆晚会是为专门的重大节日或重大活动庆典而举办的晚会,如"五一"、"国庆"、"三八节"、中秋节、春节、元宵节等,再如"庆祝建国60周年综艺晚会""改革开放30周年纪念晚会"等。这些晚会多采取现场直播的方式,主题往往较为欢快、吉祥、团圆,其整体风格的把握力求生动幽默、活泼风趣、生活气息浓厚。

主题晚会又称为专题综艺晚会,如《纪念唐山抗震34周年综艺晚会》《情系玉树,大爱无疆——抗震救灾大型募捐活动特别节目》《感动中国2007年度人物颁奖盛典》《歌声飘过30年——百首金曲系列演唱会》等。此类晚会往往有着明确的主题和鲜明的目的性,如2016年9月的"G20杭州峰会"期间,大型水上情景表演交响音乐会《最忆是杭州》在夜色中的西湖上完美呈现,给出席峰会的外方代表、所有嘉宾留下深刻印象,也成为国人对这场盛会最为深刻的记忆之一。《最忆是杭州》是国内首次在户外水上舞台举办的大型交响音乐会,也是史上前所未有的一场高难度音乐盛宴,包括《春江花月夜》《采茶舞曲》《美丽的爱情传说》《高山流水》《天鹅湖》《月光》《我和我的祖国》《难忘茉莉花》和《欢乐颂》九个节目,展示了"西湖元素""杭州特色""江南韵味""中国气派"和"世界大同"等含义。

行业晚会是主要宣传和展示行业形象,普及行业法规,提升行业社会知名度的晚会。这类晚会不论长短,从内容到形式都带有行业宣传的色彩。如央视文艺中心影视部每年年底推出的《电视剧群英汇》就是一台汇集电视剧导演、演员、制作人等从事电视剧行业人员的晚会,也是一年一度"电视剧人"的大聚会。该晚会一般从电视剧行业制作特点出发,融合电视剧业内特有元素,站在行业的宏观角度把握整台晚会的设计风格,力图把晚会做成电视剧业内的又一重要盛事。

2. 电视综艺栏目

电视综艺栏目主要指以栏目化的播出形态出现,通过电视节目主持人的串联将诸多电视文艺样式组织在一起,经过电视杂志化的艺术处理,给观众以文化娱乐和审美享受的电视文艺节目类型。

1990 年 3 月 14 日,央视在《周末文艺》《文艺天地》栏目的基础上,创办了《综艺大观》栏目,通过现场直播的方式与观众见面,它集娱乐性、知识性、趣味性、新闻性、参与性为一体。栏目中又设小栏目"开心一刻""请你参加""送你一支歌""艺海春秋""东方奇观""艺术彩虹""天南地北""一分钟笑话"。

1990 年 4 月 6 日,中央电视台国际部就即将开播的新栏目《正大综艺》举行记者招待会,会上介绍了节目从筹备到播出的整个情况和《正大综艺》节目内容。1991 年 1 月 22 日,国际部与正大集团联合制作的《正大综艺》在形式和内容上有所改进。演播室现场更换了场景,增设了 80 个观众席,特别来宾减少为四位,新开辟了"音乐抢答"等小栏目。

《综艺大观》和《正大综艺》的开播,一方面掀起了全国电视综艺栏目互相学习、互相模仿的热潮,另一方面,我国电视综艺栏目在这两个栏目的模式上原地徘徊,直到 1997 年湖南卫视《快乐大本营》的出现和 1999 年第三套全面改版为综艺频道,电视综艺栏目才改变了地方台"全国学中央"的单一格局,开始走向模式的多元化、多样化。比如，2010年9月，面貌一新的《正大综艺》再次登陆央视一套，新节目《墙来啦》是央视重金引进的海外娱乐节目，进行本土化加工后，既保留了该游戏节目的视觉冲击力，又增加了丰富的"中式"笑点，力求在电视荧屏上掀起一阵中西合璧的"钻墙风暴"。《正大综艺》翻天覆地的大改版可谓"旧貌换新颜"，给观众带来了全新的节目形态、主持阵容以及全新的视觉感受。

娱乐节目《墙来啦》

总体来看，综艺节目的栏目化不仅使电视综艺节目的生产与播出更为有序、成规模，同时也使节目之间的关系变得有机统一并具有了特定的主题。而且，综艺节目的栏目化使综艺节目开始具备独特的包装和形象，不仅日益成为与新闻、社教、广告等节目类型具有同样重要地位的节目类型，而且某种意义上成为电视媒体在激烈的市场竞争中制胜的标志。鼎盛时期的《综艺大观》不但代表了中央电视台,而且领导了整个中国电视文艺的发展潮流;《快乐大本营》令湖南卫视蜚声全国;《欢乐总动员》成为北京有线电视台的代名词。

二、电视戏曲节目

戏曲是中华民族文化的瑰宝,以其独特的形式在艺坛独树一帜,但随着时代的变迁,审美意识的变化,戏曲艺术面临某些危机。一些电视工作者和戏曲工作者联合起来,根据电视艺术特点和电视艺术的表现手段将戏曲舞台的演出加以重新编排,于是出现了电视戏曲,以央视的《九州戏苑》、陕西卫视的《秦之声》、浙江卫视的《百花戏苑》、安徽卫视的《相约花戏楼》、河南卫视的《梨园春》为代表。这些电视戏曲栏目位居央视和各省级卫视收视榜的前列,为普通百姓送去精神食粮,也为推进戏曲艺术的发展作出不懈的努力。

所谓电视戏曲节目是指中国传统戏曲艺术与现代电视艺术相结合所产生的新兴艺术品种,也就是运用电视的技术、艺术手段,将我国传统戏曲艺术搬上电视屏幕,或保留戏曲舞蹈的基本形式,或突破戏剧舞台的时空局限,适当采用实景以及镜头组接的艺术,表现戏曲、反映戏曲文化的一种电视文艺节目类型。换句话说,电视戏曲大致存在两种情形:一种情形是,继承戏曲的特性较多,几乎没有改变戏曲的舞台虚拟表演性质,电视化程度相对较低,如戏曲直播、录播节目、对精粹的戏曲艺术进行音配像式的处理等,比如央视的《神州戏坛》《九州大戏台》《名段欣赏》《空中剧院》《点播时间》等。另一种则是电视手法运用较多,声画结合特质更为明显,戏曲经过运用景别、画外音、快慢动作等电视手段处理过后,舞台表演特性减少,如戏曲专题片、戏曲电视剧、戏曲小品、戏曲歌舞、戏曲MV等。代表性节目有东方卫视的《非常有戏》、河南卫视的《梨园春》等。大型电视戏剧节目《非常有戏》提出"戏剧载体、综艺模式"及"全国视野"两大主张,由影视演员及歌手出身的明星们来参赛,横跨京剧、越剧、粤剧、昆曲等各大戏种、各大流派。通过荧屏把表演的舞台送到千家万户,使演员和受众零距离接触,将戏曲展演时空无限放大,创出了收视率超过春晚的骄人业绩。《梨园春》的内容则在初期的名家名段、戏曲小品、戏曲MV、戏歌以及戏曲器乐演奏的基础上,加入了戏迷擂台赛、直播热线、专家点评、姊妹剧种展示和年终戏迷总决赛等一大批新的内容和节目形式,渐渐肩负起"振兴豫剧,展示河南文化,对外宣传"的重

CCTV　《空中剧院》

任,成为"民族文化教育和国情教育的重要阵地"。

细分一下,电视戏曲节目在我国电视荧屏上大体上有以下四种类型。

1. 戏曲纪录片

戏曲纪录片相当于剧场录像,主要运用影视的记录功能,将舞台戏曲原汁原味地搬上屏幕。如《梅兰芳的舞台艺术》、京剧影片《群英会》、《雁荡山》(武打戏)、豫剧影片《七品芝麻官》(名丑牛得草主演)等。此类作品因舞台表演艺术本身的精彩绝伦,所以不需过多的影视加工,它同时兼具戏曲史料价值。

2. 戏曲艺术片

戏曲艺术片充分发挥影视艺术的再创造功能,使戏曲艺术在影视屏幕上焕发新的光彩。由于不同剧种、不同剧目"唱念做打"的艺术表现形式和"程式化"程度不尽相同,所以此类作品因"戏"而异,在尊重戏曲艺术神韵的前提下,以影视手段"锦上添花"。如越剧影片《梁山伯与祝英台》"十八相送"一场,配以诗情画意的荷塘、并蒂莲、鸳鸯;黄梅戏影片《天仙配》,七仙女在云雾中下凡,俯瞰人间美好的自然景色;京剧影片《野猪林》以影视语言配合国画大写意的意境;京剧影片《杨门女将》强调影视画面的形式感、装饰美;京剧影片《李慧娘》中的神鬼世界运用大量的电影特技。

3. 戏曲故事片

戏曲故事片相当于"戏曲电视剧",采取影视剧的叙述方式,生活化的拍摄,适当穿插部分戏曲片段。如黄梅戏电视片《家》《春》《秋》和越剧电视片《秋瑾》等,生活感较浓、程式化色彩较淡,既保留戏曲唱腔又有实景拍摄。

4. 戏曲文化片

戏曲文化片即戏曲专题片,发挥影视作为媒体的传播功能,重在记录舞台内外的戏曲文化事件。此类片种大量运用于电视戏曲栏目,如报道性专题(人物、事件)、知识性专题(剧种、剧目、戏曲常识)、鉴赏性专题(艺术欣赏)、服务性专题(听戏、学戏)等。

从电视戏曲的艺术本体来看,戏曲是它的母体,电视是它的父体。它既是戏曲又不是戏曲,既是电视剧又不是电视剧,而是把写意的戏曲与写实的电视剧和谐统一地融为一体,吸取适于电视表现的各种艺术形式(包括部分舞台程式),强化戏曲审美追求,这就需要协调好写意与写实的关系。比如戏曲表演中的大小动作,都是以舞蹈语言表现的,常有许多精彩的片段或高潮戏,往往就是人物情感最为激荡饱满的舞蹈场面,咫尺舞台要刻画宇宙万物,大部分依赖于表演艺术家的技艺,若真的置以实景,则让演员无"立足之地",必然会影响整折戏在观众情绪上的连续性。电视戏曲在展现时空方面,不需要强调每个动作的具体含义,而着重于抒发情感,亦即写意。当剧情的时空跨度太大时,舞台就不得不在适当的时候中断现实的实在时空,而采用暗转或幕间休息的办法,或其他人为的办法(如采用灯光照明的办法)来暗示时间的变化,并借此达到变换空间的目的。但这种大幅度的剧情跨越对电视化的戏曲而言是再简单不过的了,它可以通过镜头的灵活切换、剪辑,来迅速地转换时间和空间。

三、电视舞蹈节目

电视舞蹈节目是指借助电视的各种语言手段,以人体的动作、行为和表情通过音乐节奏来反映生活的大众化电视文艺节目类型。电视舞蹈节目以各类舞蹈表演为基本框架,运用电视的技术和艺术手段加以制作,通过电视屏幕播出,给观众以电视化的艺术享受。

电视舞蹈艺术是电视艺术与舞蹈艺术相互融合、推陈出新的新兴舞蹈艺术门类,担负着舞蹈和传播的二度创作,它既有独立的审美价值,又是为表现统一的、完整的、具有电视艺术特征的艺术思想和意念而设计。比如由 21 名聋哑演员表演的舞蹈《千手观音》是 2006 年春晚最受欢迎的节目,也是国内至今影响最为广泛的电视舞蹈节目之一。千手观音的千手以扇面排列数层,如孔雀开屏。千手表示遍护众生,千眼表示遍观世界,千手观音表示度一切众生广大圆满无碍

电视舞蹈《千手观音》

之意。《千手观音》通过观音丰富的手姿变幻来诉说内心的语言,手语应用在舞蹈之中变为了舞蹈语言,变幻的动作表达了人们的心声,更富有艺术美和感染力。这群来自无声世界的表演者,他们静穆纯净的眼神、娴静端庄的气质、婀娜柔媚的千手,配以金碧辉煌的色彩、脱俗超凡的乐曲,美得令人窒息,炫得让人陶醉。这些无声天使的舞姿,令现实中的一切污秽顿失。

电视舞蹈节目不同于单纯的舞蹈表演,它通过电视屏幕传达,供公众观赏,电视舞蹈节目都有统一的主题和思想。电视舞蹈借助电视技术和电视语言使舞蹈得以在大众间传播,弥补了舞蹈文化背景的缺欠和舞台空间的限制,使得被称为"运动的雕塑"的舞蹈艺术更加充实和丰满。而且,电视舞蹈节目在时空格局上远远超过"舞台"的界限,可以说是影视蒙太奇语言赋予它时空畅想的广阔空间;也可以说是电视技术为以单纯记录为目的的电视舞蹈形式提供了艺术变革的可能。

电视舞蹈节目不仅包含舞台舞蹈的记录,虽然电视的记录性要远比其他形式的记录要优越、便捷,同时还包含舞蹈创作后带来的可视化效果。从这一思路而言,电视舞蹈节目可分为两个大类:电视舞蹈专题片、电视舞蹈晚会。其中专题片又可以分为舞蹈人物专题、知识教学专题、舞蹈集锦、舞蹈比赛等;晚会类可分为歌舞晚会、个人舞蹈专场晚会、舞蹈专场晚会、舞蹈比赛的颁奖及开闭幕式晚会等。

1. 电视舞蹈专题片

专题片这一概念是伴随着电视而产生的,是对某一事物、问题或现象进行专题性报道。电视舞蹈专题片大致有人物专题、知识教学片、舞蹈集锦以及舞蹈赛事四种不同的节目形态。舞蹈人物专题片主要记录舞蹈家以及舞蹈创作者们的历程,如 20 世纪 80 年代盛行的《杨丽萍的舞蹈艺术》《雪落心灵——一个舞者的独白》等作品。舞蹈知识教学片主要用于舞蹈教学、舞蹈培训等,如《舞之灵》《跟我学跳芭蕾舞》等,其中《舞之灵》主要反映我国少数民族现存的原始舞蹈及部分民间舞蹈,其内容分为两部分:《舞之缘》部分以民族为线索,通过大量精美的图片、录像表现了我国现存原始舞蹈的瑰丽风采;《舞之源》从舞蹈与宗教、民俗等的联系中探寻舞蹈艺术的迷人特质及其深厚广博的社会人文根基。舞蹈集锦是将一系列舞蹈作品进行集中整理,按照一定顺序进行编排、收录,如《古韵今风——中国秧歌集锦》,该片收录了"陕北延安武鼓""山东胶州秧歌""安徽花鼓灯""东北大秧歌"等各种秧歌艺术形式,并展现它们的历史、风貌特点。舞蹈比赛往往是人们熟知的国内赛事,例如央视举办的 CCTV 舞蹈大赛、"桃李杯"舞蹈大赛等专业性的舞蹈赛事。

2. 电视舞蹈晚会

晚会已成为人们度过重要节日的一种方式,同时也成为电视文化的一种现象。电视舞蹈晚会以每年央视的春节联欢晚会为代表,在晚会中总能有编排精美、制作精良的电视舞蹈作品呈现给观众,如 2011 年春晚中,来自深圳民间的工人舞蹈者表演的街舞《我们工人有力量》给观众很深的印象。舞蹈个人专场晚会相对少一点,但这些少有的个人专场晚会是一种对艺术的升华,如《刘敏舞蹈晚会》《玉翌之舞》等。此外还有舞蹈专场晚会,虽然这一类的晚会相对其他形式的晚会较少,只有在特定时期才会有,如每年春节期间的歌舞晚会,还有舞蹈比赛的颁奖及开闭幕式晚会等。

电视如何与舞蹈结合产生新的节目形式,满足观众更高的需求,是个颇值得深入探讨的艺术与美学的问题。荧屏期待熟知舞蹈语言的电视人以及更加电视化的舞蹈节目,如央视综艺频道的《舞蹈世界》、星空卫视的《星空热舞俱乐部》《舞状元》、东方卫视的《舞林大会》等。各类电视舞蹈要在原有的基础上更加注

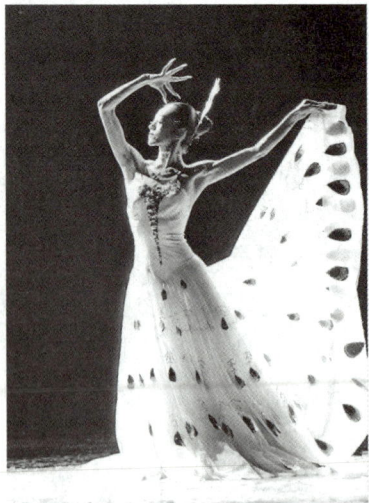
杨丽萍的舞蹈《雀之灵》

重电视语言表现形式,借鉴其他电视节目的特点,从构思、镜头、语言、剪辑方面得到质量上的提高。晚会中的舞蹈则要改变在晚会中的尴尬境地,使之成为有特色的艺术形式。

事实上,从央视的舞蹈比赛到东方卫视的《舞林大会》,应该算是电视荧屏"舞蹈时代"到来前的萌芽期和发展期。前者舞蹈节目内容比较传统,环节也略为死板、单调,专业性很强,大众化程度偏低,格调十分高雅;后者包装豪华,加入了明星元素以增强可看性,但舞种较为集中。

四、电视小品

电视小品是电视节目中的轻骑兵,它播出时间短,人物、情节都比较简单,常常撷取生活中的一件小事或一个人的某些特征,迅速及时地反映生活的某个侧面。由于短小明快,新颖活泼,形式多样,因此也就成了极受大众欢迎的一种电视文艺节目类型。其中比较突出的作品有:《烤羊肉串》《小偷与警察》《小偷公司》《超生游击队》《昨天今天明天》《卖拐》《不差钱》《同桌的你》等。作为一种以演员为中心、以地域色彩为特征的独立艺术样式,喜剧小品的流行已是不争的事实,甚至到了"无小品不成晚会"的地步。即使在拥有最大受众群体的央视春晚上,喜剧小品也占有不可撼动的地位。

早期的电视小品与今天的相比,尚处于即兴、客串、试验的草创阶段,其创作基础是戏剧艺术。1983年央视首届春节联欢晚会上,小品首次在电视上亮相。

小品《吃面条》

编导为了热闹凑趣,赶排了小品《虎妞阿 Q 逛北京厂甸》,由演员斯琴高娃、严顺开表演。两个角色一个泼辣俏皮,一个憨傻滑稽,有极好的喜剧效果,虽然仅仅作为一个小插曲,但颇受观众好评。

从 1984 年到 1990 年,电视小品可以说是陈佩斯与朱时茂大放异彩的时期,两人在 1984 年春晚合作的《吃面条》使小品成为以后历届春晚的保留节目。1989 年春节晚会的 4 个小品都堪称佳作,像赵丽蓉、侯耀文表演的《英雄母亲的一天》,笑林、黄宏等 4 人表演的《招聘》,赵连甲和宋丹丹等 3 人表演的《懒汉招亲》,陈佩斯、朱时茂表演的《胡椒面》。从这年开始,小品取代相声成为晚会的第一主角,这种局面延续至今。1994 年春节晚会中有《越洋电话》、《上梁下梁》、《打扑克》、魔术小品《大变活人》等 8 个小品节目;2004 年春晚中,39 个节目中小品占了 6 个,时长将近 70 分钟,占全部节目时长的 1/4。其中赵本山功不可没,有学者甚至提出:"来自铁岭的民间艺术家赵本山,用一种完全本土化的方式来表演小品,取代了原来话剧演员的学院式小品表演风格,使这种民间艺术成为中国主流的文化形式——最民间的、最土的艺术形式成为了最大众的娱乐方式——这是中国小品的沧桑之变。"[①]

小品《说事儿》

随后,电视小品便迅速形成相当可观的表演阵容和作品规模,出现了一大批长久为人们喜爱的小品演员,如赵本山、赵丽蓉、黄宏、宋丹丹、潘长江、巩汉林、郭达、蔡明、陈佩斯、朱时茂、范伟、高秀敏、黄晓娟、小沈阳等,也涌现了一大批质

---

① 张颐武:《中国小品的沧桑之变》,http://news.sina.com.cn/c/2005-01-28/17535701247.shtml。

量上乘的作品,如《相亲》《英雄母亲的一天》《超生游击队》《如此包装》《追星族》《主角与配角》《红高粱模特队》《拜年》《钟点工》《卖拐》《不差钱》等。这些作品或讴歌了新的时代、新的社会风尚,或张扬了适应时代发展的新思想、新观念,或讽刺社会生活中浮华、浅薄及根深蒂固的迷信思想,堪称寓教于乐,雅俗共赏,在精神文明建设和净化公民心灵世界方面起到了良好的作用。其中尤以东北、唐山、西北等地方口音的作品群为重中之重。用普通话表演的小品虽然也有相当一批优秀作品,但普遍为人们所喜爱的小品大都带着浓重的地方口音,表演者也多是曲艺和地方戏曲演员出身。这反映出近若干年中国电视小品的某些基本品格:喜剧性、地方性、民间性。大多数观众对小品的审美期待也差不多集中在这三个基本品格上,而特定地区的口音恰恰吻合了这三个基本品格。赵本山和赵丽蓉如果说起标准的普通话,他们表演的小品,其喜剧性、地方性和民间性就要大打折扣。当然也有少数例外,既说西北话又说普通话的郭达,在他两种口音的小品中都展现出较高的艺术境界,从而为各种需求的观众所普遍认可。

从表现手法与内容上划分,电视小品可以有两个大类:一类是特色小品,如魔术小品、戏曲小品、音乐小品、哑剧小品、口技小品、体操小品等。它们用一种或几种其他门类的表演手段(包括道具)来组织作品,这些表演手段是作品的主导,是贯通作品、传达愉悦信号的中枢神经。另一类是语言小品,它以对话为外在形态,又可分为相声小品和喜剧小品两种。相声小品最早曾被称作化妆相声,它以岔说、歪讲、谐音、倒口、误会、点化等语言包袱取胜。喜剧小品则借鉴了戏剧的结构,以情节的发展和变化见长,常以人物错位、关系错位制造结构错位和情节错位,进一步导致行为错位和情感错位,从而产生幽默效果。

电视小品主要具有以下三个突出的类型特点。

1. 兼容性

电视小品可以兼容各种艺术品种的长处为己所用。它不但可以融合并运用戏剧、电影的艺术手法,同时还可以吸取小说、散文、报告文学的长处,有时还可以利用新闻、通讯的手法,形成各种有完全不同特色的小品节目。电视小品凭借着先进的电视技术,将声音与造型、叙述与描写、戏剧性与纪实性、诗意与哲理最大限度地综合起来。这种综合不是简单地相加,而是再加工、再创造,因而在新的综合中形成新的特质、新的形态。一些新近发生的事情,编导们可以迅速将它改编成电视小品反映给观众。

2. 逼真性

电视小品的内容多来自生活,所反映的大多是人们关注的热门话题,塑造的形象以小人物为主,有血有肉。而且小品所反映的客观事物比较直接,以小见大、讽刺性强、内涵深刻。由于题材来源于生活,观众看后会产生"似曾相识"的感觉。比如杭州为创建和谐城市,提出了"住在杭州、游在杭州、学在杭州、创业在杭州"城市品牌的发展战略,外地人、外国人纷纷来杭州落户创业。无论是来自何方的创业者,他们都会自豪地说"我们都是杭州人"。编导抓住这一时代的声音,在杭州市庆祝国际"五一"劳动节大型电视综艺晚会上播出小品《我们都是杭州人》,观众看后感觉非常亲切。任何一种艺术创作都离不开生活,离开了生活,就像一所没有打好地基的房子,一定会塌掉,就像离开了土壤的花朵,必然要枯萎。

3. 幽默策略

小品是"麻雀虽小,五脏俱全",在喜剧性上,更可以套用潘长江的那句小品台词"浓缩的就是精华"。作为一门"说"和"演"的艺术,小品的最大特点就是要在较短的时间内,充分调动人们"笑"的神经,给人以精神的刺激和心灵的启迪。所以小品主要有两种常见的修辞方式,一是"系包袱与抖包袱",这里的"包袱"即笑料;二是"耍贫嘴",以冯巩早期的小品最为突出,它完全以一种调侃的方式引人发笑。在这两种大的修辞背景下,创作者还可以利用一些小技巧的营构,把小品推向前进,深入人心。如歧义与误解,歧义往往与误解联系在一起,一种是谐音歧义,小品《心病》中,医生把"谈话治疗"简称"话疗",敏感脆弱的老头把它理解成"化疗",从而导致极端可笑的言行。再如间歇与突转,小品表演过程中,角色往往说出一句话,然后稍作停顿,当说话人和观众形成某种思维定式后,角色再说出与前面的话或者与受众期待完全不同的话,这种停顿与转折经常形成令人意想不到的幽默效果。

有人说"小品成为了塑造中国人精神想象的重要文化力量",虽然近年来,随着社会转型和人们欣赏水平的提高,电视小品面对着一些指责,如缺乏人文内涵、文化品位和审美格调不高、审美价值取向与道德标准出现偏差、人物性格模式化、小品风格雷同化、小品语言套路化以及教化色彩浓厚而讽刺功能式微等,乃至知名演员黄宏有"小品马上就要完蛋"之类的激愤之语,但是小品的创新之路从未间断,并且借助真人秀、戏剧舞台设计等元素实现了新的提升。比如央视2014年元宵晚会上的小品《闹元宵》,大胆采用了闹剧的形式,正月十五梁山好汉分食元宵,相互打闹争座次排名,场面热闹喜庆。浙江卫视 2014 年《中国喜剧星》的小品《末日危情》将叙事背景设置在末日边缘,市民们被一种奇怪的病毒感染,变得痴呆且极具攻击性。在这个荒诞的背景下,小品去追问人的良知,抨击当今社会的不良现象。小品《赏金猎人》大胆运用了美国西部电影的许多元素,从故事主题构思到人物服装、现场道具,巧妙设置叙事情境,不落恶搞俗套,尤其是经典西部片《黄金三镖客》主题音乐 *The Good*,*The Bad*,*and The Ugly* 在小品发展的不同阶段作为背景音乐多次响起,既调动了观众的视听感受,又成功地铺设情境,丰富了小品的叙事维度[①]。

五、电视音乐节目、音乐电视(MV)

电视音乐节目和音乐电视都是音乐这一传统艺术形式与现代化大众传媒相结合而产生的新文艺节目类型,其本身均包含着两个独立的存在样式:画面与音乐。根据实际情况来看,随着音乐和画面的组合方式不同,节目本身的特征就不相同。

1. 电视音乐节目

电视音乐节目是指以电视的特殊手段对原有的各类音乐演出进行二度创作,通过电视屏幕传播给广大观众的电视文艺节目形态。

根据音乐与电视媒介组合的紧密程度以及其中的电视化程度,可以将电视音乐节目大体上分为两个层次:浅层次的是运用电视技术将音乐直接搬上荧屏,即电视直播或录播的音乐演出,比如每年一度的《维也纳新年音乐会》,全球绝大部分电视台和电台都进行现场直播,听众、观众数量以千万计。深层次的是采用电视手段,运用舞台演出、实景拍摄、静场录像、特技组接、灯光调配等手法,按照栏目的时间要求制作的电视音乐节目,如《同一首歌》是央视最权威的音乐名牌节目,以制作独具特色的系列演唱会和编播国内外音乐机构、电视台提供的高水准演唱会为主,最有意思的是《同一首歌》还在演唱会中穿插名人嘉宾的访谈,政治、经济、文艺、体育等社会各界名流纷纷登上《同一首歌》这个舞台,表达对音乐和人生独到的见解和感悟。

无论是浅层次还是深层次的电视音乐节目,其根本原则都是要忠实于音乐

---

① 吴莉莉:《论当下电视小品的艺术创新》,《中国电视》2016 年第 2 期,第 96—99 页。

作品本身,保持音乐作品本身的艺术魅力和现场演出独特的气氛,使观众更容易产生身临其境的参与感。

高鑫教授的《电视艺术学》根据音乐节目中使用的乐器将电视音乐节目细分为:电视声乐节目、电视器乐节目、综合电视音乐节目和专题音乐节目。本书参照央视音乐频道的栏目设置,按照节目本身所针对的对象和预期功能,将电视音乐节目分为以下五个亚类型。

(1)欣赏类音乐节目,主要转播国内外音乐会、经典音乐会回放、中外歌曲、乐曲、歌剧、舞剧等音乐欣赏,欣赏中外各地区、各民族的音乐文化及风土人情,比如央视音乐频道的《CCTV音乐厅》《经典》《风华国乐》《民歌中国》《影视留声机》《世界音乐广场》《每日一歌》《每周一曲》《星光舞台》等。

(2)普及类音乐节目,主要向观众介绍音乐历史和各种乐器、乐理等相关知识,讲述古今中外音乐史上发生的传奇故事,引导观众更好地欣赏音乐,如央视音乐频道的《音乐告诉你》《感受交响乐》《音乐故事》。

(3)专题访谈类音乐节目,主要是访问国内外著名指挥家、歌唱家、作曲家等音乐界知名人士。如《音乐人生》主要采用主持人访谈的形式,邀请活跃在国内外音乐舞台上的知名作曲家、指挥家、演奏家、歌唱家等讲述他们与音乐相伴的多彩人生,和观众共同分享音乐家的人生故事和人生感悟。

(4)观众参与互动类音乐节目,此类节目重在为广大电视观众提供一个展示音乐才能的平台,通过多种方式与观众形成交流和互动。2011年1月3日,央视音乐频道实施自2004年开播以来力度最大的一次改版,新推出大型群体音乐互动性栏目《歌声与微笑》和音乐娱乐互动性栏目《快乐琴童》。《歌声与微笑》是央视音乐频道推出的一档大型群众音乐互动栏目,自2011年播出以来受到众多发烧友的关注,曾成功邀约数百支合唱团参与节目录制,并有众多合唱团在此脱颖而出。此后在2013年、2014年成功举办特别节目《合唱春晚——欢唱吧》两届合唱晚会,众多曾参与节目的合唱团齐聚北京,成为合唱界一年一度的盛事。为了全方位展现合唱的丰富性,2013年改版升级为《歌声与微笑——合唱先锋》。

(5)信息服务类节目,主要为广大观众提供最新音乐信息,如央视《今乐坛》栏目聚焦当今乐坛,从古典到流行,从民族到世界,纵览乐坛资讯、品评音乐话题,是央视音乐频道唯一一档音乐信息服务类节目;《音乐在线》为广大观众及时提供国内外近期较有影响的音乐活动、音乐人物、音乐演出、音乐赛事、音乐书籍、音乐唱片等。

2. 音乐录像（MV）

了解什么是音乐电视，首先需要区分"MTV"和"MV"这两个不同的概念。"MTV"是 Music Television（全球音乐电视台）的缩写，是美国一个专门播出音乐录像带的电视频道。"MV"则是 music video 的缩写，是指音乐录像带，即为了宣传某一歌曲或某位歌手而专门制作的影像与歌曲相结合的录像带，就是人们在电视上看到的音乐电视。虽然"MTV 就是音乐电视"的说法已经在国内非常流行，然而，近两年 MV 的说法开始大行其道。实际上由于全球音乐电视台（MTV）在美国的出现，真正把音乐电视录像带（MV）这一电视音乐样式推向了世界，所以今天人们常常用 MTV 来称呼电视屏幕上的音乐录像带 MV。本书为正本清源，一律用 MV 来指代 Music Video（音乐录像带）。

音乐录像（MV）最早出现在 20 世纪 70 年代的英国，"女王乐队"的一首歌曲《波西米亚狂想曲》被首次制作成为音乐电视录像带作为广告在电视上播放，这是电视历史上第一部真正的电视音乐录像片。80 年代美国全球音乐电视台的出现则使音乐电视成为一种音乐时尚，一种潮流，并风靡欧美等国，成为所谓"后工业时代"一个显著的、商品性质与艺术性质合一的标志性现象。

MTV 诞生之后，音乐电视神奇的商品促销能力，在由迈克尔·杰克逊演唱的 MV 作品《恐怖之夜》身上得到更加充分的展现。自这部录像片 1982 年播出至 1985 年，三年间他的同名唱片竟然售出了 3 800 万张——这是唱片业诞生以来从未达到的销售纪录，堪称音像销售史上一个空前绝后的吉尼斯纪录，并在 1982 年连续 37 周获得流行歌曲排行榜冠军。到了 1983 年，这部 MV 又在美国最具影响力的格莱美音乐评奖（Grammy Awards）中，总共获得 12 项提名和 8 个奖杯——这在格莱美奖历史上也是一个史无前例的纪录。此外，该专辑还获得 7 项美国音乐奖，并在全世界赢得 150 多个金唱片和白金唱片奖。

MV 于 20 世纪 80 年代末、90 年代初传入中国。1988 年，央视在《潮——来自台湾的歌》中首次播出了"小虎队"演唱的 MV。1993 年 3 月 25 日，央视第一个 MV 栏目《东西南北中》正式开播，第一期播出的 MV 作品是上海电视台王国平执导的《青春寄语》。《东西南北中》的开播为 MV 的中国化、合法化及电视栏目化开启了先河，并为后来 MV 栏目乃至频道在中国的出现奠下了基石。同年 12 月 15 日，央视举行了"首届中国音乐电视大赛"，极大地推动了中国 MV 的蓬勃发展和成熟。

1996 年可以看作中国大陆 MV 步入成熟之年。继 1995 年广州电视台的

MV作品《阿姐鼓》获得全美音乐电视网最佳外语片提名之后,央视MV作品《黄河源头》又在1996年7月于罗马尼亚举行的第九届"金鹿杯"国际音乐节上,获得了大奖第一名。继此之后,我国的音乐电视从内容和形式上,基本完成了"民族化"和"中国化"的改造,营造出一个与西方音乐电视迥然不同、具有鲜明中国特色的时空风格。如《黄河源头》这部作品,将大面积的红色调作为主色调来运用,歌颂黄河,歌颂中华民族,歌颂中华五千年文化,在视觉、听觉上形成对应。再如宋祖英的《辣妹子》,主要突出辣妹子的热情和性格火辣的特点。在画面处理上,其场景位于美丽的湖边,一群可爱的、身着红裳的姑娘在湖边晒辣椒。虽然只是简简单单的一个生活画面,却给人留下相当深刻的印象。宋祖英清亮、甜美的嗓音把这首歌曲演绎得相当完美。

如今,MV的迅速普及和深入人心,使它不论在音乐领域还是在电视领域,都占据着极为重要的地位。当音乐和视觉的画面相结合时,音乐就不是以独立艺术形式出现的,而是作为影视综合艺术的一个要素在与其他要素相综合中产生影响、发挥作用。随着新数字时代的到来,受众已经不满足于最初纯音乐和电视画面的简单结合,而是站在审美的角度来审视音乐电视的艺术性和感染力。

真正符合MV要求的作品,首先是以歌曲为表现主体,以演唱者为表现形式,通过镜头语言将歌词的内涵与意义、音乐的主题与完整的旋律以及所要赋予的主观情感抒发出来。音乐电视的双重结构使音乐与画面相互贯通、相互交融,形成统一的音画关系,以电视手法构成情景交融、声情并茂的电视画面,呈现出独特的艺术品味,这是音乐电视追求的最高境界。这样的概括可以粗线条地指出音乐电视的基本特征:充分利用现代先进的电视技术手段;多画面、多时空来表现音乐的个性、情绪、状态;画面不受时空限制;多组画面、多时空的有机结合;音画的有机结合。

这样看来,音乐电视是音乐与电视的高度结合,作为一种电视节目样式,充分运用了电视画面、声音、特技等多种表现手段,目的是为了展示音乐作品的内涵、风格与精神。所以本书将音乐电视界定为:充分利用电视的手段,根据对音乐歌曲内涵和节奏的理解与处理来进行创作,设计和拍摄包括演唱者在内的多组艺术形象,音乐与画面相融合,具象性与抽象性相交叉的电视文艺节目类型。

六、电视文艺专题节目

电视文艺专题是指用电视技术制作的、以艺术主体为对象的文艺类及文化类节目，以写意、抒情及自由的时空跳跃为主要制作手段，为电视观众带来特殊审美愉悦的电视文艺节目类型。

电视文艺专题是我国电视文艺节目创作领域专有的一类文艺节目，形成于20世纪70年代末80年代初，电视体裁上出现了各种艺术元素融合杂交、生动活泼的改革创新浪潮，电视表现手法逐步实现了多样化，电视文艺专题逐渐从新闻社教专题中剥离，形成了独有的新兴文艺种类，无论在内容还是在形式上，借用音乐、舞蹈、文学等元素对专题片重新包装，真正具有了可称为艺术的电视节目。比如陕西电视台拍摄的电视艺术片《音画三秦》，以珍贵的航拍镜头为主要依托，运用镜头和音乐语言，以音画艺术独特的魅力表达了陕西人浓厚的家国情怀。一幅幅美轮美奂的航拍画面，在雄浑、优美、荡气回肠的秦腔烘托下，展现了三秦大地极富魅力的自然景观和独特的历史、人文气息。

"一湾一河一土一塬，这就是古老的大江山；

一曲一歌一腔一吼，咱就感动了天地间。

一朝打江山，纵横八百里望秦川，

一心思家园，千年又千年……"

在飞机轰鸣声里，在翻滚奔腾的黄河浪里，在汉家歌激越的曲调里，谁能不为陕西人对家乡、对祖国的由衷礼赞而动容呢？《音画三秦》播出后，网络上很多条留言都询问有关该节目如何下载的问题，这种自然流淌到观众心间，用艺术独特魅力打动观众的片子，淡化了宣传痕迹，是真正意义上的传播，其取得的巨大传播效应实现了艺术与宣传的双赢。

在我国电视荧屏上，目前常见的电视文艺专题主要有以下五种。

（1）人物类。人是社会生活的主体，大至政治、经济、文化，小至日常生活的点点滴滴，皆可以通过电视文艺专题来加以反映，反思人与自然、人与社会以及人与人、人与自我等多重主题。《呼兰河的女儿》采用纪传体手法讲述已故著名作家萧红的一生，用历史性的叙述将大量照片资料与空镜头串联起来，从不同角度讲述了萧红的人生故事，传达出复杂的人生百味与审美情怀。

（2）作品类。电视文艺专题片中介绍作品的专题片，在制作过程中，必须考虑到此片适合该作品的艺术特点，并且电视文艺专题片应成为相对独立、有自身品格的艺术作品。如《世界电影之旅》是电影频道节目中心在 CCTV-6 正式推出的以报道世界各国电影产业及文化的大型国际性电影专题栏目。《世界电影之旅》栏目在中国首次建立了一个以中国视角介绍世界电影现状与趋势的电视平台。它为中国的电影工作者和所有关注世界电影文化、关心中国电影发展的人们开通了一条与国际影坛即时互动的通道；全面、准确地报道世界各国的电影历史、现状与发展趋势；多角度、多层面地向我国广大电视观众和电影爱好者介绍丰富多彩的多元国际电影文化。

（3）事件类。一般来说，拍摄事件类的文艺专题必须考虑到该事件在一定范围内具有的影响和一定的新闻价值。从范围来讲，文艺专题大到国际、国家举办的大型文艺活动，小到地方各级政府、街道乡村举行的文艺演出。这些事件在一定范围内具有较大影响和一定的新闻价值。电视文艺专题反映这些活动的情况，对透析社会的变迁发展起到了重要作用。《永远的长恨歌》就以三维动画、有强烈视觉冲击力的声光电等手段，让早已湮没于历史尘埃中的爱情故事又活了起来，生动地展现在观众面前。

（4）风情类。风情类文艺专题是以充满色彩的自然风光、充满情趣的地域文化为主要拍摄对象。要把创作者的情感融入风土人情中，而不是一味为拍风情而拍风情，这是风情类文艺专题应该注意的问题。如《昆曲六百年》展示了昆曲 600 年的历史以及博大精深的艺术体系和卓越艺术魅力，更是国内第一部全景式展现昆曲古今全貌的文艺专题片，力求以影像的记录与呈现去探寻一个民族的艺术精神，恢复中国人"对传统美学的自信"。

（5）电视文学节目。它是通过特殊的电视屏幕造型手段对以文字符号为主要传播手段的文学作品进行二度创作，使之转化为具有声画特质、给观众以文学审美享受的电视文艺节目类型。"电视文学"是一个宽泛的概念，在广义上，它不仅包括电视屏幕上的一切文学形式，还应该包括电视专题片、电视纪录片、电视艺术片内部构成中的文学部分，当然也包括电视文学剧本。狭义的电视文学主要指经过电视化创作的、具有浓厚的文学审美特征的电视节目，如电视小说、电视散文、电视诗、电视报告文学等。中国传媒大学高鑫教授曾在其《电视艺术学》中提出，电视文学"主要是指通过特殊的屏幕造型手段，运用文学创作的一般规律，形象地反映生活，塑造人物，抒发情感，创造充满文学的氛围，给观众以文学审美情趣的电视艺术作品"。

第三节　电视文艺节目的策划

电视文艺节目类型繁多,策划也各有特点。本书仅讨论电视晚会、电视小品的策划。

一、电视综艺晚会的策划

众所周知,电视综艺晚会是电视文艺节目类型中的支柱性节目,通常是在元旦、春节、"三八""五一""七一"、国庆等重大节日、重要事件纪念日播出,再加上综艺晚会所需要的资金、人力、技术投入都相当大,所以重大电视综艺晚会的策划和构思尤其是创意策划的周期相对较长,如一年一度的春晚从完成策划方案、参加招投标、中标成立导演组到除夕之夜的最后直播,前后需要超过半年的时间。

1. 主题策划

晚会的主题直接关系到节目创作、演员选择、风格色彩等各个方面,是主创者首先需要认真面对的问题。如资深导演邓在军所说,"一台大型综合性综艺晚会,如果没有明确的主题贯穿于晚会的始终,就会显得东拼西凑、杂乱无章,即使有好节目也给糟蹋了,或者只有个别节目给人留下印象,而整台晚会人们也会很快忘记。因此,在设计晚会的开始,必须把确定晚会主题作为首要课程,精心地考虑研究"。

我国的文艺晚会一般会跟某个重大节日、重大事件或某个行业活动联系在一起,一般说来,主创者在接受这样的任务之前,主办方往往有模糊的价值或文化预期。在这种情况下,主创者如何根据主办方要求,将模糊的预期变成具有可操作性的主题呢?

(1) 主题要明确且具体。一个明确、具体的主题是一台晚会的方向和旗帜,对晚会起到统摄作用。"明确""具体"不但指主题内在意义的指向明确、不含糊,而且在形式上也要求主题凝练且具有风格,甚至达到让观众过目不忘的效果。许多晚会把明确的主题体现在晚会名称中,起到了很好的效果。如"中国电视文艺星光奖颁奖晚会"取名"今夜星光灿烂"、央视"2008 抗震救灾大型募捐活动特别节目"定名为"情系玉树,大爱无疆"、青海卫视"2008 抗震救灾大型赈灾晚会"取名为"永不放弃,向生命致意"、央视"国庆 60 周年文艺晚会"定名为"祖国万岁"等。

(2) 主题要富有内涵。如 2008 年春晚主题是"盛世中国,和谐社会",主要体现人文奥运、"嫦娥"飞月等大事件,重点关注民生;2009 年春晚主题是"中华大联欢",突出"中华"特色,坚持中国风格、中国气派,让全球华人喜闻乐见;2010年春晚以"和谐盛世、团结奋进"为主题,以"和"为主要诉求,展示时代风貌,突出年度特征,积极营造和谐向上、欢乐喜庆的节日氛围;2011 年的春节晚会以"欢天喜地,创新美好生活;欢歌笑语,共享阖家幸福"为主题,把"幸福"和"美好"确定为春晚的核心字眼。

(3) 主题要贴近民生。在贴近真实、贴近民生方面,以公益为主题的大型电视综艺晚会具有很强的示范作用。2007 年央视举办了大型公益晚会《春暖2007——我有一个梦想》。该晚会是为帮助 2 000 万进城农民工子女筹集助学善款,改善上学条件而举办的,从 2007 年之后形成了"春暖"系列。

从主办方模糊的价值或文化预期到主创者心目中明确具体、富有内涵的主题,需要主创者在众多信息与方向中进行仔细提炼与归纳。这里主要有三个思维运动路径。

(1) 捕捉社会潮流与热点,提炼具有一定高度和前瞻性的主题。其中通过当年、当时、当地的社会热点来确定晚会主题是一条被多年实践证实了的捷径。比如经过改革开放 40 年的发展,我国社会生产力、综合国力、人民生活水平实现了历史性跨越,2018 年湖南卫视春晚将"欢呼中国年"确定为晚会主题,以"欢呼"这一直接、热烈的形式表达和呐喊出广大人民群众的冀望。晚会精心设置了蜂巢欢呼墙,数十位演员在欢呼墙上进行表演,晚会进行到不同阶段,演员们通过欢呼的形式把现场气氛带向高潮,小年夜的味道也在声声欢呼中愈发浓烈。多次欢呼包含了多个层面的意味:为丰收欢呼,为回家欢呼,为团聚欢呼等所有的欢呼都是人民为美好生活勤恳耕耘、努力奋斗一年之后的情绪释放,有全力的投入才有全身心的欢呼。

(2) 根据节日、假日与主题日的特点,提炼富有时代特色的新主题。2018 年央视春晚以"喜庆新时代、共筑中国梦"为主题,荟萃歌曲、舞蹈、戏曲、小品、相声、武术、杂技等艺术形式,集聚中外艺术家的精彩表演,生动展示中国共产党第十八次全国代表大会以来中国共产党和中国国家事业的历史性成就、历史性变革,展望决胜全面建成小康社会、全面建设社会主义现代化国家的光明前景,弘扬中国精神、中国价值、中国力量。

(3) 把握主办方的目的与意愿,提炼适合电视表现的主题。晚会不仅由电视台主办,一些行业系统、社会团体、大型企业、文化公司都有可能出资主办大型晚会。比如北京电视台与北京市旅游局合作,联合推出 2011 年第二届"环球春晚",以"北京请你来过年"为新理念,邀请国内外知名演艺明星共同诠释"世界城市,欢乐北京"的主题。"世界城市,欢乐北京"这一主题既避免与央视春晚的迎面撞车,又凸显北京旅游的特色,在十足的年味中实现了旅游局主办晚会的意图。

2. 定位策划

表面看来,定位策划是在主题策划完成之后,但在实际操作中,在主题策划的过程中,定位策划就已经启动,两者互为支撑、彼此呼应。一般来说,定位策划是紧紧围绕晚会的主题,对晚会的节目内容、呈现形式、现场气氛、格调风格等进行确定和设计。归纳起来,晚会的定位策划主要有内容定位和形式定位两个方面。

内容定位是指对晚会节目创作的指导原则、品位格调及其价值取向的设计。晚会既要完成特定的宣传任务,又要面对电视机前最普通的社会公众,雅俗共赏、喜闻乐见是晚会走向成功的最高境界。

《新闻联播》对 2018 年央视春晚的报道

第一,要有精品意识。用"精品"来指代电视节目,就是指那些同时具有深刻思想内涵和精致外在,舆论导向正确,思想性和艺术性高度统一,深得受众喜爱,能引起强烈社会反响的优秀电视作品。精品节目具有四大特点：倡导文明进步的时代性，独家风格的特色性，无可辩驳的权威性和意义深刻的附加性。30多年的春晚给人们留下各种精品节目，如2006年的《千手观音》、2007年的小品《策划》、2008年的小品《火炬手》、2010年的近景魔术《千变万化》、2011年的"旭日阳刚"和"西单女孩"演唱的歌曲、农民工组舞《咱们工人有力量》，2018年的歌曲《告白气球》、少儿歌舞《旺旺年》、小品《回家》等，这些节目几乎成为年度春晚的代名词。

第二，平衡好经典与流行的关系。经典是具有权威性、代表性、突出价值的艺术精品；流行指在一定时期流传、引人注目，具有一定时尚意义的艺术作品。经典与流行都具有时代性、历史性。晚会要兼顾和平衡经典与流行的内容比例，用经典提升晚会的审美品格与文化品格，用流行拓展晚会的受众群体和创作空间。如东方卫视2018年春晚在坚守自己"春满东方"的独特春晚品牌之外，还提出"梦圆万家"的主题标签，晚会现场创新打造360度环形巨屏舞台，结合荧幕呈现出万家灯火画面，真切地将"梦圆万家"这一主题形象呈现；立足于老百姓的梦想，以"温暖—温馨—温情"为基调，以"寻梦—筑梦—圆梦"为理念，以"小家—大家—国家"为主线贯穿晚会始终。东方卫视2018年春晚还集结了许魏洲、侯明昊、郑业成等年轻新生代，专门开辟改革开放四十周年劲歌金曲节目，演绎《恋曲1990》《小芳》《快乐老家》《中国功夫》《双节棍》《中国话》等20多首中国人耳熟能详的经典老歌组成的时代金曲串烧，带领观众一起回顾改革开放四十年的时代变迁。

第三，平衡好艺术与时代的关系。艺术既客观地再现特定的时代生活，又能动地表现特定的时代生活。在时代生活的基础上，艺术以独特的形式和主题对时代生活进行更新鲜、更生动、更典型、更突出的概括和表现。同时，艺术创造可以引领时代前进，它可以具有超越时代的创造力与想象力。晚会从主题到内容都要面临着艺术与时代关系的处理问题，既不能无视这个时代社会所提供的背景与事件，也不能简单充当这个时代社会的"传声筒"，而是要对时代社会中具体的人和事进行艺术改造和提升，使之成为晚会的有机组成部分。

形式定位是指晚会呈现形式及其技术表现的策划与设计。主题和内容固然是节目的根本，形式也同样重要。对综艺晚会的创造者来说，在主题确定的前提下，形式问题已超越了"表达内容的手段"的范畴。事实上，形式不仅仅是一个用来装载晚会主题的容器，而且已经成为主题本身的一部分。在综艺晚会的策划过程中，这样一种理解和对待形式的态度是特别重要的，这样一种对节目形式的极端重视实际上也是对节目中创意灵感的极端重视。

形式定位需要注意以下几点。第一，运用高科技带动形式创新。高科技的发展为晚会的形式创新增添了新的可能性，但是对于晚会，观众所接受的主要还是内容，所以要防止盲目的技术崇拜。在成功的晚会中，技术肯定是有内容的技术，与艺术表现相得益彰的技术，是为节目内容表现所需要的技术，而不是喧宾夺主的技术。北京奥运会开幕式文艺演出中，高科技手段让北京向世界呈现了一场精彩的视觉盛宴，开场的画轴在一个巨大的 LED 屏幕上打开，屏幕长 147 米，宽 22 米，是科技含量极高的一个巨大平台，LED 制造的光影效果和表演密切结合，幻化出各种图案，将观众引入梦幻般的世界中；"地球"的创意十分新颖，也是最能表现"同一个世界，同一个梦想"的亮点。"地球"上装有 9 个轨道，58 名演员用钢丝拉着，失重般进行倒立行走及空翻等高难度动作。这项技术是国内首次使用，国外也不多见。

第二，提高现场效果，保证屏幕效果。很多晚会现场效果好并不代表屏幕效果好。因为电视晚会是要面向最广大的观众的，所以在提供现场效果的基础上，重点保证屏幕效果是最好的选择。比如 2010 年广州亚运会开幕式并没有搭建传统舞台，而是充分利用海心沙得天独厚的城市中轴线和珠江东西交汇点的地理位置，以珠江为舞台，以城市为背景，把江水、两岸、城市地标建筑尽收其中，利用激光、焰火、喷泉、船、帆、塔六大实物和光影元素，融天、地、水、桥于一体，声、光、电交相辉映，打造出一个全新的舞台概念。

第三，要巧妙设置悬念，使晚会叙事更具吸引力。电视节目要做到好看，就要有悬念，悬念是艺术创作中造成受众某种急切期待和热烈关切的心理状态的一种手法[①]。浙江卫视 2008 年 8 月的"浙江卫视新概念揭幕晚会"在这方面做出了有益的尝试。在晚会进行过程中，现场主持人从一开始就爆料：观众将看到两位魔术师以独特方式登陆晚会现场，而且他们将表演世界"魔术巨人"大卫·科波菲尔曾表演过的魔术节目。晚会进行到半程，导播切入了魔术外景地的实况：现场没有人，只有一个巨大的浙江卫视台标。然后，现场主持人将悬念继续推进："这个巨大的台标会在瞬间消失，浙江卫视的神秘'核武器'将在魔术师的'魔杖'中横空出世……"一直到晚会临近结束时，这个谜底才被揭开，原来是浙

[①] 潘知常、孔德明：《讲"好故事"与"讲好"故事——从电视叙事看电视节目的策划》，中国广播电视出版社 2007 年版，第 2 页。

江卫视的两个资深主持人充当魔术师,他们搬动一个暗道机关后,巨大的台标被四周的屏风遮挡起来,魔术外景地瞬间出现一架直升飞机。悬念的层层推进让受众在充满期待的心理中逐步接近和认同浙江卫视的这个"核武器"。同时,这个"悬念"的提出、铺陈、推进一直到最后的揭晓,也为晚会串联起一条中心线索,始终能抓住观众的好奇心,牵引观众的目光,成为晚会策划的一大创新。在电视晚会的策划中巧妙地引入悬念,有助于打破电视晚会叙事的程式化,突破旧有的条条框框,最大限度地吸引大众并为自身的发展服务。

二、电视小品的策划

曾经给赵本山写过《不差钱》《同桌的你》等小品的辽宁电视台编剧尹琪说:"赵老师也说过,春晚对他而言不是一个舞台,而是一个战场,为了上战场确实很辛苦,不过,比辛苦更重要的是他的不舍。这个舞台对他的重要性比生命还要重。春晚直播前,他多少次打着点滴在后台备场,台词里的每个字眼儿,多个'吗''呢'他都异常重视,这就是赵本山,他心中的春晚很重。"而从节目策划角度来说,这说明春晚中电视小品的创作是有难度的,需要精心策划和认真揣摩。在策划阶段,电视小品创作时必须考虑的问题有:选题、创意、矛盾冲突、戏剧因素及语言等几个方面,其中尤其重要的是选题和创意。

1. 策划选题

小品为何流行?答案有很多,比如从明星本身来看,赵本山、潘长江等丑角

小品《昨天、今天、明天》

明星既能以夸张、机械的方式模拟令人忍俊不禁的滑稽形象，又能以生活为依据，遵循舞台规律塑造人物，在性格内容与形式相悖而形成的冲突中不断制造笑料，使观众在笑声中释放紧张情绪。

具体到选题，能够入选小品的题材要具备以下五个特点。

第一，要有广泛的生活基础。赵本山的小品自20世纪90年代初在我国电视荧屏上崭露头角，从讲述百姓家庭小事的《相亲》《小九老乐》到反映农村基层干部工作的《牛大叔提干》《三鞭子》，再到反映现代化、市场化对生活的冲击和影响的《昨天、今天、明天》《策划》，每一部小品都被赋予了深刻的内涵，耐人寻味。赵本山的表演为什么这样真实？究其原因，还是那句老话：生活是艺术的唯一源泉。赵本山从小在东北农村长大，对农民的生活境况和内心世界了如指掌，他总是习惯把生活中那些典型、有趣的细节收集在头脑中，一旦要用，便派上用场，而且形神兼备。

第二，小品的题材应该是生活中的具体事件，用黑格尔的话来说，必须是具有感性素材的"这一个"。只有具体的事件才有可能在舞台上被表现出来，才有可能"以一当十"，通过这个事件折射出这类事件的普遍性。有时候，创作者对生活中某一类现象产生思考和表现的欲望，但如果这一类现象还没有具体到某一特殊事件，小品就无法表现，比如小学生课业负担重。新闻节目或新闻评论节目只要有纪实性的电视镜头就可以较好地再现这些现象的严重性。但是对于小品而言，创作者一定要通过一个具体的事件，让这一类现象集中在一个具体的家庭、具体的学生身上，通过一件具体的事表现出来。比如奇志和侯耀华表演的《父与子》就是学生"减负"的典型。

小品《同桌的你》

第三,这个具体的事件必须是曲折的、带有意外的、有深层内涵,可以演绎出起承转合,制造出幽默效果。据说2011年春晚小品《同桌的你》就是根据赵本山亲身经历改编而成。上初中的时候,因为家里很穷,赵本山每次带的盒饭都是最差的,有一天,他突然看见饭盒里多了半个咸鸭蛋,他以为是自己拿错了饭盒,就在教室里等着大家把饭盒都拿完,自己再去拿,没想到,那就是他同桌偷偷放的。后来,同桌就这样默默地帮助着家庭贫困的赵本山一直到毕业。这件事赵本山一直没有忘记,而他的妻子马丽娟也知道,为了感谢这位同桌,马丽娟还亲手把这位同桌的照片放在丈夫的钱包里,直到现在,赵本山的钱包里还有当年那位同桌的照片。

第四,这个具体的事件不能缺乏生活中有一定内涵的"细节"。小品《张三其人》讲了一位心地善良却不善言辞的老实人张三的一组生活细节,在舞台上表现出来的不过是晾床单、数鸡蛋这样的生活画面,可以说十分琐碎、不起眼,可就是在这些小事中,寄寓了创作者并不简单的生活态度。张三做好事总被人误解,越解释就越说不清楚,越说不清就越尴尬,观众的笑声就在这种尴尬中被引发出来。更重要的是,几乎每个观众都可以在观看的同时联想起生活中存在的同类场景,那些场景在这个小品的映衬下忽然有了不同的意义。小品题材的选择最重要的就是要找到这样的"细节",可以在舞台上以较为简单、直接的方式将深刻的内涵表现出来。

第五,表现具体事件时需要浓缩时空。小品是在舞台上进行限定时间表演的作品,和小说、散文等文学作品不同,是要在一个特定的时间和空间内完成的作品,因此,小品的时空必须十分集中,在这一点上,它和电视剧也有所区别。

由于选材时的用心,创作者要处理的不少材料自然地发生在一个时空,如《英雄母亲的一天》《手拉手》《超生游击队》等,但也有一些本来不是发生在同一时空的事情,通过创作者的特殊处理,使它们集中到一个时空中来。小品《的哥》说的是一个开出租车的司机和一位女孩几经变故的恋爱故事,时间跨度相当大,场景也比较复杂。于是作者将场景放在男孩家里,将时间安排在女孩结婚前夜。通过这样一个最有表现力的时空,让那些前面发生的故事和后面将要发生的故事全都通过浓缩的时空窗口展示出来。

2. 策划创意

从材料到小品完成的过程有时并不十分顺畅,一种可能是从关注一类现象

小品《超生游击队》

开始,创作者对这一类现象有很多感触,有如骨鲠在喉,不吐不快,但迟迟未能发现一个贴切的具体事件作为切入口。更有可能是从对一个具体事件的兴趣入手,直觉地感到这个事件里有戏,但究竟能够表达什么样的主题一时还比较模糊。这样一个从思想到形象,或从形象到思想的思维与策划过程,实际上就是小品的创意。创意可以说是形象与思想、具体与抽象之间相互联通的桥梁。

创意是小品创作与策划中一个相当重要的过程,是构思和筹划的焦点,是使一个小品焕发出光彩的能量源泉,是主创者思想和智慧的结晶,是打动观众的奥秘所在。比如小品《打牌》中,用名片打牌就是一个创意,通过这个创意,许多讽刺和对社会现象的鞭挞化为具体的形象,许多同类的问题找到了典型代表,整个小品就因为这个创意而气韵生动,充满幽默和智慧,焕发出了不同寻常的光彩。打牌是一件很平常甚至平庸的事,官场的腐败也是一件大家不再感到新鲜的事,可是用名片来打牌,一下子化腐朽为神奇,为反对官场腐败找到了一种出人意料的表达方式,让观众得到一种意外的惊喜和会心的乐趣,这就是创意的作用。同样,在小品《警察与小偷》中,让装成警察的小偷碰上一个真警察,就是一个创意;在小品《手拉手》中,让男主角谎称两人的手被胶水黏住就是一个创意。

由此可见,创意在小品创作中确实有不同寻常的作用。有人说,创意就是打破常规的哲学,是大智大勇的同义,是破旧立新的创造与毁灭的循环。这说明,一个好的创意不是轻易得来的。在创作心理学中,创意属于文学家、艺术家的灵感,但并非完全无迹可寻。可以肯定的是,有兴趣从事小品创作的人,首先应该是一个热爱生活,对一切事物充满好奇的人,是一个对生活细节十分敏感的人,更是一个有幽默感、联想丰富的人。只有在生活中处处留心,善于联想,才能获得灵感,捕捉到小品创作的绝妙创意。

3. 策划冲突

小品虽然短,却也少不了矛盾和冲突,这些矛盾和冲突有时表现得十分激烈,有时就是一种差异、一种情感的纠葛、一种个性的反差。像《英雄母亲的一天》,记者热衷于编造假新闻,母亲却急于摆脱记者的纠缠,目标的背离造成两个人物行动的错位,这就构成了矛盾,这个矛盾是一步一步激化的,一开始老太太还很配合,后来开始敷衍,再后来就不耐烦了,不时让记者碰钉子,最后以老太太逃离采访而结束。这里的起承转合很有层次,小品的创作要注意设计好这样的矛盾和冲突。再如小品《捡钱包》,说的是上海、北京、西安三个地方的人对捡到钱包这件事的不同处理方式。情节几乎一次又一次地重复,可就在这样的重复中,三个地方的人表现出了不同的心理特点、性格光彩和处理方式。在这类作品中,冲突是以个性差异的形式表现的,不同的个性造成反差,互相对比又彼此衬托,使每一种个性都更好地表现出来。这个小品的成功之处就在于设计了三种个性的对比,独立地看,每一种个性都没有什么奇特之处,可是将三种个性放在一起,立即有了"戏",有了由对比造成的既有趣又有深意的内涵,有了让人回味的记忆点。

4. 策划喜剧性

对小品特别是晚会小品,观众已经形成了一种特殊的期待,希望小品能带给我们笑声,因此不能带来笑声的小品多少让人有点失望。其实,小品并不注定与笑有关,有些小品可以是没有笑声的,甚至有的小品可能是催人泪下的。不过由于小品在晚会出现比较多,我国的观众已经形成收看习惯,总希望小品能让我们开怀一笑。随着观众审美的提升,要想与小品刚开始出现的时候一样轻易赢得老百姓的笑声是越来越难了,所以,认真琢磨小品的喜剧因素,恰到好处地使用这些因素就十分重要。

小品的喜剧性和幽默、笑声紧紧相连,这其实是一种智慧的表现。仔细分析,生活中人们的幽默可以被简单分为几类。

第一种是会心之笑,这是对智慧者的成功和成功过程的赞许,在这种赞许中包含对自己能够理解和赏识智慧的自豪感,一个能够理解和赏识智慧的人自己也一定是一个具有智慧的人,所以这样的笑也是一种自我赞赏的笑。小品《英雄母亲的一天》中,赵丽蓉演的老太太使用了多种手段企图摆脱记者都没成功,最后,老太太谎称自己的高血压又犯了,一下跌坐在椅子上,记者慌了,忙乱起来,老太太却在记者忙乱的时候站起身一溜烟儿地走了。看到这里,大家忍不住大笑,那是为老太太的智慧而发出的赞许之笑。

第二种是嘲讽之笑,是对荒谬、不协调的事物的嘲讽。嘲讽这种荒谬是为了将自己和这些荒谬区别开,使自己显得高明。在《警察与小偷》中,陈佩斯演的小偷穿着警察的制服,打扮得和警察一样,可他的行为举止却离一个真正的警察有十万八千里,这样的不协调就引发了笑声。同样,在小品《正角反角》中,那个拼命要演正角的陈佩斯虽然穿上了八路军的衣服,举手投足却处处还是像一个汉奸,这也引起大家的哄堂大笑,这种笑就是为不协调和荒谬而发出的。

第三种笑是为纠缠不清而笑。小品中有时会出现两个人物为一件事纠缠不清的情况,这时,观众心里是十分清楚的,可人物本身是不清楚的,他努力想说得准确,却越说越混乱不清。这时观众的笑虽然没有太多嘲讽的成分,但显然也感到自己比人物要高明。《英雄母亲的一天》里,记者要求老太太给孩子讲故事,说到"司马光砸缸",老太太怎么也说不好,要不就是"司马光砸光"要不就是"司马缸砸缸",纠缠不清中,观众早就笑倒大片。

第四种是为露馅而笑。小品中的人物试图掩饰一些东西,可在某个关键的地方却露出了底细,这个底细雷倒了观众,可剧中人物还不知道,仍在竭力掩饰。这样就造成越想掩饰越露馅的效果,让观众忍俊不禁。在《警察与小偷》中,小偷穿着警察的衣服,一心想以警察的身份与真正的警察搭讪,可在警察问起他的姓名时,他马上立正,用在拘留所或监狱里犯人对看守人员报告的语气,恭恭敬敬地一口气报出了自己的姓名住址。这就露馅了,观众的笑声也就被激发出来了。

5. 策划台词

小品是一种表演艺术,但说到底,这种表演是紧紧依附于语言的,没有新鲜活泼、充满趣味的台词,小品就不可能有强烈的感染力。所以,说到底,小品更是语言艺术。小品的台词既要简洁又要生动,既要简洁又要有深意,策划时要做到以下几点。

第一要生活化。生活化是指所说的内容与人们生活紧密联系,是老百姓所熟悉和感到亲切的,而且要求忠实地再现日常对话的特征,即表述方式也是老百姓所熟悉和喜欢的。比如表达老年人或衰老之类的意思不用"年纪大了""老年妇女"之类书面化的语言,而是这么说:"岁数还不算大,可这浑身的零件咋就不好使了呢？八成呢也该大修了"；"这秋后的庄稼，掰了棒子，割个穗，就剩杆了。还有那心思？"

第二是要符合人物的个性和身份，符合事件发生的情境。《鞋钉》说的是一个在街头修鞋的老师傅和一个将要成为汽车交易市场主人的年轻人之间发生的事。双方由于年龄、身份、个性的不同，说话的语气和方式就有很大的不同。老人平和冷静，又有一些焦虑和失落；年轻人则心高气盛，又是事业兴旺发达之时，不免有一些志得意满，强人所难。于是两人之间的对话一刚一韧，一急一徐，形成了有趣的对比。

第三是要注意台词的目的性。小品的台词中固然可以有少量没有特别意义的话来增加语言的生活真实感。但从整体上来讲，台词应该是简练的，不能有废话。人物的对话必须有明确的目的，有时一句话可能有多种作用，既交代了背景又推进了情节，还有助于表现人物的性格，乃至起到对主题的深化作用。

第四是要注意台词的动作性。小品不是相声，小品的对话应该使人物动起来，使剧情不断得到推进。所以小品的台词一定是和动作紧密联系在一起的。这一点在选材的时候就要注意，有些动作性不强的题材就不适合用小品的形式来表现。

思考题

1. 电视文艺节目有哪些基本特点？
2. 电视综艺节目和电视真人秀节目有何区别？
3. 音乐电视和电视音乐节目在概念上有哪些不同？
4. 电视戏曲节目有哪些基本特点？
5. 电视小品有哪些基本特点？
6. 如何策划电视综艺晚会？
7. 如何策划电视小品？

第五章

电视真人秀节目

案例 5.1 《二十四小时》 •

　　《二十四小时》是浙江卫视推出的大型原创连续剧悬念式户外真人秀节目，在单期节目完整性的基础上，核心线索于全季 12 期故事中一以贯之，并融入喜剧性的翻转环节，跌宕起伏、悬念重重，让观众在艺人冒险之外也能欣赏到各位嘉宾狂飙演技的火花四溅。《二十四小时》从明朝永乐年间的海上壮举"郑和下西洋"中获得灵感，透过节目展现沿途各国风情与历史、文化，加强中外文化交流；同时结合中华文明，体现当地华人风采。

浙江卫视《二十四小时》

　　每期节目具体的流程为：(1)从明朝郑和下西洋时期穿越而来，失去记忆的六七位兄弟，需要在 24 小时之内完成任务；(2)时空引导者会给出每期节目中"星星的主人"(简称"星主")或"特殊身份水手"(简称"特殊水手")线索，星主或特殊水手可在节目里充当间谍帮助对方队伍获胜,也可成为隐藏助力帮助自己所属队伍抢占优势;(3)成员们依照任务要求随机分成两队对抗,陆续完成任务;(4)任务结束,身份揭晓;(5)最终找到郑和七下西洋经过的世界各个国家和城市,及所有具有特殊功能的星星。每一站需要在 24 小时内找到星星的主人,获得他们对应的星星符号,最后找回记忆,回到过去。

案例5.2 《我想和你唱》

《我想和你唱》每一期都会邀请三到四位歌坛巨星来跟素人合唱,素人可通过芒果 TV App、唱吧 App 参加合唱,获赞数最高的素人将有机会到现场参与录制,和明星合唱。

真人秀节目《我想和你唱》

在参与方式上,节目为所有的手机星人打造了一个就算吃饭、走路、约会时看手机都不会被骂的最正当理由:参与《我想和你唱》节目的素人可以通过移动互联网 App 上传本人和节目邀请歌手一起同框合唱的视频,经过挑选就能来到节目现场,真正和巨星牵手合唱!对全天下的手机党来说,《我想和你唱》这种更直接、接地气的拥抱新媒体的参与互动方式,绝对是顺应"互联网＋"大发展潮流、走在音乐互动节目前列的创新之举。

案例5.3　《新相亲时代》　● ● ● ● ● ● ● ● ● ● ● ● ● ● ● ● ●

　　2018年3月25日，由孟非主持，江苏卫视、远景影视联合出品的相亲交友节目《新相亲时代》开播，节目播出3期后，据CSM媒介研究，该节目在52城最高收视率达1.142％。2018年年初，为了进一步优化台内节目的播出编排，江苏卫视对周末在播栏目进行了微调，从原有的周日两档综艺双播改为周六双播，形成"周六双播＋周日季播"的编排格局。江苏卫视品牌推广部负责人张毅表示，《新相亲时代》作为卫视推出的全新季播节目，将父母引入相亲环节，从内容和形式上对《非诚勿扰》进行了补全，周六谈恋爱，周日见父母，江苏卫视形成了周末婚恋节目从恋爱到结婚的组合拳。

江苏卫视《新相亲时代》

　　2017年真人秀节目潮流出现了新的变化趋势：一方面，电视真人秀的创作重心向文化类节目转移。在政策的倡导和扶持之下，从央视到省级卫视，一批文化类节目争鲜斗艳，特别是采用真人秀手法的文化类综艺节目，如《中国诗词大会(第二季)》《诗书中华》《中华好诗词》《向上吧！诗词》等诗词节目；《加油！向未来(第二季)》《机智过人》《我是未来》等科技节目和《非凡匠心》《喝彩中华》《儿行千里》《国学小名士》等以传承弘扬优秀传统文化为主题的节目，形成了爆发之势，其观众参与度和热议度明显增强，收视口碑俱佳，真正做到了叫好又叫座。另一方面新开播的娱乐类真人秀节目大幅下降，产生较大影响的只有《中餐厅》《向往的生活》《高能少年团》《演员的诞生》等为数不多的几档，多季开发的娱乐真人秀节目仍然是提升电视收视率和互联网播放量的主力。

第一节　电视真人秀节目的定义与类型特征

一、电视真人秀节目的定义

　　虽然在国内外,电视真人秀经过近 20 年的发展越来越为人们所熟悉,但是究竟什么是电视真人秀节目? 对这个概念的讨论很多。尹鸿等人提出,电视真人秀作为一种电视节目,是对自愿参与者在规定情境中,为了预先给定的目的,按照特定的规则所进行的竞争行为的真实记录和艺术加工[①]。谢耘耕则认为,真人秀节目就是指由普通人而非扮演者,在规定情境中按照制定的游戏规则展现完整的表演过程,展示自我个性,并被记录或者制作播出的节目[②]。也有人给出一个非常宽泛的定义,即真人秀节目,广义上理解就是真人在镜头前的非职业性表现[③]。还有人把它定义为"特定虚拟空间中的真实故事,以全方位、真实的近距离拍摄和以人物为核心的戏剧化后期剪辑而制作的节目"[④]。

　　从词源上来说,"真人秀"基本上是一个舶来词,美国学者更多采用"reality TV"来指真人秀。其他相似的名称还有游戏秀(game show)、真实肥皂剧(reality soap opera)、建构式纪录片(constructed documentaries)、真实秀(reality show)等。从这些表述不同但意涵上又颇为接近的名称上来看,真人秀节目起码包含两个相反的含义:真实(记录)和虚构(肥皂剧、秀)。将性质截然相反的不同节目元素组合并使之和谐地共处于一类节目中,说明真人秀节目既将真实与虚构融合在一起,又暗示了真人秀节目与游戏节目、肥皂剧、纪录片以及其他真实类电视节目之间的复杂关系。所以,要搞清楚什么是真人秀节目,还需要从真人秀节目与纪录片、电视剧、竞赛节目等类型节目的比较中寻找其独特的内在规律。

　　(1) 真人秀节目吸取了纪录片式跟随拍摄与细节展现的手法,但本质上又完全不同于纪录片。按照任远的说法,纪录片"是对某一政治、经济、文化、军事

[①] 尹鸿、冉儒学、陆虹:《娱乐旋风——认识电视真人秀》,中国广播电视出版社 2006 年版,第 6 页。
[②] 谢耘耕、陈虹:《真人秀节目:理论、形态与创新》,复旦大学出版社 2007 年版,第 1 页。
[③] 徐舫州、徐帆:《电视节目类型学》,浙江大学出版社 2006 年版,第 128 页。
[④] 百度百科"真人秀"词条,http://baike. baidu. com/view/10317. htm。

或历史事件作纪实报道的非虚构的电影或录像节目",是"记录真实环境、真实时间里发生的真人、真事。这里的四'真'是纪录片的生命"①。可见,真人秀节目中存在大量纪实元素,节目的具体进程和细节展现是真实的,甚至有些真人秀节目还会用偷拍的手法来记录选手的隐私生活,最大限度地满足观众的需要。此外,竞赛的结果也同纪录片那样无法预料,如《垃圾挑战赛》中谁将在"挑战"中取胜,《走过沼泽地》中哪位参赛者最先穿越沼泽地到达终点都是很难预料的。《奔跑吧》(浙江卫视一档真人秀节目,第一季名为《奔跑吧兄弟》,后改名为《奔跑吧》)第9期以强悬念贯穿始终,开篇兄弟团在实验室中上演的"集体失忆"戏码极具戏剧张力,使观众瞬间陷入浸入式悬疑氛围;以"找回记忆"为线索的每轮游戏新颖、离奇,匪夷所思的大悬念中暗含每个环节的小悬念,令整期结构异常紧凑。

(2) 参赛者的言行、个性及品质都会在节目中或多或少地表现出来,往往会出现一些很有趣的细节。如《走过沼泽地》结尾段落,疲惫的参赛者端着水的颤抖的手就很有表现力。换言之,摄像机记录的是"无脚本的"事件,节目中即便有公众人物或明星参与其中,也不遵循拍摄脚本的指引,取而代之的是将他们自己嵌入节目的情境当中,令节目有无法预测的结局②。

但是,真人秀节目不是纪录片。最为关键的一点是,真人秀节目的大框架或整个运作的情境是虚拟的、人为设置的,比如环境和参赛者的选择、比赛规则的设定等。这些人为情境保证了在有限时间内节目的矛盾冲突和张力,这一点是纪录片难以达到的。与纪录片相比,真人秀节目能在短时间内制造相对集中的矛盾冲突,紧紧吸引住观众的注意力,同时也降低了节目的生产成本,但也正因为这一点,真人秀节目更多的是一种娱乐形式,在艺术感染力和生命力上是无法与纪录片相比拟的。

(3) 真人秀区别于以假定性、故事情节和人物冲突为基本手段的电视剧。真人秀节目与电视剧有共同之处。一是两者都强调戏剧性、情节。真人秀将电视剧的故事情节以日常生活的方式加以展示,同时也如同电视剧一样加入许多游戏化的规则,善于调动各种叙述手段来凸显节目的精彩与吸引力,如竞争、对立、情感纠葛、背叛等,但又是建立在真实结果的基础上,不像电视剧那样采取导

① 任远:《电视纪录片新论》,中国广播电视出版社1997年版,第3页。
② 陆晔、赵民:《真人秀:基于节目模式的"无脚本娱乐"》,《电视研究》2014年第5期,第21—22页。

演导拍、演员扮演等方式来增强戏剧性、故事冲突色彩。如《生存者》中两个小组吃虫竞赛等游戏都是事先确定的,但具体竞赛进行的过程和细节都是相当真实的。二是节目的拍摄和剪辑采用了部分电视剧的手段,来增强人物与环境、人物与人物之间的矛盾冲突,即所谓的"延拓策略"。看似绝对真实的纪录片拍摄方式,经过后期音乐特技的全新包装,每到关键时刻,总是突然"打住",节目起伏跌宕,将悬念留到最后。在《生存者》中,理查德、凯丽和鲁迪去海滩举行抱柱子比赛一段就大量借用电视剧中抒情手法的运用。先是一个圆月破云而出的镜头,紧接着是朝霞镜头,还有三人走过之处的景物渲染,该段落采用高速摄影,分别从正面、侧面和后面等不同角度,辅之以战鼓似的音乐,一方面将海岛的奇特景观传达给观众,另一方面又为竞赛的到来进行铺垫,很有感染力。但是,真人秀对电视剧手法的运用是有限的,更多地采取纪录片式的手段,特别是要求细节真实。

(4) 真人秀不同于一般的游戏竞赛节目。从根本上说,真人秀节目具有游戏竞赛节目的许多要素,如让人心动的巨额奖金、平民化的参赛者、各种淘汰规则等。在《生存者》中就有吃虫比赛、求救比赛、掘宝比赛、打靶比赛、救援比赛、屏息潜泳比赛、点火比赛等。《走入香格里拉》也设置了 23 个竞技项目。但是,真人秀与单纯的游戏竞赛是有区别的:游戏竞赛注重比赛结果,如《幸运52》《购物街》这些节目,观众更关注节目的形式体验,关注巨额奖励"花落谁家"。而真正的真人秀不仅关注竞赛过程,更关注在竞赛过程中人的言谈举止和内心活动。《走入香格里拉》的总导演陈强就说过:"《走入香格里拉》与《生存者》也不同。后者只是一种非常程式化的游戏,而我们还想把社会学与人类学标本融合进来。"可以说,游戏竞赛类节目关注游戏本身,而真人秀节目的指向核心在于人在特定情境中的人、人性与人格。

根据以上分析,可以对真人秀节目作出如下界定:真人秀节目是指综合借鉴纪录片、电视剧和游戏竞赛等节目的构成要素,由明星、名人或普通人在规定情境中按照制定的游戏规则展现"无脚本"表演的过程,从而展示参与者自我个性,突显某种价值框架的视听节目类型。

二、电视真人秀的节目类型特征

真人秀之所以今天能够在世界范围内获得广泛反响,与电视的两个核心概念有关系。一个是它的纪实性,一个是它的戏剧性。由于规定了相应游戏规则和时空环境，以及只能在特定空间的某一时段进行规定的游戏，这些规则和有限的时间、空间以及特定的戏剧性使真人秀节目与电视剧、纪录片等节目类型区别开来。换言之，真人秀虽然借鉴了纪录片、电视剧和游戏竞赛类节目的重要构成要素，但这种节目类型并非各种元素复合而成的"四不像"，而是具有新形态特点的、综合性节目类型。与大部分人们所熟悉的节目类型相比，电视真人秀从内容、游戏规则以及与目标观众的互动上都具有新的特点。

1. 纪录片式的真实还原

电视直接以鲜活生动的声画一体形象作为符号，将镜头前真实的时空直接作为电视语言的基本单位，这是电视作为影像语言的优势，尤其真人秀如同纪录片那样，在开机与关机之间记录了一段鲜活的生活流程，以自身生活的形态作为符号来展示。这种纪实语言使选手在规定的情境与规则中真实地生活，其自身的活动与心理、氛围、状态、情感等在摄像机的窥视下一览无遗；纪实语言重视对过程的追踪与积累，关注真实情境中的一切事件，记录人们在远离日常生活情境中的不同态度，把人类在相对封闭环境中的心态与情感完整地记录下来。《阁楼故事》《老大哥》等，在各个房间里（包括浴室和厕所）都有摄像机全天 24 小时记录。《极限挑战》《变形记》《奔跑吧》等也是由拍摄队、技术传送队和收容队采用摄像机全程跟踪拍摄，充分利用摄像机及时抓取一些细节。

丰富生动的细节是真人秀节目采取纪实语言的一个很重要的结果。正如细节在纪录片中的作用一样，真人秀节目中人物的言行、个性及品质等都要借助细节来表现。从某种角度上说，缺乏好的细节的真人秀节目是不成功的。《走入香格里拉》节目的摄像基本上是纪录片摄像出身，这正是为了利用他们敏锐的眼光及经验去捕捉细节。在一些成功的真人秀节目中，我们可以看到不少这样的细节。在《生存者》决赛投票的一场中，理查德在他的自述中反复强调节目的游戏性质，"这只是一场游戏，评价的标准要看谁玩得更好而不是其他"，在得知自己最终胜出后他对自己的对手凯丽说了一句"这不过是一场游戏而已"，但在等待最终答案时，镜头给了理查德一个特写：双手紧紧摁在脸上，瞳孔出奇的大，毫无表情的脸掩饰不住担忧。紧接着一个镜头，在主持人宣布"理查德"三个字时，他在好几秒内没有反应过来。这个特写镜头就非常巧妙，理查德的言行构成极大反差，非常巧妙地展示出他工于心计的本性。

2. 普通人在假定性情境中自由行动

在戏剧中，"假定性"主要表现为时间的假定性、空间的假定性、戏剧情境的假定性以及表现手段和表现方法的假定性等。真人秀的假定性不可能像电视剧那样集中和明显,因为其人物是真实的,竞争是真实的,比赛的结果及其后续影响也是真实的,但是包括人物、环境、规则以及摄像机在内的纪实过程却是在特定情境下发生的,是人为设定的,所以仍然属于戏剧化的情境假定性。

目前出现的真人秀根据空间划分主要包括两类:一类的行为空间是在野外甚至人迹罕至的地方,如《生存者》《极限挑战》《跟着贝尔去旅行》等;另一类则是在比较狭小的室内拍摄,如《老大哥》《阁楼故事》《我爱上春晚》《一站到底》等。但无论如何,它们都有共同点:无论参赛者是普通的"素人"还是圈粉无数的明星,都遵循一定的游戏规则和先期规划来采取行动,也就是在规定的假定情境中采取行动。即使是《我爱记歌词》《一呼百应》这样有明星参与的节目也试图将其身上的明星色彩去除,更多地呈现明星们作为普通人的一面。比如湖南卫视2014年4月播出的《花儿与少年》,七名偶像组成欧洲自助远行团,生活费有限,没有助理和手机。每位嘉宾轮流担当导游,负责七人一天的行程安排,让他们切身感受穷游欧洲的艰辛与快乐。第六期中各类状况频发,李菲儿在巴塞罗那酒吧丢失钱包护照;会计华晨宇醉酒街头;许晴因一贯随性的作风差点迷失在巴塞罗那街头,孤立无援,痛哭着承认自己不合群。由于每位明星嘉宾的个性习惯、生活环境不同,难免会产生矛盾,这也使观众产生强烈的体验感和参与感。

同时,普通参与者并不是仅仅作为观众在镜头前显现,而是要积极参与、融入到节目情境中,成为"假定情境"中真正的演出者,与明星联合或对抗,共同完成节目录制。韩国的《我们结婚了》世界版由中国、日本和韩国明星一起参与,不同的参与者带来不同的文化效果,三个不同国度的嘉宾进行亲密互动,产生文化冲击,增强了节目吸引力。

　　3. 人物、环境选择和矛盾冲突设置的戏剧性

和"假定性"一样,"情境""动作""心理"也是营造戏剧性的核心要素,电视真人秀节目的看点恰恰是将这些要素融合在一起。无论真人秀参与者是影视界、体育界、娱乐界明星大腕,写字楼、IT界的高手精英,还是基本上没有上镜经验甚至有点"晕镜头"的普通人,因为是在规定情境中的自由行动,节目中少了矫揉造作,多了亲切感,但这并非说明真人秀的参赛者就没有经过选择,其实在幕后有一场场"选秀活动",节目的参赛者都是从数以万计的报名者中精心挑选出来的。被选择的参赛者一般应具有以下特点:首先,屏幕形象好;其次,要具有代表性,代表某一个群体;此外,要"出戏",也就是具有独特的个性。以美国现任总

统特朗普曾经担任主持人的《学徒》为例,节目设定了一个看似真实的情境,上百万名申请者共同争夺特朗普商业帝国所提供的年薪 25 万美元的高薪职位和一辆高级跑车。职位的巨大诱惑煽动了竞争者,他们为了这一职位而相互争夺,其行动必然导致相互冲突,因为成功者只能有一个。

其实,人物和环境的选择就为矛盾冲突的设置埋下了伏笔。美国版《老大哥》第 13 季里,选手瑞秋张扬的个性和亢奋的斗志,使她一进入竞赛场就成为大家的靶子,但她却一路过关斩将,不仅第一场比赛就赢得房主席位,而且整季比赛中共得到 5 次房主、2 次否决权,同时也 4 次被提名淘汰、5 次被待定。为了取胜,她既要用谋略,也要搞阴谋,有时要以情动人,有时又翻脸不认人。整个赛季瑞秋经历了体力和心理上的极大考验,尽管面对选择时她义无反顾,但内心也承受了巨大的压力和矛盾。反之,浙江卫视花重金打造的《十二道锋味》,节目中的人物均为影视明星,但播出后反响平平,最根本的原因就在于,这个节目完全背离戏剧结构,只有展示,没有冲突。再加上节目里人物的表现与其说是在一定情境下的自然表现,不如说是照本宣科地背诵着毫无戏剧性的脚本。因此不论是谢霆锋也好,还是和他搭戏的其他明星也好,缺少真情流露,给观众一种明显的"假象"。

从大多数真人秀节目来看,冲突主要有两种类型。一种是由内在行为习惯与价值观念的差异所导致的冲突。为了使节目更具有观赏性,创作团队在参与者的选择和设置方面会充分地筛选和研究,并为他们设定一张固定的人际关系网。每个人在实现节目目标时都会与他人产生必然联系,同时不可避免地会发生矛盾冲突。这种由价值观所引发的性格冲突是节目产生戏剧性的重要因素。另一种是由制作团队的规则制定推动下所产生的外在冲突。缜密严谨的游戏规则不仅可以引导参与者快速融入规定情境中,还能充分调动参与者的积极性,并通过智力和体能的对抗激发参与者的求胜欲望,促使节目的节奏和气氛随着竞技游戏的深入不断推进。

4. 故事性与主题性价值框架的展示

真人秀的记录不等同于真实,因为纪实拍摄是创作团队经过细致的前期规划和有序的过程引导来实现的,再经过创作团队的后期剪辑,节目会带有强烈的主观色彩和价值导向。在 2007 年美国版《精彩合唱团》(Clash of the Choirs)播出时,流行歌手尼克·拉奇在家乡辛辛那提海选自己的合唱团队。当天有上千人报名参加,但在这段只有 7 分钟的短片中既表现了形形色色的报名者,又重点塑造了一对父女——父亲威尔和他女儿的形象。他们家正经历困难时刻,威尔的妻子得了乳腺癌,女儿想为母亲唱歌。威尔非常紧张,两次都只唱了一句就忘词了,在女儿的提示下才完成了现场演唱。他们本来已经对自己的入选不抱希望,最终却双双入选尼克率领的 20 人合唱团。海选忘词本来是重大失误,但这个细节却让威尔和他家人的形象立体化了,让观众记住了这对父女,也对他们产生了关心和期待。在《爸爸去哪儿》中,每一季父亲与孩子作为主要人物都会在节目组安排的特殊情境下进行亲子互动,节目全程真实记录父亲与孩子的点滴相处,缺席的父爱在节目中得到补位,久违的童真在节目中获得重现,而在这背后有关父爱、成长、教育的想象性主题聚集在一起,最终形成了修辞性视野——父爱的伟大、陪伴的重要以及对亲子关系的重新定义。

典型的优秀电视真人秀需要成功地阐述一个或多个想象性主题,如亲情、成长、奋斗、坚持、教育等,而且这些想象性主题积累形成的修辞性视野与观众的道德判断、价值观念、内心信仰是基本一致的,这就能促使观众不断投射更多的情感于节目中,他们的心绪也会被跌宕起伏的故事所撩拨①。

富有号召力的电视真人秀节目正是通过一个个情境化、充满张力的故事构造出观众感兴趣的想象性主题,在积累想象性主题的过程中强化了既有的社会规范与价值观念,从而引导人们达成对社会主流价值观的高度共识。

三、中外真人秀节目演进简史

真人秀节目虽然于 21 世纪之交才在西方和我国掀起浪潮,但是这种节目类型并非横空出世,它有自己的历史起源和发展轨迹。

1. 国外电视真人秀节目演进简史

用现在的标准衡量,1948 年,一档名为《隐藏摄像机》(*Candid Camera*)的节目被认为是真人秀节目的最早雏形,而 20 世纪 50 年代出现的电视节目《一日女王》(*Queen for a Day*)同样具备真人秀的某些特征。《一日女王》的内容是女性通过各种困难考验后博得观众的同情心,并赢取作为奖品的皮草大衣和家用电器。1973 年,美国公共电视网(PBS)首播一部 12 小时的纪录片《一个美国家庭》(*An American Family*),内容是一户刘姓(Loud)家庭从儿子出生到婚姻破裂近

---

① 张斯橙、李翔:《流行电视真人秀节目的价值建构特色评析》,《今传媒》2016 年第 9 期,第 108—109 页。

7 个月的生活故事。为完成这部纪录片,摄制组总共拍摄 300 多小时的素材,最后浓缩成 12 个小时的节目,吸引了数千万观众。

1990 年 1 月开始播出的《美国家庭滑稽录像》掀开了真人秀节目的新篇章,该节目已经在美国广播公司连续播出 14 季,内容以精彩搞笑的家庭录像为主,录像由观众选送,其中笑料百出。观众选送的录像带可以通过评选赢得大奖,评选除每周一次外,每季还会给观众认为最搞笑或最特别的录像颁发高达 10 万美金的特别奖。有些节目曾在国内电视台包括央视的《世界各地》栏目中播放。

真人秀发展的转折点是 1992 年 MTV 频道播出的《真实世界》(*Real World*),7 名 20 多岁的青年男女住在一起,摄像机 24 小时跟踪拍摄他们的起居生活。该节目已具备了真人秀电视节目的主要元素。到了 1997 年,瑞典制作、播出了被称为"真人秀之母"的《远征罗宾森》,是最早被称为"Real TV"的电视节目。在此之前的电视节目虽然已经具备真人秀节目的要素,但都没有使用真人秀的名称。

真人秀节目《生存者》

1998 年好莱坞的轰动大片《楚门的世界》无疑是对真人秀节目形态的最佳宣传。作为一个不受期待的生命,主人公楚门被电视网络公司收养,在一个宁静和谐的小岛生活。他与周围的人们愉快融洽地相处,还娶了一位美丽的妻子,每一天对他来说都是那么美好。然而,他没有想到的是,这一切竟然都是电视台的安排。他生活的社区是一个巨大的摄影棚,他的朋友、邻居,甚至是妻子都不过是演员而已。他人生过去的 30 多年里,5 000 多个摄像头 24 小时拍摄他的一举一动,传送给守候在银幕前的无数双眼睛。在影片的结尾,楚门毅然推开了那扇通往未知世界的门,走出了荒诞的"虚拟人生"。而电视制作人却在这部电影的启发下,开始从这种"镜头化生存"中挖掘节目资源。

1999 年,荷兰的电视机构恩德莫(Endemol)公司推出了《老大哥》(*The Big Brother*)节目,真人秀节目由此开始作为一种独立节目类型出现并发展起来。《老大哥》精心挑选出 10 名(各国版本中的选手数目不同)背景不同、性格各异的选手,把他们封闭在一所房屋里。这个房子里起居室、厨房、卫生间一应俱全,并配有花园、游泳池、游戏厅。在共同生活的 85 天里,选手们每周六要选出两个最不受欢迎的人,而每天守候在电视机前的狂热者们则用声讯电话从两人中选出一个他们最不喜欢的、最没人缘的选手出局。

《老大哥》的播出受到各方面的指责,但这并不妨碍其成为全球流行节目。澳大利亚、德国、丹麦、美国等 18 个国家照搬它的模式制作了各自的版本。恩德莫公司凭借第一部《老大哥》及其出售版权的总收入就达到了 4.68 亿美元,利润4 700 万美元。《老大哥》第 2 部同样成功,收视率很高。在英国大选的最终阶段,它竟然占据了所有小报的头版。

2000 年 5 月,美国哥伦比亚广播公司推出风靡世界的野外生存真人秀节目《生存者》。16 个人在中国南海的荒岛上与世隔绝地生活 39 天,16 名选手被分成两组,他们被没收随身携带的物品,每天的食物配给只有一把大米和两个罐头。选手们除了忙于生存,同时还必须完成竞赛项目以赢得额外物资和避免淘汰的免死金牌。每三天在竞赛中失败的小组将进行 1 次投票,选出 1 名成员退出游戏。当两组共剩 10 人时,10 人合并,继续生存和淘汰的循环。游戏最后 3 天,只剩 3 名选手参加最后角逐,此前淘汰的 7 名选手组成"评审团",投票决出谁是最后胜出者。胜者获 100 万美元大奖,其他参赛者按被逐出的先后顺序,也会得到 6 500 美元至 10 万美元不等的安慰奖。

《生存者》播出的第二周即成为全美收视率第一的节目,而最后一集更创下收视高峰,家庭收视率高达 28.2%,估计全美共有将近 44% 的家庭、5 800 万人收看《生存者》节目。收视率高,广告价格当然是水涨船高,CBS 将最后一集节目延长至 2 个小时,广告费上涨至每 30 秒 60 万美金。

法国电视六台的第一个真人秀节目《阁楼故事》自 2001 年 4 月 26 日首播以来,每天有将近 400 万人通过有线电视收看此节目。《阁楼故事》与美国《生存者》的荒岛生存大赛几乎一样,唯一的不同是把场景从户外搬到了室内。"不到30岁,单身,寻找灵魂伴侣"的男女都可以来报名,奖品是"一幢价值300万法郎的房子",条件是"在同一间房屋内待70天,在此期间,他们与外界完全隔绝。一男一女结组在室内进行各种活动,而电视台将对他们进行每天24小时不间断地播出"。观众根据他们的日常起居、饮食等诸多方面来对他们的言谈举止进行评估,参赛者彼此也将互相评价,不合格者将失去参与资格,被"逐出"阁楼。一直坚持到最后的一对男女将获得"梦幻房屋"。

与《阁楼故事》相比,美国福克斯电视公司2001年1月10日在一片争议声中推出的新节目——《诱惑岛》(Temptation Island)也许有过之而无不及。该节目将选好的4对亲密恋人送往加勒比海一个偏僻的小岛上生活两周。这期间,另外26位单身且渴求爱情的俊男靓女也一同上岛,这26位单身人士是通过精心挑选脱颖而出的"杰出青年"。他们当中有令人羡慕的律师、医生,还有情感丰富的艺术家;有已经功成名就的创业人士,还有《花花公子》的封面人物。他们来到岛上被赋予特殊的权利和机会,"诱惑"节目组选好的4对恋人"发现"单身参与者身上具备而自己情侣却正好缺少的情趣和优点,从而拆散他们。在两周内,除了集体活动,情侣们不能见面,见面时也不能交谈。情侣选手每人每天与一位单身异性共度,活动内容是节目所设定的潜水、山洞探险和骑马等。一轮约会结束后,情侣选手可以要求观看自己情侣的约会录像,然后选出一名潜在情敌出局。这样的程序进行4轮后,每个选手选定一名单身异性,与其进行最后的约会。在节目的最后一夜,4对情侣重新会合,决定他们是继续厮守,还是另觅佳偶。

德国政府认为这类真人秀节目"肆无忌惮地玩弄人们的私生活",呼吁各方要为电子传媒拟定道德守则;在法国,警察要用催泪弹来驱赶那些试图冲进电视制作中心抗议《阁楼故事》的群众,他们把垃圾堆放在电视台的门口,但现实中的争议性事件却往往会更加吸引观众,反而提高了节目收视率。

2. 中国真人秀节目发展简史

国内首个独立制作的真人秀节目《生存大挑战》节目的创意来自香港亚视与日本电视台联合制作的系列节目《电波少年》的启发。该节目讲述了两位分别来自日本及中国香港的青年结伴而行,互帮互助,历经几个月的颠簸流浪,战胜了饥饿、寒冷、孤寂、疲惫,完成横跨非洲艰苦旅程的故事。1995年,广东电视人看到《电波少年》节目,第一次了解到"真人秀"这种全新的电视节目样式,开始萌生出打造"真人秀节目"的念头。1996年暑假期间,广东电视台在《青春热浪》栏目中推出了"生存大挑战"专题节目。2000 年 6 月 18 日到 12 日,广东电视台推出了第一届《生存大挑战》。该节目从全国 5 000 多名应征者中挑选出三名互不相识的"挑战者",要求他们每人在 6 个月的时间里只带一个背囊、一双运动鞋、一些药品及地图、指南针、水壶、帐篷和 4 000 元旅资,完成广西、云南、西藏、新疆、内蒙古、黑龙江、吉林、辽宁八省的 3.8 万公里边境地带的旅途,历时 195 天。在活动过程中,贯穿真人秀节目的原则是:制作者制定规则,由普通人参与并全程录制播出,摄制组不能在经济上、交通上提供任何帮助。

《生存大挑战》

第二届《生存大挑战》节目借鉴了美国《生存者》等经典真人秀节目的手法,引入淘汰机制、竞技游戏设置等真人秀节目元素。比如《生存者》中有 20 名选手参加竞赛,《生存大挑战》有 20 名选手参与集体角逐。再比如《生存者》采取淘汰方式进行竞赛,《生存大挑战》也通过自然淘汰和社会淘汰两种方式,引发挑战者之间的竞争。

2005 年《超级女声》

2005 年是国内真人秀快速发展的一年。其中,以"海选""全民娱乐""民间造星"为主要特征的"表演选秀类真人秀"成为最大赢家,《超级女声》《梦想中国》和《莱卡我型我秀》都取得了不俗的收视成绩。同时,一批职场真人秀节目,如东方卫视的《创智赢家》也发展起来,开始引发人们的关注,成为国内真人秀节目的又一大热点。早期的一些真人秀节目也不甘落后,不断创新,新节目、新创意层出不穷。《生存大挑战》在联合北京维汉文化传播公司共同制作《英雄古道》后,开始与加拿大电视台联合制作以北极为基地的新节目,央视体育频道《欢乐英雄》在连续推出几期以汽车驾驶为主要题材的节目后制作了《好男人训练营》和《实习生》等。

2006 年 2 月,国家广电总局发布了《关于进一步加强广播电视播出机构参与、主办或播出全国性或跨省(区、市)赛事等活动管理的通知》。按照《通知》规定,暂不批准湖南卫视举办《超级男声》活动,《梦想中国》《超级女声》等赛事性节目的分赛区比赛将不能在当地省级卫视播出;参赛选手年龄必须在 18 岁以上,未成年人参与赛事活动必须单项报批;评委点评不能令参赛选手难堪等。

2007 年 8 月,重庆卫视一档名为《第一次心动》的选秀节目成为观众声讨的对象。不久广电总局下发通报,称《第一次心动》"格调低下",责令停播;9 月 21 日,广电总局再次下发通知,规定从当年 10 月 1 日起,省级卫视黄金时段禁止播出选秀节目,并且不能直播、不能由观众投票。电视选秀节目急速走向冰冻期。

2009 年 4 月 28 日,湖南卫视选秀栏目《快乐女声》正式获得批文,同年 5 月初启动选秀。广电总局批文中涉及"三不准":一,"凡有非议、争议、有绯闻、有负面评价、曾有犯罪记录的人不得担任主持人、嘉宾和评委"。二不准是"主持人不得穿着奇装异服,不得梳怪异发型。不得喧宾夺主,喋喋不休,胡乱调侃。不得涉及主持人、嘉宾、选手的私生活内容,主持人要紧紧围绕节目内容本身,不得大吵大闹"。三不准是"抱头痛哭、泪流满面、粉丝团狂热、观众狂呼乱叫等不雅镜头一律不得播出"。此外,广电总局还规定前 9 场都只能在 22:30 之后播出,但是最后一场冠军争夺赛可以在黄金档播出。

2009 年暑期的《快乐女生》再次因为曾轶可等话题人物获得广泛关注,这在一定程度上折射出选秀节目仍然具有深厚的观众基础。2009 年底,湖南卫视在购买了英国 Fremantle 公司国际经典电视交友节目 *Take Me Out* 中国地区的独家专有版权之后,再次推出电视相亲类节目《我们约会吧》。节目播出后,收视率飙升。早有准备的江苏卫视在 2010 年年初也推出类似的交友类节目《非诚勿扰》。

2010 年初,随着从湖南卫视《我们约会吧》与江苏卫视的《非诚勿扰》的版权之争开始,从真人秀发展而来的相亲节目急速进入所谓的"乱战时代",安徽卫视《周日我最大》出现相亲环节,浙江卫视 13 天联播《为爱向前冲》,东方卫视也推出相亲类节目《百里挑一》。作为真人秀新崛起的类型之一,相亲节目没能摆脱被复制的局面,甚至因为有着极高的关注度,被电视台当作金矿疯狂过量开采。

2012 年《中国好声音》播出,促使真人秀节目新一波浪潮的到来。标准化的创意、视觉设计、主题音乐、流程细则、节目理念给观众极大的新鲜感,引爆收视狂潮。2013 年,湖南卫视强势推出《我是歌手》,使得在歌坛沉寂很久的实力派歌手枯木逢春,重新回归大众视线。在百度指数中搜索《我是歌手》关键词,媒体关注接近 4 000 万次,用户关注突破 120 万次,在同一时间段内创下歌唱类真人秀节目纪录,湖南卫视因此奠定了真人秀节目的霸主地位。为巩固其娱乐霸主地位,湖南卫视从 MBC 购买了《爸爸去哪儿》的版权,再次受到观众追捧。浙江卫视相继推出了《爸爸去那儿了》《爸爸回来了》等,而《奔跑吧》《极限挑战》《全员加速中》等也纷纷加入真人秀节目的竞争之中。

总体来说,真人秀节目类型经过近 20 年的引进和文化上的磨合,已经从当初的单纯模仿逐渐与中国国情、电视受众的需求相适应,俨然成为电视荧屏与手机平台上的主力节目类型之一,甚至有泛滥之嫌。

第二节　真人秀节目的主要类型划分

真人秀节目作为 2000 年以来全球流行的电视节目类型,无论是从节目的数量还是节目的观众收视反映来看,它都已经成为电视节目的主流类型之一。根据不完全统计,目前在美国无线电视和有线电视网络中播出的真人秀节目已经超过 100 种,在欧洲各国也是数不胜数。即便是在中国,2007 年在央视、地方台播出的真人秀节目也有 200 多档。真人秀在中国经过 2007 年前后的短暂消沉之后又重新成为主流的节目类型之一。有学者甚至认为,泛真人秀现象已经成为中国电视屏幕上一道显眼的风景,一个泛真人秀的电视时代似乎即将来临。

目前电视上出现的真人秀节目,亚类型繁多,混杂有真人秀元素的节目更是难辨雌雄,难以找到统一的标准进行亚类型划分。在欧美国家,经常提及的真人秀类型主要有：游戏纪录片（gamedoc）、约会节目（dating program）、交换/生活类节目（makeover/lifestyle program）、纪实肥皂剧（docusoap）、才能竞赛（talent contest）、真实情景剧（reality sitcoms）等。根据一些学者的研究，尤其参照清华大学尹鸿教授的研究成果，本书根据节目内容与形式上的差异将国内外真人秀节目分为表5-1中的9种类型[①]。

表5-1　国内外真人秀节目分类

类型	外国节目举例	本土节目举例
生存挑战型	《生存者》（*Survivor*，CBS）	《生存大挑战》（广东卫视）
人际考验型	《老大哥》（*Big Brother*，Endemol）	《完美假期》（湖南经济电视台）
表演选秀型	《美国偶像》（*American Idol*，Fox）	《我爱记歌词》（浙江卫视）
职业应试型	《学徒》（*Apprentice*，NBC）	《创业赢家》（东方卫视）
身份置换型	《交换妻子》（*Simple Life*，Fox）	《相约新家庭》（北京电视台）
益智闯关型	《谁想成为百万富翁》（*Who Want to be Millionaire*，ABC）	《开心辞典》（中央电视台）
游戏比赛型	《恐怖元素》（*Fear Factor*，WB）	《勇者无畏》（欢乐传媒）
异性约会型	《换妻》（*Wife Swap*，ABC）	《非诚勿扰》（江苏卫视）
生活技艺型	《不合适的穿着》（*What Not to Wear*，TLC）	《超市大赢家》（中央电视台）

一、生存挑战型真人秀

生存挑战型一直是真人秀节目的主打类型之一，如《生存者》《奇异旅程》《峡谷生存营》《走入香格里拉》《生存大挑战》等。《生存者》是生存挑战类型最典型的节目形态。16位不同社会背景，不同性别、职业的参与者，在恶劣、极端严酷的生存环境中，经历42天的野外艰苦生活，最后的生存者赢得100万美元的奖金。ABC播出的《让我离开这里》（*Get Me Out of Here*）也是同样

[①] 尹鸿、陆虹：《电视真人秀的节目类型分析》，http://media. people. com. cn/GB/22100/76588/76590/5258492. html。

的生存挑战类型节目。10位名人到澳大利亚的热带雨林生活数周,参赛者被放在极端严酷的生存环境中,不能携带现代电子产品,接受严酷的生存考验。2015年12月,央视推出第一档明星户外真人秀节目《了不起的挑战》。节目引自韩国原版节目《无限挑战》,选择撒贝宁、阮经天、沙溢、岳云鹏、乐嘉、尼格买提(第三期加入,前两期为华少)六位嘉宾为固定MC,以"平凡生活,挑战了不起!"为口号,每期节目均以不同普通劳动者的工作和生活体验为主题,让六位MC深入国内各行业中完成一系列艰难的任务与挑战,体验平凡生活中的"了不起"。

生存挑战型真人秀的主要特点就是将参与者置于一个艰苦的环境中,借助有限的苛刻条件去完成各种难以完成的使命,在不断淘汰后,最后决出胜利者。在节目中,将野外生存竞技、奇观化环境作为核心元素;在环境的选择方面,多为远离日常环境的荒岛、森林等原始地域或封闭的内部空间,与日常工作和生活保持距离,强化节目与现实生活的错位;在规则的设计上很少有核心事件贯穿整个节目,主要依靠游戏和淘汰来维系。

生存挑战型真人秀节目中,无论是参与者还是观众,都是生活安逸的都市人,原始的自然环境对他们来说既陌生又刺激。从社会学和心理学的角度来看,恶劣的生存条件及人类在克服种种困难的过程中表现出来的不同能力都构成一种对视觉和想象力的冲击。另一方面,以《生存者》为代表的生存挑战型真人秀在当时的条件下改变了传统电视娱乐节目的形态,将电视娱乐节目从狭窄局促的室内搬向空旷的山川海洋,更加贴近自然,舞台空间大为拓展,预知性与可控性大大减弱,节目的悬念性大大增强。比如《与贝爷一起野外狂奔》(*Running Wild with Bear Grylls*)于2014年创办,由英国著名探险家贝尔·格里尔斯(被称作"贝爷")主持。在每期节目里他都会带着一位名人到世界各地的野外探险求生。美国前总统奥巴马曾在2015年参与第二季的一期特别节目,前NBA球星"大鲨鱼"奥尼尔、"滑雪女王"沃恩参加了2016年的节目。该节目还被搬到了中国,贝爷与姚明、傅园慧等中国明星一起拍摄了《越野千里》。

二、情境体验型真人秀

情境体验型节目是真人秀最受争议的一种形态。如果说,生存挑战型真人秀节目展现的是人在非日常化环境中的生存状态,那么情境体验型真人秀则用隐私和情感吸引观众。

这类节目的特点是将人物放置在一个封闭环境中,记录他们的生活状态和人物关系变化,让观众看到参与者的日常生活特别是隐私内容,并在逐渐淘汰那些不太受喜爱的人的过程中,最后选择人们最喜爱的胜利者。这类节目以满足观众的窥视欲和好奇心为切入点,更多地把焦点放在人身上,关注人的外表、言行、能力、思想,关注人与人的交往以及交往中的矛盾,《老大哥》《阁楼故事》等都是这类节目的典型代表。

情境体验型真人秀《我们15个》

《我们15个》第一季"平顶之上"是一个基于真实生活的实验节目。15位背景迥异的陌生人离开自己原本的生活,在荒芜的平顶之上共同生活一年,从零开始,在极其有限的资源条件下,努力实现他们的理想生活方式。他们将如何生存与发挥创造力来探索爱与幸福? 等待他们的是温暖幸福还是寸步难行? 无论是对他们还是对广大观众,这一切都是未知的,每一刻都充满悬念和期待。此外,节目设置有严格的淘汰机制,更让整个旅程充满各种不确定性。而为了确保节目的真实可触性,节目组动用了120台360度全高清摄像机、60个麦克风以及全球最先进的内容管理系统,在进行"宏大叙事"的同时让观众真切感受到每一个细节、每一次变化。"成为十五分之一,你将拥有一年非凡的人生!"成了该节目最具号召力、最直击人心的宣言。

其实,如何减少对观众窥视欲望的迎合,反映出观众对健康人格和健康生活的态度和选择,是这类节目能够体现一定道德品格的前提。

三、表演选秀型真人秀

随着娱乐文化的流行,特别是所谓"美女经济"的泛滥,表演选秀类型的真人秀越来越多。各种花样繁多的歌手选拔、主持人选拔、模特儿选拔、亚洲小姐选拔、世界小姐选拔等,都可以被看作表演选秀类型真人秀。

表演选秀类真人秀的主要特点是让具有一定"表演"能力的参与者,按照预先设置的竞赛规则进行才艺表演,而专家和观众则对这些参与者进行淘汰和选拔,最后的优胜者将获得成为"明星"的机会。福克斯公司播出的《美国偶像》,央视的《我有一套》《我要上春晚》《星光大道》,湖南卫视的《偶像来了》,浙江卫视的《中国好歌声》,江西卫视的《中国红歌会》,东方卫视的《笑傲江湖》《妈妈咪呀》,重庆卫视的《中国梦工厂》以及《跨界喜剧王》《喜剧总动员》,北京卫视的《超级演说家》等都属于此类节目。

从《笑傲江湖》《偶像来了》《中国达人秀》等节目取得的成功来看,表演是这类节目的核心元素,形体、歌曲、语言、表情等都构成了节目的娱乐内容。所以,这类节目必须要精心设置表演内容、方式、环境和效果,要充分展示参与者的魅力,要强化表演的娱乐效果和表现力。从参与者的角度来看,表演选秀不是专业表演而是真人秀,它并不是以参与者的专业水平作为节目的核心的,而是让许多普通人来参与表演,让观众通过观看这些普通人表演产生一种真实感,消除观看专业演出的那种职业距离和神秘感,在视觉和听觉的享受中得到评价的权利。所以,在真人秀中,往往选手数量很多,代表性很强,生活感丰富,节奏也比较快。像《超级女声》甚至提出了所谓"零门槛"的口号。凤凰卫视的《环球小姐大赛》中,参加世界小姐的选手主要是学生,利用上大学前的空闲参赛。

此外,这类节目还强调专业评判与大众评判的结合。虽然在淘汰选拔机制中引入专家元素,从专业角度对参与者的专业水平进行评估,但是真人秀毕竟不是专业比赛,观众同样要参与决定选手命运。所以,选手的专业水平和个人魅力都会发挥作用。这种选拔机制正好体现了大众文化、流行文化的特点,成功的不是最好的而是最有人气的。观众投票在真人秀节目中至少具有与专家同样重要的作用,甚至有时候要故意强化观众的作用。在真人秀中,观众的评判权很可能高于专家。比如《美国偶像》2008年第七届冠军、25岁的摇滚男星大卫·库克经过几个月的苦战,终于技压群雄,成功登顶。据美国媒体报道,夺得亚军的大卫·阿楚莱特年仅 17 岁,决赛中他发挥超常,在舞台上闪耀光芒,压制了劲敌大卫·库克,但无奈人气不如大卫·库克,最终遗憾屈居第二名。

表演选秀类型的真人秀有广阔的市场。虽然已经出现了几年,但是欧洲的《流行偶像》、美国的《美国偶像》等选秀节目收视率一直稳定居高,应该说这类节目有较为强大的市场生命力。

四、技能应试型真人秀

所谓技能,是指通过练习获得的能够完成一定任务的动作系统。技能与知识不同,例如生活常识、物理知识、化学知识,可以通过语言文字等形式传授,而技能必须亲自学习,并坚持练习才能掌握其中的技巧。这种学习、练习乃至熟练技能的展示,再加上竞争规则和淘汰选拔,就成为真人秀节目中的一个重要类别,即技能应试型真人秀。其中最典型的就是人们常说的"职场节目",如《学徒》(NBC)、《绝对挑战》(央视财经频道)以及央视体育中心与银汉联合制作的《谁来主持北京奥运》。此外,央视体育频道的《欢乐英雄·魔术训练营》《欢乐英雄·汽车训练营》,央视科教频道的《状元360》《我爱发明》等也近似于这种类型。

《挑战不可能》

技能应试型真人秀的主要特点是"参与者被指定完成规定的具有一定专业技能的任务,由评判者根据参与者的完成情况作出淘汰和选拔决定。展示出色才智,满足观众好奇,提供成功梦想,是职场类真人秀节目的最大魅力"[1]。比如《挑战不可能》每期选择中外约 8 名选手,涵盖技能、体能、脑力等多个项目的极

---

[1] 谢耘耕、陈虹:《真人秀节目:理论、形态和创新》,复旦大学出版社 2007 年版,第 60 页。

致挑战,在展示这些选手挑战各种不可能的任务和故事的同时,重点展现"挑战自我"和"认识自我"。来到这里的选手可能只是一位瘦弱的妇女,却能在水中与危险的鲨鱼沟通交流;可能只是一位原始部落的村民,肉眼却能看清十公里外的动物;可能只是一个孩子,却能爬上高耸入云的山峰。节目是以人类自身为对象的一次探索之旅,是对生命潜能的开掘,是对平凡生命超越自我的礼赞。它从人类最原始的"勇敢"出发,展现人们挑战自我的勇气和精神,而非仅仅单纯展示奇技和极限本身。第一季节目取得了平均收视率过 2% 的成绩,催眠小动物的女孩韩佳盈的视频点击量超过 7 亿;第三季播出第 3 期,全国网收视率为 1.435%,较上期提升 15.5%,34 城收视率 1.75%,持续位居同时段全国首位。

这类节目之所以能赢得较高的收视率,还在于技能的难度和新鲜度以及参赛选手表演的动作性和可视性。强调技能的新鲜度是为了保证技能应试的内容对观众而言是陌生的,在平常状态下是难以实现的,甚至还可能有一定的危险性,实现比赛的目标不仅需要过硬的技术、技能,还需要坚强的毅力、良好的自控能力、平衡能力、团队协作能力、社会交际能力等。总之,完成技能应试需要诸多心理、智力和素质综合能力。正因为有了这样的前提,才可能保持对观众的吸引力,应试的过程才能够像电视剧一样保持足够的悬念、紧张与刺激。

五、角色置换型真人秀

世界上生活着成千上万的人,每个人的出身、受教育背景、生存环境、经济条件等各不相同;社会上也有几百种行当,其中有工人、农民、军人、警察、商人、教师、职员、记者等。这些不同类型的人员和不同职业者,接受着生活和职业对他们千差万别的磨炼,日积月累,造就了独特的成长经历。他们从自身的生活背景、社会背景和职业背景出发,形成了对社会不一样的认识,和对工作、生活不同的应对方式,社会学家称之为不同的"社会角色"。

社会角色有着与某种社会地位、身份相一致的一整套权利、义务的规范与行为模式,离开了各自角色所赋予的权利、义务与行为模式,便会出现"角色冲突""角色中断""角色疏离"等情况。而角色置换型真人秀恰恰通过特定的情境尤其是特定的环境和特定的规则以游戏的方式,把每个参与者的环境、人际关系、角色要求以及社会预期全部打乱,类似文艺美学中的"陌生化"理论一样,人们突然发现自己要面临陌生的环境、人际关系、话语方式、角色要求和他人陌生的角色期待。《交换妻子》和《配偶贸易》都是类似角色置换的电视真人秀。其实,妻子也好,配偶也罢,都是"卖点"而已,主要让人期待的是"妈妈秀",不同家庭要在两周内互换"妈妈",让彼此有新的体验和感受。节目的主体规则是:"新"妈妈必须睡在体验家庭的单独房间中,报名者必须来自完整家庭(包括父母与孩子),两周后两个家庭可各得 5 万美元。节目的戏剧性在于,已经习惯与亲妈妈生活的孩子,如何适应新妈妈;具有不同生活习惯的"新"妈妈又如何适应居住在他人屋内等。

湖南卫视《真正男子汉》

这类节目制胜的关键法宝就是具有反差的社会角色和身份置换所带来的戏剧性和冲突性。2015 年湖南卫视继续在"角色置换"上做文章,《真正男子汉》让明星变换自己的身份,进入一线部队和战士们同吃同住,体验真正的军营生活。继成功推出教育体验类真人秀节目《变形记》后,湖南广播电视台推出原创节目《一年级》,以全新的视角、纪录片式的手法,加以娱乐元素,开启一段萌娃、"鲜师"的校园成长之旅。江苏卫视的《明星到我家》让黄圣依、张柏芝、秋瓷炫和李金铭四位当红女艺人,分别"嫁入"云南普洱四户普通农村家庭,进行三个月的婚后家庭生活体验,通过镜头去关注她们在给人"当媳妇"的过程中的一言一行和生活状态。此外,婚后家庭生活体验时间为期 3 个月,她们要在这段时间内完成节目组布置的固定任务,包括种田、喂猪、洗衣和做饭等,不仅如此,更要面对婆媳、妯娌之间的人际关系考验,通过每期一个固定任务考验,比较这四位女艺人究竟谁才是真正的"国民好媳妇"。

六、益智闯关型真人秀

益智闯关型的真人秀也许是最早被引进到中国来的真人秀节目形态,或者说比较广义的真人秀节目形态。在欧美许多国家播出过的《谁想成为百万富翁》(Who Wants to Be a Millionaire)、《最弱的一环》(The Weakest Link)、《幸运轮》(Wheel Of Fortune)、华纳公司的《街头生存智慧》(Street Smarts)、ABC的《危险》(Jeopardy!)以及由央视财经频道播出,类似英国ITV《价格正确》(The Price is Right)的《幸运52》和与《谁想成为百万富翁》相似的《开心辞典》、海南旅游卫视的《非常游戏》以及央视财经频道2009年收视率最高的《购物街》等都是这类节目的代表。

江苏卫视的《一站到底》是一档引用国外模式并进行本土化改造的新形态益智节目。节目突破参与者与主持人对抗的模式,采用"车轮战"的攻擂形式,让参与者之间直接激烈对抗,这样的PK过程增强了游戏和博弈的悬念。每期节目有11位参与嘉宾,分为10位守擂者和1位挑战者,守擂者手中有不同价值的奖品,挑战者将通过20秒的限时答题与守擂者一一PK,挑战者获胜将赢得守擂者的奖品,而守擂者获胜将成为新的挑战者,并赢取挑战者手中的所有奖品。

《中国诗词大会》是央视首档全民参与的诗词节目,节目以"赏中华诗词,寻文化基因,品生活之美"为基本宗旨,力求通过对诗词知识的比拼及赏析,带动全民重温那些曾经学过的古诗词,分享诗词之美,感受诗词之趣,从古人的智慧和情怀中汲取营养,涵养心灵。《中国诗词大会》大胆创新比赛机制和计分规则。节目组也会经过数据整理,在百人团中,排序找出答对题目数量最多、答题速度最快的前5名。他们将成为下一场比赛中登上舞台的5位挑战者。在单人挑战追逐赛中加入"飞花令"这样的亮点环节。

益智闯关一般并不考察参与者的天赋与才能,而是通过积分的方式决定成败,通常积分越高,风险越大,这样可以改变单纯答题的单调,增加节目的刺激性、紧张性。同时,单纯的数字游戏也较为枯燥,为了增加变化和戏剧性,此类节目一般会设置一些辅助环节,如求助手段、抢救环节、规定动作与自选动作结合等。主持人的个性和亲和力也是此类节目取得成功的主要因素之一,因为益智闯关类型的节目大多在演播室进行,动作性比较弱,因此主持人往往成为节目的重要元素。加上这类节目播出频繁,主持人的亲和力非常重要。

七、游戏比赛型真人秀

　　游戏比赛型真人秀以美国全国广播公司的《狗咬狗》和央视的《城市之间》为例。《狗咬狗》于 2002 年 6 月 17 日开播，由 NBC 和 BBC 联合制作。选手通过智力和体力方面的较量，争夺大奖。节目一开始，6 位选手在"集训营"中用一天时间了解彼此智力和体力方面的优劣。第二天，选手在演播室中争夺 2.5 万美元。主持人向 6 位选手提出体能和智能上的挑战。这种淘汰一直进行到只剩最后两位选手，胜出者暂为"犬王"。

　　《狗咬狗》的结尾富有创意，"犬王"必须对抗前 5 位被淘汰的选手，即所谓的"败狗"，5 位"败狗"可能通过答对问题反败为胜。问答形式为节目提出一道涉及音乐、电影、商业、名人等类型的问题，由"犬王"决定让哪位"败狗"来回答。如果"败狗"答对，则"狗圈"积一分；反之，"犬王"积一分。双方谁先积够 3 分，便获胜。如果"犬王"获胜，就获得奖金；如失败，奖金将被均分给 5 位"败狗"。

　　央视《城市之间》由两个或两个以上城市参加趣味体育的竞技比赛，它通过不同国家、不同城市之间的趣味体育对抗，为世界各地的城市居民提供了展示风采、相互交流的舞台。2015 年国际版《城市之间》来到中国海南岛，有中国、法国、匈牙利、阿尔及利亚、哈萨克斯坦五个国家参与，将美丽的景色、迷人的沙滩与精彩趣味的节目完美地结合了起来；在内容上，不仅保留了传统的节目设置，还创造性地加入了许多全新的趣味内容，凸显了新媒体时代全新的娱乐节目特色。

　　《狗咬狗》和《城市之间》为了解游戏比赛型真人秀节目提供了很好的参照。游戏要精彩，必须做到以下几点：一要有难度和强度。难度是对于参与者来说的，有难度才能促使参与者发挥潜力，具有挑战性，这样选手的表现才能超出平常状态，用选手的极端性引起观众兴趣。强度是对于观众来说的，游戏要有一定的冲击性和动作性。二要有娱乐性。游戏要具有玩的空间，这个空间也是参与者自我表现的空间。参与者要能够尽情投入，观众也可以模拟参与，而且最好要有强度，要尊重游戏的规律，比如对抗、支援、联合、牺牲、偶然、积累、爆发等元素，都应该在游戏节目中体现。三游戏规则要简洁。游戏可以复杂，但是规则必须简单。规则简单才能被观众掌握，观众掌握了规则才会去判断和关心参与者的胜负，才能作为一个评判者进入节目的情景中。四要新鲜性。游戏的类型很多,如模仿游戏、惊险游戏、技巧游戏、运气游戏、勇气游戏、表演游戏、识别游戏、心理游戏、语言文字游戏等,关键是在游戏中进行创新。当然,游戏的配置也可以是新旧游戏的配置,难易游戏的组合,高级专业游戏和观众可模仿的日常游戏的结合①。

八、异性约会型真人秀

异性约会型以性别关系为主要内容,是备受关注也备受争议的真人秀节目,其特点可以红遍一时的《为爱情还是金钱》(*For Love or Money*)和《非诚勿扰》为例。《为爱情还是金钱》中,15 位美丽的单身女子住进一栋豪华别墅,为赢得一位单身汉的青睐而展开竞争。对爱情和金钱的角逐以及在两者之间的徘徊本来就非易事,节目创作人员又通过几次变化游戏规则,不但让参与者和观众大为吃惊,也使得竞争愈发激烈,人物心理愈发复杂。

相亲节目《新相亲时代》

如果说,《为爱情还是为金钱》把爱情的最后决定权交给男性,有"大男子主义"之嫌的话,《非诚勿扰》则试图去颠覆这一传统,把男生能否留下的决定权交给女性。每期节目有女性参与者 24 名,男性参与者 5 名。共有三个环节:"爱之初体验""爱之再判断""爱之终决选"。在规则中,通过"过三关"来了解一位男生,在此期间女生亮灯表示愿意继续,灭灯表示不愿意,如果场上只有一位女生亮灯,那么主持人将询问男生意见,同意则速配成功,如果场上所有女生都灭灯,

---

① 尹鸿、陆虹:《电视真人秀的节目类型分析》,http://media. people. com. cn/GB/5258530. html。

此男生必须离场。在三关之后仍有多位女生亮灯,则权利逆转,进入"男性权利"阶段,由男性来选择女性参与者。男生将有机会主动挑选自己心仪的女生。2018年3月开播的《新相亲时代》更像是《非诚勿扰》的姊妹节目,"两档节目分别展现婚恋过程中,子女与父母两代人的爱情、婚姻观念。其中《新相亲时代》为观众展示了子女婚恋过程中为人父母者的心理变化"①。

中央电视台相亲节目《乡约》

总结国内外的异性约会型真人秀,此类节目的关键点有三:一是要选择具有魅力和代表性的选手,并想方设法让参与者在节目中展示自己的特点,如《非诚勿扰》制造了许多"话题女性",如马诺是一名来自北京的平面模特,因其在《非诚勿扰》中大胆、犀利的言论而迅速在网络上走红,被网友们称作"拜金女"。二要充分考虑到社会普遍的性别理想,处理好外形、语言、气质、风度、生活态度、财富、地位、服饰、化妆等重要因素。《乡约》改版成为央视唯一一档相亲交友类节目后,仍旧保持其真实的乡村喜剧风格,节目主人公不是北、上、广的精英白领、中产阶级,而是种养大户、基层民警、基层公务员等。三是要满足观众的爱情想象,必须制造一些与生活中浪漫感情相关的环节,最大限度地调动观众的感情记忆和愿望,如一见钟情、才子佳人、一夜风流、英雄救美人、丑小鸭变天鹅、有情人终成眷属等浪漫情节都可以设计到节目中去。

---

① 《江苏卫视为什么要推出这档〈新相亲时代〉?》,http://www.orz520.com/a/fun/2018/0423/12294818.html? from=haosou。

九、生活技艺型真人秀

购物、旅行、服装、烹调、装修、居家、化装美容、皮肤保养、衣着打扮等与老百姓日常生活相关的技艺都可以被引入比赛游戏、竞争对抗中,这就成为一类较为流行的生活技艺型真人秀。观众熟知的生活技艺真人秀节目主要有《大食家》(*Big Diet*)、《穿着禁忌》(*What Not to Wear*)、《粉雄救兵》(*Queer Eye for the Straight Guy*)、《天鹅》(*Swan*)、《超级保姆》(*Super Nanny*)、《交换空间》(*Trading Space*)、《伪装》(*Fake Out*)以及央视经济频道的《交换空间》等。

《青春旅社》是由东方卫视推出的原创真人秀,由赵英俊、王源、景甜、李小璐、王自如和李静、戴军、何穗、程晓玥、狄倩伊、郭劲岐,分两组经营两家青春旅社,接待来自五湖四海的游客,在创业生活中畅聊青春、倾听故事。而其中,解决客人吃饭问题是"世纪难题",在 A 栋的赵英俊、王自如、李小璐、王源、景甜五位小伙伴们因为都不擅长做饭,让客人没有家的归属感,而以戴军、李静为主人的B 栋却经营得如鱼得水,不仅有戴军的家常菜,还有米其林高级法式西餐、甜品,让客人们享受了饕餮盛宴。

另外,以家装题材为主的老牌节目《交换空间》,明星跨界时装制作节目《女神的新衣》,明星厨艺竞技节目《星厨驾到》等,以其高度的专业化和精品意识,在诸多真人秀节目中一枝独秀。例如《女神的新衣》着重视觉表现,首次将裸眼 3D技术运用于电视节目舞台设计中,并联手知名国际品牌进行现场竞拍签约,开创了国内原创类电视节目高端化的先河。

生活技艺型真人秀将电视所具有的传播信息、提供服务两个功能融为一体,完全改变了过去生活服务类节目的"教育"性质,进而成为真正的娱乐节目。与一般服务类节目相比,此类节目更有人的气息,更有戏剧性,因此也更好看,更实用。有学者认为,生活技艺型真人秀节目一般局限在生活、情感领域,对主流意识形态和伦理道德有益无害,所以,此类节目有可能成为今后中国真人秀节目的增长点[①]。

[①] 张小琴、王彩平:《真人秀节目的中国方向》,http://media. people. com. cn/GB/22114/50421/58614/4123312. html。

第三节　真人秀节目的策划

真人秀作为近年来最热门的电视节目类型之一,不仅可以带来收视率的节节攀升,还能制造一系列社会热点话题,引导公众的舆论指向,真人秀节目正在渗入甚至改变着观众的生活。因此,策划好一档真人秀节目,要明确其基本要求,更要抓住核心要点,审时度势,在保证节目审美趣味的同时,正确引导公众的舆论以及价值观。

一、节目元素的策划

策划节目元素主要包括竞赛目的、参与者、竞赛规则、节目主持人等方面。

(1) 竞赛目的的策划。竞赛目的是真人秀节目参与者的主要动力,包括显赫地位、巨大财富、绝对权力、奢侈经验、英雄身份等,这些是真人秀节目最重要的娱乐动力,也是观众最感兴趣的竞赛目的。真人秀制作人员必须在这些组合中进行选择。应该说,无论什么样的真人秀节目,目标的设置均具有一定的相似性:与日常状态差异越大,刺激性就越强,吸引力就越大。

当然,湖南卫视《向往的生活》开办所谓"慢生活"真人秀以来,在竞技节目泛滥的现状下,为电视节目创造了更多的可能性,加上此类真人秀没有过多脚本,展示不一样的生活状态,也吸引了大量观众。

中央电视台《星光大道》

《英国达人》节目中的"苏珊大妈"

（2）节目参与者的策划。大致来看，真人秀节目的参与者一般有两种类型：一类是普通人，观众将他们看作是"自己人"，因此，这种选手越普通、越平常，阶层、群体的代表性就越强，比如《星光大道》是一档以唱歌为主的平民竞技节目，每周5名（组）选手，经过4轮PK，选出周冠军，然后再进行月赛、年赛，但与同类节目不同的是，它的参与者没有性别、年龄限制，男女老少的同台竞技成为这个节目最大的可看性。另一类是名人：政治家、演员、名流、歌星、大商人、著名学者等，他们是观众既羡慕又妒忌的对象，对他们而言观众越关注，他们在节目中所展现的与平时所公开展示的内容越是有差异就越能吸引观众。有论者认为，一个有生命力的真人秀节目"必须善于解构各种二元对立，在不断发展的自然竞争和人际竞争戏剧化冲突过程中，按阶段设置不同的社会认知属性的任务，不断地通过记录、访谈的画面呈现进入该任务的人物当时的强烈渴望与内心矛盾，才能不断吸引观众和不同社会人群在差异化的戏剧冲突中，代入地同步对应人物的即时内心情感共鸣，支持留在舞台上的不同社会群体的选手，关注不断推进的人物命运"[1]。《英国达人》以及各国"达人"系列的选角标准主要有三类[2]：第一类是自我突破的普通人，如苏珊大妈和用脚弹琴的刘伟，他们有丰富的故事和惊人的才艺，用巨大的反差让观众震惊；第二类是天才儿童，像英国有着天籁之声

---

[1] 《选秀类真人秀节目的结构风格和镜头语言特点》，http://www.zheying.com.cn/content/? 921. html。
[2] 苗棣、王更新：《纪实话语与戏剧结构——电视真人秀的叙事特点》，《现代传播》2014 年第 11 期，第 78—82 页。

的小霍莉和中国的张艾青,她们的天真可爱能引起观众怜爱;第三类是雷人型选手,如"表情帝"杨迪,诙谐幽默,引得观众笑声连连。这也几乎是各类才艺真人秀的共同选角原则。

当然,也可以"反其道而行之",比如《青春旅社》邀请的 11 位嘉宾,年龄层从"70 后"跨到"00 后",他们之中有演员、歌手、主持人、运动员、创业者等。不论 11 位嘉宾本身是什么身份,只要他们走进《青春旅社》,他们就是实实在在的创业者,11 位嘉宾变身为厨师、后勤、销售、管理等工作人员,寻找符合各自的岗位。节目采用 24 小时不间断录制是为了表现众人最真实的生活状态,有趣的故事往往会在不经意间发生。

(3)以悬念为中心的竞赛规则的策划。真人秀节目赛制规则的设计给节目提供了设置悬念的空间,而悬念正是当今电视节目制作编排的一个经典理念。真人秀节目的赛制规则应具备电视剧连续性的特点,通过"倒金字塔式"的淘汰形成一定规模,以"下期谁会赢,最终胜负归属"的悬念吸引并扩大收视人群,是保障收视率的重要手段之一。比如《美国偶像》《一站到底》就是依靠一定规则设计悬念,在观众完全没有心理准备的情况下,参赛者或胜出、或淘汰。在这种类似"突然死亡法"的游戏规则中,悬念会一直保留到最后。由于淘汰选手的决定权握在观众手中,大大强化了观众观看的快感和参与意识,自然就能维持各期收视率。

竞赛规则的设置要凸显两点:一要注意偶然性和必然性的统一,必然性是竞赛目的所在,参与者或是赢得大奖,或赢得胜利者的荣耀;偶然性意在说明竞赛参与者谁胜谁败在节目开始无法被准确预测,这就能刺激观众的收视需求。二要注意竞赛结果产生的民主性。部分真人秀节目中的竞赛胜利者可以得到豁免权或者投票权,而被淘汰的人或者是作为失败组的成员之一,则由胜利者和其他失败者投票决定。也有些节目把胜利者或失败者的决定权交给现场观众、电视机前的观众或者是网民。

(4)节目风格与主持人的策划。节目一般会按照各自的定位和特殊需要来决定主持人的风格,通常都在热情/冷静、煽情/幽默、旁观/参与、男性/女性、丑星/艳星、独说/合说,是否需要嘉宾,是否需要评论员等诸多方面进行选择。比如《我爱记歌词》改变了以往选秀节目邀请明星主持的方式,用本土颇具时尚、诙谐气质的年轻主持人华少、朱丹来贴近节目主要收视群体。两位主持人上演无评委条件下的精彩脱口秀,致力于营造和维持现场热烈、欢快的氛围,引导现场观众随声和唱、互动,给平民参赛选手粉丝般的拥戴,激发选手的表现欲。

二、前期拍摄与后期剪辑的策划

真人秀节目的火爆使纪实摄影与后期制作在整个节目制作流程中的作用异常重要。拍摄中要面对人生经历不同的被拍摄者和故事,如何确保记录下所有的内容?完成拍摄之后,面对海量的前期素材,如何构建富有张力的人物性格,保持故事的流动性与节奏?

从《老大哥》和《生存者》起,真人秀节目就借用现代大型体育赛事的拍摄方法,充分利用现场多机拍摄的方式,而且经常是多组现场,力图通过多角度、多机位、多素材补充现场细节的不足。《老大哥》就设置了 25 台摄像机、32 个麦克风和 40 公里长的电缆,此后这个设备清单还在不断扩大。《生存者》在制作上堪称经典,几百人的制作团队,各种先进的技术装备,四五十个摄像机分布于海陆空,且节目中没有"穿帮"镜头,拍摄和剪辑处理得非常干净。其拍摄空间之大、距离之远、过程之长、完成效果之好、观众视觉之震撼,至今没有其他真人秀能与之媲美。《爸爸去哪儿》的制作团队也有一百多人,现场有 40 多台摄像机同时拍摄,其中移动机位就有 20 多个,还有小型航拍设备。同样,《奔跑吧》"上百个机位,200 多号人,跑男要想在复杂多变的外景拍摄中有条不紊地运转,必须要构造出一条电视生产流水线,其中,科学流程、精细分工与紧密协作缺一不可"①。这需要务实而认真的前期策划。

此外,后期制作是节目流程中策划目标得以实现的关键一环,需要从策划角度对之高度重视。制作人徐冰认为,"剪辑就是用画面讲故事",无论是电影还是电视,要吸引观众往下看,其实就一个原因——故事。用画面讲故事和创作的能力对剪辑来说至关重要。可以说,剪辑是整个真人秀后期体系里最核心的环节。真人秀剪辑区别于电影剪辑就在于没有分镜剧本可供参考,所有的一切都只能跟随剪辑师的内心感受。如何构建一个故事,故事采取哪种叙述方式和叙述角度都需要剪辑师对海量素材有极强的把控力和极高的敏感度。唯有通过对素材的反复观看揣摩,进而观察和理解素材,构思故事叙述方式,然后通过剪辑技巧

---

① 《揭秘跑男制作团队:上百个机位有条不紊地运转》,http://fun. youth. cn/2015/0423/1139010. shtml。

来呈现最终效果。这将非常考验剪辑师用画面和声音解析故事的能力。

　　真人秀节目的后期剪辑工作要注意悬念冲突的使用,给观众营造一种神秘感,勾起观众的观赏欲望。《我是歌手》在后期制作中使用大量延宕效果,在宣布比赛结果时并不是直接宣布第一名,而是一直以"今天比赛获得第一名的是……"的方式勾起观众的兴趣。选手的表情、语言等也在一定程度上影响观众的情绪,带动观众融入节目氛围,同时延长宣布结果的时间,不仅给参赛者制造了一种紧张气氛,观众也会跟着紧张起来。延宕效果在真人秀节目中的使用效果是非常显著的,尤其是在重要时刻,能更好地表现矛盾冲突。

三、盈利模式的策划

　　广告是电视节目的主要盈利方式,而大型真人秀节目尤其需要多方支持,才能在更大的范围内产生热点效应,帮助凝集影响力,产生高收视。寻找多元的赞助商,策划新型的盈利模式,是真人秀节目迅速成长的枢纽,甚至还可在节目设计期间让广告主深度参与,以达到更好的效果。例如《学徒》执行制片人兼主持人是地产大亨唐纳德·特朗普,地产商人担任主持人使《学徒》成为"企业入主电视"最为成功的范例。特朗普既扮演"裁判"又扮演"教授"的角色,每集他都会抓住一个矛盾点出镜,教授商业成功的核心理念。可口可乐、福特和 Cingular 电信这三大商业巨头在每季《美国偶像》中投入的广告费都超过千万美元。比赛各个场景中随处可见可口可乐;选手为福特公司拍摄的 MV 以及各种包装嵌入、硬广告以及观众只能通过拨打 Cingular 特有的号码才能投票支持他们喜爱的选手的方式。多种广告方式的结合使这三大企业伴随着《美国偶像》更加深入人心。

　　从大多数成功的真人秀节目来说,广告的策划还离不开事件营销的参与。事件营销是指通过精心策划的具有鲜明主题,能够引起轰动效应,具有强烈新闻价值的、单一的或是系列性组合的营销活动,以达到更有效的品牌传播和销售促进;它不但是集广告、促销、公关、推广等于一体的营销手段,也是建立在品牌营销、关系营销、数据营销等基础之上的全新营销模式,是一种高强度的综合性整合营销行为。例如《加油,好男儿》节目借助冠名商美特斯·邦威集团,在各强势电视台、广播电台、网站和户外媒体上发布广告;在选秀结束后,又不断追踪报道选秀明星的最新动态,并组织巡回演出或歌迷见面会等活动来保持影响。《奔跑吧》第一季开始"让爱益起跑——公益跑鞋计划",第二季在"公益跑鞋计划"之外又加入"阳光跑道公益健行计划",为孩子们修建崭新的"阳光跑道";第三季"奔跑阳光＋"青少年成长助力计划,通过一步换一字,为孩子们建造阳光书屋、阳光跑道;第四季,节目组又推出"全民公益跑"活动。2017年新《奔跑吧》播出,节目组也推出"奔跑能量包"计划,除了继续关心孩子,还为那些贫困地区的医护人员、外卖小哥这样的"职业奔跑者"定制赠送与他们职业生活密切相关的"奔跑能量包"。

真人秀节目的整个游戏、人物的设计都非常讲究,而且形成产业化的运营模式,市场的营销方式都是跨地区、跨国经营。《老大哥》在荷兰出现后,迅速被德国、丹麦、澳大利亚、美国等共18个国家照搬制作了各自的版本。美国CBS为购买其节目版权支付了2 000万美元,节目版权先后转让给25个国家的电视播出机构,获利20亿美元。仅在非洲播出一季就需要支付3 300万美元,在英国播出达到4 400万美元。风靡全美的超级选秀节目《美国偶像》(American Idiol),节目版权来自欧洲,福克斯广播公司掏出7 500万美元的版权使用费,之后又有33个国家制作了同类型的真人秀节目,包括《印度偶像》《加拿大偶像》,国内的《超级女声》也以该节目为原型。几乎可以说,每一个成功的真人秀节目背后都有一个重要的市场跟随者。

表5-2　国内外真人秀延伸产业一览表

序号	品　　种		序号	品　　种
1	版权		5	艺人经纪
2	音像制品、图书电影、电视剧等		6	特许授权的纪念产品
3	新媒体业务	短信投票	7	游戏
		短信增值服务	8	课程开发
		彩铃	9	博彩
		新媒体互动	10	慈善拍卖
4	商业演出			

除了节目版权销售获取巨大利润之外,真人秀节目还通过贴片广告、冠名及品牌赞助、植入式广告、影像制品、图书、电影、电视剧、新媒体业务等方面的业务(参见表5-2)创造价值。

　　盈利模式的策划还包括视听节目制品的衍生产品。这些衍生品大多是利用主节目的录制素材和资源等,进行再加工,成本较低却能获得高额利润。浙江卫视《奔跑吧》的主要衍生产品有:《奔跑吧》大电影、同款手游《奔跑吧兄弟:我是车神》及《奔跑吧 2016 跨年演唱会》。除了以上三种主要衍生品之外,《奔跑吧》也通过举行粉丝同乐会,预售跑男团同款产品、图书和台前幕后花絮《跑男来了》等其他形式的产品圈粉吸金。

思考题

　　1. 试结合国内几档不同的真人秀栏目,分析说明电视真人秀和电视文艺内涵上的不同。

　　2. 真人秀节目的主要类型特点有哪些?

　　3. 身份置换型真人秀节目取得成功的关键因素是什么?

　　4. 中外真人秀节目有何异同点?

　　5. 策划真人秀节目需要注意哪些基本原则?

　　6. 如何策划电视真人秀?

　　7. 在教师指导下,尝试策划一档电视真人秀节目,并写出策划文案。

第六章

电视剧

案例 6.1 《琅琊榜》

该剧根据海宴同名网络小说改编。凭借用心的策划、缜密的编剧、出色的演绎以及精良的制作,《琅琊榜》一经推出便赢得了市场的认可,海外版权迅速售出并创下业内海外版权销售最高价。该剧先后参加戛纳电视节和非洲电视节,并陆续在美国、韩国、新加坡、马来西亚等国家和我国香港等地区播出。该剧在韩国上映后,收视率创中华电视台创始以来最高纪录,《琅琊榜》也成为韩国网络的搜索热词。

《琅琊榜》

案例 6.2 《太阳的后裔》

　　《太阳的后裔》是韩国 KBS 电视台第一次采用"先拍后播"方式拍摄的电视剧。作为第一部中韩同步播出的韩剧,《太阳的后裔》自 2016 年 2 月 24 日开播以来便以强势姿态席卷两国。该剧无论人设还是故事剧情都充满新意。与以往热播的韩剧相比,《太阳的后裔》摆脱了爱情、阴谋、复仇、灵异、穿越等元素叠加的窠臼,通过军人柳时镇与医生姜暮烟惊心动魄的战地爱情,表达了韩国人的家国情怀与价值观念。

《太阳的后裔》

案例 6.3 《权力的游戏》第一季

　　《权力的游戏》(Game of Thrones)是美国 HBO 电视网制作推出的一部中世纪史诗奇幻题材电视剧,改编自美国作家乔治·R. R. 马丁(George R. R. Martin)的奇幻小说《冰与火之歌》系列。它是通过电视播放的首部正统史诗奇幻剧,第一季于 2011 年 4 月 17 日在美国首播。

　　《权力的游戏》已经播出到第七季,这部奇幻剧创下电视剧史上的巅峰:斩获史上最多的艾美奖,在第 67 届艾美奖中,《权力的游戏》破纪录获得 12 项大奖,包揽最佳剧情、导演、编剧、男配等大奖,并被选为 2016 美国电

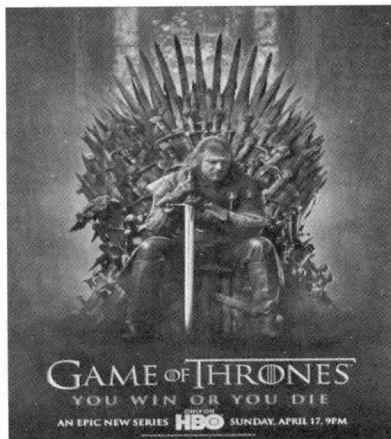

《权力的游戏》

影学会十佳剧集;超越《黑道家族》成为 HBO 收视率最高的美剧,《权力的游戏》2015 年在美国本土观众数量为 2 020 万,打破了此前的最高纪录保持者《黑道家族》(曾在 2003 年以 1 440 万人的观看量成为美国本土的收视冠军);在新闻网站 Reddit 上,订阅《权力的游戏》频道的人数超过了拥有几十年历史的《星球大战》和漫威。

1928 年 9 月 11 日，美国通用电气公司试播的独幕剧《女王的信使》是美国历史上第一部电视剧，也是世界范围内最早的电视剧。1930 年，英国广播公司 BBC 在伦敦播出意大利剧作家皮兰德罗的《花言巧语的人》，又称《口叼鲜花的人》，它被认为是世界上第一部完备的电视剧。电视剧由此成为继舞台演剧、银幕演剧、电声广播演剧之后的"第四种演剧形式"。

第一节 电视剧的界定、主要传播特质与功能

从世界范围来看，对于电视剧这种所谓的"第四种演剧形式"，不同国家有不同称呼。"电视剧"这个说法是我国在电视发展初期自行确定的，从 1958 年第一部电视剧《一口菜饼子》起，就将这一新兴的艺术形态定名为"电视剧"，之后包括我国港澳台地区在内就一直沿用这一名称。当然这一说法并非世界通用，比如在美国，通常将国内熟知的"电视剧"再进一步细分为情节系列剧、日间播出的肥皂剧、情景喜剧三大类，而在前苏联则有所谓"电视艺术片"和"电视剧"之别；在日本，电视剧则被称为"电视小说"。

一、电视剧的定义

从《一口菜饼子》开始，"电视剧"这一概念完全是土生土长的"中国货"，国内关于电视剧的界定也随着电视技术与艺术观念的发展而具有鲜明的时代特色。比如 20 世纪 70 年代末之前，因为观念、技术的局限，那时几乎所有的电视剧都采取直播方式，篇幅短小，更像是舞台剧，当时有人把电视剧界定为："在演播室里演出的戏剧，经过拍摄、镜头分切的艺术处理，运用电子传播手段，通过电视屏幕，传达给观众特定的艺术样式，它主要以戏剧美学为支撑点。"[①]80 年代以来，电视剧开始突破时空限制，场景由室内转为室外，而国外和香港地区电视剧的涌入，刺激了国内长篇电视剧的发展，《蹉跎岁月》《夜幕下的哈尔滨》《四世同堂》《凯旋在子夜》《红楼梦》《三国演义》等许多作品均展现出很高的艺术水准和独特的艺术特色。这使不少相应的定义应运而生，"电视剧作为一种新兴的审美的社

---

① 高鑫：《电视艺术学》，北京师范大学出版社 1998 年版，第 215 页。

会意识形态,是在电视屏幕上演剧的艺术,它驱动观众通过电视接收机的屏幕显示加以接受,使观众参与它的艺术审美活动。"① "电视剧是融合文字、戏剧、电影等诸多表现手法,运用电子传播的技术手段,以家庭传播方式为其主要特征的一种崭新的综合艺术样式。"②

这些定义分别反映了一定时期、一定地域之中人们对电视剧的认识与思考。本书认为,对电视剧下定义要注意三点事实:一是电视剧作为艺术形式,既以电视为媒介,又以演剧作为审美载体。以电视为媒介不难理解,而所谓演剧,就是在导演的指挥下,在一定场合或载体上由演员扮演角色,运用多种艺术手段表演故事情节,是包括编、导、演等艺术群体的创造活动,其艺术形式主要是通过矛盾冲突去展开故事情节和塑造人物,剧中角色以动作和语言为基本的表演手段。二是电视剧作为电视节目,是观众人数和社会阶层最为广泛普及的节目类型,这一点是目前其他节目类型无法比拟的。《全球电视剧产业发展报告(2016)》指出,作为世界电视剧第一生产和播出大国,2015 年我国电视和网络视频市场共生产电视剧 773 部,21 546 集,其中电视媒体总产量为 394 部,16 540 集,电视剧占电视收视份额的 30%。2015 年电视媒体总计播出 120.7 万小时,电视媒体广告收入约 429 亿元。

此外,电视剧还是一个多方力量博弈的场所,它是通过市场机制调控的文化产业,有投入、有产出,政府、投资方、制片方、广告商、电视台、观众、主创人员等构成博弈力量的重要方面。综合考量这些因素以及已有的各种定义,本书将电视剧界定为:以电视或移动终端为传播媒介,以演剧为审美形式,将艺术审美与家庭传播、人际传播、大众传播、网络传播等各种传播手段进行结合,综合运用文学、电影、戏剧等诸多艺术手段,深入展示历史、社会、生活的方方面面,给人以普遍深切的人生体验的视听节目类型。

二、电视剧的影像特征

要准确了解电视剧的概念,不能不谈电视剧的影像特征和叙事特征,本书先说明电视剧的影像特征。因为电视剧运用技术化的视听符号和传播路径,融合

① 吴素玲:《电视剧发展史纲》,北京广播学院出版社 1997 年版,第 3 页。
② 赵玉明、王福顺:《中外广播电视百科全书》,中国广播电视出版社 1995 年版,第 158 页。

多种艺术表现手法,在电视荧屏上进行演剧审美,其影像特征与号称"姊妹艺术"的电影有较大区别。

1. 艺术综合性

电视剧不仅综合电子技术与视听技术,采用同为演剧综合艺术的戏剧与电影的手法,还同时兼备小说、广播、电视等传媒形式的长处。它凭借先进的电视技术,具备了将一切艺术中的各种因素——声音与造型、叙述与描写、戏剧性与写实性等最大限度地综合起来的可能性。"兼容"就是电视剧"真正的形式",电视剧可以说是"占有的艺术",这正是电视剧强大生命力之所在。

2. 视听独特性

这主要表现在电视剧吸收了电影、文学等艺术形式的独特语言符号,并以此为基础进行了超越。从时空形态上看,电视剧单个镜头的空间容量比不上电影,但电视剧连续性的空间容量则超过电影,电影的优势在空间,电视剧的优势在时间。电视剧可以是一二十分钟的短剧,也可以是几十集,甚至上百集的连续剧,可以表现时空浩大、漫长和情节曲折复杂的长篇小说,如《水浒传》《红与黑》《战争与和平》等。从动静表现来看,电影擅长动态场面的表现,电视剧则擅长表现微观环境和人物心理,多用特写、近景和中景,镜头语言具有同观众促膝谈心之感,这也是电视剧视听语言的重要特质。

3. 逼真性

逼真性不是人们现实生活中一般理解的真实,而是将生活化的人物造型、景物造型及表演置于摄像镜头下,通过艺术创造而获得一种心理上的真实感觉。电视剧是将艺术融于观众日常生活的文化行为,这就要求电视剧具备真实自然的生活氛围和生活气息。即使有假定性、戏剧性,但仍为逼真性所制约,是能给观众逼真感的假定性。为达到这种逼真性,电视剧甚至借用、模仿新闻纪实手法力求创作出酷似生活原态的空间。

4. 时空自由性

电视剧的时空自由不仅指电视剧的传播突破了时空制约,播出与接收同步或异步进行,更重要的是,电视剧的时空结构完全不受现实生活中时间与空间的影响:既可以根据剧情的需要表现现实生活的"此在",也可以表现过去与未来;既可以表现一个空间内发生的事件,又可以表现多个空间内发生的事件。换言之,电视剧的时空可以是现实的时空,也可以是虚拟的时空,不同的时空可以根据需要进行自由转换。同一个时空可以被放大,也可以被缩小,从而改变事件进程的客观时间,使电视剧得以容纳极为广阔的社会生活内容。

三、电视剧的叙事特征①

叙事就是讲故事,而故事讲述的是在人、动物、物体、想象中的生命形式等载体上曾经发生或正在发生的事情,也就是说,故事中包括一系列按时间顺序发生的事件。因此,单个的场景不是叙事,但是当其被放置在一个时间链条之中,它就成了叙事的一环。将多个场景或事件联系在一起,就成为一个有前因后果的整体故事。

电视剧的艺术本体确立于故事性,故事是电视剧之所以为"剧"的最有说服力的注释。电视剧在电视中的存在,就是以"讲述一个故事"的方法来满足大众想听故事的愿望,并逐渐建立起一套格式化的、符合观众审美的叙事模式。在这方面,我国电视剧吸收、继承章回体小说以及说书艺术的长处,初步形成以下成功经验。

1. 强化戏剧性

戏剧性一般包含这样一些主要因素:动作、情境、冲突、情节、假定性。亚里士多德《诗学》认为戏剧之所以被称为戏剧"就是因为它们模仿了处于行动中的人"。自此之后,人们普遍认同行动或动作在叙事中的重要性,行动是戏剧的最基本要素;而一定情境下导致人物出于各自目的有所行动,不同的人有不同的动机,冲突由此发生。作为叙事艺术,电视剧把行动与冲突主要寄于二元人物冲突中,试图通过二元对立人物编排故事,并以二元对立的矛盾冲突来制造戏剧效果。因而,电视剧叙事强化戏剧性主要有两个方面。

首先是注重设置人物命运。一部电视剧能够吸引观众投入剧情,往往是因为存在一个被热烈关注,可寄托情感的对象。对象一般是剧中的主要人物,其命运起伏往往构成了电视剧的情节中轴线。《芈月传》播出之后虽然毁誉参半,但它以传奇笔法表现一个女人史诗化一生的功绩值得肯定。该剧81集的鸿篇巨制,形象地演绎了战国时期秦宣太后芈月一生的坎坷命运、爱恨情仇和历史功绩,再现了她由一个背负"霸星"之名出世却不谙世事的小女孩逐渐成长为一代女政治家——真正的"霸星"的经历,为芈月谱写了一曲轰轰烈烈的传奇史诗,并

---

① 参见《电视剧艺术特征》,http://wenku.baidu.com/view/24bd8a8da0116c175f0e4862.html。

在一定程度上表达了中华民族的某种集体记忆,具有一定的当代意义。同样由孙俪担纲主演的《那年花开月正圆》以陕西省泾阳县安吴堡吴氏家族的史实为背景,讲述了清末山西女首富周莹跌宕起伏而又传奇绚烂的一生,其中不仅有传统的爱情故事,还融入了历史、战争、商业斗争等元素,结合历史创造出一个鲜明的女商人形象。这一部女性奋斗史突破了以往宫斗剧、家庭伦理剧、玄幻剧等类型,着重描述周莹为了振兴吴家东院而在背后付出的努力。

成功的电视剧对人物的塑造离不开以下三类手法。

(1)赋予人物令人同情、惹人怜爱或吸引人的性格特征。别林斯基说"人是戏剧的主人公",表现人最有力的手段就是刻画人的性格和心理。电视剧中的人物形象往往是单向度、扁平的,即所谓的类型化、平面化。主要人物往往具有鲜明的伦理特征,通过凝聚在不同人物身上的善恶、美丑、真假、忠奸等的对立来制造戏剧冲突,同时唤起一般观众的情感投入。如《潜伏》中的余则成、翠平与吴站长、李涯,《蜗居》中的宋思明与海萍、海藻。

(2)在危难中表现人物,也就是将人物放在一种危急状态,使人物命运不断变化与起落,这也是电视剧叙事戏剧性的一个重要手段,危机使主人公处在一种悬而未决但又势在必决的境遇里。主人公或陷入了一种前途难卜的冲突中,或受到几方面的攻击,或失去宝贵的东西。《我的兄弟叫顺溜》中的新四军战士顺溜埋伏在姐姐家附近准备伏击日军司令的那场戏中,他亲眼目睹姐姐被日本人糟蹋、姐夫被杀害,但因为军令如山而不能扣动扳机。场景中反复出现顺溜的特写:冒火的眼睛、狰狞的表情和颤抖的身体,通过这种冲突反映出顺溜内心的极度痛苦和压抑。

(3)人物命运不断变化与起落。电视连续剧中的人物关系呈网络状,纵横交叉,构成一个以家庭为单元的世俗社会生活圈子。如果说戏剧和电影所表现的是或密切或松散的人际关系,那么电视连续剧则一般表现密切的人际关系。在这种复杂的人际网络中,人物命运总是处于一种非平衡、非静止的不断变化的过程,他的命运、性格、与周围人物的关系不断地发生变化。如《亮剑》中李云龙与楚云飞从惺惺相惜、同仇敌忾的友军变成国共内战中不共戴天、你死我活的敌人。《伪装者》以抗日战争中"汪伪"政权成立初期为背景,以上海明氏姐弟的视角,讲述了抗战时期上海滩隐秘战线上国、共、日三方你中有我、我中有你的殊死较量。剧中的明家四姐弟都可算是"伪装者",每个人都具有两种及以上的身份。四人的亲情与身份不断变化,悬念和人物命运交织,有力地推动了情节的发展。

电视剧《伪装者》

其次是要注重设置矛盾冲突。戏剧冲突往往蕴含在特定的情境中,主要指人物与环境,人物与人物之间的抵触、矛盾和斗争,它是情节发展的基础和动力,体现着电视剧创作的内在规律。就形态而言,戏剧冲突可分为内在冲突与外在冲突。内在冲突主要表现为思想和价值观念的冲突,是一种内在的心理冲突;外在冲突主要是指那些我们可以看见或感觉到的冲突,主要以外在行为和语言的方式表现出来。《潜伏》中余则成在军统内部深入虎穴的智勇周旋,暗含了当代人在社会的重重压力下不同身份和角色的游离与契合,令人从主人公的智慧和勇气中学会从容淡定。

在电视剧里,没有矛盾冲突的情节是没有意义的,电视剧在故事编排中通过矛盾冲突来制造戏剧效果,事实上,对电视剧传播来说,根源于故事情节的戏剧悬念产生的期待心理已经成为受众热情守候电视剧开播,并看到结局的重要动力。目前我国电视剧对矛盾冲突的设置主要有以下三类途径。

(1)困难的重重设置与反复。从平衡到失衡的不断连续运动正是通过对困难的不断设置得以实现的,而且人们欲望的牵动与满足也在其中。电视剧中困难有三种:一是环境,静态的障碍;二是事故,临时性的复杂事件;三是反意愿,即违背人物的意愿。一般剧作中三种情况可能都会交叉、重叠出现。

(2)设置巧合与误会。电视剧艺术并不排斥在生活里看来是偶然和巧合的因素,要使戏剧冲突典型化,常通过偶然的事件反映必然的生活规律。在电视连续剧中,戏剧性的解结比戏剧和电影更多地借助于偶然性,使每一集都有惊变。因为巧合,故事的起、承、转、合既易操作,又可以根据需要集中最富有戏剧效果的因素,使电视剧的每一集都能吸引观众。

（3）绝境与目的相结合。在电视剧中，为了有故事，导演一开始就为主要人物设置一个必须追求的目标。而故事讲述过程中，为了增强故事的曲折性，无论主人公最终是否会达到这个目的，目的总是与绝境相连，也只有这样，才能让人牵肠挂肚。

2. 制造延宕性

如果戏剧创作是基于命运模式的意象表现，那么电视连续剧则是基于生活流模式的意象表现。这种生活流的叙事形式，以其所呈现的生活形态几乎与现实生活同步进行的开放性和播映方式的每日连续性，使电视连续剧在现代家庭观众中间开创了日常连续性的叙事格局。对没有尽头的故事的讲述过程就是一个不断延宕的过程。

（1）电视剧叙事的延宕性。在电视剧尤其是连续剧中，为了使观众始终处在一种兴奋期待的状态，剧作者要延长观众的期待，拖延获得满足的时间，让观众始终处于高潮前或最终结局前的期待中跟随电视剧的叙事进程，因而，延宕就成为电视剧叙事的重要特征。

延宕是一个过程，在这一过程中，矛盾冲突迟迟没有得到解决，人物关系迟迟不能确定，因而观众的愿望也迟迟不能满足。在情节处理上，连续剧由于篇幅长，所以它往往并不是只有一个叙事高潮，而是具有多次间断性的叙事高潮，目的刚刚接近就被推向了远处，平衡刚刚恢复，却又遭破坏。电视剧就在这种恢复平衡、失去平衡、再恢复平衡，愿望满足、落空再满足的交替运动中，用一系列小高潮推向最终的大高潮。这种延宕在外在情节上看是山重水复，从内在逻辑上却是柳暗花明，化险为夷，使整个电视剧跌宕起伏，引人入胜。《青盲》的故事发生在1947年初，身负绝密使命的共产党特工"小猫"刚刚抵达重庆便在敌人的大清洗中意外被捕，关押在戒备森严的秘密监狱白山馆。危急关头，代号为"A"的王牌特工张海峰临危受命，主动暴露身份被捕入狱进入白山馆，他明知这是一项不可能完成的任务，但"A"却必须执行。身处于紧张的敌我形势之中，面对白山馆的缜密检查和处处陷阱，没有更多的条件，一切只能依靠智慧。整个营救过程险情百出，每分每秒都是一场赌博，"A"与狱中兄弟们步步为营，绝地重生，在白山馆上演了一场夺人心魄的越狱。电视剧制作者以强大的故事架构、缜密的情节和扣人心弦的悬念设置，展现了一个个鲜活的人物形象，如观众所想般真实，却超乎想象地残酷。

（2）电视剧延宕的表现方式。一是通过设置悬念来实现。所谓的悬念是对

电视剧《青盲》

情节的一种搁置，是欣赏者的兴趣不断向前延伸和欲知后事如何的迫切要求。悬念是通过作者有保留的交代造成的，通常是后文将要表现的内容于前面稍稍显露，但又不马上予以解答，故意在欣赏者心中布下疑团，使观众对剧中人物的命运、情节发展、事件结果牵肠挂肚。如系列电视剧《神探狄仁杰》由《使团惊魂》《蜜蜂记》《滴血雄鹰》三个故事组成，这三个故事既各自独立，又息息相关。三个故事都充满了惊险和悬念，神机妙算的狄仁杰站出来娓娓道出谁也没有想到的事情缘由，颇有东方福尔摩斯的味道。电视剧《青盲》一开场就把所有角色的身份向观众坦白。对观众来说，《青盲》的悬念不是国共两方的特工如何较量，而是"青盲"如何在敌人眼皮底下完成不可能完成的任务。

　　连续剧是最具有电视剧特征，也最能体现留下悬念（系扣）和解开悬念（解扣）特征的剧作类型。西方一位电视剧作家曾说，典型的故事总是以四平八稳的局势开始，接着是某一种力量打破了这种平衡，由此产生不平衡的局面。另一种力量进行反作用，又恢复了平衡，第二种平衡与第一种相似，但不等同。

　　二是通过阻断叙事来实现。电视剧阻断叙事的方式有两种。一种是分集，每一集都有一个小高潮，但同时又要挑起观众新的期待，把幸福或灾难的可能性延续到下一集，驱使观众在另一集中重新延续期待。另一种方式是多重叙事链的交替。一般连续剧除主要人物、主要事件外，还设置一些辅助性人物和情节轴线，从而形成多条叙事线索。而对主要人物和中心情节来说，无疑又因这些辅助性人物、事件的融入而延长了叙事进程。多重叙事链的交替可以延宕叙事高潮的到来，并同时造成观众的多重期待，增强叙事的吸引力。因而，实际上"断"是为了更好地"链"。比如《越狱》在很短时间内就设下"越狱"这个足够吸引观众的悬念，让整部电视剧的成功有了一个极具人气的开头。《越狱》的看点在于除悬念之外还穿插了政治阴谋、惊险谋杀等情节,并在展示政治阴谋、惊险谋杀的过程中,美国社会的黑暗暴露无遗,令人目瞪口呆。

3. 追求大团圆结局

从古至今,人类的精神需求始终作为一种最原始、最有冲动的力量推动人们去探寻一种最能模仿生活本身的方式来表达自我,最古老的图腾、舞蹈、绘画到戏剧、文学等的发展,无不是以这种需求为动力,然而没有一种方式像电视剧这样逾越知识层面和地域限制去传播同一个故事,在一个短暂的时间范围和广大的空间范围内迅速而有效地征服大多数人,并在情感上形成共鸣。所以有人说,唐代有诗,宋代有词,而今则有电视剧,电视剧是最大众化的文化形式。

电视剧缝合心理正产生于这种情感共鸣,叙事者有意将某些特定世界观嵌入人们既存的价值体系中。具体说,电视剧缝合心理表现在叙事中追求故事的完整统一性和大团圆结局。中国电视剧的叙事要符合具有传统文化背景的中国观众的独特审美要求;要具有东方民族传统文化特色的艺术范式,如善良战胜邪恶、幸福取代苦难、丑变为美、大团圆结局、脸谱主义等传统审美范式。

追求故事的完整统一意味着电视剧要讲述一个有头有尾的故事。缝合式叙事特征不仅表现为外在地完结一个故事,更为了突出好梦成真的主观意图,即大团圆结局。

“大团圆”是我国特有的一种文学艺术现象。王国维在其《红楼梦评论》中就有言:“吾国人之精神,世间的也,乐天的也,故代表其精神之戏曲小说,无往而不著此乐色彩,始于悲者终于欢,始于离者终于合,始于困者终于亨……”他认为中国的传统悲剧,充满了乐天的色彩,着意于“团圆之趣”。

好莱坞影片的结局最终总是“大团圆”,曲终人散,无论过程如何浪漫、惊险,千变万化都趋向一个圆梦的结局,这正好吻合了电影是“白日梦”的性质。在电视剧中,我们不难发现演绎“善有善报,恶有恶报”这一朴实道德观的剧作。家庭伦理剧或历史题材剧中对立元素的二重组合也总是具有相对的定向性,即善良战胜邪恶,幸福取代苦难,丑变为美,欢压倒悲。“你耕田来我织布,我挑水来你浇园,寒窑虽破能避风雨,夫妻恩爱苦也甜。”这脍炙人口的黄梅戏选段在电视剧《天仙配》中却很难唱响,因为董永已经从农夫变秀才了,自然也不会和七仙女耕田织布了。此外,电视剧中韩再芬扮演的王母娘娘由悍妇变为慈母,最后还成为促成“天仙配”的关键人物。故事结尾,在七仙女生下孩子之后,可爱的外孙竟然成为玉皇大帝的“隔辈亲”,最终让七仙女和董永一家团聚。

电视剧叙事的完整性抹去或消解了剧作呈现的现实生活中的尖锐矛盾与冲突,构造了一个个由对现实世界的种种幻想所凝聚起来的温情脉脉的童话,成为观众永不厌倦的文化大餐。

四、中美电视剧演进简史

1. 美国电视剧演进简史

1928 年通用公司制作的《女王信使》在纽约州 WGY 广播电台播出,这是美国(也是世界)的第一部电视剧。这部长 40 分钟的作品标志着人类历史上第一个全新的戏剧类型的诞生。20 世纪 30 年代,电视系统尚处于实验阶段,NBC 和 CBS 两大商业广播电视公司进行了大量有益的尝试,其实验性播出的作品大部分根据百老汇戏剧和经典剧目改编而成。

20 世纪 30 年代末,电视系统走向成熟,NBC 和 CBS 成立了自己的电视台,但"二战"来袭,所有计划与试验被迫停止。战后,电视才得以正常发展。在 50 年代的头 5 年里,电视在美国以迅雷不及掩耳之势发展起来。在 1950 年到 1955 年间,电视接收机的数量从 460 万猛增到 3 200 万,与此同时,电视台的数量也从 98 个增加到 522 个。与之对应,电影业的毛收入从 1946 年的 17 亿美元在 1956 年下降到 6.8 亿美元。

电视媒体的出现成为 50 年代最重要的里程碑,最初的美国电视剧在这个环境中应运而生。1947 年 5 月,NBC 推出了第一部直播电视剧栏目"克拉福特电视剧场",第一部电视作品为《双门》(*Double Door*)。

直播电视剧最早出现在纽约,不过,此时所谓的电视剧实际上是在直播现场进行的戏剧表演栏目,基本上还是从百老汇戏剧或者经典戏剧中移植一些角色少、场景少,动作性不强,时间又大致在一小时之内的作品,在简陋的演播室内直播。最初的直播方式对后来美国的影视剧产生了一定的影响,情景剧、肥皂剧等假设观众在场的方式都明显深受直播的影响。这种节目培养了整整一代知名制片人、演员和剧作家。直播电视剧道具简单,由特写镜头和现场表演构成。因此,它特别强调演员和台词的作用,人物的表情至关重要。早期的电视台需要大量制作成本低廉的节目,而纽约正好拥有大批初出茅庐却才华横溢的廉价剧作者和演员以及基础的生产设备。但其自身的缺陷不可避免,演员必须记住所有台词和动作,一旦开始就不能中断,出现错误也无法弥补。

1955年，安派克斯（Ampex）公司发明的录像机使电视直播节目不再是唯一的选项。电视节目可以先进行录制，然后编辑并纠正错误。随着胶片技术、磁带录像技术等的运用，以及其他技术方面的进步，电视剧的类型越来越多，制作也越来越成熟。

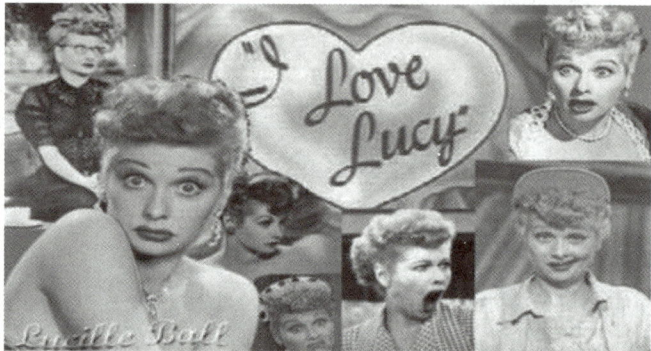

《我爱露西》

与此同时，好莱坞的主要电影制片厂开始用胶片制作电视节目。由于有丰富的制作经验，他们的电视节目对观众更具吸引力。《我爱露西》（I Love Lucy）是第一部采用胶片摄制的电视剧，大受欢迎。它改变了电视剧的制作和播放方式，此后的电视剧基本采用这种录播方式，真正从戏剧的限制中解放出来。该剧在1957年下档后，直到60年代初，都是西部剧的黄金时代。但观众很快厌烦了西部牛仔剧千篇一律的打打杀杀，渴望新的样式出现。

此后，从20世纪60年代中期的惊险系列剧、幻想剧和魔幻剧，到70年代与生活贴近的情景喜剧，再到80年代叙事日渐复杂的现实题材系列剧，美国的电视剧经历了类型上的极大丰富。进入90年代以后，大型商业电视网的黄金时段由情景喜剧、普通系列剧和电视电影三分天下，美国电视剧的发展进入了空前繁荣的时期。

《老友记》

在长期的发展历程中，美国电视剧的许多传统得以逐步确立，其中"季"的运营模式最为现代中国观众所了解。"季"是各大电视网播出新作品的季节,一般从9月中旬开始到次年4月下旬,时长约30周。每年秋季,美国电视网纷纷推出自己的新剧,或延续之前已经成功的经典剧集。这段时间天气较冷,人们一般较少外出,电视的开机率和收视率自然大幅提升。通过这种每年固定的播出时段,我们可以在许多长寿的美剧中找寻美国社会变迁的轨迹。比如在《老友记》(*Friends*)中,观众可以看出十年来从家庭氛围到音乐类型等各方面的变化。

纵观美国电视剧五十多年来的发展,其成功的主要秘诀是对观众口味的把握和迎合,收视率一直是它的生存法宝,再成功的剧集一旦收视率下滑,立刻"下架"。美国电视剧正以越来越考究的艺术品位,越来越奔放的自由创意,区别于日趋僵化的好莱坞。法国《电影手册》甚至敏感地认为,在工业化的电影制造领域,美国电视剧的成就已经超越了好莱坞的大多数电影。

2. 我国电视剧演进简史

1958年6月15日,北京电视台(中央电视台的前身)试播《一口菜饼子》,电视剧由此走上了具有中国特色的发展道路。之后,北京电视台又相继创作、播出了《党救活了他》《新的一代》《相亲记》等一批有一定影响的作品,为改革开放后电视剧事业的恢复和发展打下了基础。不过,从电视剧艺术诞生一直到"文革"结束,在文本意识形态层面的主导倾向来说,电视剧"为政治服务"的色彩更为明显,且创作成绩极为寥落,乏善可陈。值得记入历史的有以下几部作品:"反修防修"主题的《考场上的斗争》(1967),"学大寨"主题的《架桥》,知识青年"上山下乡"主题的《公社党委书记的女儿》(1975)、《神圣的职责》(1975)。其中,《考场上斗争》,是中国电视史上唯一一部用黑白录像设备制作的电视剧,它也标志着中国电视剧的生产此后脱离直播时代,跨入录像制作时代和彩色时代。

1978年,党中央召开了十一届三中全会,确立了以经济建设为中心的党的基本路线,标志着中国经济、文化的全面转型。作为整个文化艺术系统的一个重要组成部分,我国电视剧艺术在这一阶段获得了审美意识的自觉,开始了对中国特色电视剧艺术规律的探

《敌营十八年》

索和开拓。1980年2月央视播出的《敌营十八年》具有标志性意义，这是我国第一部电视连续剧，也是第一部采用情节剧模式制作的最早产生广泛影响的通俗电视连续剧，标志着电视剧从最初人们所理解的"纯艺术"形式逐渐被越来越多的人看作一种流行的大众文化娱乐形式，也标志着通俗电视连续剧逐渐成为中国电视剧的主导形式。以此为先导，一批引起社会强烈反响的长篇连续剧问世了，一批样式新颖的戏曲电视剧和专为少年儿童录制的电视剧，如《今夜有暴风雪》《新闻启示录》《走向远方》《巴桑和他的弟妹们》《希波克拉底誓言》《太阳从这里升起》《寻找回来的世界》《四世同堂》《新星》《红楼梦》《努尔哈赤》《雪野》等，引起了社会和文艺评论界的广泛瞩目。

20世纪90年代以后，随着电视剧产业化、市场化、社会化的步伐，以电视剧精品战略的提出为标志，电视剧创作生产迈上了一个新的台阶。一大批优秀电视剧的涌现成为电视剧繁荣发展的重要标志。《长征》《乔家大院》《恰同学少年》《士兵突击》《闯关东》《父母爱情》《湄公河大案》《北平无战事》《历史转折中的邓小平》《琅琊榜》《小别离》《人民的名义》等一大批思想精深、艺术精湛、制作精良的优秀电视剧作品，以昂扬向上的激情、深厚的文化内涵、精湛的艺术制作和高雅的思想格调营造了良好的文化氛围，起到了教育、鼓舞、激励、鞭策作用，为广大观众提供了丰富多彩、健康向上的精神食粮。

《渴望》

1990年第一部长篇室内电视连续剧《渴望》的播出，标志着我国电视剧艺术走向了"基地化"制作，同时作为文化产业正式登场。此后，基地建设成为了中国电视剧事业发展的必然，陆续兴建了上海"东海基地"、山东"齐鲁基地"、湖北"九真山基地"、四川"新都基地"和中央电视台的"无锡基地""涿州基地""横店基地"等。同时，电视剧的投资方式和流通方式也越来越市场化，2003年8月和2004年6月，国家广电总局先后两次给24家实力雄厚的民营影视制作机构发放长期的《电视剧制作许可证》。可以说，这一举措对电视剧市场具有重要的意义，民营电视机构从"非法生存"转向了合法经营，走到台前开始大展拳脚,迈进了一个新的发展时期。

中共"十八大"以来,我国反腐力度之大,行动态度之坚决,前所未有。为展现中央反腐工作的决心,贯彻习近平总书记"坚持以零容忍态度惩治腐败"的反腐精神,以"反腐"为主题的电视剧《人民的名义》应运而生。该剧以改革开放后国民经济飞速发展背景下的腐败事件为创作背景和故事线索,以检察官侯亮平的调查行动为叙事主线,讲述了当代检察官维护公平正义和法制统一,查办贪腐案件的故事。该剧于2017年在湖南卫视"金鹰独播剧场"播出,一经播出就引发各界高度关注,剧中不仅揭露了官场的腐败,还刻画出包括"官商勾结""权色交易""懒政不为"等敏感内容。

《人民的名义》

需要注意的是,2010年以来,网络剧尤其是网络自制剧异军突起,在分流受众、抢夺广告资源、冲击播出渠道等方面对本已陷入发展瓶颈的传统电视剧形成巨大冲击,网络剧给电视剧产业带来的不是补充,而是颠覆。行业格局要重写,洗牌已经悄悄开始了。从这个意义上,电视剧如何面对移动互联网时代的"行业洗牌"值得关注。

第二节　电视剧的主要类型划分

由于所持标准、划分角度不一,我国学界对电视剧有多种分类方法。综合各种观点以及分类方法,本书以"题材"作为关键词对中国电视剧类型进行划分,同时从浩如烟海的作品中提炼出"现实"和"历史"两大范畴,对电视剧主要类型进行相对完整、科学和准确的划分。

一、现实题材类电视剧

现实主义的创作方案不仅是题材上的选择,更包含对社会生活的整体认识和审美发现。面对社会主要矛盾的转变和丰富、多彩、多元、多变的新时代生活,现实题材电视剧需要找到更真实、更本质、更艺术的书写内容和表达方式。现实题材始终是中国电视剧的主流创作题材和中心写作内容,也是中国电视剧乃至中国文艺的重要历史传承和时代使命①。

1. 主旋律题材电视剧

中国电视剧,无论就其主要在国有电视台播出的传播方式来说,还是就其传播环境来看,尽管受到市场经济、西方文化、消费逻辑的深刻影响,面临着市场经济和个性文化的双重挑战,但是其主流意识形态面貌仍然是政府主导的,既体现了以爱国主义、集体主义、国家主义、英雄主义为核心的主流政治意识形态,也体现了以核心家庭为主体的主流价值系统。主旋律电视剧的出现是国家意识形态表述的重要现象,由于电视收看的方便性、经济性,电视剧在传达主流意识形态方面远远超出其他任何媒介形式和艺术形态,成为主旋律传播最通畅的渠道。比如2009年以来的《人间正道是沧桑》《我的团长我的团》《潜伏》《北平无战事》《历史转折中的邓小平》《陆军一号》《人民的名义》等。

主旋律电视剧的生产大多得到各级党政军部门直接或间接的拍摄资金资助。其中的主要类型包括重大革命历史题材剧(重大历史事件剧/重大人物传记剧)、红色题材(红色经典)剧、英模剧、军旅剧、农村题材电视剧等。

(1)革命历史题材电视剧,主要以中国历史上真实的革命事件和人物为创作素材,这些事件与人物不仅在重大历史进程中具有意义,而且也具有现实教育意义。无论是以"记事"为主的文献性电视剧,如《东方战场》,还是以"记人"为主的传记性电视剧,如毛泽东、周恩来、朱德、邓小平、彭德怀等人的传记电视剧,直到后来的传奇性革命历史剧《亮剑》《历史的天空》《北平无战事》《战长沙》《伪装者》等,都将视野投向辉煌历史中的伟人。"历史在这里成为一种现实的意识形态话语,它以其权威性确证着现实秩序的必然和合理,加强人们对曾经创造过历

① 《现实题材电视剧创作"得"与"失"》,http://ent.sina.com.cn/v/m/2018-01-18/doc-ifyqtwzu3365045.shtml。

《亮剑》

史奇迹的政治集团和信仰的信任和信心。……主流政治期待着这些影片以其想象的在场性发挥历史教科书和政治教科书无法比拟的意识形态功能。"[1]

　　2010 年问世的《江姐》《红色摇篮》《铁肩担道义》《红七军》《邓子恢》《毛岸英》等电视剧引起强烈反响。2011 年恰逢建党 90 周年和辛亥革命 100 周年,由于年代的特殊性,革命历史题材电视剧的创作呈现井喷态势,取得了质量和数量的双丰收。《东方》《开天辟地》《辛亥革命》《解放大西南》《我的青春在延安》《五星红旗迎风飘扬》《革命人永远是年轻》《中国 1921》《遍地狼烟》《决战南京》等一批作品皆达到了思想性、艺术性和观赏性的完美统一。2012 年革命历史题材电视剧创作以《红军东征》最为引人关注。

《热血军旗》

---

[1] 尹鸿:《世纪转折时期的中国影视文化》,北京出版社 1998 年版,第 8 页。

在纪念建军 90 周年的献礼剧目中,电视剧《热血军旗》与《秋收起义》是两部重头戏。关于"建军",无论是史实的呈现还是细节的爬梳,多年来影视剧领域的表现已相当丰富。但当这两部电视剧播出时,中国军队正经历一场由表及里、前所未有的全面改革。军队改革既是阔步向前,也是一次思想上的回望、寻根与洗礼。与之相契合,当这两部戏将镜头聚焦在 90 年前的旧中国历史时空时,都体现出了明显的问题意识——并不像以往的作品那样更多地关注历史事件本身,而是在事件叙述过程中试图解释历史事件的推动力所在,试图回答这支人民军队为何建军,何以建军,建设什么样的军队[①]。

(2)军旅题材剧,以表现军旅生活、塑造军人形象为主的电视剧。军旅题材广义上包括战争题材电视剧,狭义的则仅指表现和平年代的军旅生活和军人风貌的电视剧,本书讨论对象限制在狭义层面。初期军旅题材的电视剧宣教色彩比较浓重,多数是表现英雄模范人物,他们或在艰苦、严酷的环境中站岗放哨、守土戍边,过着苦行僧式的生活,或在平凡岗位上为国家和人民默默无私地奉献,恪尽职守,取得了不凡成绩。如《为导弹筑巢的人》(1992 年)、《天路》(1995年)等。

2000 年以后的军旅题材剧转为以军人情感和内心世界为主要表现对象,对军人的事业、生活、爱情进行深刻描绘和全新开掘。或反映现代军队的作战水平、科技水平、军队的改革和建设,强调科技强军,建设现代化的军队,或揭示军队内部矛盾、不正之风、阴暗腐败的一面。这些电视剧除塑造了一批具有传统奉献牺牲精神的军人形象外,还展示了现代职业军人的风采,如《DA 师》(2002 年)、《沙场点兵》(2006 年)、《我是特种兵》(2011 年)、《舰在亚丁湾》(2014 年)、《陆军一号》(2016 年)等,借助对外来威胁、中国崛起、军事强大的叙述框架,在爱国主义的主题中,将民族主义与国家主义结合在一起,创造了一种有效的政治共同体。从《和平年代》

《陆军一号》

---

① 刘永昶:《2017 年革命历史题材电视剧述评》,《中国电视》2018 年第 2 期,第 28—31 页。

《青恋》

《突出重围》《DA 师》到《我是特种兵》《舰在亚丁湾》《陆军一号》都是通过爱国主义来完成民族共同体的文化塑造。

2017 年热播的《热血尖兵》《维和步兵营》《深海利剑》《绝密 543》《反恐特战队之猎影》等都受到观众的热情关注。军旅剧作为展现主流文化观念的最佳平台,以审美的方式实现国家、民族、集体等观念的认同。比起家庭伦理剧的父母亲情,许多男性观众似乎对军营、武器、拼搏、竞赛、战争等叙事更加关注。《热血尖兵》通过聚焦年轻人的思维与言行方式探讨军队建设的基础,与近年来军旅题材电视剧立足于青春励志、军营爱情、蜕变成长、军营风貌等内容的表现相呼应,在赢得青年观众方面颇有成效。

(3)农村题材电视剧将关注的焦点转向占中国大多数人口的农民身上,以农村建设、农民物质生活和精神生活、小农文化与都市文化的冲突、交融为主要创作素材,如《篱笆·女人·狗》《辘轳·女人·井》《古船·女人·网》等。近年来,《刘老根》《马大帅》《希望的田野》《乡村爱情》《喜耕田的故事》《满仓进城》《马向阳下乡记》《老农民》《平凡的世界》《青恋》《北方大地》《春天里》等,更是将农村题材电视剧推向了高潮。

农村题材电视剧不仅丰富了广大农民群体的文化生活,充实他们的精神生活,而且还为在城市里打拼的农民工提供了思乡情怀。同时,也为世代生活在城市里的受众群体展现了别样的天空——农村世界。因此,电视剧一定要为广大农民观众服务,理解他们的想法,了解他们的疾苦,创造出本色乡土气息浓厚的新农民形象,这也是农村题材电视剧成功的关键。同时,农村题材电视剧的创作也体现了主旋律的话语色彩,属于主流意识形态的范畴。

(4)英模题材电视剧,主旋律电视剧《任长霞》《永远的忠诚》《焦裕禄》《杨善洲》《营盘镇警事》等,也是近年来最重要的主旋律电视剧。2017年热播的《黄大年》是以地球物理学家黄大年为原型创作的一部电视剧,黄大年作为国际航空地球物理领域的科学家,他的研究最终摆脱了国外封锁,用实际行动表达了爱国主义的主题,具有显著的主流文化价值。

有学者试图找出英模题材电视剧的一些共同叙事特征,即该类剧作的叙事冲突基本上依靠"主人公不得不用自我牺牲、殉道来影响叙事结构中对立力量的对比,通过感化来争取叙事中矛盾各方和叙事外处在各种不同视点上的观众的支持和理解"。其一,剧作的整体基调是泛情化的,充满了感性色彩,而不是平实的、自然的;其二,剧作的主人公是一位为工作、事业呕心沥血、废寝忘食、无私奉献的人物,是人们心中的好同事、好丈夫(妻子)、好父亲(母亲),是人们学习的榜样和标兵;其三,剧作围绕主人公讲述的故事都有其特定的教育意义和功能,通过每个小故事的讲述,主人公的道德与政治面向因此显得更加饱满①。

根据大多数人的观影经验,英模剧基本上是用"好人受难"的模式塑造了低调的"道德楷模",当然,这种受难模式也在一定程度上限制了"好人"价值观的示范和引导功能。

《父母爱情》

2. 家庭伦理剧

家庭伦理剧以家庭人物为中心,表现普通百姓家庭的种种遭遇、家庭成员之间的矛盾和亲情,其故事架构放在家庭伦理道德、人情世故等方面,通过生动的情节和家庭成员之间的浓厚感情来表现家庭生活。题材较为写实,既有喜剧式的幽默,又有悲剧式的凝重,寄托了观众对美好生活的向往和温暖情感的渴求。

家庭伦理剧有两种倾向:苦难叙事和温情讲述。苦难叙事以家庭及其成员所经历的大悲大喜、大起大落、非正常的重大变故

---

① 张莹:《浅论新英模题材电视剧的叙事特色》,《中国电视》2014年第7期,第57—60页。

等为表现的重点,形成一种苦情戏模式,如《嫂娘》(1998年)、《大哥》(2002年)、《亲情树》(2003年)、《母亲》(2005年)等。倾向于温情讲述的家庭伦理剧在形式及内容上都比较平实、恬淡、朴素,忠实地记录发生在现实生活中的鸡毛蒜皮小事和观众熟悉的生活细节,看电视剧就如经历现实生活一样,观众随剧中人一起喜怒哀乐,如《咱爸咱妈》(1995年)、《摩登家庭》(2002年)、《金婚》(2007年)、《王贵与安娜》(2009年)、《父母爱情》(2014年)、《鸡毛飞上天》(2017)等。

1990年,中国"第一部长篇室内电视连续剧"《渴望》标志着中国通俗家庭伦理剧进入了中国电视剧主流。直到2000年以后,家庭伦理剧、"苦情戏"等仍然是重要的电视剧类型。在怀旧温情剧《父母爱情》中,年轻一代看到了上一辈的爱情故事,也让很多老一辈重温了过去的回忆,在回忆中缅怀已逝的青春和对爱情的执着。电视剧《父母爱情》正是因为这种生活味儿浓郁的人生百态和舒缓不做作的剧情铺陈,成为2014年最具关注度的零差评电视剧。

家庭伦理剧在现实题材电视剧中的比例历年都超过半数。作为现实题材的重要类型,家庭伦理剧以审美的方式表现了当下中国社会家庭伦理的历史传承和时代嬗变,从家庭视角表现了中国人的生命历程和时代气息。2017年的《平凡岁月》《咱家》《生逢灿烂的日子》《情满四合院》《周末父母》《我的老爸是奇葩》《国民大生活》《将婚姻进行到底》《守护丽人》《爱,来得刚好》《我的三爸俩妈》《田姐辣妹》《一树一桃花开》等优质家庭伦理剧的出现,提升了这种文本类型的文化含量与艺术高度。

血缘为本、家族至上的价值观,忍辱负重、克己勤俭的人生哲学等在家庭/苦情戏中成为正面理想,在各种"大哥""大嫂""婆婆""咱爸咱妈"的电视剧中被无限放大。一方面,这种题材的"苦情"唤起了观众的同情和怜悯,另一方面这种价值观的传达也将人们从公共社会空间再次拉回到血缘家庭空间。这种价值选择既体现了中国文化农耕传统的特殊性,也为走向现代化的中国留下了如何解决家庭/私人与社会/公共之间的关系这类令人困惑的文化难题。应该说,以"家"为核心的电视剧文化价值观与以"国"为核心的主流价值观,虽然它们"变革""进化"的诉求被抑制了,但却与"稳定"的主流价值趋向之间形成了"家国同构"的天然联系,从而被塑造为中国电视剧的主流传统。

3. 涉案剧或公安剧

涉案电视剧是指反映犯罪与反犯罪故事的电视剧,其特征是在电视剧叙事文本中存在犯罪与反犯罪故事,或涉及犯罪与反犯罪叙事元素的电视剧。如果再行细分,涉案剧可分为反黑、反腐、刑侦等不同题材。当然,虽然题材上,此类电视剧各有侧重,但常常彼此关联,叙事元素彼此混杂,因而很多时候被业界、理论界拿来共同讨论。如《重案六组》《刑警本色》《大雪无痕》《永无瞑目》《罪证》《红色康乃馨》《绝对权力》《公安局长》《荣誉》《国家公诉》《湄公河大案》《清网行动》《刑警队长》等。也有相当一批涉案剧虽然引起巨大争议,但仍然紧紧吸引着观众的视线,比如《不要和陌生人说话》《黑冰》《黑洞》《绝对控制》等。应该说,涉案剧因其反映与揭示当下转型期社会的重大事件,触动整个社会最敏感的神经,具有当下性、敏锐性、重大性等特点。同时,该类作品时常出现某些违背法律常识的"硬伤",也是为人们所诟病,不断引发人们讨论的一个重要问题。

《人民的名义》

涉案剧曾经在所有电视剧类型中占有绝对重要的地位。上海电视节组委会和央视—索福瑞媒介研究公司 2004 年发布的《中国电视剧市场报告》中指出,根据 2002 年对 33 个城市 156 个频道 17:00 到 24:00 电视剧收视的检测数据,中央级频道和省级卫视频道共播出了 681 部电视剧,其中现代剧数量最多,占 423 部,涉案剧和都市生活剧均为 98 部,在现代剧中并列第一,而观众收看涉案剧的时间最多,占 17%。可见,2004 年前的涉案剧一度成为荧屏"霸主"。

2004 年 5 月,国家广电总局下发了《关于加强涉案剧审查和播出管理的通知》后,明令正在播出和准备播出的涉案题材电视剧、电影、电视电影,以及用真实手法表现案件的纪实电视专题节目,均安排在每晚 23 时以后播放。黄金时间"禁播令"对法制题材电视剧的生产和经营(创作和市场)带来很大的冲击,对整个电视产业的影响也特别大。国家广电总局 2008 年 1 月再次下发通知:"近几个月来,各地申报电视剧拍摄制作备案公示的涉案剧的数量有所回升……关于涉案剧再次申明以下三点：第一，不提倡情景再现形式的涉案剧；第二，不提倡纪实形式的涉案剧；第三，不提倡以重大刑事案件为主要描写内容的系列涉案剧。"广电总局有关负责人说，总局从来没有禁止涉案剧播出，经过审查得到电视剧发行许可证的涉案题材电视剧是可以播出的，只是在播出时段上要执行新的管理规定。其次，此规定不是针对一般意义的涉案剧，主要是把以刑事案件为主要剧情的，剧中含有暴力、凶杀、恐怖、色情、黑道等内容的电视剧，转出黄金时段。其他的涉案剧，通过对其中一些情节、镜头、画面、台词进行适当处理后，是可以进入黄金时段的。

2014 年开始，涉案剧《湄公河大案》《清网行动》《刑警队长》《人民的名义》等陆续出现。《湄公河大案》在央视一套黄金档播出，成为涉案剧"十年禁播令"的破冰者。该剧根据 2011 年湄公河案件改编，在中、老、缅、泰四国实景拍摄，让观众在紧张激烈的破案过程中和惊心动魄的缉毒战争中，看到了中国警察的精神风貌和职业水准。

尽管对涉案剧有各种指责的声音，如情节人物雷同、违背法律常识、人物塑造"越界过多"以及过分渲染暴力等，但是从大众文化以及大众接受心理而言，涉案剧是打造"白日梦"、创造"大众情人"的重要手段，从这一创作范式中可以把握大众审美心理的微妙变迁及情感道德观的基本趋向。比如，正义与邪恶的二元对立冲突构成了该类电视剧中主要的叙事动力和叙事程式。正面力量与反面力量各自形成一个或隐或显的阵营，正面人物中存在主要英雄、精神/行政支持者（家人/上级）、英雄助手（部下、同事、合作方）的角色配置，反面人物中也存在相似对应的角色安排。其中，主要英雄与其家人——妻子、女友、孩子等人物之间的情感戏主要是展现英雄侠骨柔情的性格侧面，同时也常常可以成为反面势力遏制英雄的手段，对家人的生命威胁可以构成叙事冲突的一个线索。主要英雄与领导的关系是适应作品的精神格局的，在叙事核心上，传统戏曲中清官戏的故事套路再次显示出其对当代创作者的特殊吸引力，而它在广大观众中所引起的强烈情感共鸣也恰恰彰显了上千年中国传统审美心理的深层结构。

4. 都市情感剧

顾名思义就是以表现都市人情感故事、情感历程、感情生活为主要内容的电视剧，反映都市人的价值观、伦理观和道德观。都市成为故事发生的背景，是剧中人物活动的环境，酒吧、豪华饭店、茶座、高档写字楼、高级住宅小区、时髦的发型服饰、名牌车等构成了都市言情剧的主要视觉图谱。感情在都市言情剧中呈

《欢乐颂》

现复杂的状态,爱情、友情、亲情的界限不再明了,多种情感交相纠缠、渗透,人物关系也不再单纯明朗,朋友、恋人、夫妻、情人、仇人,各种关系互相转换、变化。

1999年《牵手》热播,真正奏响了都市情感剧迭兴的序曲,情感剧由此逐年升温。2004年,《中国式离婚》登陆荧屏,更是带动情感剧一路走高,几乎每年都有不同题材的情感剧问世,播出后都能引发一定的轰动效应,如《新结婚时代》(2008 年)、《蜗居》(2009 年)、《婚姻保卫战》(2010 年)、《裸婚时代》(2011 年)、《生活启示录》(2014 年)、《一仆二主》(2014 年)、《虎妈猫爸》(2015 年)、《欢乐颂》(2016 年)、《小别离》(2016 年)等都体现出这些特点。

《欢乐颂》讲述了同住在欢乐颂小区 22 楼的五个来自不同家庭、性格迥异的女孩从陌生到熟悉再到互相体谅、互相帮助、共同成长的故事。该剧从女性视角出发,展现了当下年轻人现实无奈的一面。如果说《奋斗》开启了青春剧的乌托邦模式,《欢乐颂》则将年轻人从幻想拉回现实。在爱情方面,五个女孩各有特色;在职场中则描绘出现代企业各层级群体的生存图景,令人产生共鸣。同时,几个女性改变命运的艰辛中闪耀着智慧,传递了一种充满关怀友爱、阳光向上的正能量。

转型时期的中国,浮华躁动的当代都市,无处不在的诱惑和日益膨胀的欲望使传统的价值观、人生观以及伦理道德遭到质疑和拷问,也使爱情、亲情、婚姻、家庭面临着更多的变数。欲望与理智反复纠缠,烦恼和痛苦挥之不散,生活饱经困扰,心灵跌宕起伏,情感问题受到前所未有的关注。这一现实状况,一方面为情感剧提供了丰富的创作资源,另一方面也培育了相当可观的收视群体。在电视剧尤其是现实题材的电视剧中,生活的现实性与文化的终极关怀两者不可缺其一。当前的都市情感剧大多具有一定的现实性,但在人文追求和文化内涵的拓展上还有很长的路要走。

二、历史题材类电视剧

我国古代没有"历史剧"这一概念。在新中国成立前后很长一段时间内,"历史题材戏剧"和"历史剧"的概念经常是混同使用的。所以,对"历史剧"这一概念内涵也有广义和狭义两种理解方式。广义上说的历史剧可以等于"历史题材电视剧",分为电视历史剧、电视历史故事剧、电视神话神魔剧三个大类。狭义上的历史剧则是根据历史上真实存在的重要人物和重大事件来改编拍摄的电视剧。本章采用广义上的历史剧概念。历史题材电视剧在我国的电视剧产业市场上占有很大地位。

1. 历史电视剧

历史电视剧即狭义上的历史题材电视剧,亦即人们一般所谓的正说剧。其中主要人物和事件有比较充分的历史根据,属于"真人真事"的叙事模式。按照时间纬度,它又可分为古代题材、革命历史题材等。一般来说,电视历史剧无论采取审美再现还是审美表现的文本策略,都要具有对"艺术真实性"的主体追求,或追求客观艺术真实性,或追求主观艺术真实性,从而具有现实主义或浪漫主义美学风格,这是由电视历史剧的类型属性所决定的。

狭义上的历史剧要求主要人物和核心事件尊重历史记载,相对次要的情节、历史人物及事件、感情纠葛则在历史可能的范围内进行合理艺术虚构,力图既营造出真实的历史感,使人物形象较为生动、丰富、立体,剧情回环曲折,具有较强的戏剧性和观赏性,如《雍正王朝》(1999 年)、《天下粮仓》(2002 年)、《汉武大帝》(2005 年)、《贞观之治》(2006 年)、《大秦帝国之裂变》(2009 年)、《大秦帝国之纵横》(2012 年)、《大秦帝国之崛起》(2017 年)等。

历史电视剧《大秦帝国之崛起》

"历史"远离了当代中国各种敏感的现实冲突和权力矛盾,具有更丰富的"选择"资源和更自由的叙事空间,因而,各种力量都可以通过对历史的改写来为自己提供一种"当代史"从而回避当代本身的质疑。历史成为获得当代利益的一种策略,各种意识形态力量都可以借助历史的包装登场发言。无论是国家立场或是市场立场,还是知识分子立场,几乎都不约而同地选择"历史题材"作为自己的生存和扩展策略。无论是历史人物题材如《司马迁》《孔子》《黄炎培》《苏东坡》等传记电视剧，或者是历史事件题材如《走向共和》《长征》《解放大西南》《东方战场》等史实性电视剧，它们都以弘扬中国传统文化、表达爱国主义精神为基本视角，用中国文化的历史性辉煌来对抗西方文化的共时性威胁，用以秩序、团体为本位的东方伦理精神的忍辱负重来对抗以个性、个体为本位的西方个性观念的自我扩张，用帝国主义对近代中国的侵略行径来暗示西方国家对现代中国的虎视眈眈，用爱国主义的历史虚构来加强国家主义的现实意识。

当然，电视历史剧的审美价值并不必然高于电视历史故事剧以及电视神话神魔剧，在对它们进行的文化诗学研究中，要具体情况具体分析。

2. 历史故事电视剧

根据剧中主要人物和事件的历史根据充分性以及在美学精神方面究竟是追求艺术真实性，还是大众文化文本的游戏精神追求，电视历史故事剧又可分为以下四种亚类型。

（1）"真实追求中的真人假事"类型。它们是作者在"尊重"已有历史传说故事的基本框架基础上加以改编而成的电视剧，如《新水浒传》《武媚娘传奇》《芈月传》等。

（2）"真实追求的假人假事"类型，亦即故事情节中主要人物和主要事件均不是真实的（相对于历史记载），但具有历史意蕴真实性和艺术真实性追求的电视剧，如《红楼梦》《东方商人》《乔家大院》《甄嬛传》《秦时明月》《琅琊榜》等。

（3）"游戏追求中真人假事"类型，主要指"电视戏说剧"（主要故事情节不符合历史记载），它们多具有戏仿与反讽的后现代文本特征，属于当今颇有社会影响力的通俗文化产品。如《戏说乾隆》《宰相刘罗锅》《康熙微服私访记》《铁齿铜牙纪晓岚》《还珠格格》等。

（4）"游戏追求中的假人假事"类型，它们是以娱乐游戏为宗旨的大众文化文本，如《新梁山伯与祝英台》《皇嫂田桂花》等。多数武侠历史故事也属于这一类型，如"金庸系列"。

一部电视历史故事剧可能是具有"艺术真实性"追求的再现文本或表现文本，也可能是以娱乐游戏宗旨、以戏仿为文本策略的大众文化文本，具有后现代文化倾向。其中，"电视戏说剧"以"背离历史""戏说历史"为策略，以"游戏和狂欢"为旨趣，文本中的主要人物名称仅仅具有"符号"性质，剧中不少人物、事件及其组成的故事情节是当代许多社会热点问题的"置换与浓缩"，以文本的现实相关性吸引观众的注意力,从而具有某种"荒诞现实主义风格"。

以《武林外传》为例,尚敬导演的《武林外传》假托明代七侠镇同福客栈发生的一系列故事,塑造出一批个性鲜明的人物形象,如郭芙蓉、佟湘玉、祝无双、白展堂、吕秀才、李大嘴、莫小贝等。由《武林外传》可以概括出"戏说剧"的一些主要特征:一是以反为正,即把过去历史叙事和艺术叙事中被批判的反面人物或非正面人物转化为令人喜爱或崇敬的正面人物;二是以古喻今,即以古代故事借喻当代现实情况,以表达或宣泄当代历史意识冲动;三是以今释古,即按照今天人的生活趣味或价值标准去重新诠释古人,并为此不惜违背基本史实或历史逻辑;四是以谐代庄,即以轻松谐谑的格调取代庄重、严肃格调,目的不是引发理性的沉思,而是寻求感性的愉悦。

中国传统历史题材影视创作往往文献性大于审美性,政治性大于情感。在20世纪五六十年代的电影、电视中,历史的丰厚性逐渐被一种革命化的历史编码取代,历史的复杂性被简化为单一的社会政治历史图谱。而"戏说剧"在某种意义上是对这种倾向的一种"拨乱反正",是对艺术的娱乐本质的强调。"戏说剧"既是所谓"本我"的表露,又是对传统主体的解构,同时还是对人所处的现状的某种不满与反抗。但另一方面,"戏说剧"极易走向抛却历史理性而进行主观臆造的极端。对深度模式的解构成为它消费古装的一种策略,解构了历史和当下之间的时间界限,有意将过去与现在的时空代码相互重叠,叙述历史的动机不再是为了追求历史的真相,而是成为对历史的一种消费,在历史的时空中尽情放纵宣泄当下的各种欲望。

3. 电视神话神魔剧

比如《炎黄二帝》《西游记》《封神演义》《新白娘子传奇》《欢天喜地七仙女》《花千骨》《青丘狐传说》《古剑奇谭》《三生三世十里桃花》等。一般来说,像《炎黄二帝》《西游记》《封神演义》这样的电视神话神魔剧,或以久远的民间传说作为再创作基础,或本身就是古典"神魔小说"的电视剧改编,具有天然的民间文化底色。其共同点在于以尊重原作、忠实再现民间传说的故事原型为原则,属于古代民间文化文本的电视剧版(虽然不可避免地要加上创作者自身的理解)。《新白娘子传奇》《春光灿烂猪八戒》等则是当代人新编的大众文化文本,同电视历史故事中的"戏说剧"有某种相似性,它们以游戏娱乐性迎合消费者的口味,是一种神话和神魔"戏说剧"。《花千骨》《三生三世十里桃花》等都是根据经典IP (intellectual property)改编,无论是点击量、关注度还是观众口碑都获得了成功,将 IP 电视剧推至高潮。不得不说,无论从点击量、关注度还是观众口碑,这些经典 IP 改编之作实属成功典范,也同时将大 IP 电视剧的热潮引至另一高峰。

4. 武侠剧

从分类上而言,此类电视剧应该属于电视历史故事剧,但因为其在我国电视屏幕上的独特地位及我国独有剧种的属性,这里单独提出来进行说明。

武侠剧与我国传统武术联系在一起,是武术和武侠文化的结合,宣扬侠义精神。侠客们一般都喜欢打抱不平、善良正直、侠骨柔肠、除恶扶弱。侠客们往往以自己的道德力量和绝世武功对自身、江湖甚至是民族所遭受的种种攻击和变故作出回应,力挽狂澜,最终感化、击退或消灭恶势力及入侵者,暂时还江湖或民族一个和平、稳定的秩序。

武侠剧一般将故事情境奠基于代表侠义道的集团与代表旁门左道的邪派人物之间的斗争舞台上,往往容易组织起尖锐复杂的矛盾冲突,情节跌宕起伏,有时甚至充满血腥屠杀之类的凶险场面。武术动作经过影视手段的处理,令人眼花缭乱,目不暇接。然而,对于武侠剧,我们还应该从更高的层面上来理解。无论如何,电视剧总是要写人和性的。以金庸、梁羽生、古龙为代表的新派武侠小说,最成功的地方就在于他们对于人性的深刻揭露,他们把险恶的江湖作为演示人性的舞台,侠客也好,邪派人物也好,一个个都在这里卸下了自己的掩饰,展示着自己的本性。在金庸那里,人的善恶并不是以所谓"正"和"邪"来划分的,在他看来,正派人物中间有恶人,邪派人物中间也会有好人。那些看上去道貌岸然的正人君子们也可能包藏祸心,这些思想在他的小说《笑傲江湖》里表现得最为充

武侠剧《射雕英雄传》

分。由光线传媒出品,2018 年 2 月开始首播的《新笑傲江湖》就是根据金庸同名武侠小说改编。

武侠剧既有传奇性又有奇观性。传奇性是指其故事和情节离奇复杂、跌宕起伏、一波三折,侠客与邪派人物之间的较量扣人心弦,矛盾尖锐复杂;奇观性是指武打招式天马行空、出神入化,令人眼花缭乱,尤其是一些特技动作,非常具有视觉冲击力,让人叹为观止。另外武侠剧的动作具有虚拟性和写意性,追求飘逸洒脱,有些优美的武术动作简直如舞蹈一般使人沉醉,是体育美、影视美和艺术美的结合,如《射雕英雄传》《神雕侠侣》《笑傲江湖》等。

中国文化史上有"四梦"之说:神仙梦、明君梦、清官梦、侠客梦,而侠客梦是中国人孜孜不倦追求的梦想。在大众传媒时代,武侠剧融入诸多现代元素:大制作、电脑特技、名山大川、帅哥美女、绝世神功、弘扬侠义的主题甚至明星绯闻等,编织出美丽虚幻的武侠梦,生活在世俗社会的人们随心所欲地畅游在虚拟世界里,享受着现实生活中不能达到的梦想和欲望,消费着电视剧所带来的短暂情感快乐。

当然,电视剧也有类型混杂的现象。一些电视剧可以归入某一种类型,但是另一些电视剧很难以类型来归纳,因此往往体现出两种类型或三种类型电视剧的混合特征。有言情剧与伦理剧混杂,如《结婚十年》《父母爱情》等;青春偶像剧与言情剧混杂,如《欢乐颂》《一仆二主》等;军旅剧与言情剧混杂,如《激情燃烧的岁月》《历史的天空》等;历史剧与破案剧混杂,如《神探狄仁杰》等;言情剧、伦理剧与破案剧混杂,如《大宅门》《闯关东》等。

第三节　电视剧的策划

电视剧的生产与传播流程一般如下:创意调研、创作剧本(策划书)→立项(申报题材规划)→筹措资金、制定预算(投资与融资)→成立剧组、拍摄制作→审查(获得发行许可证)→营销宣传、发行销售→播出。在这个过程中,立项和审查是一部电视剧必经的环节,由国家广电总局相关部门负责,制片机构和制片人需要配合工作。此外五个环节中,前四个环节主要由制作机构和制片人负责,而播出通常由电视媒体把关。因此,从制作机构和制片人这个角度来看,电视剧策划主要解决四个方面的问题:剧本策划、融资策划、制作策划和营销策划。下面这一节先说明影响电视剧策划的主要因素,而后分别就这四个方面的问题进行分析。

一、影响电视剧策划的主要因素[①]

对于制作机构和制片人来说,每个项目的运作都会受到市场状况、自身条件和项目本身等因素的制约。

1. 电视剧市场状况

2009 年以来,我国电视剧产量扭转了多年来电视剧生产仅追求数量增长的局面,开始步入以质取胜的阶段。《全球电视剧产业发展报告(2016)》指出,作为世界电视剧第一生产和播出大国,2015 年我国电视和网络视频市场共生产电视剧 773 部、21 546 集,其中电视媒体总产量为 394 部,16 540 集。电视剧占电视收视份额的 30%,互联网视频用户为电视剧贡献出了高达 3 771.82 亿次的点击量[②]。

另一方面,中国是电视剧的消费大国。2015 年电视媒体总计播出 120.7 万小时,我国电视剧市场规模达到 882 亿元,其中电视媒体广告收入约 429 亿元,版权收益约 222 亿元,海外销售约 5 亿元,网络电视剧广告约 200 亿元,用户付费约 25.6 亿元。

此外,目前中国电视剧市场发育状况仍然不容乐观,还存在诸多缺陷:电视剧制作与播出机构之间的购销关系尚未形成良性循环,电视台仍处于较为强势的一方;统一、规范、开放的电视剧市场格局仍有待完善;此外,2008 年以来,随着一些大剧如《潜伏》《人间正道是沧桑》《红楼梦》出人意料的市场反应,一线演员片酬暴涨导致电视剧的制作成本迅速上升,将会进一步挤压制作方的盈利空间。

一般说来电视剧的收入包括两个方面:一是电视剧产品发行所获的收益,二是相关产品的开发所获得的效益。前者取决于电视剧所占有的市场份额,尽可能地扩大发行量,最大限度地占有市场就意味着最大限度地获取经济效益。

[①] 参见陈晓春:《电视剧的总体策划》,《中国广播电视学刊》,2004 年第 7 期,第 69—72 页。

[②] 《〈全球电视剧产业发展报告(2016)〉新闻发布会在京召开》,《中国广播电视学刊》2016 年第 10 期,第 5 页。

从国内情况看电视剧发行,如果走一级市场卖给中央台,利润可能较低,但资金回笼快;如果走二级市场在各省市台发行,有可能获得更大的利润,但资金回收可能需要一两年以上。倘若想拓展相关产品就要力争把自己的产品做成一个品牌,继而产生品牌效应,而做到这一点可能也意味着更大的投入。

2. 资质与资金

制作机构和制片人在进行项目策划的时候除了考虑到产品的市场需求外,还应该考虑到自身的条件,主要是资金实力和资质。根据《广播电视管理条例》和《电视剧管理规定》,电视剧制作机构就是根据有关规定取得《电视剧制作许可证》后从事电视剧制作的单位。电视剧制作机构可以是市级以上的电视台。电视剧制作中心、电影制片厂、音像出版单位和有专门制作电视剧机构的专业宣传、文艺单位,也可以是取得了相应许可证的以企业形式设立的电视剧制作单位。除各级电视台以外,要想设立电视剧制作机构,必须首先取得《广播电视节目制作经营许可证》,然后由国家广电总局批准,另行领取《电视剧制作许可证》(甲种或乙种)才可以拍摄电视剧,因此形成了"国家队""地方队""民营队"三足鼎立的格局。央视和省级电视制作机构一般拥有题材立项便利,而且队伍起步较早,实力相对比较强大;民营制作机构起步较迟,但由于民营机构市场适应性强,近年来发展势头强劲,也出现了一批实力较强、品牌形象较好的如华谊公司等电视剧制作公司。

每个制片公司都有自己的资源优势和短板,诸如《长征》《雍正王朝》《大宅门》这样大制作的电视剧市场前景虽然十分诱人,但也只有如央视所属的制作公司才有能力去拍,一般的民营小公司可能更倾向于拍摄一些小制作的类型剧,如武侠剧、言情剧、偶像剧、戏说剧、涉案剧等。

3. 主创人员与社会资源

演员尤其是明星演员的片酬是电视剧制作成本的主要开支之一,如果制作机构有签约演员则可以节省不少成本。10 余年间,通过制作 7 部金庸武侠剧,张纪中成为中国电视界的"江湖老大"。这位形象彪悍的"大胡子"打破了电视界"导演中心制"的常规,以金庸剧总制片人的身份独步江湖,今天提起《笑傲江湖》《射雕英雄传》《天龙八部》《神雕侠侣》等一系列金庸剧,多数人都说不清导演是谁,但却都知道是张纪中的作品。能拥有现今的知名度和金庸剧品牌效应,离不开他身后庞大的武侠剧团队支撑。

制片人在进行项目策划的时候必须考虑到自身所拥有的资源状况,包括资金、主创人员及各种社会资源等。没有赵本山、高秀敏、范伟这样的喜剧明星，《刘老根》《乡村爱情》这样的电视剧很难取得成功。没有军队的人力和物力的支持，就不可能拍摄如《导弹旅长》《舰在亚丁湾》《陆军一号》这样的军事题材电视剧。制片人手里如果没有长期建立起来的销售网络，电视剧发行可能会更艰难。而那些有签约演员的制片公司则可能会降低电视剧的制作成本，没有中央台作为后盾就很难拍摄如《长征》《康熙大帝》《解放》这样的大制作电视剧。

4. 制片人的素质和观念

制片人对剧本项目的认知与判断是决定电视剧策划的一个重要因素。众所周知，人们对项目价值的判断往往是主观性的，向来都是仁者见仁，智者见智，再好的项目也不可能被所有的人认可。承担一个好的项目同时可能意味着承担更大的风险，很多的优秀电视剧项目在开始的时候并不被人认同。当初《牵手》《大宅门》的项目运作历经沉浮，几度易手，最终取得了成功。由于制片人知识结构、个性和经验的不同，往往会形成不同的观念和思维方式，这些观念和思维方式影响着他们对市场的把握和对受众的判断，当然也会影响他们对电视剧项目价值的判断。对项目价值的判断说到底取决于制作公司尤其是制片人自身的素质，一个优秀的制片人应该看到并发掘他人难以发现的价值，同时要不断适应社会的需要，把握时代的脉搏，不断更新知识和观念，突破自我的局限，这样才不会被时代抛弃。

5. 电视剧项目本身因素

每个制片人都渴望拍出轰动一时的电视剧，但成功者毕竟只是少数。这与他们选择的电视剧剧本有很大关系。剧本乃一剧之本，电视剧的项目运作其实是从剧本开始的。我国每年拍摄的电视剧1万多部集，每年策划和运作的剧本估计在10万部集以上，而据业内人士估计，国内真正优秀的职业编剧不超过30人，每年所创作出来的优秀剧本不会超过10部。对于制片人来说，寻找一个好的剧本如同大海捞针一样困难。事实上很多制片人在项目运作方面经常是被动的，他们的选择余地很小，有时明知道剧本不过关，项目运作起来很困难，但出于某些原因也不得不硬着头皮上。

电视剧项目运作的质量除了受剧本本身质量影响之外，还有类型因素的影响。如前所述，我国主要有现实题材电视剧和历史题材电视剧以及各种亚类型电视剧。每一种类型的形成都经过多年的探索，其叙事模式、人物关系、故事情节等都形成了基本模式，容易被观众接受，市场风险较小。当前国内电视剧制作一般有两种：一种是类型化的电视剧，如《父母爱情》，另一种则是反类型化的电视剧，如《借枪》。这样，制片人在策划和制作电视剧的时候一定要明确产品的定位。

二、剧本策划

一部电视剧能否成功，很大程度上取决于剧本的质量。目前中国电视剧剧本主要有三个来源：一是投稿，编剧主要由作家、高校教师、在校学生、自由撰稿人等组成。通过这种途径收到的剧本质量往往良莠不齐，但也不乏优秀作品和别出心裁的创意。二是改编，不少电视剧的剧本直接改编自小说、戏剧、漫画等，如《甄嬛传》《琅琊榜》《何以笙箫默》和金庸系列武侠小说等。三是策划，由制片机构结合市场调研，做出策划方案，由制作机构和投资商认可，再寻找合适的编剧来编写剧本，这种方式因为"从市场来，到市场去"，是真正符合电视剧剧本策划规律的一种途径，也是未来我国电视剧制作最有前景的一种途径。

剧本价值是制作机构和制片人最为关心的事情，通常集中于剧本的可行性、可操作性以及其投资价值上。可行性主要考虑两个方面，一是剧本需要的资金投入是否与制作机构及制片人的融投资能力相匹配，不同的剧本需要不同的投资规模，如果严重超过本机构或制片人的投融资能力范围，只能暂时搁置；二是能否寻找到合适的导演和符合角色的演员，不同的导演擅长不同的电视剧类型，演员也不是越大腕儿越好，关键要看他们是否合适剧中角色的要求。

可操作性主要包括政治倾向、思想品味、情节的合理性等。我国对电视剧剧本有严格的审查规定，不符合标准的将不予颁发拍摄许可证。制作机构与制片人必须具有政治头脑和政治意识，熟悉审查标准中的相关内容规定，严把政治关，避免产生因政治问题而导致的市场风险。如曾经被禁播的《流星花园》《战神》《这里发现爱》等电视剧就因政治问题或内容上的低俗而未通过审查。

剧本的投资价值主要是指投拍而成的电视剧能否被市场认可并被电视播出机构购买，实际上主要是电视台的广告客户和受众。电视剧售卖具有明显的二重性特点：电视剧的经济功能并未在它售出之后即告完成，因为在它被消费的时候又转变成一个生产者。它产生出来的是一批观众，然后这批观众又被卖给广告商。剧本的投资价值在第一次售卖中实现，但制作机构和制片人必须考虑到第二次售卖中的广告客户与观众。所以，制作机构和制片人在对剧本进行价值判断时要结合深入的市场调研,以及目标观众的收视需求、审美心理和价值取向。

1. 题材本身的社会影响力

《亮剑》《士兵突击》《我的团长我的团》等电视剧几度掀起军旅战争题材的热播潮,《潜伏》《永不消逝的电波》《于无声处》《伪装者》带动了谍战题材的热播,古装剧、宫廷戏、家庭伦理剧、情感戏、青春励志剧等更成为经久不衰的荧屏常客。但是过分看重题材的影响力也会导致进入误区:某种题材的电视剧市场反应好,制片公司往往就一窝蜂地拍摄此类题材,加上很多公司怕亏损,宁可一再重复翻拍这几种题材,也不敢尝试市场上暂时冷门的剧种,这就导致电视剧在题材上的局限性越来越明显。2016年暑期档大热的国民话题电视剧《小别离》是国产剧中难得一见的现实主义题材扛鼎力作,反映了"留学低龄化"这一城市中的新兴现象。《小别离》围绕中学生出国展开,讲述了三个家庭面对孩子升学、留学、青春期的故事。用三个不同阶层的家庭勾勒出当下都市生活百态,探讨了青春期叛逆、中学生升学压力、中年危机、婚姻关系、家庭与职场平衡等话题,击中现实中人们的痛点,直面全民焦虑。

2. 世俗性主题与人性化叙事

电视剧《平凡的世界》

电视剧是大众文化的主流产品,关注和满足观众的世俗性追求是电视剧的功能之一。获得第30届中国电视剧飞天奖的优秀现实题材类电视剧《父母爱情》《平凡的世界》《马向阳下乡记》《嘿,老头!》《原乡》《大路上》《湄公河大案》《于无声处》《舰在亚丁湾》等,以表现生活常态的作品占据了绝对优势。比如《父母爱情》的时间跨度近50年,展现了人生百态,剧中大量具有年代感的细节增加了故事深度。江德福和安杰夫妻共同克服了出身的差异、文化程度的悬殊、生活环境的恶劣以及特殊时期的生存困境,抚养着五个孩子,共同走过了风风雨雨的几十年。孩子们长大成人,步入老年的江德福和安杰回首往事,觉得能携手度此一生是无比幸福的事情。《平凡的世界》用现实的手法展现出20世纪七八十年代生活在中国陕北农村与城市的人们的痛苦与迷茫。通过复杂的矛盾纠葛,刻画了70年代社会各阶层众多普通人的形象,对孙少安、孙少平等诸多人物的精神世界进行了深层次展示和剖析,展示出一个时代的普通劳动群体内心深处所潜藏着的改变现状、改变命运的激情以及努力追求生命意义、生活意义、人生意义的高贵理想和坚韧信念。呈现平民日常生存现实,这正是平民叙事电视剧的叙事主题;对普通小人物"活着"的状态的自然呈现,反映其日常生活及价值观念,这就是电视剧的人性化叙事。

3. 故事情节的观赏性

观赏性是衡量电视剧是否具有市场价值的主要标准,其中主要取决于电视剧的故事情节。一般来说,独创性的情节、个性化的人物形象、富有张力的悬念设置是电视剧具备观赏性的基本特征。这一点,前文在分析电视剧的类型特点时已作说明,此处不再赘述。

制片人看中某个剧本以后首先应该想办法取得运作它的合法权利,也就是说要购买它的版权。这时,剧本的策划就具体了:一是获取剧本的版权以保证项目运作的合法化;二是要最大限度地提高剧本质量,为项目运作提供良好的基础。有关剧本的版权有两种:一种是原作改编权,另一种是剧本所有权。对于那些根据诸如小说、戏剧纪实文学等其他艺术形式改编的剧本,要先向原作的版权拥有者购买改编权,而对于那些原创的剧本则只需向编剧支付商定的稿酬即可。制片人在取得剧本版权以后应该先向国家有关部门提出项目申报,内容涉及公安、国家安全及宗教和少数民族题材的电视剧还要经相关部门审查,在获得批准以后才能真正使自己的项目运作合法化。

三、融资策划

从电视剧生产流程来看,解决了"本子"问题,接下来需要认真面对的就是融资策划了,要解决的就是电视剧的"票子"问题,即电视剧资金的筹集、使用与回收等。

在原来计划经济条件下,电视剧拍摄几乎是一种行政行为,投资主体也仅限于拥有播出权的电视媒体及其下属影视制作机构。随着国内影视节目市场的逐渐成熟,电视剧的运作也越来越商业化,投资主体也呈现多元化的发展趋势。从国内情况来看,电视剧目前的投资主体包括:电视台所属的影视制作机构如中央电视台影视部、中国电视剧制作中心、中视传播股份公司及各地方电视台;各级地方政府或政府部门及企事业单位;国有企业或民营企业;各种基金会或投资公司;民营广告公司及影视制作公司;海外投资公司或影视制作公司。

不同的投资主体有不同的目的、要求。电视台及所属机构属于国家所有,实行"事业单位,企业化运作",除了要像企业那样获取商业利润之外,更重要的是完成政府所赋予的宣传教育功能。比如中国电视剧制作中心是一个具有国家级规模、拥有各专业高级人才、用现代化设备装备起来的、制作体系齐全的专业电视剧生产机构,以大批精品力作建构了自己的品牌形象,被誉为电视剧制作业的"国家队"。因为有政策、题材、播出渠道以及人才队伍的强大支撑,类似"国家队"的性质的投资基本上能保证资金的回收,并能创造一定的利润,因而其运作方式至少带有半政府运作的性质。

某些地方政府和企业投资拍摄电视剧并不完全出于商业目的,而是要达到宣传政府或企业的目的,或者说是为了给地方政府或企业树立形象,此类主体投资拍摄电视剧并不一定要求经济上的回报,而是要造成社会影响。比如由湖南广播电视台、长沙电视台及上海麟风创业投资有限公司联合摄制的二十六集电视剧《黎明前的暗战》是湖南省和长沙市文化建设精品工程的重点项目,由中共湖南省委宣传部和中共长沙市委宣传部主抓,是作为庆贺中国共产党建党九十周年的献礼片而创作的。

各种资产性质的投资公司、各类民营企业尤其民营影视制作公司,还有境外投资公司、影视机构则把拍电视剧看作是一种商业行为,如华谊兄弟传媒股份有限公司2005年取得《广播电视节目制作经营许可证》后,先后投资摄制了《少年杨家将》《嘉庆传奇》《钻石王老五的艰难爱情》《功勋》《末路天堂》《士兵突击》《我的团长我的团》《人间情缘》《蜗居》等优秀电视剧。其中,《士兵突击》卫星频道累计播出21次,2007年排名第一位。2009年率先登陆创业板,成为中国影视行业首家上市公司,被称为"中国影视娱乐第一股"。拥有全国最大数字化内容平台的华数传媒非常重视视频内容资源库的建设,除每年花巨资引进全球版权外,还会参与好口碑影视剧的投资,先后参与投拍的电视剧有《不是不想嫁》《淘婚记》《闪电行动》《新蜀山剑侠传》《零下三十八度》《盛夏晚晴天》《精忠岳飞》《小两口》《华丽上班族》《战寇》《男人帮·朋友》《无敌奶爸》等。

融资策划要有针对性,首先要对投资商的情况有所了解,符合他们的口味。假如要找中央电视台投资,那么需要强调其社会效益,让投资者意识到剧中的内容对宣传政府所倡导的主流意识形态所具有的意义。对那些意在宣传地方政府或企业的投资机构,则要突出所要融资的电视剧对提高地方或企业知名度的影响;对那些意在获取商业利润的投资机构和企业,则要强调其获取利润的前景以及利润分配方式的合理性。

四、制作策划

制作策划是整个电视剧生产与传播过程的重中之重,主要目标在于确保质量,抓好制片管理。制作策划主要包括两个方面的内容:一是要筹建优秀的制作团队,以确保剧本策划的目标能够保质保量地完成;二是进行良好的过程控制,建立有序的管理体制和管理制度。

制作策划首先是筹建剧组。电视剧剧组一般由导演部门、摄像部门、美术部门、录音部门、制片部门等组成,其中最重要的角色是导演、演员和制片人。导演的工作一般在剧本策划和融资策划阶段就已经开始进行,导演的提前介入对电视剧的质量有一定好处。选择导演时,主要注意他是否具备二度创作的艺术才能,是否具备题材定位要求的创作风格,是否具备良好的信誉与丰富的工作经验。

导演确定之后,首要任务就是为电视剧选择合适的演员。角色是一部电视剧最核心的艺术元素,演员是否适合角色、演员表演好坏直接关系着观众对电视剧的总体评价。挑选演员主要考虑以下几点:第一,演员是否适合电视剧角色的需要,因为导演的创作意图要通过演员的表演来实现,只有挑选到与剧中角色定位适合的演员,创作意图才能实现;第二,演员是否有收视价值,因为明星演员是电视剧永远的创作"看点"与"卖点",部分忠实观众会因追星而选看明星演员出演的电视剧;第三,演员的声誉和艺德,因为其声誉和艺德决定了演员的工作责任心以及与其他人员、部门的合作,决定了摄制工作能否正常、顺利地进行;演员之间的和谐搭配,不仅是年龄上要有层次,风格上也要统一,演技上也要相互映衬。

在电视剧拍摄阶段,制片人不一定凡事亲力亲为,这时选好执行制片人就较为重要,主要选择标准有:政治与法律素养、艺术鉴赏力和工作能力,尤其是处理突发事件的能力。

剧组筹建之后,制作策划的主要任务转向剧组的过程控制。其中前期准备阶段主要进行剧本的修改与完善,制定详细的拍摄计划,进行经费预算和控制,签订合同、购买保险。中期拍摄阶段是制片管理的中心环节,这个时候制片部门的主要任务有财务管理、督促生产、后期保障等,在此期间,制片人要全面掌握情况,善于发现问题,及时解决问题。后期制作阶段是对前期拍摄素材进行精加工,并组接成一部完整电视剧的过程,制片人要从画面剪辑、声音、音乐录制和制作、特技制作、片头片尾、字幕的设计制作、混录合成等方面协调几个部门的工作,严把质量关。

总体来说,在整个制作策划阶段,作为剧组的最高管理者,制片人主要负责剧本的宏观把握,一方面要知人善任,尊重艺术规律,善于激发而不是压制创作者的积极性,并通过良好的机制和制度来保证剧组工作的正常运行;另一方面制片人要抓住剧组工作的关键环节,处理好与导演及其他创作人员的关系。

五、营销策划

电视剧的营销是一个系统工程,从项目策划起就必须考虑到产品的销售,在很多情况下,融资过程中已经完成了部分产品的销售。有些制片人在制作以前就已经完成了产品的销售,这里体现着这些制片人的现代市场营销理念。目前,电视剧营销工作主要集中在宣传与发行上,电视剧营销策划也主要体现在宣传策划和发行策划上,宣传策划通过提高电视剧知名度,引导电视台和观众产生购买和观看的欲望,并达到发行服务的目的,发行策划主要是通过对市场、渠道、价格策略的把握,直接为电视剧发行服务。

电视剧发行或者说向电视台出售播出权是目前制片商获取收益的主要来源,而且大多数电视剧发行的市场还都仅仅局限在国内。电视剧由于出售的只是播出权,其成本几乎等于零,所以从营销的角度看,制片商应该尽可能地占有市场份额,最大限度地获取利润。在现实中可以看到有些很优秀而且收视率很高的电视剧如《激情燃烧的岁月》《空镜子》等在商业上却惨遭败绩,而那些质量很差而且收视率很低的电视剧如《蓝色妖姬》等反而取得了商业上的成功,这里面除了体制方面的问题以外,还与制片人的营销策略和营销能力有很大的关系。

电视剧发行的收益取决于两个方面:一是卖给各电视台的价格,同样一部电视剧卖给不同的电视台价格是不一样的;二是市场占有量,卖得越多收益越大。

从电视剧宣传策划来说,目前电视剧制作已经有了大剧化、大片化趋势,在市场营销上也将逐步走向大片化。电视剧的大片化营销，一方面体现在对人们收看电视的单一方式的改变上。如一部电视剧开播前，同名图书就先出版发行，同时，各大电视台、网站纷纷推出该剧专题，同名网络小说不断获得点击率，版权还同时卖给多家视频网站，打开新兴视频媒体和电视剧合作的局面。另一方面是用联盟形式进行协同营销，各个环节进行资源和销售渠道的整合，面向市场去推广同一个产品。在营销方式方面，有的借鉴美剧播出和制作经验，特别制作"前情提要"和"主演解密剧情"环节，每天都由一位主演为观众解读剧情，并请观众参与问答竞猜；有的则将电影大片"午夜首映礼"模式完整复制，实行零点首播，打造电视剧大片概念；有的还定做剧中主要角色限量版人偶，尝试电视剧衍生产品。在 2010 年新版《三国》的播出中，安徽卫视有效调动了《说出你的故事》《非常静距离》等频道品牌节目的配合与支持，同时制作《三国三人行》《三国》台标，构建了整个频道的《三国》播放氛围，实现了从频道标识、频道栏目、频道氛围的整合互动。在频道外，安徽卫视不但有频道层面的呼应配合，更是调动了报纸、杂志、电台、户外、网络等各种媒体资源的介入，围绕安徽卫视与《三国》这一核心传播点进行事件营销、活动营销、话题炒作等，实现了频道外部的整合互动。重庆卫视重金购入新版《三国》后特别策划了"剧风尚·英雄志——重庆卫视三国季"启幕仪式大型活动。启幕仪式上邀请到多位《三国》研究专家、《三国》导演及主演等亲临晚会现场，对《三国》历史以及重庆卫视的英雄内涵与《三国》的契合之处进行一一分析，让广大观众对重庆卫视的内涵和定位有了更深入的认识和了解。在 4 月底到 6 月份的"三国季"期间，重庆卫视频道还大量围绕该剧的资源集中释放，从影视娱乐的角度，更从文化的角度解读《三国》，在频道上掀起

电视剧《三生三世十里桃花》

一股三国文化热。这也是重庆卫视区别于其他三家卫视的独有特点,也是重庆卫视能成功播出《三国》并独占鳌头的优势所在。

随着技术和营销理念的不断升级,电视剧的营销更加突出"互动"。2017 年首部现象级电视剧《三生三世十里桃花》上线仅 12 小时全网播放量便达到 6 亿,截至 3 月 1 日,该剧全网播放量超过 295 亿,其中优酷平台以 95 亿的总播放量领跑全网。从《三生三世十里桃花》开播到完结,优酷为用户和粉丝打造了数场全感观、全场景的体验消费。优酷的花式营销是线上和线下的互动,智能化媒体手段让网络营销和消费者高效结合。开播前,优酷联合北京地铁四号线推出"桃花专列",超过 50 万人乘坐过这班桃花盛开的地铁。情人节当天,优酷在北京地铁西单站"种"下十里桃林,引发"求姻缘就去西单地铁站"的热潮。春节期间,优酷还在十大城市的机场和 140 个北上广深等一、二线城市的交通枢纽,布局了近30 万个点位的户外桃花广告,并推出支付宝集福拼出绝美预告片的互动活动。优酷利用手淘 Pop-layer 技术,在用户打开优酷 App 时呈现出漫天桃花雨,并且能生成 2017 年个人专属的桃花签。优酷还联合阿里旗下闲鱼平台发起慈善拍卖,就剧中主演穿戴过的服饰展开拍卖。除此之外,各大品牌也参与了这场营销大战,例如味全就上线了"三生三世,只为你等"的桃花主题瓶,泸州老窖推出了"桃花醉",美图秀秀推出了"桃花妆"特效。

思 考 题

1. 试围绕某部电视剧,分析说明电视剧的影像特征和叙事特征。

2. 请以两部电视剧作品为例,说明中外电视剧在类型特征上有何异同。

3. 现实题材电视剧有哪些主要类型?试分别说明其主要类型特点。

4. 历史题材电视剧有哪些主要类型?试分别说明其主要类型特点。

5. 试结合《笑傲江湖》《天龙八部》等,说明武侠剧的主要特点和文化追求。

6. 电视剧策划主要有哪些影响因素?如何进行剧本策划?

7. 如何进行有效的电视剧营销?请结合本人在电视频道或移动终端的收视经验,分析说明某部电视剧的主要营销策略和手段。

第七章

微电影

案例 7.1 《苏州情书》 •

　　2013 年,由苏州市人民政府新闻办公室与苏州日报报业集团联合出品,情调苏州工作室与苏州方向文化传媒共同打造的苏州首部官方形象微电影《苏州情书》一经播出,就掀起了一场新浪潮。全片将两个情感故事交错呈现,同时结合苏州的人文风景,再现了苏州城古典气息与现代时尚相融的特点。影片热播不仅带火了苏州的微电影市场,使 2013 年成为苏州的"微电影年",该片通过微电影这一创新形式来展示、推广城市形象的探索也在全国起到了示范引领作用。

　　《苏州情书》自 2013 年首映一年后,网络点击已破百万,其续集《时间里》也于 2014 年 7 月 8 日上映,首轮点击数就已超过百万。

案例 7.2 《郑棒棒的故事》 •

　　《郑棒棒的故事》讲的是一位"棒棒"的故事。2011 年初,以挑担为生的"棒

棒"郑定祥在重庆万州城里帮人挑了两大包货物。结果,挑货途中,货主走失,遗落两袋价值万元的羽绒服货物。当时,郑定祥正面临巨大的困境:妻子病发住院,急需用钱。但面对这笔意外之财,郑定祥丝毫没有动心。他全心全意地守护着这批货物。严寒天里,他发着高烧,冒着雪雨,日夜苦寻货主。没有收入,他只能连夜赶赴老家借钱,陪老伴做完手术,又返回万州寻找货主。直至 14 天后,两大货物的主人终于找到,压在郑定祥心中的大石头才落下。

这本来只是一个平凡故事,但却在网络上引起了的巨大反响。3 分钟的短片,上网开播后短短几天,点击量已超 30 万。在微博、各大论坛上,网友纷纷转载,争相留言。不少观看过该短片的网友表示,郑定祥的行为深深地打动了他们,让他们感受到了坚持的意义。《郑棒棒的故事》迅速走红,因为它叙述了一个简单而深重的话题:我们要坚守诚信价值。

伴随着新媒体环境下微博、微小说等"微文化"大行其道,微电影作为一种"应时"的影像概念也随之诞生。有学者惊呼:"微电影迅速成为时代的宠儿,成为一种时尚、一种时髦。如果一家公司不宣布创作微电影,那它在商业上就远远落后了;如果一个电影研究者不谈论微电影,那他在电影研究方面就落伍了。"[①]

第一节　微电影的定义与类型特征

一、微电影的定义

2018 年"春运"第一天,一则根据真实故事改编的广告短片刷爆了微信朋友圈,引起千千万万春运人的情感共鸣。导演陈可辛执导的这部名为《三分钟》的微电影,为大家讲述了一次不同寻常的团聚——身为列车乘务员的女主角春节值乘的列车经过儿子所在的小城,列车经停三分钟,小男孩在站台上守候许久未见的妈妈,当他见到妈妈背诵乘法口诀的那一刻,许多人为之潸然泪下。这则仅有 3 分钟时长的《三分钟》属于质量上乘的电影还是充满"铜臭味"十足的苹果手

---

① 饶曙光:《微电影:新的电影形态、新的产业业态》,《当代电影》2013 年第 5 期,第 117—121 页。

机广告？什么是微电影？微电影在内涵与外延上有何区别于微纪录片、大电影、网络剧等视听节目的特征？面对这一系列问题，却是言人人殊。

目前大概有四类不同的说法：从放映时间界定，微电影顾名思义就是短片，或"微型"电影、"短时间"电影；从播放方式和传播渠道上界定，微电影被认为是"在新媒体平台（网络、手机、新媒体终端）播放，具有'电影属性'的叙事和表达"[①]；从功能上界定，如导演王小帅提出，"什么微电影？就是广告，没有电影两个字，谁会关心它的存在，它就是一个大箩筐，什么都能往里装"[②]；从创作主体上界定，微电影被认为就是"草根电影"，其最大特点就是人人都可以参与。

百度百科对于微电影的定义是：微电影即微型电影，又称微影。它是指能够通过互联网新媒体平台传播的30至60分钟之内的影片，适合在移动状态和短时休闲状态下观看，具有完整故事情节的"微（超短）时"（10至30分钟）放映、"微（超短）周期制作（7至15天或数周）"和"微（超小）规模投资（几千至数千/万元每部）"的视频（"类"电影）短片，内容融合了幽默搞怪、时尚潮流、公益教育、商业定制等主题，可以单独成篇，也可系列成剧。根据这一定义，时长短、规模小、投资少是微电影的总体特征，相较于其他网络微视频专业性更强，是一种以电影手法来讲述故事，以短片形态来分享传播的"新兴"艺术形式。其中，所谓的"三微"原则是目前国内业界公认的微电影准则，即"微（短）时放映""微（短）周期制作"和"微（小）规模投资"。但是，这一定义仅仅从外部形式对微电影进行了描述性说明，而并未对微电影的内涵与外延特征给出清晰的说明。

尹鸿教授对微电影的定义与百度百科类似，他认为"微电影，不同于非虚构的记录影像，也不同于一般用户上传的业余视频，而且也不同于同样在网络播出的多集连续网络剧，它通常是指由专业或者准专业创作团队为互联网（包括移动互联网）等新媒体所创作的虚构性短故事片，长度数分钟到数十分钟不等，每部都是完整作品，可以系列制作和播出。此外，还有数十秒钟、更接近于广告片长度的所谓'超微电影'"[③]。这个定义把微电影区别于非虚构的纪录片，区别于网络用户上传的、种种难以定型的自制视频，强调了微电影仍然是一种电影的专业性或准专业性，但是内涵与外延上的独特性仍未给予重视。

---

① 宋丽丽：《艺术终结之后：对微电影美学特征的再思考》，《新闻界》2013年第4期，第60页。
② 阎云霄：《微电影产业链已清晰，8集影片换亿元广告费》，《中国企业报》，2012年10月30日第4版。
③ 尹鸿：《微电影：互联网时代的艺术新形态》，《电影艺术》，2014年第5期，第67—71页。

与尹鸿教授、百度百科的定义相比,维基百科英文网站更愿意采用短片这一说法,即"短片是时长没有达到故事片长度的那些电影"。尽管没有关于时长、边界的一致看法,但是美国电影艺术与科学学院对短片的界定是,"包括片尾字幕在内,放映时间40分钟或少于40分钟的原创故事片"。"电影短片"(featurette)一词最初就用于形容比短作品长、比正常的长片短的电影作品①。

维基百科英文词典采用了美国电影艺术技术学院奥斯卡官网规则和资格部分关于短片的相关规定(Short Film Awards-Additional Resources)作为一个衡量标准:短片是指持续放映时间为40分钟及以下的原创故事片,放映时间包括所有字幕在内;不包括如下作品:预告片或者广告片;长故事片的段落,如字幕段落;已经制作好的电视剧的未播段落;尚未销售的电视剧情节②。人们固然不能以奥斯卡评奖短片的时长标准来作为判断微电影时长的标准,不过可以作为一种有价值的参照。

与国外通用的"短片"的提法相比,国内的提法"微电影"的使用时间虽然只有几年时间,但是在日常交际中,被接受的程度较高。各种定义或多或少地强调了时长、播放载体、虚构性、专业或准专业性等各个方面的特征。而且,在大多数人的理解中,似乎只要是短视频,都可以称为微电影,这一点从百度百科的相关解释中就可以得到印证。微电影的概念已经被无限泛化,应该予以厘清。

本书认为,微电影是电影这样一种综合艺术形式在新媒介技术下合乎逻辑的发展,对其进行界定既不能忽视大多数论者所强调的"三微"原则和新媒体播放平台,又要突显微电影之作为一种电影艺术的本质规定性。综合考量,对微电影界定如下:微电影是指由演员在剧本设置的规定情境中,创造性地塑造人物形象,从而实现叙事、表情和达意的目的,时长未达到剧情长片要求,主要以新媒体终端为播放平台的影像艺术。

这个定义综合考量了各种制作主体如政府机构、社会团体、企事业单位以及大量个体或群体网民的制作诉求,强调微电影在内涵与外延上区别于微纪录片、网络脱口秀、网络剧、网络大电影等其他类型的新媒体视听节目,强调其作为表情达意之载体的工具性与通用性。实至名归,微电影之"名"取决于下列微电影之"实"。

---

① 维基百科:https://en.wikipedia.org/wiki/Short_film。
② 奥斯卡官方网站:http://www.oscars.org/oscars/rules-eligibility。

第一,虚构。所谓"虚构",是指人物形象与故事情节是主创人员依据一定艺术规律想象、创造出来的,不是对现实世界所存在的人物和事件的简单记录和拟拍,比如纪录片中的"真实再现""情景再现""搬演""扮演"等。要虚构就必须有编剧、剧本、创意和表演,也要有包括导演在内的一系列演职人员。

第二,演员表演。演员表演必须以完成人物形象塑造为首要目标,而不是简单完成"规定动作",塑造人物形象是微电影和演员的重要使命之一。

第三,故事容量小。这是指相对单一的故事线,相对集中的故事情节,相对较少的人物形象,相对简单的故事情节。一般而言,微电影的故事场景变化不多,时间跨度不大(常常就是几个小时、一天或者几天之内)。微电影很少追求跌宕起伏、大起大落的故事情节与人物命运,更追求通过对细微之处的刻画来探讨人性、情感与生活。因为故事容量小,微电影之"微"还指拍摄技术门槛低,投资少,拍摄团队小,拍摄任务比较简单易行。

第四,影像艺术。微电影在艺术表现力上不但具有其他各种艺术的特征,又因可以运用蒙太奇这种组接技巧,可以综合其他艺术的表现手段,且影片可以大量复制放映。

第五,技术门槛低。技术门槛低不是指拍摄技术可以"忽略不计",而是指拍摄设备及制作设备要求相对较低,技术运用可以不那么"专业"。比如,使用非专业级家庭摄像机、单反相机都可以进行微电影拍摄,后期制作在较高配置的个人电脑上就可以进行,用便捷的影音处理软件就可以进行编辑操作。

二、微电影的类型特征

由于微电影在叙事篇幅、制作成本以及技术运用上的总体限制,微电影在表达上也就相应受到诸多限制或影响,具有所有艺术形式"戴着镣铐跳舞"这一典型创作特征。在艺术创作与表达上,形式与内容的统一和适配一直被视为一种比较得体的主流方式。微电影的表达特征取决于"电影"+"微"。"微"含小、短、少之意,既有"微小""微型"之意,更有"微言大义"之"精简""微妙"之意。由于微电影表现的是"微内容",那么一部好的微电影就要有与之相适应的表现形式,即需要在叙事、人物、场景、情节、细节上精雕细琢,还追求内容精练、含义微妙、形式短小、构成精巧。

1. 主题简单明快

众所周知,传统大电影擅长表现宏大叙事,即便是描绘当下生活的影片,也较注重内涵的表达和深层意义的发掘,而微电影却不同,它们的主题小而丰富,创作者通过这种形式表达"微"时代人们的生存境遇、情感诉求,传达的情感和价值观更具体化,更寻求表达一种平民化的人生思考。大多数的微电影作品主题都比较简单明了,并且主要集中于人们易于感受的层面,往往向观众呈现的是一个个生动鲜活的生活横切面。例如,《看球记》就以单亲父亲对不在身边长大的儿子的爱为表现主题,父亲为了让儿子看球,毅然让已经成年的儿子像小时候一样骑上父亲的肩膀,这样小小的生活瞬间,让观众深深地体会到了那份浓浓的父子之情。

在碎片化的时间里,受众很难对一个问题进行深刻的思考,想要的更多是短暂的轻松和愉悦。因此,作为一种满足人们碎片化时间消费的电影样式,微电影的主题大多涉及情感层面,以求迅速抓住现代人的心理诉求和情感诉求。例如以青春和爱情为主题的《伤心料理》;以城市印象为主题的《火锅》;以人性美丑为主题的《夺刀》,这些影片多以个人经历为主线,旨在传播正确的价值观念,其主题思想鲜明易懂,容易引发观众情感上的共鸣。

换个角度来看,微电影实际上通过分解和细化宏观的社会生活,通过各个社会阶层的广泛介入,将更多的题材、更广泛的内容,尤其那些传统电影无暇关注的生活角落、难以表现的主题统统收入囊中,稍作加工便可成为一道佳肴,"恰恰由于客观时空压缩被,导致其故事节奏加快、悬念迭起、信息量密集而紧凑。观众的内心时空在短时间内被极度充盈,处于高度紧张和亢奋状态,并迅速进入被其剧情控制的状态"[①]。从筷子兄弟接地气、唤起"80后"集体记忆的《老男孩》,到被许多网友捧为神作的《李献计历险记》《坏未来》,再到"美好2012"大师微电影活动中许鞍华的《我的路》、蔡明亮的《行者》、金泰勇的《你何止美丽》、顾长卫的《龙头》等这些中国微电影史上里程碑式的作品,在内容上呈现出鲜明的特色。

2. 立意上以小见大

由于受到故事容量限制,微电影难以表现时间跨度大、人物命运坎坷多变、社会内涵复杂的内容,而只能表现时间和空间都相对较为集中的故事。因此,在立意上,微电影一般寻求"以小见大""四两拨千斤"的表达效果。

---

① 杨晓林:《微电影的特征、分类及传播》,《民族艺术研究》2015年2期,第18—27页。

以小见大是指通过生活片段、通过个别人物形象来反映或者揭示生活和人性的本质问题。能够在作品中表达出哲理，这样的作品立意无疑是深刻而"宏大"的。陈凯歌的《百花深处》就是如此，在10分钟的时间里，搬家公司帮助一个精神病患者冯先生搬了他已经不存在的"家"。从故事表面看似乎有些荒诞不经，但是将这个故事与"十分钟年华老去"的主题联系起来，就可以体悟出《百花深处》的立意，不仅在于搬"家"和时光流逝，更重要的在于老北京人精神家园的

"消失"，从更广泛意义说，不可遏制的大规模拆迁与基础建设，对于中国传统文化传承的破坏性影响，造成的是人们对于"新世界"的迷茫，因为他们的"根"没了。拍摄于1999年的《百花深处》所探讨的问题，直至今天依然存在，而且今后相当长时间内，在世界各地这一问题都将会反复出现，这就是《百花深处》的艺术价值。

微电影《百花深处》

有些微电影并不聚焦于社会问题，而是侧重于探讨人性。《宵禁》就是这样的作品。消沉的瑞奇在与外甥女索菲娅的短短几小时相处中，感受到了亲情和人生的意义，从而重拾生活信心。《宵禁》中一处细节处理得非常充分：索菲娅上洗手间，两个妇女在洗手间门口高声谈论着瑞奇觉得不该让索菲娅听到的话题，被动性格的瑞奇先是低声叫两个女人不要再说了，两个谈得兴起的女人根本就没有注意到他在说什么，瑞奇终于忍不住发作起来，用大得出人意料的声音对着两个女人狂吼，让她们闭嘴。索菲娅出来后为舅舅的行为感到自豪。这一细

微电影《宵禁》

节是促成瑞奇改变的转折点,他意识到自己可以保护索菲娅,自己对索菲娅和这个世界还有用。当他再次被妹妹拒绝的时候,他又想到了自杀。而妹妹从索菲娅的反应中,知道聪明伶俐的索菲娅与瑞奇相处得不错,于是又给瑞奇打了电话,这个电话终于改变了瑞奇的人生轨迹。瑞奇对亲情的依恋和对生活的热情开始复苏,展示了人性的博大与力量。

3. 情节上片段化的场景

一般而言,微电影故事时间比较短,就要求故事情节和故事场景相对集中,展现片段化的生活情境,如日常的街道、学校、商场、办公室、公交车等。虽然在获得较高赞誉的短片《百花深处》拍摄时,"微电影"这一概念还没有提出来,但它无疑是最优秀的微电影作品之一。该片讲述了一个有精神疾病的人(冯先生)让搬家公司帮他搬家的简单故事,时间跨度不到半天,主要场景是一片被拆迁的废墟,故事线索单一而清晰。

《十分钟,年华老去》是由英国"10分钟,年华老去"有限公司为了迎接新千年,斥资上亿元人民币拍摄而成。该片当时邀请了15位世界大师级导演,旨在展示当代世界电影的最高艺术水准,15位导演各拍10分钟,串联成一部150分钟的电影。陈凯歌这个极为简单的10分钟短片,在《十分钟,年华老去》15个短片集中被公认为最佳短片,也是短片集的压轴之作。

《9路汽车》的场景只涉及两个,一个是普通的公共汽车,另一个是农村随处可见的田地,这两个场景都很简单,但却凭借精彩的剧情表现了一个完整的故事。在网络上流传甚广、口碑极高的短片《我的鞋子》故事就更简单。包括片头片尾字幕在内只有3分50秒时长,整个故事就发生在一个公园里,穿着破烂不堪的鞋子的小男孩无意中遇到一个坐在长椅上的男孩。他看到坐着的男孩穿着一双崭新的鞋子,便幻想变成这个男孩。小男孩的愿望实现了,他穿上了新鞋,因为怕弄脏新鞋只能坐在长椅上,而那个原本坐着的男孩穿着破鞋,快乐地跳跃着、奔跑着。

4. 形式上更为精致

故事容量的限制也使微电影出彩的难度增大了。总体而言,微电影在故事情节构思、人物形象塑造与影像语言运用上都更注重奇思妙想和匠心独运。

从故事情节上看,传统电影往往突显场与场之间的组合关系,可以通过"起、承、转、合"实现。"起"是起因,故事的开头;"承"是事件的发展过程;"转"是事件情节的转折;"合"是该故事的结尾。微电影缺乏足够的篇幅采用长片的"起承转合"的叙事结构,往往侧重于"承"和"转"两部分,而相对压缩"起"和"合"两部分的内容。换句话说,微电影的叙事往往开门见山,快速进入故事,不能拖泥带水、"左顾右盼",故事结尾往往点到即止,留下回味余地。

《百花深处》中,冯先生走到搬家公司卡车边,让给他搬家是"起";接着开车去地方,经过地安门大街等道路来到已经拆空的"百花深处"胡同,到被电话告知冯先生是个疯子,要跟他结账,是"承";四个小伙子帮冯先生搬已不存在的家,并似乎看到了曾经的"百花胡同",是"转";冯先生发现了过去挂在屋檐下的铃铛,疯疯癫癫拎着铃铛跑开,是"合"。

从人物形象塑造上看,微电影人物形象的构成往往比较简单,人物关系也不能过于复杂。人物搭配以 1 到 3 个人为主,否则有些人物因为时间和内容限制,很可能不会给观众留下任何印象,而沦为故事背景或者多余形象。《百花深处》中,主要人物是冯先生和搬家公司的小工头(耿乐饰);《宵禁》中是三个人物,瑞奇、索菲娅和索菲娅妈妈;《拾荒少年》中是两个主要人物,一老一少两个拾荒者。

因为人物形象少,在叙事和塑造人物时,可以更集中、更深刻挖掘细节,挖掘人物内心世界。如《拾荒少年》中,老拾荒者对小拾荒者的态度变化就分为几个不同阶段,从开始有些"敌对"到最后想请出版社的编辑用"谎言"来给小拾荒者温暖,让人对社会最底层的群体充满了同情和敬意。而小拾荒者因为害怕被人"拐卖"而装成残疾儿童的细节,又让人们感受到了被拐卖儿童的残酷命运和现实。

在表达形式上,微电影往往更注重声画语言的表现效果,《百花深处》中,当冯先生发现原来挂在屋檐下的铃铛时,他把铛子装好,然后摇响铃铛跑开,这时在搬家公司四个人的眼中,仿佛浮现出了一副老北京胡同和四合院的水墨画,还伴有充满市井气氛的吆喝声。这段神来之笔的水墨动画的运用,正是该片的点睛、点题之处。

三、微电影演进简史

中国内地有关微电影的提法是与网络视频的逐渐发展相一致的。2005 年12 月 28 日,《一个馒头引发的血案》在网络上流传开来,并在很短时间内演变为网络热点。该视频是自由职业者胡戈创作的,其内容就是采用中央电视台社会

《一个馒头引发的血案》

与法频道栏目《中国法治报道》的节目形式，重新剪辑了陈凯歌导演的影片《无极》，加上一些上海马戏城表演的视频资料。虽然只有20分钟长，其无厘头的对白、滑稽的视频分接、另类的穿插广告，使《一个馒头引发的血案》在网络上的下载观看率远远高于《无极》。在2005年至2010年间，胡戈又制作了《血战到底》《007大战黑衣人》《宅居动物》《007大战猪肉王子》等一系列视频短片，延续了一贯的恶搞、幽默和无厘头元素，将视频短片推上了风口浪尖，网络恶搞视频逐渐成为一种网络现象和社会现象，"微视频"这一概念也被突显。"微视频"涵盖的内容非常广泛，包括个体设置的小电影、DV短片、纪录短片、视频剪辑、广告片等，短、快、精，参与性强是其最显著的特点，很多人将2006年视为我国的"视频元年"。

其实"微视频"的内涵已经非常接近微电影，可以说，正因微视频的快速发展才逐渐催生出微电影。2009年"南方多媒体短片节"等相关活动的相继举办，使"微电影"的轮廓逐渐形成。2010年12月，凯迪拉克与中影集团合拍、电影明星吴彦祖主演的网络视频作品《一触即发》上线，剧情通过90秒时长讲述吴彦祖在一次高科技交易中遭遇敌手突袭，为了将新科技安然转送至安全地带，吴彦祖联手女主角Lisa施展调虎离山计，几经周折最终成功达到目标。宣传人员将这部借助社交媒体广泛传播的汽车广告称为微电影。随后，这一称谓渐渐为广大网民所接受，在极短时间内风靡全国。

此后，一些专业影视制作机构、视频网站、门户网站纷纷试水微电影，期望在这股热潮中"分一杯羹"。由此，微电影渐渐成为一种独立的影像文化形态，一个电影产业分支，不仅为独立的个人或团体提供了自我表达和个性展示的平台，更成为广告商进行的品牌推广和营销的重要渠道，众多公益组织和政府机构也逐渐参与到微电影制作的热潮之中。据业内人士统计，2011年有不少于2 000部微电影问世，可以称得上真正意义上的"微电影元年"[①]。一系列以"微"字打头的概念性电影横空出世，各网站、名导、演员集体在微电影上发力，形成了新的营

---

① 饶曙光：《微电影：新的电影形态、新的产业业态》，《当代电影》2013年第5期，第117—121页。

销手段和模式。专门的微电影发布和制作平台如 V 电影、唯象网、爱奇鱼等越来越多,各大视频网站也纷纷推出了自己的微电影频道,自制了一系列微电影,如优酷网的《11 度青春系列》《美好 2012》系列;腾讯网的《美丽的梦》系列;新浪网的《四方夜谈》系列;爱奇艺的《城市映像》系列等。同时各大品牌的广告商积极出动,与门户网站合作,以各种方式推出自己的微电影,如卡地亚珠宝广告、益达口香糖系列广告、多乐士油漆广告等;政府部门、公益团体以及其他社会组织也不甘落后,纷纷拍摄各类微电影展开宣传;众多的影视制作机构和电视台紧跟大潮,试图投资或设置微电影,各类微电影大赛、微电影节此起彼伏;在民间,大批的影视爱好者也都一试身手,创作出许多微电影作品。根据 V 电影网 2014年 1 月 9 日发布在 V 电影网"行业"板块的《2013 互联网影视行业报告》的统计数据显示,与传统影视行业从业者集中分布在北、上、广等大城市不同,调查中62.77% 的互联网影视从业者分散在北、上、广以外的地区,且分布较为离散①。正是由于全民化的拍摄潮流,才使微电影的概念变得混杂不清。甚至在 2014 年10 月有媒体报道,目前国内微电影产业总值已经达到 700 亿元,年产量高达 2万部,并且有微电影界权威人士放言,未来三年,中国微电影总产值将超过 1 000亿元②。

　　2016 年微电影行业慢慢转向"微电影＋"的新形态、新业态,即网络大电影,又称新媒体电影,即时长超过 60 分钟,通过互联网平台进行发行,进行付费点播的影片,目前支持付费的视频平台有:爱奇艺、PPS、搜狐、乐视、优酷、土豆、腾讯、PPTV、响巢看看、电影网、360 影视、中国移动等。

第二节　微电影的类型划分

　　由于微电影的内容广泛多样,制作主体、制作手段、制作目的,尤其是艺术水准与艺术质量等方面高低不一,对微电影进行类型划分比较困难,无论怎样分类都难免有些牵强和相互抵触。比如 V 电影网将所有微电影分为创意、励志、搞笑、运动、旅行、爱情、广告、动画、剧情、音乐、科幻、纪录、预告、混剪、实验、生活

---

① 《2013 互联网影视行业报告》,http://www.vmovier.com/41079。
② 杨晓林等:《微电影艺术导论》,中国电影出版社 2015 年版,第 46 页。

等类型。中国国际微电影节则将参赛作品划分为剧情类、纪实类和动画短片三个大项，可以是爱情片、搞笑片、动作片、剧情片、恐怖片、科幻片、伦理片、励志片、歌舞剧；也可以是广告片、小品、话剧、个人演唱会、精彩演讲片段、经典文学的重新演绎、对恋人的真情表白，甚至是离奇梦境的再现等各式各样的作品题材和内容。从中国国际微电影节评奖作品的分类可见，在千差万别的视频作品中找出整齐划一的模式化特征困难重重。

目前有几种相对通用的标准，如按长度可分为 10 分钟以内、10 至 20 分钟、20 至 60 分钟的微电影；按拍摄设备可分为专业数字摄像机微电影、单反相机微电影、高清拍摄手机微电影等；按题材可分为校园微电影、城市微电影、农村微电影等；按创作目的可分为艺术微电影、广告微电影、宣传微电影；按大电影类型标准可分为爱情微电影、喜剧微电影、悬疑微电影、惊悚微电影、动作微电影、魔幻微电影等。本书对媒体和社会认可度较高、有一定代表性的五种常见类型——宣传型微电影、广告型微电影、艺术型微电影、恶搞型微电影、校园型微电影进行亚类型说明。这些亚类型因功能和创作目的不同，划分的标准也不同，其内涵和形式也同中有异①。

一、宣传型微电影

根据新华网广西频道 2018 年 4 月 24 日消息，广西平乐县首部以税收宣传为主题的微电影《茶园税事》在县国税局举行开机仪式。据悉，该微电影讲述了在外打工的年轻人回乡创业，在税务人员的帮助以及相关税收政策的推动下，经历了从创建合作社种植石崖茶，到成立公司生产石崖茶，最后成功脱贫致富并带动全县旅游发展的故事，展现了税务干部的时代担当以及税收对地方经济社会发展的有力支持。

其实这只是冰山一角。2018 年 4 月 25 日 23：00，本书编者以"微电影宣传片"为关键词通过 360 视频搜索显示，全网共计检索到 4 980 个相关视频，内容主要来自 360 影视、新蓝网、爱奇艺、乐视、优酷、搜狐、看看、爆米花、播视网、华数 TV、央视网、凤凰、芒果 TV 等视频网站，相当多的影片出资方或制作主体是地方政府、事业单位、管理部门以及各种公益组织。

---

① 参见杨晓林：《微电影的特征、分类及传播》，《民族艺术研究》2015 年第 2 期，第 18—27 页。

　　政府部门、事业单位或社会团体重视微电影"寓教于乐"的宣传教育作用，是因为与主旋律电影、电视剧、专题片以及宣传片相比，微电影具有较强的宣传优势，其观众接受面广、渗透性强，易于被接受，能够克服传统说教的生硬以及"你说我听"单向传播等弊端，以清新平实而又富有人情味的故事"软化"受众心灵，加之投入小、收效好，政府宣传部门及事业单位如公安、卫生、科教、交通、建筑、学校等常常通过举办形式各异的微电影大赛，在主流平台如网络、电视台、公共场所的视频上播放大赛启事和获奖作品，来进行主流意识形态、标杆性人物，以及法规、相关行业规则的宣传，如"彩虹城市公益计划——温暖2012""公益微电影""美好2012""最美中国·微电影创作大赛"等。

　　按照宣传主体的主要诉求，宣传型微电影还可以细分为三种不同类型：第一类是弘扬主旋律和社会主义核心价值观的作品。这类作品具有浓郁的时代特色，以先进人物的优秀事迹为主题，如微电影《遗落的红伞》，该电影根据2013年度感动贵州省思南县十大教育人物宋长城的先进事迹改编，讲述他独自坚守一个教学点28年，无怨无悔的事迹。还有被网友称为最能真实反映底层人民生活的《这个冬天有点冷》，主人公祥子毕业即失业，作为一个普通人，当他面对比他更可怜的人时却表现出空前的博爱。这些微电影通过艺术化创造彰显了主流价值观的内涵。

　　2017年1月中宣部宣教局、中央新闻电影制片厂共同推出135部社会主义核心价值观主题微电影优秀作品，从25日起在电视、移动客户端等媒介上轮流播出。在这135部影片背后一共有135家不同制作方，其中包括公益团体、政府部门、文化传播公司以及高校社团，它们通过拍摄的微电影来不断推动核心价值观融入社会各个方面。播出的作品中既有故事微电影也有纪录微电影、动画微电影，但均以精彩的人物故事、鲜活的镜头语言形象生动地传播社会主义核心价值观，也通过多样化的题材样式和风格着力反映日常生活的凡人善举，唱响时代主旋律，传递社会正能量。

　　第二类是城市微电影。城市微电影是指那些与城市相关，以城市生活为背景，展现城市及城市中人的面貌，讲述城市中发生的故事，描绘人与城市的关系，让观众对城市留下某种印象。首部有意识主动传播城市形象，提出"城市微电影"概念的影片是2011年合润传媒和凤凰网合作推出的《相约山楂树》，这是一部介绍湖北宜昌旅游资源的爱情微电影。随后出现《志明上广州》《桂林北爱》《福州，我爱你》《苏州情书》等颇有影响的城市微电影作品。《苏州情书》纵览苏

微电影《苏州情书》

州千年文化精髓,艺术地呈现了东方水城的人文风情,展现了苏州与众不同的城市特质,是苏州市政府首次运用微电影这种新型表现手法来展现苏州形象。2013年9月,"中国城市微电影产业联盟"启动,开通了官网和官方微博、微信,至此,"城市微电影"作为一种新的微电影产业类型被正式提出来。

第三类是挖掘传统文化,体现历史精神的作品。这类作品有的从历史题材入手,展现历史长河中星光闪耀的一瞬,所表现的人物大多是历史上对国家和民族有重要贡献的仁人志士、民族英雄、文化贤达,具有深刻的历史文化内涵,如"中华传统文化百集系列"微电影,大力弘扬中华优秀传统文化和儒家传统思想,深入挖掘和严格甄选能够反映"尊敬父母、尊敬师长、文明礼貌、诚实守信"时代价值的传统伦理道德故事,用富有教育性、趣味性、故事性、观赏性的影视手段首次将中华传统文化内容栩栩如生地呈现在屏幕上,传递跨越千年的中华传统美德。也有影片从坚守传统文化与社会现实压力之间的矛盾入手,展现人们的心灵与道德追求。如微电影《宗山米粉世家》讲述了一对年轻恋人面对生活的种种压力却依然执着地传承手工米粉制作技艺的故事,以传承和弘扬独具地域特色的非物质文化遗产为题材,立意高远,构思精巧,兼具艺术性、思想性,充满对优秀传统文化的坚守和执着。

从我国电影的发展史看,宣传型微电影之所以成为一种具有独特风格的微电影类型,就在于此类作品在故事的讲述中融入了更多的现实因素,准确地把握住时代发展进程中人们的心理、情感、愿望、价值观的发展变化,成功地建构了具有强烈感召力的主流价值观和积极向上的人生观,引起了社会各界的广泛共鸣。优秀的微电影故事都蕴含着一定的价值判断,能够获得广大观众的价值认同,启发观众从故事中思考、感悟,对照自己的思想和行动,校准生活的航标,树立积极向上的人生观和价值观。

二、广告型微电影

"刺客、飞车党、火箭炮三批阻击者接连闪过顶楼，就在化险为夷之时，却又杀出了一个回马枪……"这是凯迪拉克微电影广告《一触即发》中的场景。无论是最初从大楼跳下，千钧一发之际的"无钥匙开门系统""一键式启动"，还是在被直升机追截，可检查车况的"全监控车况系统"，还是在"On Star"的帮助下找到救命通道的隧道，最终甩开对手，凯迪拉克"赛威"汽车卓越的性能和配置在一路惊险中展现无余，恰到好处地凸显了品牌的特点和优势。2010 年是一个以"微"字当先的新时代。也可以说，《一触即发》是中国大陆真正意义上的第一部微电影影片。

凯迪拉克微电影广告《一触即发》

广告型微电影也被称为"营销微电影"，是对以往电影植入式广告和单一影视广告形式的超越。由于商业资本的进入，制片方一般都邀请名导演或者专业的电影导演执导，主创团队也都是成熟的专业人士，因此作品大都比较"高大上"，传播广、知名度高，也一直为广大研究者所津津乐道，甚至有研究者认为微电影的主流或者微电影就是指广告微电影或商业微电影。

将品牌、产品诉求巧妙地融合在一个好的故事中，让一个故事的主题成为品牌的核心概念是微电影的主要特性。对于营销传播而言，微电影是微时代的热点，更是抵达碎片化人群与碎片化时间的载体。通过微电影营销使品牌最大限度地被消费者关注到，触动消费者的心灵，使之感受到品牌的价值和内涵，增加品牌的亲和力。某种意义上，广告型微电影巧妙地使电影艺术手段与品牌广而告之的商业目标"联姻"，使原本浅白直露、具有诱惑性的"硬广告"变得含蓄委婉起来，摇身一变成为把商业诉求巧妙隐藏起来的"软广告"。相比于传统电影，微电影的广告植入更加灵活，改变了以往影视作品因创作后期广告硬性植入引发的观众抵触情绪，而其播出平台也能收获巨大的点击量及广告收益。

如果以 2010 年为界,经过几年时间的沉淀,广告型微电影至今已经形成了一些基本惯例。一是以创意见长,无时间限制,情节完全可控,这为创意提供了巨大的空间。对于品牌营销来说,微电影确实是一个很好的表现形式,在光和影的美妙配合下,可以让观众记住其中的故事、场景,受到片中传达情绪的感染,进而不经意地让接受者记住某个品牌,甚至对某个品牌产生好感。对于大多数的品牌来说,通过一部微电影来传达深层次的品牌精神通常会好过仅仅是对某个产品直接、直白的广告宣传。创意成为此类微电影的创作核心,好的创意能将"微"所带来的限制转化为风格优势。

二是采用类型电影惯用的手法,如名导执导,明星主演,动用高端设备,讲求视听语言搭配,考究服饰的精美,追求极致的光影效果等,充分调动观众的感官。"好看"与"奇观"成为微电影的追求,故事完整、情节紧凑、悬念迭出、制作精良、明星阵容、著名导演等商业元素构成了微电影最关键的形式诉求①。

由于名导演和明星背后总有商业资本,此类微电影普遍资金上充足,为好导演和好演员的加入,输出上乘作品提供了可能。比如时长 20 分钟的微电影《功守道》几乎集合了中国武侠电影最好的创作班底和国内外最一线的武打演员、明星,由李连杰担任制片人,袁和平、洪金宝、程小东担任武术指导,身价 386 亿美元的阿里巴巴当家人马云担任主演,参与演出的则有吴京、甄子丹、邹市明、托尼·贾、向佐、刘承羽等顶级功夫巨星及运动员。

微电影《功守道》

三是角色类型化。广告微电影需要在短时间内直接抵达观众的感知世界,

---

① 饶曙光:《微电影:新的电影形态、新的产业业态》,《当代电影》2013 年第 5 期,第 117—121 页。

就必须运用观众熟悉的类型片元素，如爱情片、喜剧片、黑帮片、动作片、科幻片等，其中的角色也一般是类型电影中高度脸谱化的人物，比如帅男和美女组合，慈善的老人、可爱的孩童等均是常见角色。2011年桂纶镁和彭于晏主演的广告微电影"益达酸甜苦辣"系列就采用了公路片的类型模式，总长15分钟，在叙事中基本上省去了过度的戏份，融合了有意味的一些片段，包括偶然相遇的"缘起"、怦然心动的"甜"、醋意横飞的"酸"、快意驰骋江湖的"辣"、浪迹天涯海角的"苦"、再次邂逅的"寻味"、三角之恋的"甘苦情缘"、波澜再起的"百感交集"等，作为爱情片，其故事曲折浪漫，简约而不简单。而益达口香糖作为辨识度很高的宣传对象，成为贯穿始终的恋人间相互关爱的道具，因为"益达"，两人相识、相恋、分手又重逢。镜头以特写、中近景为主，画面唯美，场面以少胜多。

三、艺术型微电影

商业电影和艺术电影是人们谈论电影时经常涉及的两个概念。商业电影和艺术电影的区别，并不在于前者有商业性而没有艺术性，后者又只有艺术性而无商业性。只要是电影，它在本体属性方面总是兼具商业性和艺术性。区别在于这两种属性在不同类别中各自表现出系谱中的强弱之分，形成不同组合，使影片在结构、叙事策略、形式特征等方面出现更加细致的分化。有些艺术电影会因为雅俗共赏而获得可观的商业回报，如阿仑·雷乃的《广岛之恋》，有些商业电影也会因为精美的制作获得较高的艺术品味，如斯皮尔伯格的《辛德勒的名单》。不过，既然是商业电影，就要遵循一定的商业规则，影片中就必然存在很多商业元素；而艺术电影，由于不以营利为最终目的，从而摆脱了商业规则的羁绊，创作者就能表达一些具有个人艺术特点的内容，可以对世界、社会、生命有更多的、个人性、原创性、批判性的表达，对电影语言进行更多的实验性尝试。

艺术电影与商业电影在结构、叙事策略、形式特征等方面的差异同样表现在艺术型微电影与商业型微电影上。近年来，不少知名导演，如张艺谋、陈凯歌、姜文、王家卫、侯孝贤、顾长卫、许鞍华、蔡明亮、贾樟柯、王小帅、张一白、陆川、宁浩、彭浩翔等都拍过电影短片，其中不少属于艺术型微电影。以2013年戛纳获奖短片《黑洞》为例，故事讲述的是办事员发现从打印机里出来的一张纸上印有一个黑洞,通过这个黑洞可以穿透物体。于是他就利用黑洞去偷保险箱里的钱财,结果因为太贪心,整个人探进深处,最后那张纸掉下来,他被困在保险箱里。影片的主旨是揭露人性中的贪婪欲望,作品创意独特,用了超现实主义的表现手法,于平凡中彰显新奇。此外,还有荣获 2011 年卢纹(Leuven)国际电影节最佳短片奖、2012 年法国凯撒奖(César Awards)最佳短片奖的《调音师》,也是一部佳作。影片以调音师内省独白的方式讲述了一个令人惊心动魄的悬疑故事。高度浓缩的 13 分钟尽显世间百态:失败的钢琴家可能是成功的调音师;表面微笑的服务员或许疲于应付,内心肮脏无比;戴着面具的人类在对自己毫无威胁的弱者面前可以充分信任,卸下防备;人们做着各种掩耳盗铃的事情却自认为高明等,不一而足。

虽然大多数微电影是带有草根色彩的大众制作的娱乐短片,但是艺术微电影的创作者有自己的个性化追求,简单来说,三者必有其一:一是就主题而言,寓意深刻,追求某些哲学层面的思考;二是打造个性突出的人物,力求避开人物的扁平化,以塑造"圆形人物"为旨归。人物思考问题的方式、动作、表情、语言应该是独一无二的,是特殊的"这一个"。三是力求打破大多数微电影的叙事惯例,寻求形式上的"破旧",又在创意上立新。

艺术型微电影在一哄而起的微电影大潮中展现着自身鲜明的属性,是微电影这个集宣传、推广、自我表达等多元诉求于一体的产品家族中罕见的"作者电影",具有比较强烈的批判性、探索性、先锋性,往往以不媚俗、不媚众的姿态使自己成为真正的艺术品。正如导演贾樟柯所说:"实践微电影对我们来说是回到电影的本身,在一个自由状态寻找电影本身的新的可能性,新的美感。"[①]王小帅也声称:"做微电影跟做大电影是一样的,剧本、台词、场景等都是一样的。我们应该用对待电影的态度来对待它,只是它需要的时间更短而已。"

四、恶搞型微电影

"恶搞"起源于日本游戏界,后经由台湾、香港地区传到内地,作为一种视频文化逐渐流行于 BBS 上,是对原有图片、影像或其他文艺作品进行拼贴的再创

---

① 《盛大影视公开贾樟柯"微电影公开课"精彩内容》,http://ent.163.com/12/0913/14/8B9PCAJ600034 C67.html。

作。经过再创造之后,原来的内容格调和意指气氛大变,包含各种搞笑元素,同时,新作和原作的对比往往能增强搞笑程度。其实只需要在任一搜索引擎中搜索"恶搞"两字,我们就会对它有一个形象化的了解,比如看到奥巴马和金正日手牵手地跳着芭蕾、仰天长叹的杜甫手里端着一杆新型的大狙、陈小春与应采儿穿着军装的复古结婚照被换上了陈冠希和凤姐头像。恶搞就像冷不丁冒出来的一个令人哑然失笑的事物,它所指的可能是当前紧张的国际关系,或是一个平日里非常严肃的面孔,或是娱乐界里明星人物,但是它却把那些原有的严肃、紧张的基调来了个乾坤大挪移,让你感觉到平日里司空见惯的一本正经,实质上也都像是小孩子过家家一般。更深层次上来说,恶搞是对事物原有意义的一种反叛、背离,是换一种娱乐心态将意义的高度抹平,将严肃的神经舒缓,使一切充满老百姓的喜感而不是精英的焦虑,它拒绝以严肃的态度和求索的精神来体验世界,而走一条娱乐体验之路。

如果按学者尹鸿的说法,恶搞也能分成两类,同样是拼贴、嘲笑、反讽的手法,一种搞恶是扁平的、世俗的;而另一种却是带有哲学性、反思性的[1]。恶搞微电影也可以依此分为两个种类:一类是观点式、表达型的,一类是反思式、哲学型的。

观点式恶搞类微电影以胡戈的《一个馒头的血案》《春运帝国》和《鸟头山剿匪记》等为主要代表。《春运帝国》继续《一个馒头引发的血案》的恶搞路径,素材主要以周星驰导演的电影《少林足球》《破坏之王》《喜剧之王》《百变星君》《情圣》《国产凌凌漆》《鹿鼎记Ⅱ之神龙教》《黑客帝国》《英雄》等剪接而成;音乐采用《二泉映月》《春天的故事》和《辣妹子》等,由龚格尔与胡戈本人担任主要配音。《春运帝国》片长约10分钟,创作者隆重推出"打击票贩子人人有责"的公益广告和"黄牛集团的赞助广告",让人捧腹大笑之余又不寒而栗。短片里"赚钱第一,信誉不要,能给假票绝不给真票——黄牛集团,质量信得过单位"的广告词等,无一不是人们亲身经历过的春运种种尴尬场景的真实写照,网友在大笑之余几乎忘却了路途的艰辛。

《一个馒头引发的血案》《春运帝国》等采取挪用、拼贴、戏仿等表现手段,用"玩"的心态驾驭媒介技术,进行影像的"微表述",以一种嘲弄、戏谑的心态宣泄着对现实的热爱或者不满。某种意义上,此类微电影来自于普罗大众,是一种感

① 尹鸿:《轻之惑:后现代语境中的中国电影》,《当代文坛》1994年第6期,第50—54页。

性的政论或者时评,以喜剧甚至是闹剧的形式,对种种不良社会现象夸张式展现,把自己的褒贬态度置于其中。

微电影《结婚指标》

反思式恶搞微电影以《结婚指标》为代表。《结婚指标》中的男主角高亮,被甘当他人小三的女友抛弃后,为了保住好不容易摇到又即将过期作废的"结婚指标",开始了相亲之旅,并由此遭遇各种社会怪象。每每相亲不成,高亮便在一个大排档一边喝酒一边向自己的朋友哭诉,而一直在旁边冷眼旁观的大排档老板,最后道出了他自己的故事以开导高亮:大排档老板从与女友相恋那天起,就一直摇号,但是直到她得了白血病去世,他都未能如愿。不过,尽管没有那张纸,他们一直过得都很开心。这使得高亮恍然大悟,"原来,'结婚指标'就是幸福路上的绊脚石,由社会精英们制定的各种'理性'原来是绑在身上的绳索,束缚了我们对幸福的接近与追求"。

《结婚指标》颇具现实讽刺意味。"结婚指标"让人联想起"摇车"指标。编剧将时下热门的相亲和摇号两大话题结合起来,在荒诞的外衣下,探讨婚姻和感情。也许,《结婚指标》还能让人们想起种种指标,如评奖指标、破案指标等。"从某种角度而论,这说明了现代性存在与人的本体发展存在相违背的地方,《结婚指标》也通过恶搞的方式嘲讽了一个事实:所谓由理性构建的现代社会未见得是人类生存和发展的理想状态。"[①]

五、校园型微电影

微电影是数字媒体时代的一种新艺术样式,也是各个学科跨界融合的一门综合艺术,涉及众多的学科与专业,比如广播电视编导、广告学、动画、表演艺术、音乐、新闻传播学、播音主持艺术、美术、设计学、摄影、汉语言文学等。校园微电

---

① 袁小栓:《恶搞微电影的后现代解读》,《东南传播》2016 年第 9 期,第 85—87 页。

影创作常常成为这些专业的核心课程,比如剧情片创作、短片创作、实验短片、毕业创作等虽然沿袭传统课程的名称,但其实是把拍摄微电影作为主要的学习手段,非常重视微电影在训练学生的蒙太奇、画面剪辑、表演等方面艺术思维的作用。不少院校的相关专业纷纷开设微电影写作、创作与后期剪辑等方面的课程,部分大学甚至把"微电影创作"开设成公选课,如复旦大学的"影像创作实践"课、同济大学的"微电影创作"课、苏州大学的"大学生微电影创作"课等,再加上相关爱好者以及教授创作实践课的老师们,共同构成校园微电影的创作主体。部分大学还因势利导,将微电影创作与思想政治课、文化历史课等结合起来,比如首都经贸大学的"思想道德修养与法律基础"课,将上课方式改革和考试方式改革合为一体,2 000多名思修课学生参与微电影创作比拼,从开题报告到中期检查,再到期末展示,从"不可思议、无从下手"到"精诚合作、头脑风暴",再到"排除万难、挑战自我",以形式最独特的思修课给学生带来不一样的成长体验与收获。

目前我国大学生微电影比赛从省市级到国家级数量众多,既为众多热爱影视创作的年轻人提供了展示才华的舞台,同时也为他们提供了学习影视专业、交流创作心得的平台。在国内较有影响力的大赛有"中国国际微电影节"、北京大学生电影节中的"大学生原创影片大赛""科讯杯·中国大学生微电影创作大赛""中国大学生微电影大赛"等,各省市级大赛有"山东青年微电影大赛""平安陕西微电影微视频大赛"等。"中国国际微电影节"是当前影响力最大、参与人群最多、辐射范围最广的针对微电影创作、投资、传播的高端品牌活动之一。仅前两届"中国国际微电影节"就征集作品3 000多部,覆盖全国700多所高校、8 000多个高校社团,深度影响了3 000万大学生群体。纵观以上比赛,其参赛作品类型大体可以分为剧情片、动画片、纪录片、实验片四类,作品时长大多要求控制在5到30分钟。

校园微电影创作由此可分为专业作业和非专业习作,作品的内容从课堂到社会,涵盖面也非常广。但总体来看,校园微电影创作虽然也涉及校园外的故事,甚至有些非主流和重口味,但大多数还是集中于校园故事,诸如青春期成长的烦恼、同学友谊、校园爱情、师生矛盾与情谊,以及与家人间的亲情等。一些微电影的内容与创作者本人的人生经历无关,如个别微电影的内容已经涉及社会上的其他群体如同性恋者、吸毒者、妓女、走私犯、黑道人物、拾荒者、残疾人等,但是其关注的视点依然与创作者本人的生活阅历和学习背景有关,也与学院派创作对内容的要求有关。

校园微电影的创作大多都印上了"习作"的烙印,它们是对专业性高端微电影的临摹与效仿,是对大电影形式与内容的继承与突破,是对新领域新手法的探索与尝试,从题材的选择、主题的提炼、叙事方式、视听语言的构成等都呈现出初学者的特点,可谓风格百花齐放,思路天马行空,但质量也参差不齐,存在着主题提炼不够深刻、剧情设置拖沓烦冗、技巧不足、影视语言运用不够专业等问题。

除了以上五类特色鲜明的微电影亚类型之外,从功能角度看,宣传型微电影中还可以归类出一种以科普为主要诉求的微电影,也可以称为科教微电影。这类微电影把原先具有纪录性质的科教片变成了有故事情节的电影,由"硬科普"转变成为"软科普",从而使抽象枯燥的科学知识传播由"硬性"传播变成了易于被接受的"软性"传播。

第三节 微电影的创意与策划

尽管此前本书一直在强调微电影因"微"而具有的独特性,但作为电影在新技术理念下的"衍生产品",微电影"麻雀虽小,五脏俱全",在编剧和制作层面上与大电影的创作理念和流程基本相同。好的微电影必然如大电影一样追求创意独特、故事框架构思精巧、人物性格鲜明、对白合乎身份与个性、故事情节和细节合情合理、有画面感。要在极短的时间内把一个故事讲述清楚、完整是一件很不容易的事,更何况还要把故事讲得有层次、有质量,更要有吸引力。作为故事来

微电影《拾荒少年》

说,需要有一定的环境,并在环境中交代人物及其关系和事件的缘由等要素,而对于一部微电影来说,真正重要的是要拍出自身的艺术价值。本书仅仅概述微电影的创意和策划,主要包含立意与选题、人物形象设置和故事情节构思三个方面。

一、立意与选题

与故事长片一样,从广义上讲,微电影有四种不同的创作目的。第一种是商业目的。微电影的商业性质通过视频网络的点击量体现出来。比如《万万没想到》《极品女士》《废柴兄弟》《十万个冷笑话》等作品。第二种是艺术目的。创作者将微电影视为一种艺术表达形式,通过讲述故事、塑造人物形象,表达创作者对人性和世界的感受与看法。比如《拾荒少年》,通过一老一少两个拾荒者相争相依的故事,表现底层人性,呼吁社会温暖。第三种是娱乐目的。不少人拍摄微电影,就是"图个乐",用自己掌握的技术技巧,通过制作视频娱乐一下自己和别人。视频网站上相当一部分上传视频短片都是娱乐性质的。当然,娱乐与商业有时会混合在一起。第四,自我表达与自我实现,把微电影作为表达自我、实现自我的一种方式,就像在微信、微博等社交网络上自我展示一样。只是微电影这种表达方式比微信、微博更具技术上的和艺术上的难度。

创作目的不同作品的立意也会有所不同。所谓立意就是一部作品确立的文意。它包括作品的思想内容,作者的构思设想和创作意图及动机等,其概念的内涵要比主题宽泛得多。立意产生在创作之前,一般意义上所说的主题是指作品的中心思想或者文章的中心论点及基本观点,与立意有所区别。立意大于主题,包含主题思想;有时,立意可以包含多重主题。如美国影片《阿甘正传》、韩国影片《辩护人》、伊朗影片《出租车》等,很难用简单的概括来归纳这些作品的主题。

微电影立意有时可能是观念,有时可能是情感倾向。它与创作主体的世界观、情感倾向和生活阅历等紧密相连。总体而言,立意是导演创作的核心。

微电影的立意需要认真思考三个方面:总体感、独特性、深刻性。

1. 总体感

整部作品的构思和安排应出于一个完整的设想,整部作品整体风格要统一。不少创作者很容易犯的错就是故事"出发"后,往往会忘记为什么"出发",逐渐偏离最初设定的故事方向。

以故事长片为例，《征婚启事》中的眼科医师杜家珍为了填补男友突然失踪之后的孤独无助决定征婚，于是见到了形形色色的男性，而这些男性都带有让她无法接受的一面。影片并没有贬低男性的意图，只是用这些男人来衬托杜家珍失去恋人的心境以及她对那个消失的男人的用情之深。全片的立意就有了一种总体的预设。俄罗斯电影大师尼基塔·米哈尔科夫的《西伯利亚理发师》，前半部分看上去很像一部轻喜剧，而随着男主人公安德烈·托尔斯泰陷入了对于美国女人珍的感情困境，影片的风格就变成了悲剧。这与尼基塔·米哈尔科夫的另一部影片《烈日灼人》(也译为《毒太阳》)的风格构成非常相似，也是从喜剧风格演变为悲剧风格。这种喜剧到悲剧的变化是处于反衬的统一构思和立意。

2. 独特性

有这样一种说法：莎士比亚之后，所有的故事都讲完了。白岩松谈新闻报道，也表达过相似的意思：这个年代想做独家报道已经不大可能了，你能做的只能是独家的解读、独家的视角和独家的深度。

微电影创作同样如此。同样是表现二战时期犹太人命运的影片《辛德勒的名单》《钢琴师》和《欧罗巴欧罗巴》，人物性格、命运都有其独到之处。由于年龄、阅历限制，大学生构思故事往往集中在 20 岁左右年龄段的爱情、友情和亲情上，校园和求学所在城市是拍摄时的主场景，因此故事相似度很高。所以在创作微电影之前，就要着力考虑叙事的角度、深度和解读方式，要体现出一些独特的内容。比如构思广告型微电影时，需要注意如何将产品信息植入故事情节，同时又保证剧情流畅，要在有限的时间里将故事讲清楚，并且有发展、高潮、起伏跌宕的剧情，这些是吸引观众的必要手段。

3. 深刻性

立意的深刻性体现在思想深度和敏锐程度上(针对现实而言)，体现在对人性的探讨和观照上。

从电影史的长河看，流传后世的经典作品往往都是具有深刻思想内涵与丰富社会内涵的作品。有些作品甚至还会探讨人生的终极意义，比如世界著名电影大师英格玛·伯格曼、米开朗基罗·安东尼奥尼、黑泽明等人的作品。美国电影协会和 BBC 评选的美国 20 世纪 100 部最伟大的电影，奥逊·威尔斯的《公民凯恩》都排在第一位。这部拍摄于 1940 年上映于 1941 年的作品，通过 5 位人物的讲述完成了对影片主人公、美国报业大王凯恩形象的塑造。影片用"玫瑰花蕊"一词作为贯穿全片的叙事线索，而人们最终却并没有找到明确的答案。影片结尾时，观众在焚烧凯恩搜集来的所谓"旧物"的炉火中，发现了凯恩小时候在阿拉斯加雪地里游玩时用的雪橇，雪橇上印有"玫瑰花蕊"的字样。影片在凯恩对一副童年时期的雪橇念念不忘的"哀婉"中结束，无疑是有用意的：作为美国报业大王的凯恩是非常成功的美国公民，但是他一生都难以忘怀那副曾经带给他快乐的雪橇，凯恩（也是创作者）就向观众提出了一个人生之问：到底是应该做一个成功的公民呢，还是应该做一个快乐的人？ 这个问题直到今天依然是一个困扰所有人的人生拷问。

电影《公民凯恩》

　　需要注意的是，立意不是强加在作品中的抽象理念，而是随着人物和故事自然流露、展示出来的一种个性化的认识。独特的立意是艺术家对生活体验与感悟的结果。

　　当下影视创作中存在着非常普遍的流俗心态，主要体现在以下几个方面：作品思想浮浅、粗俗、僵化；曲意迎合世俗文化需求；图解权力话语。 主要原因在于：中国特定的电影电视创作环境；创作人员素质良莠不齐；社会风气的影响，尤其是商业化、网红效应的影响。影视创作流俗心态对微电影创作影响很大，相当数量的微电影作品艺术质量不高，媚俗恶搞、打色情擦边球等现象较为严重。

　　从创意可执行的角度考量，高校学生创作微电影，选题受到的限制较大，比如玄幻题材、警匪题材、科幻题材、古装题材、战争题材、鬼怪仙侠题材等。高校学生创作微电影，应该以现实题材、当代题材为主。

二、人物形象设置

　　微电影创作中，人物形象的塑造包括人物设置和人物关系搭配两个方面。

1. 人物设置

　　一般而言，人物是每一部微电影作品的叙事主体，没有了人物及人物关系、人物动作，微电影的故事就无法展开。在构思微电影之初，首先要考虑一个重要问题：这是关于谁的故事？这个"谁"就是故事的主人公，剧本要着重围绕他（她）搭建人物关系、设置故事情节。

在设置人物形象时，要遵循以下一些重要原则。

第一，人物形象不能多，1到3个人比较适合；第二，主要人物必须有目标，依据目标而有所行动，有动作才能形成故事；第三，人物必须性格鲜明，而性格是在过往生活中形成的，因此要适当交代人物的背景，包括成长地域、家庭、个人经历等；第四，通过具体行为来展示人物性格，表现人物心理，有时着装、道具和语言特色会成为人物的"标志"。

在设置人物形象时，要尽量删除重复的人物和为某种思想表达需要而生硬设置的人物。在一些故事长片中，一些记者和领导形象会成为主创人员表达思想的"传声筒"或"代言人"，这些人物要谨慎设计。

塑造人物形象时，要注意把握人物基调。准确的人物基调包括独特的人物命运、独特的精神天地和具体的行为动作。所谓独特的人物命运，就是把人物的过往个体化、个性化，就是人们常说的"每一片树叶都是不同的"，要指出这不同之处来。所谓独特的精神天地，是指要挖掘人物内心世界，内心世界是一个人物更具真实性的东西，有助于人物形象立体感的形成，使得人物形象更加丰满可信。人物的行为动作源于人物需求，人物的需求都是一些小目标，这些小目标可能与他（她）的大目标一致，也可能不一致。大小目标不一致，就会产生故事张力，形成故事冲突。人物的需求存在三种可能：成功实现；没有实现；转到新的更为紧急的需求上。

2. 人物关系搭配

构建人物关系时，要牢记一条微电影的原则：人物关系不是越复杂越好。构建人物关系要尽可能符合生活规律，要善于从人物的动态关系中构思故事。动态人物关系不是人物的社会关系，如夫妻、男女朋友、父子、母女等，这些固定关系是故事的事实依据。动态关系是存在于任意两个人之间不断变化的关系，动态关系可以构成戏剧冲突、戏剧动作。

在故事中，每一个有台词的人物都必须有其存在的理由，无一例外。总体而言，故事人物及其关系主要包含以下类型：主人公、对手、爱恋对象、导师、伙伴、盟友、氛围人物等。由于微电影容量限制，这些人物和人物关系不能都设置进故事中。

三、故事情节构思

故事情节是微电影叙事的基础,大多数观众在观看故事长片或微电影时,往往也会把注意力集中在故事情节上。叙事结构的有效处理能够深刻表达出微电影的主题、内涵和思想,无论是宏观上还是微观上,都能突出不同微电影的特点,实现其艺术价值。情节构思之重要性,毋庸置疑。

悉德·菲尔德(Syd Field)在其《电影剧本写作基础》一书中提出:所有的电影剧本都贯彻着基本的线性结构,戏剧性结构可以被规定为:一系列互为关联的事情、情节或事件按线性安排最后导致一个戏剧性的结局。

在菲尔德所谓的"三幕剧"结构中(表7-1):电影必须在开始后的20至30分钟间设置一个让主角经历的"情节点",让他/她有一个必须实现的目标(戏剧性需求);在电影运行到一半左右,角色必须采取争取或反抗的行动,以实现他/她的目标——这是对抗时期。这个"中点"有时以更微妙的转折点形式出现在第二幕之中,这种对抗往往使一个主角的命运发生极端逆转。影片最后一个阶段则用于描述主角的抗争高潮,最终实现(或无法实现)他/她的目标,表现故事的最终结果。

表7-1　剧本"三幕剧"结构

第一幕	第二幕	第三幕
建置	对抗	结局
情节点 I		情节点 II

也有学者根据微电影作品概括出四种不同的结构方式[①]:一是因果链叙事结构。微电影叙事特别讲究"有戏则长,无戏则短",将有限篇幅用于最关键的叙事点,以此吸引观众注意力,拨动观众的情绪。编导要敢于"留白",大幅度省略繁杂的故事情节,给观众留下审美空间,产生回味无穷的观感。二是环环相扣的叙事结构。这种叙事结构的特点类似田径赛接力跑,从头到尾没有贯穿始终的

---

① 黄心渧、李亦中:《微电影叙事结构类型初探》,《现代传播》2016年第2期,第157—158页。

角色,每一个小环节由不同的人参与,依靠同一个主题进行衔接,环环相扣,一气呵成。三是单一视角叙事结构。微电影叙事容量有限,不可能也没必要展现复杂的剧情。但篇幅短小并不意味着叙事简单化,即便单纯的故事也可以通过别具匠心的创意、新颖独特的叙事视角来吸引观众,如迪士尼公司推出的《美味盛宴》。四是排比式叙事结构。克里斯蒂安·麦茨指出,电影观众是醒着观看别人安排影像的人,他的感知是实实在在的,是强加给他的。微电影要在短短几分钟时间内打动观众,确实难度不小。简单明了的主题能迅速抓住现代人审美心理需求,容易引起观众认同。编导在叙事结构上可借鉴文学写作的排比式修辞,层层推进感染观众。如《爸爸的谎言》前半段说"爸爸是最好的爸爸",后半段说"爸爸说谎了"列举各种善意的谎言,透过爸爸的"伪装",再现了女儿心目中平凡、普通、真实、伟岸的父亲形象。

不管用什么方式去表述或者概括,微电影与故事长片的故事情节在结构上是高度相似的。唯一不同之处在于,微电影的故事情节更加浓缩,时空更加集中,情节反转较少。

四、规定情境

"规定情境"原系斯坦尼斯拉夫斯基表演体系的术语,是指演员扮演的角色所面临的各种情况的总称,包括剧本的情节、事件、时代、剧情发生的时间和地点、人物活动的环境、人物关系、人物在此之前和此时此刻所处的境况等。规定情境是角色展开行动的依据和条件,它制约着角色行动的性质、方式和角色的心理活动。

从微电影策划创意的角度看,"规定情境"为人物行为动作、故事发展逻辑提供了一种可能基础。规定情况越是明确,故事情节的发展和人物行为动作的逻辑性就越清晰。"抗战神剧"之所以会被广泛吐槽,就是因为违背了特定历史年代的规定情境,反而令人感到啼笑皆非。

总之,微电影策划与创意目的有三个层次:最低层次,让人快乐;中间层次,让人感动;最高层次,让人思考。不同的层次,故事情节、人物形象和表达形式都有不同特征,最终呈现的作品内容也会有所不同。

思考题

1. 什么是微电影？给微电影下定义需要哪些注意问题？

2. 微电影与电影有何区别？

3. 微电影具有哪些类型特征？请结合你熟悉的案例，加以分析。

4. 从宣传主体而言，宣传型微电影可以分为哪三种不同的亚类型？它们之间有何区别？

5. 微电影如何立意？试举例说明。

6. 如何进行微电影的人物设置？

7. 试结合微电影策划的相关工作要点，策划一部微电影。

第八章

微纪录片

案 例 8.1 《红色气质》与《国家相册》 ·

  作为献给党 95 岁生日的礼物,《红色气质》以 9 分 5 秒的时长高度浓缩了中国共产党 95 年的光辉历程。该片以瞿秋白女儿瞿独伊的回忆为主线,通过她的个人视角展现共产党人个人、家庭和国家、民族命运的联系。影片中,故去的共产党人跨越时空,与同志"相聚",与家人"重逢"。片中利用 3D 技术还原历史瞬间,人物和场景"动"了起来,照片背后的故事也"活"了起来。新媒体理念和技术制造的特效,仿佛让人们穿梭在历史长河之中,与过去进行对话,让观众感受到红色信仰、红色气质的代代传承。

微纪录片《红色气质》

  沿着《红色气质》的思路,新华社设立国内第一个微纪录片栏目《国家相册》,每一期的长度都在 5 至 7 分钟之间,多数是用一两个小人物的故事带出一个大时代,用很小的切点讲述宏大的历史,力求找到时代变迁与个人命运的结合点。

案例 8.2 《贡秋卓玛》

2015 年,金华青拍摄了藏族女孩贡秋卓玛追梦的故事。2016 年,《贡秋卓玛》在第 69 届戛纳电影节正式放映,受到一致好评。

从小生长在阿坝的藏族女孩贡秋卓玛为了追求自己的梦想来到北京,影片开始便向观众展现贡秋卓玛作为藏族女孩的不同。她对购买地铁票的流程不熟悉,只能看着别人先买再跟着操作;她在地铁上闭眼念经,随时随地带着佛珠;她将买来的鱼儿放生,在整部纪录片中用藏语讲述自己的故事与追求。

影片多运用中近景与特写,在特写镜头下,可以看到贡秋卓玛脸上两团特有的"高原红",听她娓娓道来对家乡亲人和牦牛的思念。影片平淡细腻,将一个藏族女孩在追梦过程中复杂的心理活动刻画得十分到位。通过对卓玛试图在现代社会追寻梦想的刻画,折射出现实的艰难与坎坷。

案例 8.3 《留守之殇》

《留守之殇》时长 16 分钟,通过两位志愿者的志愿活动关注两个留守儿童肖海泉和艾静,一个跟着奶奶独自生活,一个七年没有见到过父亲。

整部纪录片的制作很难称得上是精良,却反映出社会中存在的问题。在影片中,肖海泉对着镜头耍帅,做出要攻击的动作,脸上挂着明朗的笑容,提到他的爸妈时,特写镜头下,他的眼泪在打转。艾静 12 岁,整日在家里照顾生病的妈妈,年幼的弟弟对着镜头诉说只有通过照片才能想起的爸爸的模样。片中的留守儿童有着同龄小孩没有的成熟懂事与脆弱。

微纪录片《留守之殇》

微纪录片更多将关注的目光放在普通百姓身上，因此充满草根文化气息。留守儿童作为社会中的特殊群体，不断受到越来越多的社会关注，正如纪录片所表达的主题，留守儿童在心理成长过程中因为父母的缺席造成负面的影响可能会对孩子的一生产生不可逆的负面效应，这些应该得到家长们的关注，并呼唤更多家长在现实允许的情况下回归家庭。

移动网络时代，人们通过微信聊天保持联系，通过微博观看外面世界发生的事情，通过新闻网站或视频客户端来消费新闻或观看视频。小小手机屏幕就能满足人类的多样需求，受众从以前单方面的信息接受转变成信息的主动发出者、生产者，并且由"观众""受众"转化为"用户"，更多地参与到媒介产品的内容生产与扩散消费中。在此语境下，一种新的记录形态——微纪录片诞生了。

第一节　微纪录片的定义与类型特征

一、微纪录片的定义

什么是微纪录片？如同微电影、网络剧、网络脱口秀一般，其定义也是言人人殊。大多提及微纪录片的研究文献往往会直接指明其时间长度上"短"的特点，把时长25分钟以内且具有纪录片形态特征的视频样式称为微纪录片。比如史哲宇在《互联网时代的纪录片新样式——微纪录片研究》一文中提出："微纪录片应是指依托于新媒体时代的传播媒介，适应网络化传播的时间较短、篇幅有限，但是能够以小见大，进行多种艺术尝试的纪录片作品。"[1]从时长角度来说明微纪录片的某些特征具有一定的合理性，比如早在1992年《现代传播》刊登的一篇论文中，作者就写道："微型纪录片（the mini documentary）是在杂志型节目（the magazine show）进一步拓展的背景下应运而生的。它以其制作周期短、耗资小、传播速度快等优势大量涌入电视节目。一般情形之下，微型纪录片的时间长度为4到10分钟。"[2]该文所指涉的"微型纪录片"，无疑是10分钟以下的影视

① 史哲宇：《互联网时代的纪录片新样式——微纪录片研究》，http://media.people.com.cn/n/2014/1027/c382352-25916392.html.

② 赵淑萍：《国外电视纪录片的发展趋势》，《现代传播》1992年第2期，第43—47页。

纪录片,而文章发表的 1992 年,正是中国电视纪录片在《望长城》等"新纪录运动"推进下逐步走向巅峰的关键节点。

将时长作为微纪录片的一个明显表征,优点在于直观,也具有一定操作性,但由此产生了两个问题。一个问题是微纪录片的时长本身也没有一个统一的说法,有的指 25 分钟以下,也有的强调为 10 分钟左右,还有的说是 2 到 5 分钟,各家执行各家的标准。目前来看,相当多的微纪录片是由非专业的普通公众拍摄的,拍摄工具大多数是移动终端设备,播放大多通过微博、微信或其他社交平台。在很多情况下,微纪录片与新闻短片无法准确区别,一些网友拍摄的新闻画面也初步具有纪录片的样态。另一个问题是以时长为标准无法清楚地区分微纪录片与纪录短片、微视频,因为"实际上微纪录片的命名是在 21 世纪第二个十年才有的,是新的时代语境下的产物,更是中国独特媒介环境的产物。在微纪录片得以命名之前,在纪录片的发展历程中,此一类视频形态曾经被称为纪录短片,及至微纪录片命名之后,这一视频形态在近两年来又被称为短视频"①。换言之,微纪录片可以属于纪录短片、短视频这两个范畴,但不能反过来说纪录短片、短视频也是微纪录片。

百度百科上将微纪录片定义为:"微纪录片是以真实生活为创作素材,以真人真事为表现对象,并对其进行艺术加工与展现,以展现真实为本质,并用真实引发人们思考的电影或电视艺术形式。微纪录片的核心价值为真实。总之,微纪录片是用微电影的语言,纪录现实社会生活的片段或再现真实的历史。"②微纪录片至少从字源上是"微"加"纪录片"。百度百科的这个定义强调了传统影视纪录片所一直强调的四个"真",仅仅圈定了微纪录片属于纪录片内涵的这一面,而网络新媒体语境下的"微"的内涵与影响被忽略。相比较而言,凤凰视频总监郑红的说法更加合理,他认为:"所谓微纪录片,其实是纪录片的进化和派生。微纪录片更加专注于在有限的时间内传达最聚焦的营销信息,通过丰富的输出终端渗透,使传播的信息更容易被受众获取。"③凤凰视频是国内最早进行微纪录片探索的视频网站,这一定义反映了专业制作团队对微纪录片的定位认知。

---

① 王家东:《微纪录片的命名与发展》,《中国广播电视学刊》,2017 年第 5 期,第 78—81 页。

② 百度百科: https://baike. baidu. com/item/%E5%BE%AE%E7%BA%AA%E5%BD%95%E7%89%87/5129396? fr = aladdin。

③《凤凰视频发力微纪录片,独特优势引领行业趋势》,http://roll. sohu. com/20111118/n326064788. shtml。

有论者强调了微纪录片的"非虚构"和制作者的"普通大众"这一身份特征："微纪录片是运用手机等移动网络媒体终端为主要的(理想的)传播平台的非虚构型短片,其制作主题多为普通大众,题材多为社会生活的微小话题。"①这个概念从外延上针对普通公众作为制作主体所创作的作品,忽略了大型电视机构以及专业制作团队作为主体所创作的微纪录片,比如在"中国抗日战争胜利暨世界反法西斯战争胜利71周年"纪念日到来之际,新华社专门推出微纪录片专栏"国家相册"。第一期"胜利的日子"于2016年9月2日在互联网、电视台、移动端、户外屏幕等平台同步传播。"国家相册"是依托新华社中国照片档案馆而打造的。中国照片档案馆是我国馆藏量最大的照片档案馆,收藏自1892年以来的珍贵照片1 000多万张,其中凝固着大量鲜为人知的历史瞬间,成为记录国家历史的珍贵典藏,走进中国照片档案馆就等于打开了一部"国家相册"。

纪录片研究专家何苏六综合业界和学界的各种看法,对微纪录片的特征及时长界定进行了概括与说明："篇幅简短、诉求单一、视角微观、风格纪实。制作和传播手段更加多元灵活,在社交媒体传播和商业应用等存在巨大的发展前景。对于篇幅简短的界定为12分钟以内,这是基于收视心理及受众审美疲劳等心理学分析以及专家研讨、大量纪录片数据分析得出的。"②这一看法具有启发性。

目前取得共识的是,微纪录片是传统纪录片在新媒体技术影响下派生的新品种,既具有传统纪录片所有的特性,又有"微时代"所特有的微文化、微语言、微诉求等特征。因而对微纪录片的内涵与外延进行界定必须注意以下三个问题。

(1)媒介技术背景。微纪录片在国内的兴起与Web3.0有着密切的关系。Web3.0所带来的首要变化是带宽,相比Web1.0与Web2.0在网络带宽上的限制,在技术的推动下,Web3.0使流畅的影像与图画、高清晰度的视音频与"随时拍"成为可能,为微纪录片的出现提供了技术支撑。

(2)由媒介技术所赋予的制作主体身份认同的变化。与以往纪录片的宏大叙事相比,微纪录片更加强调民间、平民或个体视角,正如有学者所指出的,微纪录片中的"微",语义既指时长的"微",也指制作层面的"微",低投入、较短的制作周期更是一种自我期许降低的姿态的"微"。微纪录片的制作方法与心态在"微"一字中体现得淋漓尽致,隐藏在"微"的直观形态特征之下的,"实际是制作者的

---

① 刘烨:《微纪录片叙事研究》,南京师范大学2014年硕士论文。
② 何苏六、李宁:《2012年中国纪录片行业盘点》,《电视研究》2013年第4期,第18—20页。

姿态放低,对自我要求的降低,也体现了制作者因其不专业而不自信的心态。可以说当制作者说自己的作品是一部微纪录片时,其背后的心态与语境是这样的:我的作品时长比较短,更重要的是投资少,制作周期短,在一定程度上不够专业,如果作品有各种问题也是正常的。可以说这种姿态的降低也降低了观众的期望值,使得微纪录片可以试误,也可以进行新形态的实验与尝试。"①

当然,微电影之"微"还可以解释为"微言大义"的"微",强调微纪录片作为一种选择的艺术,并不回避对人文价值和美学价值的表达,并不局限于鸡毛蒜皮、琐碎无聊,而是把"以一当十""小中见大"的艺术境界作为追求目标。

(3)强调由新媒介技术所引起的创作思维的变化。微纪录片应该在策划、创作、拍摄和接受等所有的传播环节具有新媒体思维,符合新型互联网用户的主动性和社交性介入需求。正如有学者提出的,"如果仅仅把电视上播放的纪录片迁移到互联网上传播,那不是类型学意义上的'新媒体纪录片'。真正的新媒体纪录片不只是把互联网当作传播平台,作品自身必须含有互联网基因,符合这一平台特性,更接近互联网用户的接受习惯。交互性和平台化是新媒体纪录片越来越明显的趋势,在互动性、整合性、易分享、高体验、可迁移性等层面与传统纪录片区别开来。节目呈现一种开放和动态的特质,可以和用户实现即时交互;强调众包,让观众直接参与内容创造;把社交媒体内置到内容生产环节里,而不仅仅是一个外接的推广环节或调研系统"②。凤凰视频的《毕业歌》、《老家》系列、《说给》系列、腾讯视频的《丈量》、爱奇艺的《天罚:二战全纪实》等完全不同于电视纪录片。

即便在今天,对于一部时长较短的纪录片,往往也命名为纪录短片、微纪录片、短视频,三者混用。然而命名不同,则会有不同的定位与风格特征,同时也彰显不同的时代特色。命名为纪录短片,往往意味着这部作品在制作上努力向传统的经典纪录片靠拢,其遵循的是传统纪录片的立场与美学追求,其传播主要是依靠电影节、电视节等途径。命名为微纪录片,则表明这部作品的制作有可能是非专业的或者是颇具实验性的,其传播主要依靠网络媒介完成。命名为短视频,则说明这部作品有新的时代诉求,其制作是面向移动互联网络的,其短的时间形态是为了适应新的观众欣赏习惯的主动选择,其应用的场景比长纪录片多,更适

---

① 王家东:《微纪录片的命名与发展》,《中国广播电视学刊》2017 年第 5 期,第 78—81 页。
② 樊启鹏、黄平茂:《中国新媒体纪录片 2015》,《艺术评论》2016 年第 4 期,第 41—49 页。

合移动互联时代碎片化传播的需求。①

作为纪录片家族的一个分支,微纪录片必须保持纪录片"真人真事"的特点,在有限的篇幅内将所要表达的审美内容充分呈现在受众面前。鉴于微纪录片适合在新媒体平台分享且需要具备一定的艺术性,本书将微纪录片界定为:微纪录片是一种以新媒体技术为基础,以网络新媒体为主要播放平台,运用纪实手法拍摄真人真事,以建构人和人类生存状态的影像历史为目的,风格简约又意味深长的视听节目类型。

二、微纪录片的类型特征

微纪录片的篇幅短小、制作主体多样并依托于网络平台与各类制播主体的参与,因此必然呈现出与传统纪录片相异的特征。

对碎片化有清晰的认知,碎片化不是单独的个体,它看似是片段,但是通过片段不断地相互关联,可能会产生新的生命,上升到新的高度。

1. 内容上小中见大

微内容是指微纪录片的时间简短,一般在 5 到 10 分钟左右,最长不超过 25 分钟,其反映的内容需要浓缩凝练,富有创意,能够较快地传播推广。

《我的诗篇》每集大多在 3 到 6 分钟,以浓缩精炼的表现形式表达故事的主题,引发观众的思考。每一集从乌鸟鸟、邬霞、吉克阿优、陈年喜、老井、许立志等六位主人公的自我介绍或主人公以旁白方式阅读自己的诗歌开始,而后以主人公的视角讲述诗歌与其生活或职业的碰撞,用诗歌与自己的生命对话,或表达不平之鸣,或表达对工作的感悟,或表达对生活的绝望或期望。在简短的时间里突出每个故事的主题;整个叙事条理清晰,以小见大。

2. 诉求上主题单一

微纪录片受限于时间,它需要在半小时或更短的时间内将所要表达的主题完整清晰地传达给受众,因此在一部微纪录片中只有单一的主题。上海纪实频道推出的百集城市文化微纪录片《上海一百》,每集时长只有 6 分钟,通过独特的视角与影像,带观众领略上海的弄堂、河浜、建筑、新上海人等,老房子与新地标,老题材与新视角,在历史的回望与未来的憧憬中记录了 100 段城市文化的细节

---

① 王家东:《微纪录片的命名与发展》,《中国广播电视学刊》2017 年第 5 期,第 78—81 页。

影像。

　　获得 2014 年第三届"凤凰视频纪录片大奖"最佳微纪录片奖的《乡村教师》讲述了伍昌云的故事。她在中国中部大山腹地教书多年,每天走十几里山路上下课。丈夫遭遇意外,伍昌云余生只能坐在轮椅上,在丈夫和学生两者都无法舍弃的情况下,她一边照顾丈夫一边教孩子们知识。在短短的七分钟里,这部片子向观众展现了伍昌云作为大山深处的乡村教师的艰辛与不易。微纪录片《二十四节气》中,每一个节气独立成片,记录自然环境中节气的更替。"微纪录片更专注于在有限的时间内传达最有价值的信息,而后通过丰富的输出终端渗透传播,信息可以更快速传播扩散,以满足当前用户需求碎片化的特征。"①新媒体环境下,用户时间已变得碎片化,没有时间与耐心去细细品味、思考纪录片的深刻内涵,简单直接地告知受众作者的观念与理念才符合新时代受众的观看习惯。

　　对纪录片来说,时间的力量主要体现在长时间跟拍中素材的累积以及事情自然变化所隐含的冲突与悬念。微纪录片篇幅的限制使记录的时间性受限,但同时也成就了其单一主题的特征。在短暂的时间内展示单一主题,微纪录片的单义性更符合快节奏的受众信息需求习惯,短、平、快的风格简洁明了,受众接受具有明显的指向性和目的性。

　　3. 时效上迅速便捷

　　由于微纪录片具有随时拍摄随时上传的自由性,因此微纪录片对新近发生的社会热点可以及时予以关注与记录,而制作者的草根性也使其区别于传统媒体而形成对当下的个性表达。可以说,在一定程度上,微纪录片可以被视为社会现实题材之作的领头兵②。北京电视台制作的微纪录片《二十四节气》由二十四个独立小片组成,每个节气一部。作为系列片,《二十四节气》采取了一边制作一边播出的方法,节气当天在纪实频道和北京观众见面,以此时此刻的当下性引发人们对时令更替和自然律动的感知,唤起现代人对自然的审视和传统生活的热爱。微纪录片短小的特征适合这种边制作边播出的方法,也可以和新闻热点结合,记录社会事件中不同人的反应,迅速形成社会反馈,借助当下叙事发挥微纪录片方便快捷的自身优势。

　　2015 年腾讯视频《拍客纪实》上线,栏目定位于新闻纪实,主要针对新闻事

---

① 《凤凰视频首创微纪录片概念》,http://roll.sohu.com/20111111/n325319291.shtml。
② 焦道利:《媒介融合背景下微纪录片的生存与发展》,《现代传播》2015 年第 7 期。

件本身进行深度挖掘并对事件的社会影响力深度探究。栏目每期会选出一个标志性事件,围绕事件展开调查,针对事件采纳多方回应,力求还原新闻事件本真面貌。2016 年 3 月,《拍客纪实》报道了日本北海道为一个女孩保留车站直到她高三毕业的故事。当地铁路局在决定取消这个车站时发现这个车站还有一位高中生需要乘坐,因此决定为这个女孩将车站一直保留到她高三毕业。节目播出后引起了热议。当三月中旬女孩正式结束高三学业后,腾讯视频对北海道车站的关闭过程进行了现场直播。

《拍客纪实》还对"呼格吉勒图案""上海外滩踩踏事件""全国道德模范刘霆成功变性"等社会热点事件进行了纪实性报道。如《无处安放的艾滋男孩》关注患艾滋的 8 岁男孩坤坤的故事。这早已不是腾讯视频第一次通过微纪录片表达对社会热点事务的关注。2006 年自制微纪录片栏目《焦点人物》将关注点投向念斌案;2014 年 8 月 22 日,念斌被无罪释放,腾讯网在念斌被释放之前跟踪拍摄,直至其释放并接受采访。该篇报道在 2014 年 8 月 27 日首播,受到了观众极大的关注。

4. 视角上微言大义

纪录片并不是拒绝故事和表现,而是如纪录片之父约翰·格里尔逊所说的那样,"敲击人的内心,能够影响并改变人"。纪录片的力量往往通过讲述的角度和对内容的选择来呈现,微纪录片的选择则需要更多突破和创新的勇气,独辟蹊径时常成为选题和表述的必由之路。如央视制作的《故宫 100》便带有"平民视角""小切口"等特点,有别于传统文化历史类纪录片宏大恢弘的书写风格,也体现了叙事手法的灵活多变。每一集约 6 分钟,重在更加个人化和微观化的表达。如第 14 集《金砖铺地》,短小的篇幅却集中细致地呈现了金砖历时两年的复杂制作工艺,还采用了较多"搬演"和"重现"的方式来再现金砖制作场面,最终从特定的角度让观众走近并了解这座皇城建造的精细程度。第 18 集《镇殿神符》介绍了太和殿、养心殿、乾清宫这三个紫禁城的重要地带所放置的"镇殿神符",又深入讲解了"符"在传统民间中的意义与应用,从而将单个精准的知识点放置在不到 6 分钟的结构中传达给观众,叙事策略可谓小而深的。微纪录片《花朵》则用短小的篇幅,展现出主人公特殊的成长历程,让每个看过影片的人都能深深感受到压在这些稚嫩肩膀上的沉重担当。

5. 传播上深度互动

有学者认为,利用微博、微信等渠道的信息传播方式称作"微传播",这种碎片化传播拓宽了纪录片这类小众作品的传播渠道,同时也形成了新的传播方式①。在传统纪录片策划、创作与后期播出中,虽然有"使用与满足理论"为受众的自主性正名,但客观而言,观众仅仅是节目生产流程中处于末端,等待"被喂食"的"看客"。而微纪录片则从根本上颠覆了这一"看客"形象,无论是在策划、创作还是传播等方面,受众都可以参与微纪录片创作的全流程,成为内容策划者、生产者或资金提供者的一部分,通过网络平台,与投资者、策划者、创作者实现深度互动。《语路》系列纪录片创作之初,出品方就启动连接创作者和受众群体互动的官方博客,很快这一博客就成为网络热议话题,网友们在这个平台上积极参与讨论、交流,分享各自的观点和故事,官方博客在《语路》的整个创作过程中成为不同受众和创作者之间信息交流互动的平台。《资本的故事》《车轮上的记忆》等微纪录片在策划阶段就引入资本力量,参与策划、创作过程。

众筹也称为"大众筹资"或"群众筹资",往往由发起人、跟投人、平台构成,具有低门槛、多样性、依靠大众力量、注重创意的特征,是指一种向群众募资,以支持发起的个人或组织的行为。以自然生态保护为题材并获得金熊猫电视节的最佳微纪录片作品《迷失的家园》,在拍摄资金紧张时,通过"点名时间"众筹网站筹集到 15 万元拍摄资金,保障了后续的创作进程;关爱老人题材《我们快乐老去》筹得 12 440 元人民币,导演蒋能杰的《村小的孩子》筹得 21 220 元;希望获得 30 万众筹的系列微纪录片《中国词儿》最终向 90 个用户募集到 34 100 元,达到预想的 11%。

三、微纪录片的演进简史②

根据微纪录片篇幅短小、主题单一、深度互动、新媒体播放等特征来看,微纪录片在国内的演进大致经过要素预备期(1992—2009 年)、发展期(2010—2012年)、繁荣期(2013 年至今)主要三个阶段。

1. 要素预备期(1992—2009 年)

预备期是指构成微纪录片的各个类型特征或组成元素逐步孵化的过程。单

---

① 谭天、苗阳:《"微传播":纪录片传播的新阶段》,《新闻与写作》2014 年第 5 期,第 35—37 页。
② 参见焦道利:《媒介融合背景下微纪录片的生存与发展》,《现代传播》2015 年第 7 期,第 107—111 页。

就时长而言,微纪录片的部分元素出现在 1993 年央视开播的《东方时空》。其子栏目《生活空间》每次 10 分钟,用影像来记录普通百姓生活中的酸甜苦辣,折射出社会各方面急剧变化下在普通百姓身上发生的故事,其广告语"讲述老百姓自己的故事"几乎家喻户晓。

随着互联网技术、移动通信技术的飞速发展,智能化终端的普及使媒介形态发生了深刻变化。从 2006 年兴起,网络拍客逐渐形成一个影响力的群体。"拍客"指以数码相机、手机、DV 等设备为主要工具记录影像并乐于在互联网分享的群体。Web2.0 时代,作为原受众方的拍客正积极利用网络双向传播的特点,实现"受者"到"传者"的角色转换①。上到国家大事,小到网民的日常生活都被放到网上供大家欣赏,社会生活的方方面面都可以被拍客们记录下来。2008 年 5 月,四川"汶川地震"发生时,一网名为"danta1990"的网友用手机记录下位于学校宿舍六层的地震现场,并于当日 14 点 55 分 46 秒在土豆网发布视频《成都地震》,引起公众广泛关注。这是发生在网络媒体时代典型的"拍客事件"。同年 12 月 20 日,网络拍客在北京西单的地下通道,录下"西单女孩"任月丽演唱的《天使的翅膀》,12 月 25 日视频被放到网上,并迅速在网上流传,打动了许多网友,成为点击率攀升最快的视频之一。"西单女孩"由此登上了电视媒介为更多的人所熟知,2011 年"西单女孩"登上央视"春晚"。

随着网络拍客的流行,专业拍客网站逐渐兴起,如优酷网拍客频道、酷6网拍客中国、UBOX 拍客、新浪拍客、无锡拍客网、威海拍客网等。优酷网于 2007 年率先提出"拍客无处不在",倡导"谁都可以做拍客",吸引了大批拍客加入其阵营。其后,优酷网曾数次开展诸如"拍客视频主题接力""拍客训练营""优酷牛人盛典"等活动。UGC 模式为这些网站提供了海量视频资源,视频分享网站使纪录片视频播放平台变成拍客社区,线性传播也变成了非线性传播。

2008 年 7 月,专注于纪录片领域的"良友纪录网"开通,不仅提供了丰富的纪录片,而且还为纪录片爱好者搭建了一个交流、评论、制作、运营的综合平台。2009 年 8 月,搜狐视频推出国内首个高清纪录片频道,汇聚历史、军事、人物、社会、自然等专业内容。

总结一下,萌芽期的互联网和移动技术为纪录片发展带来新的变化,一是

---

① 孙燕:《网络拍客视角探析》,《今传媒》2008 年第 12 期,第 61—62 页。

"三人行必有拍客"的 UGC 模式使曾经纪录片的观众变为纪录片的参与者、拍摄者,甚至成为虚拟社群上的用户与成员;二是拍客所制作的纪实性视频内容无所不包,为微纪录片的诞生准备了微文化、微传播的文化土壤;三是专业视频网站为普通人介入曾经高不可攀,声称是小众化、精英化的纪录片创作提供了播放与展示的舞台。

2. 类型定型期(2010—2012 年)

在移动技术尤其国家相关部门的鼓励支持下,微纪录片在本阶段出现实践与概念"比翼齐飞"的格局。

2010 年 10 月,国家广电总局出台《关于加快纪录片产业发展的若干意见》。为了解决现阶段纪录片制作中出现的整体水平不高、总体规模较小、缺乏优秀作品等问题,政府方面决定加大对纪录片制作的投入,吸引优秀人才投入到纪录片制作工作中,要"积极引导创作生产记录社会历史发展重要进程,展示当代中国精神风貌,弘扬中华民族优秀传统文化,展现中国优美自然风光,传播科学思想文化,普及科学技术知识的纪录片,积极鼓励各种题材类型、各种表现手法、各种艺术风格纪录片的创作生产"①。广电总局还相继出台季度推优、年度评优扶持、开通中国纪录片网、题材公告等一系列政策举措。

2010 年 11 月,为宣传"Keep Walking"的品牌精神,苏格兰威士忌品牌尊尼在北京启动"语路"微纪录片计划,由贾樟柯带领六名新锐导演拍摄了 12 部微纪录片,每集 3 分钟。这些微纪录片在各大门户网站上浏览量过百万,引发上万条转载和评论。

自 2011 年起,以搜狐、爱奇艺、CNTV 等为代表的优质纪录片频道发展迅速,新媒体纪录片频道总体呈现出可以容纳海量片源、精品定位、台网互动以及与主流媒体和民间优秀纪录片制作团队深度合作等特点。2011 年搜狐视频开播的《搜狐大视野》是第一档原创的自制网络纪录片栏目,节目于 2011 年 8 月 29 日开播,连续播出 23 周,共播出 20 个系列,总共 115 集,目前总播放次数将近 4 亿。爱奇艺纪录频道致力于精品大片的收购和播放,一年购入的纪录片过万集,总时长超过 6 000 小时。2011 年 12 月 21 日精品大片《走向海洋》在爱奇艺纪录频道上线,上线第十天,点击率居排行榜前两位,日均

① 《广电总局出台〈关于加快纪录片产业发展的若干意见〉》,http://jishi. cntv. cn/program/jlppyzy/20120928/100206. shtml。

流量在 10 万左右。2012 年 1 月 17 日,伴随春节返乡回家的大潮,纪录电影《归途列车》独家在爱奇艺纪录片频道首播。上线第一个星期就获得极大的关注度,1 月 11 日的日均点击量达到 24 万。而 CNTV 作为央视的新媒体窗口,在片量、片源范围、内容丰富度、覆盖国家范围四方面取得了国内的"四最"。

　　与传统媒体相比,新媒体拓展了纪录片的生存空间,然而应该看到新媒体更注重的是"用户体验"这一概念,与传统媒体使用的"受众"概念相比,"用户"更具有个人性、自主性、互动性、参与创造性等鲜明特征,这就意味着纪录片想要在新媒体上获得广泛传播的话,创作者应该更加注重用户体验。纪录片《我的抗战2》就在电视纪录片的基础上,增加了一部纪录电影和 30 集动画片,让不同用户各取所需。在合作营销方面,2011 年爱奇艺纪录频道与荣威汽车达成了纪录片合作,将荣威新型国产汽车 W5 与纪录片结合,进行营销尝试,因荣威汽车希望赋予旗下品牌新车 W5 更多的民族精神,并结合云南抗战历史来做广告营销,所以荣威汽车作为道具出现在《梦回滇缅》纪录片中,将品牌精神注入纪录片。此次营销尝试得到业内和消费者两方的关注和认可,对荣威汽车也起到一定宣传效果。

　　从 2009 年就开始尝试微纪录片的凤凰卫视于 2011 年首提"微纪录片"概念,认为"微纪录片"除了具有纪录片本身的真实、权威和富有艺术张力等特点以外,还更符合现代快节奏的受众信息需求习惯。2012 年 11 月,凤凰视频和凤凰卫视共同主办的"首届凤凰纪录片大奖"竞赛中,反映杂技学校孩子生活的短片《花朵》获得"最佳微纪录片奖",这是中国首次以"微纪录片"命名纪录片奖项。此外,《花朵》还代表浙江卫视击败英国 BBC、日本 NHK、韩国 KBS 等全球各大电视台及影视机构选送的共 325 部作品,获联合国儿童基金会大奖,并获第 17 届黑山国际电视节金橄榄奖。

　　微纪录片概念在凤凰视频先锋性实践基础上也破土而出。有学者曾概括说:"新媒体正在逐步改变纪录片的生产、传播、营销过程。而微纪录片在生产方式上,具有制作周期短、个人化程度高、生产成本低、手机拍摄、实时传输、实时话题等特点。创作者会据此形成不同于传统纪录片的新思路,形成新的纪录片类型。微纪录片可以迅速完成对社会热点事件的关注与记录,产生独立于传统媒体的个性表达;其对高端广告主具备吸引力,可满足其对品牌宣传的细分需要,企业因此在微纪录片领域也进行了更多的商业投入。"①

3. 类型繁荣期(2013 年至今)

本阶段的主要特点有三：一是监管部门采取资金、政策、推进等各种"软""硬"措施，大力扶持包括微纪录片在内的纪录片生产与营销；二是大量主流媒体在加速媒体融合转型的同时主动介入微纪录片的实验性制作；三是各种层次的评奖为微纪录片的创作、交流构建了艺术与学术平台。

2012 年，纪录片《舌尖上的中国》第一季轰动一时。该纪录片在微博、微信、App 平台上的"病毒式"传播，深刻影响了媒介传播生态，中央电视台、湖南电视台、北京电视台、吉林电视台等传统媒体在加强新媒体平台建设的同时，成立专业团队开展微纪录片的创作尝试，如中央电视台的《故宫 100》(每集 6 分钟)、《资本的故事》(每集 8 分钟)，湖南电视台的《我的中国梦》(每集 70 秒)，北京电视台的《二十四节气》(每集 2 分钟)、《中国梦 365 个故事》(每集 3 分钟)，吉林电视台的《身边发现》(每集 2 分钟)等，各大电视台纷纷放下身段，主动适应新媒体的发展态势，在创作模式和传播模式上主动探索与新媒介的融合。央视微纪录片《故宫 100》在创作之初就兼顾新媒体受众特征，采用化整为零、独立成片的微叙事结构，同时又能自由组合成不同内容的长篇叙事，适宜电视观众收看。从其收视调查来看，每集 6 分钟的微纪录片更受到新媒体时代受众的认可，56.24% 的受众是通过网络、手机等移动媒体观看的。每集 8 分钟的《资本的故事》在财经频道播出后，在网络受到了更多的关注②。

南京广播电视总台制作的系列片《城殇》，顾名思义，就是要反映当年南京城所遭受的创伤。通过生存者的讲述、国际人士的证言、各种历史影像资料，全部以实证与证言的方式被制作成系列短片，反映日军侵华带给南京带来的巨大创痛和深重灾难。这部纪录片运用南京广播电视总台多年积累的历史资料，改变传统历史题材纪录片宏大叙事的表达方式，创新性地采用每集三分半钟的微纪录片形式，用一个个故事向现代观众，尤其是习惯于从新媒体和自媒体获取信息的年轻观众再现人类劫难。《城殇》在电视与网络同步推出，被包括央视在内的多家电视台转播以及腾讯、爱奇艺、优酷、酷 6、56 视频网、华数 TV、PPS 爱频道、PPTV 等二十多家门户网站转载，短短半个月

---

① 何苏六、李宁：《2012 年中国纪录片行业盘点》，《电视研究》2013 年第 4 期，第 18—20 页。
② 焦道利：《媒介融合背景下微纪录片的生存与发展》，《现代传播》2015 年第 7 期，第 107—111 页。

内腾讯视频点击量突破千万，引起了很大的社会反响，形成了一种"微纪录片"现象①。

　　统计数据也表明了微纪录片的影响力。截至 2014 年 11 月，从各大网站纪实频道的大数据来看，超过一半的用户使用手机收看纪录片，每次观看时间为 10 分钟左右，每天看 3 部左右，观众最热衷看的内容为历史、军事、社会等，手机用户的特殊性决定了观众的收视习惯为喜欢看短小精致的微纪录片②。为适应和争取这些受众群体的注意力，各专业视频网站纷纷开办微纪录片频道。如 2013 年 1 月 22 日，中国纪录片网上线，该网承担了国家纪录片产业政策权威发布、题材集纳、创作生产、推介展示、传播推广、融资交易、人才培养、学术研究等功能，是第一个国家级纪录片新媒体综合性产业运营平台，设有"微纪录"板块，有微纪录片库，同时参与微纪录片的征集、评奖和投资制作。以 BAT 为首的机构也重金加速布局短视频平台，迅速成为微纪录片、微电影的专业制作机构。今日头条、腾讯、秒拍等均投入 10 亿元扶持短视频内容创业者。2017 年 3 月 31 日，阿里正式宣布投入 20 亿元进军短视频领域，将土豆网打造为专门的短视频平台。腾讯专门成立短视频中心，负责短视频平台运行；爱奇艺短视频平台的爱奇艺头条正在内测；秒拍成为新浪微博独家短视频应用，从工具型短视频机构转型为社交分享类短视频平台；华人文化基金领投的资讯类短视频平台梨视频也已形成业内影响力；咪咕视讯作为中国移动在视频领域的唯一版权运营实体，也布局短视频，与中央电视台共建业内领先的短视频创作者聚集平台，打造头部账号体系，孵化自有明星短视频账号，引入知名工作室直接签约，盘整已有的强 IP 资源账号化运作。

　　自媒体公众号也投入微纪录片的展示和创作之中。2014 年 11 月 30 日，"二更"微信公众号上线，推出原创微纪录片，定位为"文艺、生活、精致"，选题涉及人文、时尚、科技等各个方面，时长一般保持在 5 分钟以内。2015 年 4 月，"二更"在杭州注册成立"杭州网络科技有限公司"；2015 年 5 月，"二更"与自媒体大号"深夜食堂"（现为"二更食堂"）合并，同时完成了二更品牌的双平台融合。2016 年 3 月，"二更"正式对外宣布完成 A 轮融资，金额超过 5 000 万，2017 年 1 月完

① 高英：《〈城殇〉反响强烈，专家研讨"微纪录片"现象》，http://www.xinhuanet.com/newmedia/2015-01/26/c_133947386.htm.
② 焦道利：《媒介融合背景下微纪录片的生存与发展》，《现代传播》2015 年第 7 期，第 107—111 页。

成 B 轮融资 1.5 亿。目前,"二更"出品了 2 618 部视频,视频播放总量达 170.36 亿,已逐步演变为成功的影视平台。"二更"平台有两个著名栏目"身边人"和"手艺人"。"身边人"着眼于来自各行各业的普通人、小人物,通过他们反映城市发展、历史印记或者文化变迁。"手艺人"则主要以有着精湛手艺、传承古老技艺的工匠为拍摄对象①。例如,《身边人·魔都的钢铁侠》关注地铁养护工张艺韵,让受众注意到了平日被忽视的地铁养护人员,他们保障了市民的平安出行,在为城市交通发展作出贡献的同时,见证了上海地铁发展的历史变迁。《手艺人·春风得意北莺飞》记录了老北京金马派风筝传人吕铁智的故事,他师从著名的金福忠先生,六代传人为历代皇帝做风筝,现今故宫仍存有 3 件出自金福忠先生之手的风筝。

新媒体的不断发展,受众参与度的不断提升,使得微纪录片受到官方和民间社会的热捧。国家新闻出版广电总局继续开展优秀国产纪录片推荐播映工作,在各地、各部门推荐的基础上,每季度评选一批优秀国产纪录片向全国推荐播映。各种层次的微纪录片大赛也相继举办,如凤凰视频发起的"凤凰视频纪录大奖",鼓励纪录片创作者以人文视角观察现实世界,从不同的角度去讲述华人的故事,传播人性关怀的情感。此外还有中国纪录片学院奖"最佳微纪录片奖"和中国(广州)国际纪录片节"最佳纪录片短片奖""中国大学生微纪录片大赛""中国(浙江)首届微纪录片大赛"等。2013 年 11 月 28 日,"直播广州"首届微纪录片大赛成功举办。到 2016 年,"直播广州"已经成功举办四届微纪录片大赛:第一届主题"致敬广州"立足本地;第二届主题"传承"不忘初心;第三届主题"创时代"变革创新;第四届主题"匠心"精益求精。经过四年的努力,大赛的影响力已走出广东,辐射全国,参赛作品来源地区广泛,除广东省之外,北京、上海、湖南、天津、山西、江苏、甘肃、新疆、湖北、云南等省、市、自治区均有作品参赛,还有来自美国、英国、法国、葡萄牙、新加坡等国家的留学生作品,"国际范"渐显。2017 年 9 月 9 日,第五届"直播广州"正式启动,本次大赛主题为"财富故事"——"有故事,未必有财富,但有财富,必有故事。财富的故事,其实就是一个国家、社会、城市、企业和个人奋斗创业、积聚财富的故事。"

---

① 王婉妮:《新媒体语境下微纪录片的特性探究》,《现代视听》2017 年第 9 期,第 61—63 页。

第二节　微纪录片的主要类型

如前所述,在网络新媒体上播放的微纪录片大概有两类,一类是电视台或影视制作机构生产的纪录片,一类是专门按照移动网络和新媒体生产的纪录片,所以微纪录片自然就分为原创型微纪录片,即创作者自选题材,并进行拍摄剪辑制作而成的影像资料,有明确创作目的和意图的原创型微纪录片,如导演金华青的《花朵》;二次创作型微纪录片即在原有的各种纪录片的基础上进行筛选和再剪辑所呈现出的影像,如央视《故宫100》。本书试图根据创作主体与创作视角、创作目的和题材内容两种不同的标准尝试对纷繁复杂的微纪录片进行亚类型划分。

一、根据创作主体分类。

有学者把微纪录片依创作主体分为官方与非官方两类,其中官方定制类微纪录片一般由传统媒体主要是电视台,根据宣传方针和节目要求而制作;非官方类微纪录片,既包括个体化的 UGC 创作,也包括赞助商资助的专业团队制作[①]。其实,创作主体的不同往往决定了创作视角、创作意图乃至创作手法的差异。

1. 网民自制型微纪录片

网民自制的微纪录片选题多样,主要围绕处于社会边缘地带的人物展开,是网民记录当下、表达自我的一个重要窗口,带有草根性和碎片化的特征。此类微纪录片数量庞大,难以有效统计其数量;他们往往用 DV、手机或单反相机等拍摄,缺乏较为专业的影视技巧训练;拍摄手法简单,节目较为粗糙,可谓新媒体技术支持下的"自然主义"创作;片子没有深刻的立意和强烈的意识形态诉求,更多的是单纯在叙述内心感受或表达观点。例如《桂林,我回来了》是一群大学生表达对家乡桂林的热爱;《在底层》表达对城市清洁工的关注。网民自制微纪录片

---

① 陈阳:《PGC + UEM:微纪录片的生产模式创新——以〈了不起的匠人〉为例》,《中国电视》2016 年第11 期,第84—87 页。

使得被传统媒介忽略的边缘人物出现在大众的视野中,反映普普通通的百姓的日常生活,让微纪录片的题材更加多元化和平民化。

虽然整体而言,由社会公众采取"自然主义"纪实手法所原创,自制微纪录片基本仍处于业余、粗糙、原生态的状况,近似于网民自娱自乐的日记式记录,却是碎片化时代社会公众尤其是社会底层日常情绪的宣泄与表达,是社会各个阶层、各种声音的新媒体表达,值得非体制内专业团队尤其是体制内专业团队的重视、关注与吸纳。

2. 非体制内专业团队制作的微纪录片

非体制内专业团队分为两个部分,一类是专业视频网站、影视制作公司或商业自媒体。腾讯推出社会纪实类栏目《某某某》,以每期 10 分钟左右的时长解读平凡人物不平凡的人生。凤凰视频则依托优秀的纪录片制作团队,开办纪实栏目《甲乙丙丁》,记录凡人命运,感受人性温度。同时,凤凰视频大力展开了定制纪录片的制作,在视频内容方面推行差异化战略,力图以微纪录片展示大人文、大历史。一些独立导演拍摄的作品也带有强烈的人文关怀,例如金华青导演的《奔跑的黄昏》《孤城》等,将镜头聚焦于平凡生活中的普通人。

最近崛起的自媒体也是微纪录片的非体制内生产者,目前影响比较大的是"一条视频"与"二更视频",其所推出的短视频产品基本上属于微纪录片。商业视角加上专业的制作团队,片子制作比较精良,也更讲究视频产品生产的标准化流程。其作品往往分为商业片与公益片两种:商业片是收费的,依照"一条视频"的《合作刊例》,其每日推送的头条视频的报价在 120 万元;公益片是免费的。商业视角的微纪录片创作体现出商业性与公益性相杂糅的特征,受众有时很难区分①。

"创客八点半"是广州知天晓文化有限公司运营的微信公众号,以纪录片为主体,结合创业者深度访谈、投资者说以及微分享、互动、热议等新媒体运营方式,全方位展示创业历程。2015 年 10 月 12 日,微纪录片系列《创客八点半》在优酷土豆、腾讯、爱奇艺、搜狐视频等视频网站以及"创客八点半"微信公众号上线播出。据悉,《创客八点半》是国内首档创业微纪录片系列,聚焦未来将改变人们生活方式或社会形态,以及某些行业规则的创业者,用影像真实记录这些国内外优秀华人创业者的创业故事。

另一类非体制内专业团队力量是所谓的独立纪录片制作人。自 DV 出现以

_____

① 王家东:《移动互联时代的微纪录片:视角、叙事与传播》,《当代电视》2018 年第 2 期,第 60—61 页。

来,拍摄设备的简化与便捷使得纪录片创作不再高不可攀,大量业余独立纪录片制作人浮出水面,各城市的民间观影社团相继兴起,比如上海的 101 工作室、北京的实践社、南京的后窗看电影等。独立纪录片展也在全国各地兴起,虽频遇阻力,但为数不多的独立影展创造了一种气氛,让更多的人去了解独立纪录片,培养新的独立制片人、导演。在题材上,独立纪录片作品更多地选择深入本土,关注普通人的生存状态。独立导演"记录时代、记录生活的作品是中国民族影像志的重要组成部分,其意识形态标签不再是'反主流''非主流'的,而是更加倾向于'个人化''民间化'。可以说,独立纪录片作品反映的是这个国家普通大众的生存处境,也让我们从中看到了这个时代的部分真相"①。

3. 体制内专业团队制作的微纪录片

体制内专业团队制作一般主要由主流媒体按照传统的电视纪录片生产流程投入大量时间与资源进行策划和制作,其题材与内容往往主题宏大、准备充分、制作精良,意识形态宣教色彩比较浓厚。如 CNTV 纪实台的"微纪实"板块,选取珍贵的纪录片资料分门别类进行"片段精切",剪辑制作成珍藏版,是对原有丰富资源的网络化转换。此类微纪录片还有由浙江省人民政府新闻办公室主办,浙江电视台国际频道、杭州电视台综合频道承办的讲述外国人在杭州创业的《我在杭州》。

2016 年,央视先行一步把短视频提高到战略高度,推出了《厉害了,我们的2016 年》《2016,习近平在世界舞台》《V 观》《习式妙语:达沃斯聆听中国》等系列时政短视频,《习近平总书记的一天》《习近平最牵挂的人是谁》《初心》等形成现象级传播。《人民日报》充分利用其政论优势,推出了《习近平用典》《人民代表习近平》《习主席来了》等有影响力的时政短视频作品。新华社充分利用其图片资源优势,打造了《红色气质》《红色追寻》等时政短视频红色系列,其中《红色气质》全网播放量超过 2 亿次。"复兴路上工作室"推出《领导人是怎样炼成的》《十三五之歌》《中国共产党与你一起在路上》等系列短视频,获得网友热烈点赞和转载。其中,《十三五之歌》以说唱形式将中国声音通过网络传向全世界,国际主流媒体争相报道,并在推特(Twitter)、脸书(Facebook)等国际社交媒体平台上传播。

---

① 李倩:《游走在体制边缘的艰难生存——关于中国独立纪录片生存境遇的思考》,《东南传播》2009 年第 3 期,第 30—32 页。

二、根据创作目的和题材内容划分

1. 宣传教育型

按照不同的宣传主体,宣传教育型微纪录片又可以细分为四种不同的类型:时事政治类、广告营销类、城市宣传类以及公益宣传类。

(1)时事政治类微纪录片。时事政治就是指某个时间段发生的国内、国际政治大事,主要表现为政党、社会集团、社会势力在处理国家生活和国际关系方面的方针、政策和活动。此类纪录片大多为体制内专业团队承担摄制人物,带有强烈的政治性、新闻性、现实性和社会关注度。如《红色气质》《我们的"一带一路"》等。河南日报报业集团推出 2018 年全国"两会"重磅策划——原创微纪录片《进·城》。《进·城》讲述了三个普通人进城的故事。来自南阳镇平的易学锐经过 25 年的打拼,如今已经在郑州买车、买房,安家落户;来自新乡辉县的王志辉,从 2003 年开始来郑州打工,2016 年住上公租房,开始有了家的感觉;家住中牟县的农民姚国记,2016 年和全村 500 多名村民一起住进了新型社区,过上了城里人的生活。

(2)广告营销类。微纪录片篇幅简短、主题单一,集中且隐秘地表现主题,如此优势和广告相结合,使广告的说教性宣传与微纪录片的叙事相互交融,对观众的影响采取"润物细无声"的影响方式。贾樟柯和苏格兰威士忌尊尼获加合作的微纪录片《语路》系列在对王克勤的采访中,王克勤讲述了二十年的调查记者生涯中面临过许多死亡威胁,但自己仍然愿意在这条路上一直走下去,与威士忌尊尼获加酒"永远前进"的品牌精神相契合。短短几分钟的视频,受众可以随时随地观看、分享、评论,这种渗透到受众日常生活中的传播方式正是广告商所需要的。杭州万科集团制作的《江南制作》微纪录片,在讲述杭城老手艺人对技艺精益求精的同时,婉转地表达万科"好房子、好服务、好邻居"的理念。此外,凤凰卫视为一汽集团定制的微纪录片《行者无疆——车轮上的记忆》、卡萨帝品牌联合 Discovery 探索频道打造的三集微纪录片《生活在创艺 20、30、40》,青岛华润万象房地产集团投资拍摄的《山东路十号》等都属于此类型。

(3)城市宣传类。城市化进程的加快促使建设城市、经营城市的理念成为一时风尚,不少城市采用微纪录片的形式来展现城市特色。首个城市系列微纪录片"微纪录·微兰州"共有 24 部,每集长约 10 到 20 分钟,主题分别为:"大自

贾樟柯《语路》系列

然对兰州的馈赠""兰州人对自然的改造""人与人的交流融合""又一轮回"等,从兰州政治、经济、文化等多个领域来塑造兰州形象,推动"中国西北游,出发在兰州"的旅游经济效益发展,并提高"黄河之都,金城兰州"的城市品牌影响力。目前,各个城市形象的微纪录片如雨后春笋,苏州、广州、临安、郑州等都纷纷将微纪录片作为传播载体大力进行投资。作为城市对外宣传的方式,微纪录片可以在有限的时间内将城市的特色表现得淋漓尽致,在新媒体平台上的传播能实现覆盖率和辐射性的最大化。

(4)公益环保类。公益环保型微纪录片就是通过真实记录公益活动传达环保公益理念的微纪录片。2011年9月贾樟柯监制的三集公益微纪录片《爱的联想》首映,这是中国首部记录草根公益团队发展历程的公益微纪录片,全部由联想支持过的草根公益团队负责人本人出演,采用纪录片的手法与风格,真实再现了这些草根公益团队的成长历程,展现了它们的公益理念。再如周迅参演的《瑞典环保之旅》微纪录片,展示了瑞典在环保方面的成就,传达出资源循环利用、爱护环境的呼吁。

2. 人文关怀型

在人人都有智能手机的时代,拍摄制作微纪录片的门槛大大降低,草根团体的加入使微纪录片的选题更多转向身边的人或事和日常生活的点点滴滴,或对某个群体的发声,舍弃宏大的主题,从小事拍起,因此微纪录片更多地集中于人文关怀。近些年获奖的微纪录片《新娘》,讲述刘华奶奶从1954年到新疆参军并在新疆安家的故事,通过口述的方式,记录了刘奶奶和两位爷爷的感情故事及在新疆的各种经历;《插旗》在短短4分钟的篇幅里记录了美国士兵每年都会在阵亡战士的坟墓前插旗来缅怀牺牲的战士,在片子结尾,一位母亲趴在儿子的墓前伤心哭泣；德国微纪录片《我们终归寂灭》通过行将就木的祖母和花样孙女之间的对话来表达人与人之间的离别。

总体而言，人文关怀型微纪录片强调微纪录、微视角、微生活，以平民化的视角集中叙述某个人或某个群体，表达创作者对人物命运的关怀。比如《90 后美女入殓师》介绍了 90 后女孩许佳萍和林珲，她们的职业是入殓师，她们在工作时沉默细致，见证了逝者人生的最后时光，并让他们体面而又富有尊严地离去。毕业于殡葬专业的她们也是同学中为数不多"从一而终"的人。然而，纪录片也在发问：在纷繁浮躁的当下，美女入殓师们承受着非常大的生理和心理上的考验，未来她们能走多远呢？

讲述广州文身文化与文身师现状的微纪录片《纹化》也是类似代表。2013年 2 月，这部微纪录片的首映会在广州举行，出品人是黑逗工作室，这个工作室的所有成员都是"90 后"大一学生。

3. 社会历史型

中国地大物博，历史悠久，这就为微纪录片提供了丰富素材。比如为讲述早期中国共产党人在上海的红色峥嵘往事，上海市档案局（馆）联合真实传媒有限公司策划制了 8 集微纪录片《上海记忆：他们在这里改变中国》，每集 8 分钟，以珍贵文献、历史画面、实地探访等多种形式，全景式地再现了 1921 年中国共产党诞生至 1937 年抗战全面爆发的 16 年间，中国共产党在上海波澜壮阔的发展历史。该片作为中共早期党史与上海城市史的跨界作品，起讫点为晚清甲午战争到红军长征胜利和全面抗战爆发，建党、"五卅运动"、"四·一二"政变、中共中央从上海迁到苏区、首次关于红军的报道等历史事件，都以珍藏于上海市档案馆和海外的珍贵史料为依托，以城市地理学方法解析历史事件，是影像史学的一次全新呈现。

《如果国宝会说话》展示了 100 件文物，共 100 集，分为四季播出，每季 25集，《如果国宝会说话》每集 5 分钟讲述一件文物。短小并不意味着粗糙，而是对"精"更高的要求，该片将一个个"大国重器"浓缩在五分钟的视频里，穿越古今王朝，探访先贤今人，着重讲述国宝背后鲜为人知的传奇故事和曲折经历，在引人入胜、跌宕起伏的故事中，寻找中华魂魄，使观众身临其境，领略中华国宝不朽的价值与魅力。《如果国宝会说话》的制作摒弃了"长篇论述"的方式，该片采用分集设置，精致的微纪录小视频可以适应互联网时代的碎片化传播特征与节奏，让更多繁忙的现代人"快速充电"，了解文物背后的文化意义。

《如果国宝会说话》海报

第三节　微纪录片的策划

2013年,央视《舌尖上的中国》引发大众对中国传统饮食文化的火热追捧,掀起了中国纪录片市场的一个高潮。面对日渐火热的纪录片市场,湖南娱乐频道在探索市场转型中思索着策划一档能被人记住的节目,他们提出"微纪录"的概念,以短节目满足新媒体时代的观众需求。鉴于饮食节目有深厚的观众基础,于是从饮食入手,推出微纪录片《味·道》。制片人韩凌直言《味·道》在策划时受到了《舌尖上的中国》的启发,不过,两者虽同为饮食类的纪录片,但有着很大区别。最明显的是,《味·道》是微纪录片,每集4分钟。在表现形式上,《味·道》从每一道菜入手,来展示源远流长的饮食文化,而且,根据如今快速的消费习惯,《味·道》不局限于传统媒体,还瞄准新媒体用户。

从纪录片《舌尖上的中国》到微纪录片《味·道》,这个案例说明微纪录片的策划与创作应该具有与电视纪录片不同的特点。

一、叙事理念的策划

有学者分析说,"宏大叙事的启蒙性、精英化、深刻性属性使得人们从接受心理上产生较大距离:它有某种一贯的主题诉求叙事;一种完整的、全面的、严谨的、十全十美的叙事;常常与意识形态和抽象概念联系在一起;与总体性、宏观理论、共识、普遍性、实证证明合法性具有部分相同的内涵,而与细节、解构、分析、差异性、多元性、惊谬推理具有相对立的意义"①。微纪录片的策划需要使纪录片这一叙事载体在理念上实现深刻的转型,改变过去大型影视纪录片创作所熟知的"宏大叙事",采取"日常生活叙事"来实现诗意化表达的叙事意图。

宏大叙事本意是一种理想状态的"完整的叙事",即所谓无所不包的叙述,具有主题性、目的性、连贯性和统一性。而日常生活叙事是对个体生活经验进行想象性表达的一种叙事状态,从平凡的日常生活中揭示人生哲理、人的生存理想以及人性之美,体现在对日常生活的审美化呈现、对日常生活的反思与批判以及对个体人与小叙事的重申三个层面。《城殇》聚焦南京大屠杀这一宏大的历史题材,没有将事件的发展过程全面详尽地呈现,而是以南京城门遭受轰炸,到日军洗劫南京城,再到战后审判作为时间点,截取能够反映历史主旨的典型瞬间,以横断面的叙事方式在3分半钟的时间里向观众讲述了一个个动人的故事,毫无疑问这是一种成功的选择。

大众文化自始至终都体现着人文本质和人文精神,蕴涵着一种人文目标,昭示着一种人文价值理性。微纪录片的创作要用生活化的影像语言回应大众和大众文化的渴求,用大众化的叙事方式说理叙事,表情达意。在大型系列纪录片《中国梦365个故事》中,微纪录片创作者将"中国梦"与普通百姓的生活相联系,采用一边播放、一边制作的方式,鼓励普通百姓讲述自己追求梦想的故事,将抽象的概念转化成为对身边人故事的影像记录,通过一个个具体、平常的故事将"中国梦"的深刻内涵传达给普通受众。

《了不起的匠人》在反复推敲的过程中改变的正是这种叙事理念。据总导演李武望介绍,节目策划案几易其稿,从最初的《了不起的民艺复兴》到《了不起的匠人之神》,最后定稿为《了不起的匠人》都经过反复斟酌,这种改变并非仅是文字上的推敲,而是对节目理念和主旨的不断明确:第一次修订从"民艺"转向"匠人之神",实际上确立了节目重心由技艺转到"人"本身,李武望认为,"技艺的传承不能脱离人的生活,真正能打动人的一定是人"。从"民艺"到"匠人之神"再到"匠人",正是从抽象的"宏大叙事"一步步落实为"日常生活叙事"。

① 程群:《宏大叙事的缺失与复归——当代美国史学的曲折反映》,《史学研究》2005年第1期。

二、选题的策划

叙事理念的转型体现在微纪录片策划中,就是选题上由"巨内容"向"微内容"转型。如前所述,微纪录片的一个主要特征之一就是要在25分钟之内,甚至更短时间内完成影像诗意化表达,这需要微纪录片改弦易辙,改变传统纪录片的诸多创作思路,其中浓缩凝练"微内容"是主要策略之一。"微内容"是相对于"巨内容"而言的。"巨内容"是传统媒体的主体内容,是体现新闻或影视剧重要性、接近性、时效性、显著性和趣味性等重要传播价值的内容。对于"微内容",该词汇的创造者雅各布·尼尔森(Jakob Nielse)描绘说,这是用来描述一个网页上所显示的"超小文字段"(microcontent),比如页头与标题。对本书来说,微内容其实就是被传统媒体所忽视、无法在媒体上获得展示机会的、碎片化、片段化、浅层化的内容,这些内容似乎无法直接切合某种宏大价值,需要从新的视角或新的层次加以审视与延展。不过,人们在策划微纪录片的选题时,恰恰需要重新审视碎片化、片段化的内容。碎片化不是单独的个体,它看似是孤零零的片段,但是通过片段不断地相互关联,可能会产生新的生命,会上升到新的高度。

从选题来源看,微内容就来源于生活中发生的小事或者是身边的人,在现实生活中,普通百姓没有显赫的地位、强大的经济实力,更没有耀眼的光坏,但是在平淡而又碎片化的生活中仍然有各式性格的小人物,他们都应该成为镜头记录的对象。

微纪录片的选题来源除了平凡生活之外,主题人物可以部分来源于在新媒体平台受到热议的人物。2014年,来自中国湖北的闵奶奶在81岁高龄挑战高空跳伞,在网络上引起热议,2015年的《影像录》以《82岁我心飞翔》为主题,重新回顾老人这段"英雄"历史,并将老人挑战跳伞的前因后果表达清楚,充分展现老人的豁达乐观;《住在井底的父亲》中,王秀青迫于家庭贫困,只能住在井底,白天通过给过往的出租车洗车生计,在经过媒体的大范围报道后,王秀青住的井被封,这引起媒体和网友的热议。究竟该不该对这件事进行报道?微纪录片从这个问题出发,在影片中对王秀青现在生活的刻画,以及他们家人对报道的感激之情,回答了这个具有争议性的话题。

《82岁我心飞翔》的点播率为647万次,《住在井底的父亲》点播率为295万次。新媒体时代,草根文化兴起,片中所展现的是平凡人,但是他们在平凡的生活中却做着不平凡的事情。将曾经在网络上引起热议的故事作为拍摄主题,一方面可以保证有一定的点击率,另一方面则充分体现微纪录片从身边人、身边事取材的特性,迎合受众需求的同时,不断扩充微纪录片的发展前景。

微纪录片在选取题材方面的策略就是要走进现实、贴近生活,要如实地去反映社会生活中存在的"吃、喝、拉、撒、睡、柴、米、油、盐、酱、醋、茶"等问题,从碎片化的微内容中挣脱平庸与孤独,获得新的人文化、诗意化表达,因为这样的选题会在很短的时间内吸引观众,博得百姓们的眼球。

三、叙事视角的策划

作为新媒体语境下纪录片的新发展,微纪录片表现出鲜明的平民视角。微纪录片往往截取生活流程的片段,记录事情的横截面,讲述细节,构建"微历史"。微纪录片往往舍弃宏大叙事,而以个人叙事的形式展开"微叙事"。个人视角的运用给微纪录片带来的不仅是短时长叙事灵活的便利,更自然彰显了其对故事内容进行观察和讲述的平民视角。

不少微纪录片通过第一人称展开叙事,《红色气质》以瞿秋白女儿瞿独伊的回忆为主线,通过她的个人视角展现共产党人个人、家庭和国家、民族命运的联系。影片中,过去的共产党人跨越时空,与同志"相聚",与家人"重逢";3D还原的历史瞬间,人物和场景"动"了起来,照片背后的故事也"活"了起来。新媒体理念和技术制造的特效,让人们仿佛穿梭在历史长廊之中,看到过去与现在的对话,感受着红色信仰、红色气质代代传承[①]。

如湖南卫视的《我的中国梦》、贾樟柯监制的《语路》系列等。《我的中国梦》以单片70秒的超微时长对"中国梦"展开平民化解读,围绕平凡百姓的追梦历程,试图通过普通人追寻梦想的一个个动人故事,一个个具有代表性的平凡百姓的寻梦之旅,解读宏大的"中国梦"。

与央视制作的《大国工匠》不同,湖南知了青年文化公司推出的微纪录片《了不起的匠人》主要讲述了几个从事手工制作的工匠师傅的故事。《大国工匠》主要讲的是一线产业工人中的高级技术工人,强调的是工业化生产中对技术、技能的探索和钻研,展示了我国制造大国的工业化生产技术水平。就整个片子而言,

---

① 李雪昆:《〈红色气质〉:时长虽短"气质"不减》,《中国新闻出版广电报》2016年7月13日第7版。

《了不起的匠人》

少了一些情趣和文化,离大众生活有些距离。而《了不起的匠人》更感性,更富有人性,离百姓的生活更近一些,强调的是个性化、手工打造,更多了底层文化的深意,是对传统文化的继承和发扬,展示的不仅是我国悠久的文化历史,而是全世界、多民族人类文明的厚重积淀和丰硕成果。

以小事件、小人物入手,从微观角度切入,反映生活中的点点滴滴,生活中没有那么多跌宕起伏,多平淡且单调,微纪录片影像风格趋于平实而自然,平淡而真切。在反映外来务工子女生活情景的微纪录片《城市候鸟》中,开篇就是孩子们的读书声,影像逐渐展开,外来务工子女的童年缺乏丰富的物质基础和父母的关爱,没有宽裕的游玩环境,比同龄的孩子更加懂事。影片没有悬念和起伏的剧情,平铺直叙,简单直接地对孩子们的生活状况进行完整记录。

四、叙事结构的策划

微纪录片通常短小精悍,传播速度快,因此微纪录片须在叙事结构上简明扼要,在短短几分钟内传达完整的故事内涵,这就要求微纪录片的制作者善于抓取符合受众视听感受的题材。《胡阿婆的演唱会》只有一分钟的时长,第一个镜头就直接进入演唱会,没有任何的铺陈,用最简单直接的方式讲述 82 岁的老人胡文根实现梦想的故事。《爸爸别害怕》中,开头就以小女孩自我介绍的方式,讲述盲人音乐爱好者相亲相爱的温暖故事。开门见山的叙事方式通常是由时长决定的,同时在新媒体的传播过程中,开门见山的结构有助于受众在快速浏览中获得对影像内容的充分理解。

纪录片《故宫》共 12 集,单集平均时长 46 分钟,单集内容覆盖面广、信息量大,被称为"板块结构"。这 12 集纪录片从建筑过程、建筑使用、建筑艺术、馆藏文物等若干角度对故宫进行了解读,涉及历史、政治、文化艺术、宫廷生活诸多方面。而微纪录片《故宫 100》则以"积木结构"来适应网友的接受习惯。

《故宫 100》每集只讲述一个地点、一件物品或一个故事,整部纪录片并没有按照时间线性的叙事方法展开。然而，若将这些小主题加以整合，也可以汇聚在不同内容、不同规模的长篇大主题之下，其影片架构模式被形象地称为"积木结构"①。以《故宫100》部分单集内容为例，《有容乃大》（午门）、《皇帝归宿》（太庙）、《国家仪式》（太和殿广场）、《中间意味》（中和殿）、《皇家殿试》（保和殿）、《正大光明》（乾清宫）、《天地交泰》（交泰殿）、《萨满祭祀》（坤宁宫）等可以归于故宫核心建筑的大主题之下。

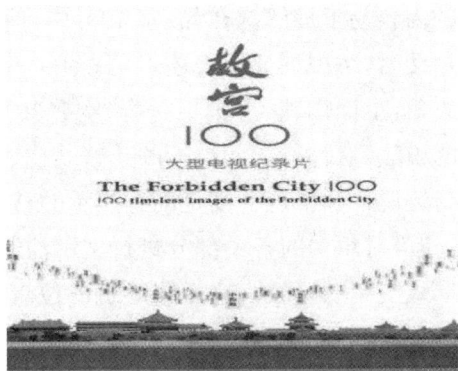

《故宫100》

这样一种"积木式结构"对单集内容的整合亦可以实现对特定大主题的完整表现，"积小胜为大胜"，与纪录片《故宫》在单集主题设置中意图表现的"盛世的屋脊""指点江山""家国之间""故宫书画"等主题和选材范围相契合。

在纪录片信息量的涵盖上，微纪录形式实现了传统纪录片对"有物"的追求。从形式来看，每集6分钟化繁为简，给观众展现了一个微观的故宫，一百个"积木块"以有限的篇幅创造无限可能，拓展了纪录片在各种传播环境下的二次整合空间。《故宫100》曾分别以单集版合辑版（共四辑）、全集版和精选版四种不同版本播出，时长6分钟、26分钟、52分钟不等。对于传统时长的纪录片而言，实现这样二次整合的可能性十分有限。积木结构使整部纪录片能够为各个年龄阶段、各个社会阶层的观众所接受，为观众的个性化意义组合创造了条件，也为纪录片的纵深传播提供了可能②。

五、表现手法的策划

为了吸引更多的年轻人观看微纪录片，微纪录片在对内容的表达呈现上开始具有多样、活泼的表现手法。比如通过运用动画增加内容的趣味性，使得抽象

---

① 李慧、张蓉：《微纪录片对传统纪录片的继承与发展——以〈故宫100〉为例》，《传媒》2016年第11期，第37—39页。
② 同上。

的内容易于理解。在《故宫100》中，前期的主题是围绕故宫建筑的构造，在讲述角楼时，解说词如此表述："角楼由六个歇山顶交叠而成，三层屋檐共有二十八个翼角，十面山花、七十二条脊、吻兽共二百三十只，素有九梁十八柱，七十二条脊的说法，这种科学而精妙的建筑结构，使它成为紫禁城里造型最为复杂的建筑。"与解说一起出现的则是动画演示的整个过程，歇山顶、翼角通过动画的方式叠在一起，对角楼的各个部分进行文字注释，继而展示角楼的总体结构。动画表达的形式使观众对故宫建筑与建筑的位置有更加清晰深刻的了解，加深了对故宫的印象。

动画形式的运用在不少微纪录片中体现得更加突出。在优酷《季录》中，《功夫爸爸》讲述了爱好功夫的中国丈夫和法国媳妇的故事。视频的开头用动画向网民展示法国媳妇因为喜爱功夫来到中国，并与中国丈夫、武馆创始人刘晓燕相爱成婚的故事，整个画面生动活泼，趣味盎然。卡通手法的运用消解了传统纪录片严肃、沉闷、刻板的印象，比传统纪录片带有更多的可看性与趣味性。

微纪录片镜头运用需要独具匠心。在《最后的棒棒》第十集《盛夏光景》中，开篇便是对自立巷住房的全景镜头展示，在阳光直射下，自立巷的房间简陋不堪。在夏季最热的时候，近景镜头展现老甘裸睡，中景镜头中老黄光着上半身在搭建的破烂阳台上扇扇子乘凉，导演何苦跳起来拍蚊子，企图赶跑它们。在与蚊子的斗争中，何苦脸上的汗水在特写镜头中不断滴落。老黄赶到前妻的家里去看望外孙，当老黄要走时，小孙子在门前看向老黄的方向，全景镜头中，老黄和小孙子之间满是绿色的植物，乡间小道上绿油油的场景稍微减弱了离别的感伤，在镜头中，老黄的身影渐渐远去直到消失不见。画面是微纪录片讲述故事的重要手段，细节的运用为微纪录片的整体立意增添亮点，通过所有细节的组合构成整个故事，使影片具有真实性和感染力，从细节处打动人心。

总之，既然微纪录片是影视纪录片发展下的一个合乎逻辑的艺术手段，它就同样需要坚持纪录片的精神与理念。纪录片的制作者需要用独特的视角观察和思考历史、人物与社会，并把这种观察与思考融入叙事中。关注现实，关注社会，关注民众是纪录片和纪录片制作者的传统，也是微纪录片及其制作者的神圣责任。有发现，有思考，有表达，这应该是微纪录片未来努力的方向。

思考题

1. 什么是微纪录片？给微纪录片下定义需要注意哪些问题？

2. 微电影与电视纪录片有何区别？

3. 微纪录片具有哪些类型特征？请结合你熟悉的案例，加以分析。

4. 宣传型微纪录片可以分为哪几种不同的亚类型？它们之间有何区别？

5. 微纪录片如何进行选题策划？试举例说明。

6. 从叙事理念上，微纪录片与电视纪录片有何区别？试结合案例加以分析。

7. 试结合微纪录片策划的相关工作要点，策划一部微纪录片，并写出策划文案。

第九章

网络脱口秀节目

案例 9.1 《吐槽大会》

《吐槽大会》于 2017 年 1 月 8 日再次上线后迅速走红,节目在开播第七天总播放量突破 2 亿,成为当年第一档现象级网络综艺。节目名为"吐槽",实际是一种别致的交流方式、独特的解压方法。嘉宾用"吐槽"的语言风格,不仅幽默而且具有讽刺意味,向观众传达笑点,深受观众欢迎。节目组选取的吐槽嘉宾阵容强大,吐槽主咖是当红明星,自带槽点,吐槽嘉宾也都自带强大粉丝阵容。

《吐槽大会》

《吐槽大会》每一期节目会邀请一位饱受争议的名人接受吐槽或自嘲,邀请的嘉宾要轮流以"说段子"的形式来相互调侃,彼此吐槽,传达"吐槽是门手艺,笑对需要勇气"的节目宗旨,在被吐槽期间不可以打断别人说话,取消传统脱口秀的"即时"性,让嘉宾只能忍痛聆听的一种新的节目设置。

案例 9.2 《晓松奇谈》

《晓松奇谈》(又名《晓说》)是以高晓松为核心创造的自媒体脱口秀品牌,意在打造视频化的"高晓松专栏文章"。《晓说》于 2012 年 3 月在优酷视频上线,每周五更新一期,是我国首档文化类网络脱口秀,截至 2015 年 3 月,《晓说》在优酷视频播出了两季,总播放量达到 5.46 亿,优酷视频订阅粉丝超过 21 万。《晓说》

在优酷视频播出期间,其节目制作形态与网络视频的自制节目更加接近,但是在内容和影响力上已经具有自媒体特征。

2014 年 6 月,《晓说》转战爱奇艺,成立高晓松工作室,更名为《晓松奇谈》。《晓松奇谈》的制作完全由高晓松工作室完成,成为真正的自媒体脱口秀。爱奇艺作为播出平台,也给了高晓松和节目更多的发展空间。

案 例 9.3 《姐姐好饿》

凭借着超高的话题性和明星嘉宾们在节目中的真实性和可看性,《姐姐好饿》第二季从众多综艺节目中脱颖而出,获得了高收视和强话题的双丰收。截至2017 年 8 月,"♯姐姐好饿♯"话题在新浪微博阅读量高达 30.4 亿,总讨论量直逼 260 万,除了节目本身的话题性,艺人也备受关注,节目播出期间,节目嘉宾的各项人气指数飙升,多则增长十几二十倍,少则五六倍。

《姐姐好饿》

能够获得如此高的关注度,除了"综艺女王"小 S 跟明星嘉宾的鬼马互动,"男神＋双女神"的嘉宾设置以及"赞美大会"等"心动"环节的设置之外,《姐姐好饿2》每期通过嘉宾所映射的社会关系("中国式家庭""婚恋观""闺蜜情"等)都直戳当下网友的痛点,而小 S 和嘉宾们在美食的诱惑中,推杯换盏,以自己的故事为引子,诉说着世间的喜怒哀乐、人情冷暖,很多网友感慨"从节目中看到了自己生活的影子",更有网友点赞"《姐姐好饿2》给我的生活带来了一些答案"。

搜狐网有篇文章说，"2014，是网络脱口秀爆发的一年"①。这一年《晓松奇谈》《吴晓波频道》《听青音》《大鹏嘚吧嘚》《罗辑思维》等节目表现十分抢眼。2015 年一季度视频网站自制节目中，脱口秀节目在播放量排名前十位中占了绝大多数，其中《奇葩说》《大牌驾到》《优酷全明星》《晓松奇谈》《大鹏嘚吧嘚》也都榜上有名。2017 年，《吐槽大会》《脱口秀大会》及《火星情报局 3》成为脱口秀的流量担当，前两者作为首季原创节目，是 2017 年当之无愧的网综黑马②。

在新媒体时代，网络脱口秀节目在短短数年内迅速成为各大视频网站的流量新宠，其风头与社会影响迅速赶上并超过主流电视谈话节目。

第一节　网络脱口秀节目的定义与类型特征

一、网络脱口秀节目的定义

网络脱口秀节目实际上是"网络自制视频谈话节目"的简称。也许此类节目中的"talk"的音译比电视谈话节目中的转译"谈话"更加率性，也许因为"电视谈话节目的叙事脚本通常都是事先安排好的，有时为了增强节目的情感效果，会出现事前'彩排'的现象"，相比之下，"网络脱口秀的话语表达则显得更为随意，是一个人的舞台，一个人的表演秀，主持人只需理清自己的叙述逻辑，围绕叙述主题即可展开论述"③，所以，网络自制视频谈话节目便被人们简单地称为"网络脱口秀节目"或"网络脱口秀"。

不过，何为网络脱口秀节目？对于这一概念仍然众说纷纭，莫衷一是。有人提出，网络脱口秀节目是以网民为主体，通过互联网平台进行传播的"脱口秀"④。也有人认为，网络脱口秀节目是指脱离传统媒体，以互联网为传播载体、定期播出的，由一名主持人围绕某个特定话题开展的即兴演说；它是以主持人自己独特风格为看点的节目类型，这类节目通常没有现场观众，由主持人一人把控

---

① 《2014 年最好看的网络脱口秀盘点》，http://www.sohu.com/a/634167_105238。

② 付晓岚：《2017 年度综艺市场大盘点，挖掘范围经济将成未来市场风向标》，http://www.entgroup.cn/Views/44070.shtml。

③ 王伟：《自媒体生代网络脱口秀节目探析》，南京师范大学 2015 年硕士论文，第 7 页。

④ 李博文：《网络脱口秀节目的话语表达》，《当代电视》2014 年第 4 期，第 49—50 页。

全场,掌控话语权①。还有论者基于传统电视脱口秀节目的研究文献,并根据网络视频脱口秀节目从内容到形式上的一些新特点,提出网络脱口秀就是以互联网为播出平台,以对话或漫谈为主要形式的观点表达类节目,"事实上,谈话的主要目的就是展现各自的认知和观点……既约定了其播出途径,又将这种节目限定在脱口秀核心的目的——观点表达上"②。这些定义各有优缺点。

韩国网络脱口秀节目《你好》

　　本书认为,对网络脱口秀节目的定义与类型特征的说明需要注意其与电视谈话节目的异同。首先,网络脱口秀与电视谈话节目有着"师承"与"源流"关系。虽然传统电视谈话节目"形式老旧、节奏缓慢,在当下多元、快捷的传媒环境下,传播力、吸引力大打折扣","长期的'明星'话题会令百姓感觉节目偏离自己太远,进而造成观众流失严重"③,比如停播的《锵锵三人行》《金星秀》,电视谈话节目的式微给了网络脱口秀以机会、机遇,但是传统电视谈话节目毕竟给网络脱口秀节目带来富有约束力的"传统",即话题、谈话人、谈话方式三大基本要素。在电视谈话节目中,主持人与嘉宾、现场观众之间的互动一般是所谓的"半文本操作",各方按照预先策划的谈话方案、结构、路线乃至预定的方向、效果来完成人际传播向大众传播方式的转变。网络脱口秀节目虽然在节目表现上完全无脚本、无底稿、无彩排,主持人既可以结合时事,也可以结合个人经历,既可以有清晰的理性逻辑,又可以有漫无边际的"意识流",现场即兴漫谈的表现全凭个人兴趣与主观

---

① 王伟:《自媒体生代网络脱口秀节目探析》,南京师范大学 2015 年硕士论文,第 8 页。

② 周扬:《喧嚣与失语——网络视频脱口秀节目研究》,湖南师范大学 2016 年硕士论文,第 3 页。

③ 刘全亮:《电视谈话节目的困境及创新策略分析》,《中国电视》2016 年第 9 期,第 106—109 页。

把握,但是从《晓说》《罗辑思维》《奇葩说》《全民脱口秀》等成功的网络脱口秀来看,这种无脚本、无底稿、无彩排的节目形态中,谈话人、话题、谈话方式等主要核心要素缺一不可,同时还始终贴合某位节目主持人的特点、个性与文化造诣,并最终指向某种结构性、体系性话语。甚至在某种程度上,某些大型视频网站与专业节目制作群体的网络脱口秀节目的生产路径与拍摄手法,也正在逐步体现出专业化趋势,甚至重新回归到电视节目制作的传统模式中。也许可以这样说:传统电视谈话节目的制作理念、模式与运作经验已经或正在反哺网络脱口秀节目。

其次,网络脱口秀节目可谓电视谈话节目在互联网与自媒体所引起的社会文化转型之下的产物,这决定了网络脱口秀节目与电视谈话节目虽然有着"师承"关系,但网络脱口秀节目已经挣脱原先电视节目的诸多束缚,面对新型的节目生产、节目制作与节目接受的文化环境,网络脱口秀节目已经发生了本质性蜕变。首先,互联网技术的飞速发展和成熟,个人电脑、手机等电子终端的普及,使得上网看视频成为人们生活中常见的一幕。其次,大多数网络脱口秀主持人较之电视谈话节目主持人,风格更加鲜明,更能够清晰、自如地表达自己的独家观点和意见,而且和观众的互动性更强,新生代网民更加强调个性、推崇自由表达的风格可以在互联网上得到较为舒畅的表现。还有一点,自 2009 年以来,特别是 2013 年之后,优酷、爱奇艺、搜狐、腾讯、乐视等视频网站以专业机构推出自制新媒体节目,以自制内容抗衡乃至超越传统电视台的号召力、影响力,吸引年轻网民,赚取点击率。

鉴于网络脱口秀是传统电视谈话节目在移动互联网背景下发展出的衍生物,定义网络脱口秀一方面需要将传统电视机构所生产的电视谈话节目授权相关视频网站播出的节目排除出去,另一方面又要将大量网友自行制作并上传,无法用统一规范和标准加以分析的网络谈话节目排除出去。因而本书所谓的网络脱口秀节目是指具备相关网络内容生产资质的专业机构生产、制作并上传的网络视频自制谈话节目,其定义如下:网络脱口秀节目是指由具有互联网视听节目服务资质的组织机构或团体自主或联合制作,以谈话为主要形式,主要面向网络受众,在自媒体终端播放的网络视听节目。

二、网络脱口秀节目的类型特征

讨论网络脱口秀节目的类型特征要以电视谈话节目作为参照系。电视谈话节目突显人际互动、个性流露、情感碰撞等特征,网络脱口秀节目在继承这些特征的基础上形成了自身特色。

1. 海量多元＋精准的话题选择

作为网络脱口秀节目核心要素之一,脱口秀节目对话题的选择面临着"碎"与"精"的矛盾,每个节目不得不在海量、碎片化的信息世界中艰难取舍。海量信息堆积以及表达意见多元,这是现阶段所有传播工作者面对的社会语境。信息的海量与碎片化使新媒体节目在内容选择上呈现无限可能。在网络脱口秀节目里,海量信息使节目几乎成了一个包罗万象的图书馆,比如有论者观察到《晓说》第2季节目竟然囊括六大类内容:著名历史人物、事件类,包括蒙巴顿、康有为、切·格瓦拉等著名历史人物和南阳大学血泪史等历史事件;规章制度类,包括我国古代的婚姻制度、美国的公务员制度等;文化类,包括世界各地文化,如新加坡、俄罗斯、日本、新西兰、阿根廷;军事战争类,如对越反击战、克里米亚战争等;体育娱乐类,包括冬奥会、美国流行音乐等;还有其他类别,如"晓说年终经典段落合集"等①。这种海量性还表现在单期节目的话题设置涵盖面极广,比如2015年9月10日上线的《大鹏嘚吧嘚》第598期节目,其中涉及的资讯有:肯尼亚选手耶戈夺冠、七旬大爷炒股、安徽文具中的塑化剂超标、广东开展中小学金融理财知识教育、南京一家火锅店推出女性穿短裙吃饭打折促销等,涵盖文体、法制、教育、民生等各个领域。由此可见,网络脱口秀节目在内容的选择上较为广泛,且往往采取海量传播的方式,以满足受众的多层面需求。

精准是指特定类型的脱口秀节目要针对细分用户的话题需求。如同电视谈话节目一般,网络脱口秀节目内容选择上可以包括新闻时事、社会历史、文化科技、政治军事等,但并非无所不包,要适合网民用户的需要,"制造更多年轻用户感兴趣、能参与的话题,吸引他们注意就成为每个网络综艺节目生存的黄金法则。实际上,这是网络综艺中体现网感的最重要的条件之一。当然,尽管与电视综艺相比,网络综艺的尺度相对较大,但制造年轻用户感兴趣、能参与的话题并不是指要靠'秀下限、无节操'来吸引眼球、博取点击。圈粉年轻用户还是要在年轻用户诉求和体验上下功夫"②。数据显示,网络综艺《暴走法条君》开播以来,单集上线首日播放量和单集播放总量总体呈上升态势,一个月后在暑期档网络

---

① 周扬:《喧嚣与失语——网络视频脱口秀节目研究》,湖南师范大学2016年硕士论文,第32—33页。
② 吴位娜:《解析网络综艺节目中的"网感"》,《中国电视》2016年第11期,第92—94页。

综艺播放量排行榜中成功登顶。为何一档网络综艺节目会有如此的爆发力？因为《暴走法条君》深谙网生一代年轻用户的观看需求，根植于网络综艺年轻用户的喜好和需求而开发，将自身定位为剧情式吐槽类脱口秀，节目中呈现的诸如"男友抠神罪""张大大迷之自信罪""陈汉典白日梦罪"等热点话题，都是通过调研得出的年轻用户最想吐槽、最感兴趣的话题，因此，在年轻用户中极易获得共鸣，节目品牌形象也由此深入人心。

"弱水三千，只取一瓢"，海量的多元内容给受众更多的选择机会，但也可能使那些心有所属的用户眼花缭乱，而建立在类型化与精准定位基础上的类型服务则让受众或用户各取所需，保持对某些节目或某类脱口秀的忠诚度。这是"碎"与"精"，"多"与"一"矛盾之下的必然选择。

2. 非常规的言说方式

脱口秀可以较为传神地勾勒出谈话节目的类型的特征："脱口"强调快速敏捷，注重口头表达的特征；"秀"是展示和展现，展示节目主持人和嘉宾的良好形象和表演天分，相当于汉语中"摆""炫"的意思。无论是崇尚"正史的里子、野史的范儿"的《晓松奇谈》，还是标榜"有种、有趣、有料"的《罗辑思维》，都试图以非主流、非常规的方式重塑人们在常规知识世界中的思维，在这一点上，可谓"语不惊人死不休"，《大鹏嘚吧嘚》号称："邀你'笑'看网络新生活……我们没有高昂的调子也没有宏伟的目标，我们只要借用你的视觉和听觉，在这一小段时间里让你暂时忘了地铁里拥挤的沙丁鱼，忘了老板的谆谆教诲，忘了生活的压力和紧张，原因很简单，我们带给你笑声。"

非常规的言说方式表现在两个方面：一方面是在观点表达上，力求富有个人视角、个人特点。《暴走法条君》的主持人谢娜声称自己"一本正经却鬼话连篇，专业煽风点火一百年"；《暴走大事件》的口号是："搞笑是我们的基因，不吐槽浑身难受"；罗振宇则希望成为受众"身边的读书人"，声称要"死磕自己，愉悦大家"。papi酱在几分钟的短视频内设计了许多贴近年轻用户的"槽点"，更直接地把握住年轻群体对娱乐视频的喜爱，它能够脱颖而出的关键在于"槽点"与观点之间相互激荡、相得益彰。

另一方面，个人化的观点必须有个性化的语言传达，网络脱口秀的"思想"自然与富有"网感"的语言互为表里。其一，网络脱口秀节目密切跟踪甚至别出心裁地使用网络热词、网络流行语。网络语言形象、简洁、新奇而又诙谐风趣，如"这样子"说成"酱紫"，"拍马屁"用"PMP"指代，具有鲜明的青年群体和亚文化特色,被网民普遍接受和广泛使用,成为网民表达意见、交流思想、沟通情感的重要手段。网络脱口秀节目在各种节目中顺势而为,把富有"网感"的这些"网言网语"为己所用。如在《关爱八卦成长协会》第212期节目《揭秘美白针水光针瘦脸针等整形项目惊悚内幕》中,主持人如此表达:"说起医美微整,那真是火得不要不要的,不仅受到了明星的青睐,还有各路网红也依靠医美产品走上了白富美的康庄大道,多少妹子想着一针下去,'duang'的一下,鼻子变高了,'duang'一下,脸变小了,'duang'的一下,连皮肤也紧致红润,掐得出水来呢!""白富美""duang""火""不要不要的",都是15年前后最热门的网络流行语。

其二,频繁使用质疑、调侃、反讽等能够引发关注的语言形式。如北京某专家调侃地说:"北京控制人口的最好方式就是提高房价";"车的档次高低代表人的素质高低"。主持人林白在《麻辣书生》第137期节目中表示,为了成为"高素质"的人而决定去买车,并提出疑问:"我是抱定'麻雀变凤凰'的决心买辆'凤凰'呢? 还是我们要永久地在北京这个国际化大都市待下去,于是,买上他一辆'永久'呢?"

其三,网络脱口秀节目在肢体、动作等非语言符号的使用上也极具个性。有人说,在人际传播中有60%的"社会含义"是通过非言语符号传播的,非言语符号无疑在节目表达中扮演着举足轻重的角色。高晓松在《晓说》中悠然而坐,缓缓摇扇,不仅散发出浓厚的文人气息,同时还营造出轻松自在的故事氛围,将受众自然地引入语境之中。

3. 节目编排"按需分配"

"按需分配"可以从节目时长、播出时间、内容安排、播出平台四个方面分析。从节目时长上而言,网络脱口秀节目没有统一的时长限定,节目时长可根据脱口秀制作者自主决定;在节目播出时间方面,网络脱口秀节目时间分每日更新或每周固定时间更新两种,但如果遇到特殊情况,节目无法按期制作,不更新也是情有可原;在节目内容安排方面,网络脱口秀比电视脱口秀更具时效性,能够及时根据时事选择话题,或及时跟进事件发展。据说《柯南脱口秀》发现《大鹏嘚吧嘚》抄袭其片头后,在连续两期节目中对《大鹏嘚吧嘚》进行吐槽,讽刺国内某些节目的"山寨习气",主持人大鹏立即在节目中反馈并表示道歉。这种"讽刺—反馈"的方式在电视谈话节目中很难做到,因为涉及版权、广告、收视率、时间等一系列问题,而在新媒体上,矛盾似乎更易被化解,不仅不会对节目带来巨大的经济风险,反而通过网络的炒作增加了节目曝光度,为节目吸引更多用户。节目时长、播出时间、内容安排还可以随着节目播出平台进行灵活调整,根据微信公众号、App、微博、视频网站、论坛等平台特点各取所需。

4. 即时＋伴随的"网感"

互联网从业者如此理解"网感"——在"受众"逐渐演变成"用户"之后,为了争夺他们有限的注意力,内容必须是碎片化、感官化的,以便把接受的难度降到最低。同时,对网络热点也要极为敏感,无论剧集内容和热点有无关系,一定要巧妙"蹭"上,这样才能保持"热度"①。咪咕视频原创部总编王皓用两个姿势的对比生动总结了什么是网感:"以前我们是沙发土豆,看电视都是葛优躺,这是一个姿势。现在姿势变了,变成低头动手族,这其实就是网感的表现。""网感"不等于速食化、低龄化、低俗化,它要求内容足够有趣,不光要让观众看,还要有力气进行互动。这一点是中规中矩的电视谈话节目无论如何也无法具备、无法超越的。

具体而言,这种"网感"表现在三个方面:一是直播平台的兴起为网络脱口秀节目的传播搭建了新平台,同时也为用户带来了即时感＋伴随感的体验,用户可直接接受到尚未剪辑的、原生态的节目直播流;二是随着网络市场的细分化,分众化的受众群体更倾向于接受个性化、具有创意特征、深挖细分市场的脱口秀节目,反过来,细分之后的脱口秀节目再以丰富的创意形式和细分的节目立意"黏住"各自的用户;三是网络脱口秀节目通过新的技术提供给用户更多样、更直观的互动方式,如弹幕、打赏、送礼品等,让用户在参与节目互动的同时也可通过互相评论、分享、转发、续写、改编、恶搞等方式,衍生出更为丰富的内容,当然也为节目形式的改进和内容的丰富提供了建议,推动了节目向着受众乐于接受的方向发展。

三、网络脱口秀节目的演进简史②

1. 要素萌芽期(2002—2006 年)

要素萌芽期是指构成网络脱口秀节目的某些基本要素,比如谈话人、谈话方

---

① 张隽隽:《网感与美感:互联网环境下何谓"优质"剧集》,《中国艺术报》2018 年 3 月 21 日第 3 版。
② 参见周扬:《喧嚣与失语——网络视频脱口秀节目研究》,湖南师范大学 2016 年硕士论文;王佳璐:《我国网络自制脱口秀节目的传播特性研究》,内蒙古大学 2017 年硕士论文;张少惠:《关于中国网络自制脱口秀节目热现象探究》,山东大学 2015 年硕士论文。

式在区别于广播电视之"广播"特性的网络传播上开始酝酿成型。2002年9月，搜狐网推出国内第一档网络访谈节目《名人有约》，直接在网络上播出，奠定了国内网络访谈节目的基本模式①，但网民参与较为正式、拘谨，基本是此时电视访谈节目的翻版。

2002年12月，千龙网推出大型宽带内容平台千龙网视，尝试直播互动式谈话节目。千龙网视不仅有音视频直播，还辅以各种文字和图片，设置了网友提问、背景资料等内容板块。受众在嘉宾进行谈话时，可以即时获取文字版的谈话内容以及相关的图片资料，也可以点击感兴趣的内容链接，获取更多的音视频背景材料。谈话节目三要素中的话题和谈话人直接从电视谈话节目中移植到互联网上，唯独还缺一个核心要素——主持人。另外受众在这个节目中也获得了一定重视，互动要素开始萌芽。

《目击者》是上海电视台新闻综合频道、嘉实盛业影视制作有限公司联合制作的一档新闻深度报道电视节目，2003年9月29日在新浪网推出网络版第一期。2003年11月10日，清华大学"AIDS与SARS"国际研讨会开幕，美国前总统克林顿前往演讲，新浪网独家制作了"克林顿演讲""回答问题""会见艾滋病感染者"三段视频，总长74分钟。

2003年11月3日，由时任中央人民广播电台主持人林白一手操办的《大话新闻》正式推出。每周一到五，下午两点直播，长度为半小时。同年12月，海外中文网站"文学城"主动推介了《大话新闻》，引起大批海外中国留学生的关注，在很短的时间内，《大话新闻》的声音出现在北美、欧洲等许多中国留学生聚集的地方。此时的《大话新闻》逐渐成为一个"播报＋评论"式的网络脱口秀节目，在参考一位留学生的留言后，开始确立"理性与幽默并重，正义与调侃共存"的大话风格②。学者闵大洪评论说："我们可以看到，不论作用和效果，如今网络新闻主持人与电视新闻主持人已没有什么两样。""以《大话新闻》为标志，网络新闻（视频）主持人的形态真正出现了"③。

《大话新闻》虽然最初以互联网为播出平台，之后却辗转于广播、电视两大传统媒体，成为中国第一个成功落地于传统媒体的网络节目，实现了网络、广播、电

---

① 周建青：《新媒体视听节目制作》，北京大学出版社2014年版，第267页。

② 参见《〈大话新闻〉的前前后后——"夜空守望者"之前的林白》，http://blog.sina.com.cn/s/blog_9c4f1f6c01017xk1.html。

③ 闵大洪：《视频内容——宽带网络中的主角》，《电视研究》2004年第1期，第56—58页。

视的三位一体。但此后几年,除《大话新闻》之外,网络上并未出现具有代表意义的网络脱口秀节目,无论从内容上、风格上均呈现新闻性的"播报+评论"格局。换言之,这个时期的脱口秀节目初步具备了谈话节目的三要素,即话题、谈话人、"网络新闻主持人",但是局限也很明显:一是《大话新闻》以当时正如日中天的"电视谈话"为模板,这一模板既是引导性的榜样,也是障碍性的阻隔,此时所谓的网络新闻节目与电视新闻节目并无太大差异;二是网速和带宽成为节目发展的技术性阻碍,例如,2004年1月的一个周末,《大话新闻》尝试在上海进行异地直播惨遭失败,由于上传速度过慢,许多网友直到周一才终于看到视频,《大话新闻》从此放弃了任何在北京以外进行直播的尝试。

萌芽阶段的网络脱口秀节目已经具备诸多的基本要素,作为网络脱口秀节目主要特征之一的互动要素基本处于蛰伏状态。

2. 要素完备期(2007—2011年)

自2004年开始,我国电视荧幕上刮起一阵选秀风,《超级女声》《星光大道》《我型我秀》等大型选秀节目的热播,捧红了一众"草根明星",同时也带动了在大众传播领域尤其是现代传播体系中草根文化的兴起。"草根"渴望打破传统文化中由精英阶层掌握话语主导权的局面,构建属于平民的话语空间。他们不再满足于"你说我听"的模式,而是要求参与其中,成为发言者。

此时Web2.0乘风而来,"人人都有麦克风"使受众的话语诉求得以实现。Web1.0时代网民通过浏览器获取信息,而Web2.0更注重用户的交互作用,用户不仅是内容的浏览者,也是内容的制造者、发布者。土豆网、优酷网两大视频网站分别于2005年和2006年先后上线,同时搜狐、网易、新浪等国内较大的门户网站几乎都开通了网络视频业务,我国的网络视频行业实现了飞越式发展。受众的需求、媒介技术的发展、国家监管制度的改革为我国的网络视频脱口秀节目提供了良好的发展环境。

2007年1月,搜狐视频精心打造的《大鹏嘚吧嘚》正式上线。《大鹏嘚吧嘚》号称"我们的生活不能没有娱乐",共有《大鹏极有料》和《今日五宗最》两大板块,其中《今日五宗最》又分为《最博客》《最热词》《最强帖》《最脸盆》《最好听》五个子板块,由主持人用连珠妙语串联,节奏感强,通俗流畅又不失思想性。节目过程中有时会穿插一些主持人自编自导、带有无厘头味道的搞笑短剧,最后的《最好听》板块有时会有主持人自己填词的"歪唱",气氛轻松活泼、娱乐性强。《大鹏嘚吧嘚》呈现出不同于前期脱口秀节目的鲜明特征,成为我国网络自制视频脱口秀节目发展的新起点。

2009 年 11 月 3 日,当时还是中国传媒大学博士生的林白在新浪播客推出网络脱口秀节目《麻辣书生》。节目拍摄场地选在中国传媒大学的学生公寓,曾经作为《大话新闻》网络新闻主持人的林白身兼主持人、编辑、视频上传等职,包揽节目制作的所有工作。节目内容包罗万象,从人们所关心的社会、生活话题、学生的校园生活到明星八卦再到国际焦点问题,题材丰富,选择范围广泛,例如"洛阳性奴事件""沈阳中学生扮鬼子兵""卡扎菲遭虐杀""小悦悦之死""大学生四、六级考试"等热点事件,也有"大学内衣秀""意外走光""明星爆乳装"等吸引眼球的娱乐事件。《麻辣书生》在没有任何宣传炒作情况下,仅新浪博客上该节目的点击率就已超过 700 万人次,单期最高点击量竟超过 40 万。一些主流门户网站如人民网、央视网、搜狐网、优酷网等纷纷对节目进行转载。《麻辣书生》也成为这个时期网民自制网络脱口秀节目的代表之作。

从演进史角度来看,《麻辣书生》有几个鲜明特点[①]:跳出了格式化的框架,在节目制作方面,打破了传统电视新闻节目、电视脱口秀节目严肃播报、专业演播室录制、固定节目环节设置等约束,表现出充分的网络节目自由化、去模式化的制作特征;主持人形象的"麻辣"体现在他既改写了传统电视节目主持模式化、固定化的框架,颠覆了传统电视节目平淡无味的说理式语言特质,又瞄准"无脚本化说话"的谈话节目境界,语言辛辣,主题同样秉持"辣"的特质;网络互动性强的特征在《麻辣书生》节目当中表现突出,网络信息传播的方便快捷为受众顺畅表达意见提供了保证。

《麻辣书生》节目的"主持人中心制"以及对社会、生活等辛辣的评点风格很快有了后继者——《微言大义》《腾讯微播炉》和《微播江湖》。前两档节目都由林白主持,都聚焦微博热门话题,内容以社会民生新闻为主,同时配以犀利点评,见解独到。《微言大义》由搜狐视频制作推出,号称"国内首档天下微博新闻脱口秀节目",每周一至周五播出,每期 15 分钟。林白秉承"麻辣"特色和即使"人微言轻"仍要"大义凛然"的贫嘴主义,"代表学舌无罪、代表麻辣到底、代表大家夸你想夸夸不了的人,骂你想骂骂不着的事"。56 网自制的《微播江湖》虽然同样以网络热门话题为主要内容,但更注重节目的趣味性和娱乐性,爆笑内容搭配特色

---

① 赵鹏翼:《传播视域下网络脱口秀〈麻辣书生〉节目形态研究》,陕西师范大学 2015 年硕士论文,第 14—32 页。

解说,给受众轻松愉悦之感。

纵观这个时期的网络视频脱口秀节目,一是内容上立足草根阶层,对时事、社会、生活、娱乐等热点进行评论,批判意识明显,娱乐化特征愈发显著;二是网民有意识地制作脱口秀节目上传至网络,如《麻辣书生》,同时视频网站也开始有意识地自制脱口秀节目,争取网站在网民中的影响力;三是作为网络脱口秀节目主要类型特点之一的交互性与平民性借助新的传播技术得到极大张扬;四是网络脱口秀节目作为区别于传统电视谈话节目的新类型节目,已经逐渐形成以年轻人为主要受众群体、以主持人为制播中心的传播模式。

当然,网络脱口秀节目的各种核心构成要素虽然齐备,但是整体而言,节目制作成本偏低,节目类型少,节目数量也不多,本身的能量与模式仍然值得期待。

3. 类型成熟期(2012年至今)

这一时期,有两个趋势引领着网络脱口秀的走向,一个是随着数量的逐步增多,网络脱口秀节目作为一个新的类型开始成熟。成熟的主要标志是出现了许多不同类型的网络脱口秀节目,尤其人文知识类脱口秀节目的出现为我国网络脱口秀节目注入新鲜活力;另一个趋势是,随着网络脱口秀节目的繁荣,特别是在社会公众中的影响力扩大,主流意识形态部门开始日益关注网络脱口秀,对相关内容、尺度与监控力度逐步加大。

2011年,国家新闻出版广电总局下发《关于进一步加强电视上星综合频道节目管理的意见》,提出"对节目形态雷同、过多过滥的婚恋交友类、才艺竞秀类、情感故事类、游戏竞技类、综艺娱乐类、访谈脱口秀、真人秀等类型节目实行播出总量控制"。监管部门对网络文化的重视和广电总局对电视谈话节目的控制,在一定程度上推动了网络脱口秀节目的发展。

2012年,在网络脱口秀节目演进史上富有影响力的两档节目隆重出场,这就是《晓说》和《罗辑思维》。2012年3月,首档人文知识类脱口秀节目《晓说》在优酷播出,24小时内即突破100万播放量。该节目以其特有的知识性和趣味性获得了受众的肯定与喜爱。主持人高晓松极具魅力的个人形象,新奇有趣的文本内容和生动形象的解读方式,使节目一播出就获得了受众的关注。《罗辑思维》主要针对各种知识盲点、难点和社会热点进行探讨,角度新颖、观点独特。有知乎网友评论说:"罗是一个媒体人,不是个学者,所以他的节目内容多是结合热门事件,糅合社科观点的大杂烩。"罗振宇自己所谓的"死磕自己,愉悦大家",也就是要用媒体人的方法和角度将那些佶屈聱牙、深奥难懂的知识传递给节目的

"会员"，而其独特的"人格魅力"也使节目收获了大批粉丝。

此后，又陆陆续续地出现了一批人文知识类脱口秀节目，如2014年5月，爱奇艺推出财经知识类脱口秀《吴晓波频道》。该节目以独特的视角解读商业现象，讲述财经热点新闻背后的真相和企业家们不为人知的故事，梳理与商业相关的八卦绯闻，为受众带来一场经济领域的知识盛宴。2014年7月，优酷也推出了财经知识类脱口秀节目《鸿观》，以金融视角还原过去，审视现在，展望未来。节目风格轻松、灵活，是新一代财经节目的代表之作。此外，优酷在2014年12月24日推出的历史知识类脱口秀节目《袁游》，一改在室内坐而论道的封闭形式。主持人亲临历史事件的发生地，在回忆中讲述历史，带领受众自然进入语境，更加直观真实地感受历史。人文知识类脱口秀节目的播出，实现了脱口秀节目知识层面的建构，增添了网络视频脱口秀节目的文化内涵，在迎合受众"快餐式"生活方式之余，为他们提供了丰富的"精神食粮"。

《晓说》

《罗辑思维》

这些知识类脱口秀非常引人注目，成为继网络剧、真人秀之后网络自制节目的一大亮点，开启了网络自媒体的"说时代"。知识类脱口秀打破了人们一直以来对网络自制节目只是泛娱乐性的快餐文化，有深度、有沉淀的知识类节目很难与轻快的互联网合拍的固有印象[1]，这也是网络脱口秀节目走向成熟，成为大量网络视频节目中拥有独立类型特征与社会影响的最重要的标志。

与此同时，网络上还不断涌现各种类型的脱口秀节目，网络脱口秀节目的细分化和精细化程度也越来越高。如自2014年3日起开播的网络情感脱口秀节目《陆琪来了》，将目前女性网友最关注的三个方面：情感答疑、劲爆八

---

[1] 刘存宽：《"说时代"网络脱口秀：小众市场，大众影响》，《试听界》2016年第1期，第55—58页。

卦、极品吐槽全部融入节目之中。主持人陆琪作为著名的情感专家,从热门韩剧谈到娱乐八卦再到现代人的婚恋观都有自己的见解,并且语言风格幽默犀利。此外,娱乐脱口秀节目《关爱八卦成长协会》、搞笑吐槽类脱口秀节目《女王驾到》、新闻时事类脱口秀节目《良哥脱口秀》《天天逗文涛》、娱乐脱口秀《时尚江湖》等在网络上陆续播出,使得我国的网络视频脱口秀节目呈现繁荣景象。

值得一提的是,2013年以来的网络脱口秀节目制作呈现新的特点。此时的网络脱口秀节目彻底告别了"用户生产内容"时代作坊式的简单节目形式,而是采用专业节目制作团队打造,在舞美、机位设置、后期等多方面都进行了专业化改进,通过大投入、规模化的专业运作,呈现出大片化的观看效果。如《火星情报局》在邀请来《天天向上》制作团队进行专业化节目打造的同时,还打破以往脱口秀节目传统的舞美布局,将舞台真正设计成了传统的议会格局,并通过群体主持人以及色彩、形式多样的嘉宾服装的变化来配合不同的节目主题需求。《奇葩说》由爱奇艺马东工作室出品,于2014年11月29日在爱奇艺独家播出。该节目打出"40岁以上观众要在90后陪伴下观看节目"的口号,由马东、高晓松和蔡康永组成"铁三角",引导选手进行精彩辩论,迅速引爆网络。这是一档为年轻人创造收看内容的节目,以辩论形式为主,目的是寻找最会说话的人。节目播出后迅速受到观众的青睐,在豆瓣上获得了9.0分的好评,第二季播放量达到6.2亿次。

另外,根据2012年发布的《关于进一步加强网络剧、微电影等网络视听节目管理的通知》,互联网视听节目服务单位按照"谁办网谁负责"的原则,"在播出网络剧、微电影等网络视听节目前,应组织审核员对拟播出的网络剧、微电影等网络视听节目进行内容审核"。这就意味着将播出前的审核权下放给播出机构,自审自播。监管部门2014年3月再次发布《关于进一步完善网络剧、微电影等网络视听节目管理的补充通知》,指出"互联网视听节目服务单位自审自播的网络剧、微电影等网络视听节目,应在上网播出前完成节目信息备案和备案号标注工作。未按要求备案或未标注备案号的节目不得上网播出"。"登记备案制"的施行说明"网生内容监管将越来越规范是未来的必经之路"。

综上所述,2012年以来的网络脱口秀节目处于多元共生的状态,不仅满足了受众的不同需求,还促进了整个行业的繁荣发展。越来越多的专业人士与公司化团队投身节目生产,特别是专家学者、名人、专业主持人的加入,在提升传播者可信度的同时增加了受众对节目的关注度；节目内容的差异化、制作理念与技术的精品化与节目市场、广告客户以及网民的需求之间走上良性循环，网络脱口秀节目逐渐发展成为一种受到极大关注的社会文化与传播现象。

第二节　网络脱口秀节目的主要类型

网络脱口秀节目的分类标准颇不统一，有的从节目投资方或生产者角度来分，可以分为专业网站脱口秀、草根脱口秀两种；也有从节目主持人角度分，可以划分名人网络脱口秀、非名人网络脱口秀。这里参照本书电视谈话节目的主要分类标准，采取"内分法"和"外分法"，即节目内容与谈话形式两个角度来分析网络脱口秀节目的主要类型[①]。

一、按照谈话的形式划分

从谈话的形式角度而言，网络脱口秀节目大致可以分为单人型脱口秀、访谈型脱口秀、沙龙型脱口秀。

1. 单人型脱口秀

单人型脱口秀更接近欧美的单口喜剧、单口相声或独角戏，是在目前网络脱口秀节目中数量相对较多、颇受网民欢迎的一种脱口秀节目形式，例如高晓松主持的《晓说》《晓松奇谈》、罗振宇的《罗辑思维》、大鹏的《大鹏嘚吧嘚》、吴晓波的《吴晓波频道》等。

当然这些单人型脱口秀在形式上也存在一些细微的差异，相对于《晓说》《罗辑思维》《晓松奇谈》这种从头到尾都只是主持人一人"侃大山"的单调形式，《大鹏嘚吧嘚》的形式就相对丰富，节目在以主持人大鹏作为主讲人的前提下，将半个小时左右的节目分成几个小板块，每个板块都有自己独有的主题与特色，配上音乐、漫画等元素，还有自编自演的短剧，使节目显得充实、活泼、有

---

① 参见周扬：《喧嚣与失语——网络视频脱口秀节目研究》，湖南师范大学 2016 年硕士论文；王佳璐：《我国网络自制脱口秀节目的传播特性研究》，内蒙古大学 2017 年硕士论文；张少惠：《关于中国网络自制脱口秀节目热现象探究》，山东大学 2015 年硕士论文；张苗苗：《论全媒体时代我国电视脱口秀节目的发展》，河北大学 2017 年硕士论文。

趣、吸引人。滑稽、搞笑的资料画面配上主持人幽默的旁白,让喜欢它们的受众着实乐呵了一把。总体来说,这类网络自制脱口秀节目的主持人扮演着"挑大梁"的角色。

2. 访谈型脱口秀

目前国内此类网络自制脱口秀的代表作品有《先锋人物》《夜夜谈》《刘同坦白讲》《越域》《独嘉秘笈》等。当然,细分而言,这些访谈对话脱口秀节目之间也存在不同之处,比如《先锋人物》《夜夜谈》《越域》基本上以人物访谈为主,或者说是以名人访谈为主;《刘同坦白讲》的涉猎面相对较广,可以是当今社会的热点话题,也可以是明星轶事,总之是什么有料说什么,什么有趣聊什么;乐嘉的《独嘉秘笈》更是独辟蹊径,与明星嘉宾共同探讨社会热点话题。但总体来说,这类网络自制脱口秀节目是以访谈对话为主线展开节目的。

3. 沙龙型脱口秀

"沙龙"是从国外引进一个的词汇,在中国文化的语境里,一般指"现代中国的知识分子相聚一处,以核心主持者的住所、客厅、书店为主要活动空间,举行的自由探讨文学、艺术、哲学、政治等话题的社交活动"①。在网络脱口秀节目中,大多数沙龙式节目往往会邀请几位嘉宾,不设置核心主持人,而是众人围绕一个特定的选题进行讨论,现场气氛比较随意,旨在通过各类嘉宾的讨论制造话题效应。跟单人式、访谈式相比,沙龙式脱口秀数量比较少。2016年前后,社会影响比较突出的此类节目主要有爱奇艺视频网站推出的《奇葩说》和乐视网原创的高端脱口秀《午间道》。

当然,在沙龙式谈话中,《午间道》《奇葩说》也各有特点。《午间道》没有常设主持人,而是每期邀请国内各领域高端人士,既为嘉宾又担任主持,与自己挑选的最佳搭档进行即兴对谈。在话题方面,《午间道》也突破了以往谈话类节目的框架,内容十分丰富,从时下火爆话题到感性思想探讨,涵盖个人及公众生活的各个领域。《奇葩说》声称"要在华人圈内寻找最会说话的人","马晓康"导师团与明星嘉宾、正反方论辩手以及现场观众,形成了精英、明星、草根结合的辩论场、群言场、舆论场。群体性的论辩加强了信息交往的密度和强度,增强了谈话人的热情和对观众的黏性。

① 费冬梅:《沙龙与知识分子系列(之一):"沙龙"概念的引入和兴起》,《社会科学论坛》2015年第6期,第83—104页。

二、按照题材与内容划分

从节目题材与内容而言，网络脱口秀主要可以划分为新闻资讯型、人文知识型、娱乐综合型三大类。

1. 新闻资讯型脱口秀

新闻资讯型脱口秀是指围绕新闻时事、网络舆情事件、社会政策、民生等方面的热点进行点评、分析或阐释的脱口秀节目。在网络脱口秀的要素萌芽期即出现的《大话新闻》就是类似的新闻资讯类节目，并直接影响到后来许多网络脱口秀节目制作者。时至今日，比较有影响力的此类节目有《暴走大事件》《狼哥脱口秀》《又来了》《麻辣书生》《老友记之Mr. Pan》《局部》《一千零一夜》等。在2016年全国"两会"报道中，华龙网推出视频说新闻的节目《龙哥说两会》，力求实现"带着网友上两会"。后方编辑通过面对面、微博、微信等多渠道收集网友多方意见建议，梳理整合，交前方报道组向全国人大代表、全国政协委员提问，让他们在视频访谈节目中回复网友提问。同年10月，重庆首档融媒体时政脱口秀《撩山城》也正式上线。该栏目每周一期，每次5分钟，由女主播主持，选择时下最火爆的短视频形式，用别样"撩法"拨动网友对山城重庆的无限好奇，感受不一样的时政新闻。首期脱口秀节目中，主播就重庆经济增速这一话题娓娓道来，画面配以漫画、图标，播报亲切自然，画面生动形象，同时还向网友报道了百岁老红军的感人故事。

概括而言，新闻信息型网络脱口秀有三个鲜明的特点，一是围绕新闻时事、社会热点和奇闻轶事，最大限度地按照受众兴趣进行内容选择。凤凰视频的《又来了》以文化、历史、社会等话题为主要内容，聚焦国内外新闻大事件。在节目内容中，对包括2018年4月份的中美贸易战、任性的特朗普、起底女德班、传统婚闹等热点新闻进行了深度分析，并进行麻辣点评，是一档专属年轻人的时评类节目。

二是在表达观点和进行评论的时候个性鲜明，甚至以另类、搞笑、抨击、娱乐化的调侃为标签。《暴走大事件》主持人头顶一个漫画风格的头套，用轻松幽默的语言播报新闻时事和现实生活中一些令人啼笑皆非的现象。节目以犀利风格著称，甚至被网友称为中国版的"洋葱新闻"。

三是这类脱口秀节目都非常注重视频、图片等非语言方式的运用，在某些时候,这些非语言的视觉化传达甚至取代语言成为表达的主要手段。《狼哥脱口秀》的主持人在播报新闻的过程中充分利用各种非语言符号,为表达观点不断穿插图片、视频便于解读,将严肃新闻娱乐化、娱乐新闻趣味化,充分迎合了受众的求趣心理。《暴走大事件》也不断增添各种小栏目,音乐、电影、游戏等都成为节目的重要元素,促进了多元化文本的建构。

2. 人文知识型脱口秀节目

以人文、社会历史或其他知识为主要内容的网络脱口秀节目层出不穷,比较典型的有《晓说》《罗辑思维》《某某人知道》《听青音》《吴晓波频道》《鸿观》《袁游》《晓松奇谈》等。《晓说》在《新周刊》的"2012中国电视榜"中被评为"年度最佳视频奖",高晓松本人也在《新周刊》杂志主办的"乌镇·2013中国年度新锐榜"颁奖典礼上被评为"年度知道分子",《综艺报》称《晓说》为"网络自制节目新标杆"。《晓说》的成功很大程度上得益于高晓松。他不紧不慢的语速,雅俗兼具的用词和独具韵味的京腔京调营造出独特交流氛围,仿佛屏幕内外的传、受双方乃多年好友,整个传播过程也如聊天叙旧般悠然自在。此外,高晓松还力图挣破固有思维的束缚,别具一格的解读视角也为受众带来新信息、新感受和新思考,他多年的知识积累、丰富的人生经历以及特有的人文主义情怀也为受众带来独特体验。

人文知识型脱口秀节目主要特点有三个。一是在话题选择上虽然涵盖面广,但主持人往往选择更容易引起受众关注的话题;二是主持大往往是某方面的专家或文化名人,个人的气质和特点也会成为这个节目的标签,如高晓松、吴晓波、袁游、潘石屹、罗振宇、林白等;三是在内容呈现上特别注重通俗化甚至是娱乐化的解读。

3. 娱乐综合型脱口秀节目

从古至今,娱乐与娱乐性一直都是传媒尤其广播电视不可或缺的元素,网络脱口秀在初期成功规避了广播电视诸多监管束缚,在此基础上成为大众娱乐的狂欢场所,《微播江湖》《女王驾到》《时尚江湖》《青春那些事儿》《以德服人》等可谓此种类型的代表。比如《吐槽大会》第一期于2016年7月7日在腾讯视频上线,节目由制作《今晚80后脱口秀》的幕后团队笑果文化传媒和腾讯视频联合出品,王思聪的普思资本也有参投。每期节目会邀请一位具有争议的知名人士,当众接受"吐槽团"毒舌、不留情面的轮番炮轰。第一期的节目嘉宾请来活跃在一线的网红和脱口秀表演者。被吐槽的主角是"表情帝"周杰,"吐槽团"包括"雪姨"王琳、编剧史航、《暴走大事件》的张全蛋、《今晚80后脱口秀》的池子和李蛋,以及"SHN48"的黄婷婷，东方卫视的节目主持人王自健担任"吐槽队长"。《吐槽大会》节目上线 20 小时，网络播放量破千万，7 月 10 日下午 5 点半，其官方微博宣布累积播放量破 3 000 万。

总结而言，娱乐综合型脱口秀的主要特点有三个。一是在内容的选择上符合人们对娱乐或其他资讯的期待；二是在播报形式上个性鲜明甚至大胆夸张；三是在解读资讯时将娱乐精神发挥到极致，节目有时会出现恶搞甚至低俗化的表达。

第三节　网络脱口秀节目的创意策划

网络脱口秀节目的策划是节目摄制前要做的前期工作，即大数据分析、确定谈话主题、挑选主持人和谈话嘉宾、确定与受众互动的路径、策划节目在网络自媒体上的营销方式等。本章仅分析节目模式的策划、话题与谈话嘉宾的选择、主持人的挑选，其他方面可以参考"电视谈话节目"和"网络剧"等章节。

一、对节目模式的策划

电视节目模式是指某个系列电视节目的制作框架，是节目形式和内容的各种基本组成元素的标准化提炼。模式一旦在实际操作中行之有效，则成为类似节目制作的"宝典"，之后仿照该模式生产的节目就是模式节目。可见，模式节目是经过市场检验的，获得成功的电视节目具有可复制性[①]。

节目模式作为一种具有版权的文化商品，在世界范围内进行大量交易已成常态，反映出文化创意产业的全球竞争。当前我国各大卫视争相大量引进境外娱乐节目模式，不少电视谈话节目感受到明显的"挤出效应"，有的不得不停播，但该类型节目却在网络上找到了新的运生空间。其中不少成功模式突出体现了转战网络平台的创意工作价值，尤其是对网络节目内容生产的原创力的召唤。《奇葩说》海选具有网红潜质的"说话达人"，并把诸多海内外华语专业辩手网罗旗下，实现了"谈话人群体"的全新整合，并融入多种网络娱乐元素，让真人秀与

① 刘建新：《引进与重塑：电视模式节目的中国式成长》，《现代传播》2014 年第 2 期，第 84—87 页。

脱口秀要素充分熔炼,实现模式创意的创新性提升。主持人的混搭也非常有趣,不断融入新鲜的元素,第一季的马东、蔡康永、高晓松,第二季的马东、蔡康永、金星,第三季的马东、蔡康永、高晓松,再到第四季的何炅、马东、蔡康永、罗振宇、张泉灵,各位主持人、导师优势互补,张弛有度,时常会碰撞出思维的火花,呈现出的节目效果尤为和谐。

大量启用素人选手表演脱口秀形成"星素结合"+"对战模式"是《脱口秀大会》这档节目最大的看点,也是最大的挑战。截至收官,《脱口秀大会》上线十二期总播放量破12亿,其中五期播放量过亿。节目主话题"♯脱口秀大会♯"阅读量14.8亿,讨论量223万,实力问鼎2017年新播网络脱口秀节目全网讨论量第一名。

腾讯视频2017年7月上线的《吐丝联盟》打出了"青春成长解压神器"的概念。该节目由张绍刚担任主持,每期节目邀请10位"80后""90后"青年代表组成"吐丝团",用改编歌词演唱和脱口秀的双重形式探讨社会话题。在节目现场设有两个功能分区,其中一个是10位素人选手组成的"吐丝团",另一个是主持人和某位飞行明星嘉宾组成的"陪吐团",同时单期飞行嘉宾还拥有一个权力,在节目最后,根据每位选手吐槽表现选出三位优胜者获得奖牌,一季节目中获得奖牌最多者将成为"吐丝之王"。

从《奇葩说》《吐丝联盟》《脱口秀大会》等节目来看,节目模式更像是配方或秘籍:它从最初的创意开始,演化成一个描述基本理念、种类,包括节目理念、流程细则以及所有异地复制所需的元素,比如制作宝典、节目标版的视觉设计和音乐样带、主题音乐、固定的流程实施细则等,这样才集成真正可以进行交易的节目模式①。

二、话题与谈话人的策划

脱口秀节目以人物谈话为主线,而其谈论内容的"源头活水"却是由话题所引导的。网络脱口秀节目选择什么样的话题进行讨论或辩论是节目创意的核心所在。

众所周知,大数据时代的分析技巧已经可以帮助节目策划人员寻找到精准

① 陆晔、赵民:《真人秀:基于节目模式的"无脚本娱乐"》,《电视研究》2014年第5期,第21—22页。

定位的"理想受众"。根据网民日常的浏览、搜索、观看等行为数据,对网民进行"受众画像",归纳其地区、职业、年龄、偏好等特点,然后再进行前期的内容策划和话题甄选,并利用互动化的社交媒体搜集对节目的即时反馈,在中、后期进行内容调整和更新。比如《奇葩说》第一季到第四季的辩题与现实生活大都联系密切。《奇葩说》导演组依托一系列权威互联网问答平台,诸如百度知道、豆瓣、知识等数据平台,针对各个年龄层均愿意倾听、参与的领域,筛选问题并发动网民开展调查投票,并将得到广泛认可的投票用于设计实际节目的辩论话题。《奇葩说》凭借其亲民特性及别出心裁的节目内容,得到广大网友的一致好评。比如关于亲情的辩题,"准婆婆有太后病,我该不该悔婚?""朋友圈要不要屏蔽父母?";关于友情的辩题,"跟蠢人做朋友,四不四洒?""好朋友的恋人出轨,你要不要告诉好朋友?";关于爱情的辩题,"结婚该选择爱你的人还是你爱的人?""女生该不该主动追男生?"等大量有关民生的话题。

话题的策划还要注意同样类型的节目之间应该彼此区隔,避免题材、内容的"撞车"与同质化。比如同样是单人型脱口秀,《晓说》《罗辑思维》《吴晓波频道》等之间就有着分明的界限。首先这三个节目的主持人各有所长,其次在对网民受众群体细分的基础上,三个节目选择"历史文化""知识""财经"作为整个节目的核心主体,看起来"大方向一致",但实质上各有不同侧重,走出了一条"小众化+精英化"的差异化传播之路,并结合多维网络化互动手段,实现了对传统"电视讲坛"节目的传承与改造。

此外,"话要靠人来谈,题要靠人来辩",谈话人或谈话人群体的策划是脱口秀模式创意的"灵魂"。谈话人的信源信誉、主体构成和谈话风格都是影响脱口秀成功的重要因素。2016年4月优酷上线的《火星情报局》由汪涵担任"局长",薛之谦、宁静、周杰、马可、刘维、钱枫、田源、沈梦辰、郭雪芙、汪聪为嘉宾,这些明星个个有料、有故事,同时还有强烈的表达欲和表达能力。

三、风格型主持人的策划

在讨论电视谈话节目时,本书曾经强调,"谈话节目的形态特点决定其必须以主持人为节目的核心,而即兴交流又是谈话节目的魅力所在。因此,主持人即兴谈话的风格和魅力便决定了节目的成败"(参见本书"电视谈话节目"一章)。由于目前大多数网络脱口秀节目中的"谈话"大都奉行"无脚本的说话"方式,而且网络脱口秀主持人不像电视谈话节目主持人需要承担"谈话者、组织者和传播者"这样"三位一体"的角色,这就对节目主持人的策划与挑选提出了不一样的要求,本书把网络主持人形容为具备稳定、独特主持特性的风格型主持人。节目主持的风格是主持人在长期主持实践中所表现出来的、被受众认可的稳定的个性特征,是主持人走向成熟的标志。主持人的独特风格不仅靠外观形象和化妆修饰,还要靠气质风度、独特思维、个性语言多种实践积累而成。

鉴于网络脱口秀节目区别于电视谈话节目的特质,网络脱口秀对主持人的策划与挑选比较严格,至少需要考量风度气质、独特思维、个性化语言三个方面。

1. 个人的风度气质

罗振宇之所以成为《罗辑思维》的金字招牌,是因为他身上鲜明的气质。曾经作为中国传媒大学的博士和前央视《对话》栏目的制片人,这些丰富的经历为他带来了深厚的底蕴。罗振宇坚持"U 盘化生存"的生存状态主张,即"自带信息,不装系统,随时插拔,自由协作",一连串的科普知识并不是通过短期的备稿所能表现出来的。作为资深媒体人,他自律甚严,每天早上六点准时推出 60 秒语音,几年如一日从未间断。罗振宇创造了"魅力人格体"这个词语,甚至在他做《罗辑思维》之前就已经被反复宣扬:未来没有粉丝的组织是很难生存的,而有粉丝的个人和组织,则必须是有温度和有个性的。

2. 个人的独特思维

节目主持人一定要对主持理念特别是自己所主持节目的核心价值与内容题材有透彻的领悟和理解,这样才能为更好地把握主持风格奠定基础。《晓松奇谈》涉猎面相当宽广,所涉及的知识来自不同国家、不同地域,节目往往能提出新颖的观点让受众耳目一新。主持人高晓松毕业于清华大学,毕业后担任过编剧、导演等,丰富的社会经验也为他主持脱口秀节目做了前期铺垫。节目中很多专题以及后期的资料整合都是由他负责,栏目中很多针砭时弊的观点也都是他的个人见解。

3. 个性化的语言表达

《暴走大事件》主持人王尼玛的语言辛辣幽默、大胆直接、个性化明显,不仅贴合受众的心理,也贴近受众的日常生活,比如他常常会将词汇翻新,又善用典故,将语言游戏玩得炉火纯青,例如"我和我的小伙伴们都惊呆了"等网络词句均出自他之口。他妙语连珠,出口成章,给予一些词汇新的解释,用词大胆又不失幽默,给受众一种"无节操却不失内涵"的观看体验。

思考题

1. 什么是网络脱口秀节目？给网络脱口秀节目下定义需要注意哪些问题？

2. 网络脱口秀节目与电视谈话节目有何区别？

3. 网络脱口秀节目具有哪些类型特征？请结合你熟悉的案例加以分析。

4. 从形式和内容角度来看，网络脱口秀节目可以分为哪几种不同的亚类型？它们之间有何区别？

5. 网络脱口秀节目的发展可以分为几个阶段？各阶段有何基本特点？

6. 网络脱口秀节目如何面对海量信息与碎片化收视之间的矛盾？试结合案例加以分析。

7. 试结合网络脱口秀节目策划的相关工作要点，策划一个网络脱口秀栏目，并写出策划文案。

第十章

网络剧

案 例 10.1 《纸牌屋》

《纸牌屋》（House of Cards）是由美国三大在线视频网站之一的 Netflix 出品的政治题材电视剧，改编自迈克尔·多布斯（Michael Dobbs）创作的同名小说，讲述的是美国华盛顿的政治生态、政客间的利益交换和人性困局。第一季于 2013 年 2 月 1 日在 Netflix 网站上全球同步首播，区别于其他美剧，《纸牌屋》一次性播放 13 集的方式史无前例，颠覆了以前的播映方式，也赢得了诸多好评。

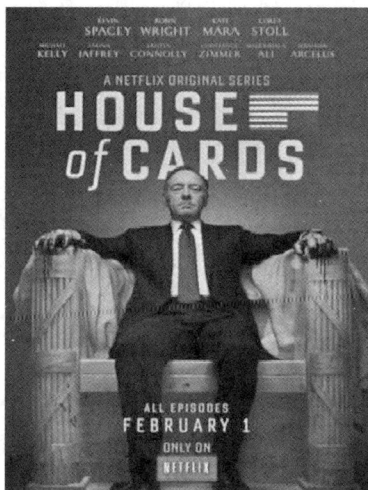

《纸牌屋》

这部由奥斯卡影帝凯文·史派西主演的热播剧，在播出之际就帮助 Netflix 订户数超越传统的 HBO 电视网。Netflix 通过对用户的点击、播放、暂停、关闭等行为数据进行分析，推导出《纸牌屋》成功的三个关键要素——BBC 剧、导演大卫·芬奇和演员凯文·史派西。

案 例 10.2 《老九门》

《老九门》改编自南派三叔所著同名小说《老九门》，该剧由原著作者南派三叔担任监制，制片人张语芯、制作人林国华、白一骢联袂护航，金牌导演梁胜权、何澍培、黄俊文联合执导。这支超豪华制作团队曾成功打造过多部现象级作品，而赵丽颖、陈伟霆加盟的《老九门》也成为 2016 年度投资最高网络剧。

自开播以来,《老九门》频频刷新视频行业的播放数据。2016 年 7 月 4 日登陆爱奇艺及东方卫视后,上线 12 小时突破 1.7 亿播放量,承包了爱奇艺播放量、微博热搜榜、电视十点档收视率榜首第一。同年 9 月 27 日,《老九门》播放量突破百亿,成为全网史上首部破百亿的自制剧。同时,在反输东方卫视期间,《老九门》稳居同时段收视榜首,并带动卫视周播剧收视新高,以 1.138% 的平均收视率刷新 2016 年各卫视周播剧的收视纪录。①

《老九门》

2014 年、2015 年被不少人称为网络剧的大发展之年,爱奇艺、搜狐、腾讯、优酷等视频网站均加大对网络剧的投资,网络剧发展呈井喷之势,并逐渐摆脱恶搞、无厘头等大众文化风格,日益从"边缘"向"主流"靠拢,成为视频网站的主营业务和主要盈利手段。优酷出品的《万万没想到》点击率超过 1 亿次,甚至有网友为《万万没想到》创造了个新词"周指活"——"一周就指着看它活了"。

---

① 《爱奇艺〈老九门〉播放量破百亿,问鼎自制剧剧王》,http://ent.cctv.com/2016/09/27/ARTIQND7ozctmrvHtdPAhqmT160927.shtml。

第一节　网络剧的定义与类型特征

一、网络剧的界定

网络剧发展时间较短，其概念随着互联网的出现而出现，并因应互联网技术的发展而不断演变，缺乏被普遍认可的界定。根据现有文献记载，"网络剧"概念的最早提出者是上海戏剧学院的研究生钱珏，其在 1999 年发表的《"网剧"——网络与戏剧的联合》一文中将"internet"与戏剧的组合简称"网剧"，定义其为"通过互联网传送，由上网计算机接收，实时、互动地进行戏剧演出的新的戏剧形式"[①]。该定义较早地注意到将网络剧区别于电视剧的最重要的技术环境——Web. 1.0 时代的互联网技术以及由此带来的实时、互动等新媒体特性。但鉴于目前 Web. 2.0 时代的自媒体特性带来的"用户中心"与社会交往属性，该定义已经明显滞后，无法反映自媒体所赋予网络剧的内涵。

2011 年一位研究者在其硕士论文中对"网络剧"的界定有明显拓展，更加符合目前网络剧的内涵："网络剧是基于互联网而制作，联通各个环节——从题材选定、剧本创作、剧情走向、角色表演、服装道具、摄像照明、后期剪辑、平台播放、观后剧评等都以'参与、互动'为出发点，在互联网上首先播出，采用边拍边播，网民投票参与剧情等方式在互联网实时传播的网络互动剧集。"[②]该定义指出网络剧的制播方式与"演剧"这一审美属性，这跟传统电视剧没有太大区别，但是定义强调了网络剧所具有、而传统电视剧所不具备的"参与、互动"、边拍边播等新的特性。

还有论者提出，"网络剧是专门为电脑网络制作，通过互联网播放的视频作品，是一种网络与影视艺术相结合的新兴艺术品种，是一种形似电视剧却又比电视剧更贴近、更符合现代人生活规律、生活现实的艺术形式"[③]，将网络剧与传统电视剧进行对比，突出了网络剧的新特点。网络剧通常时长较短，如《万万没想到》每集只有 6 分钟左右。一般网络剧往往控制在每集 10 分钟左右，最长一般

---

① 钱珏：《"网剧"——网络与戏剧的联合》，《广东艺术》1999 年第 1 期，第 41—43 页。
② 黄宝贤：《中国网络剧的叙事艺术研究》，南京艺术学院 2011 年硕士论文，第 2 页。
③ 王春英：《大众文化语境下网络剧的传播学分析》，暨南大学 2012 年硕士论文，第 8 页。

也不超过 25 分钟。所谓"更贴近、更符合现代人生活规律、生活现实"主要指网络剧的叙事方式正对应了网民"碎片化"的观剧方式,大多数收视行为是在坐车、等待点餐、休闲等零碎时间内完成的,网民已经极少有耐心和时间追随一部鸿篇巨制的电视剧。

也有论者就内涵方面对网络剧进行定义,"利用摄影机、摄像机、录音机和其他视音频摄制设备拍摄录制的,模仿电视剧或电影的一般本体美学特征,以视听元素和剧作手段为其形式,以展现故事和塑造人物为其内容,以网络作为首要传播渠道,符合网络的传播方式和受众的观看方式的特定视听节目形态"[①]。这一概念指出了网络剧与电视剧作为艺术形式在艺术边界上的模糊性。技术不同,载体不同,但是以演剧为本的内容特性却没有变化。有一种观点就认为,网络剧跟电视剧一样,都是影视剧,无需专门提出一个概念,比如爱奇艺平台负责人张语芯提出:"我不太赞成网络剧和电视剧这样的划分,我们制作的就是一个影视剧,只是播放平台不一样而已。"网络剧在题材方面有一些自己的选择和倾向,但从制作投入等方面来讲与传统电视剧并没有什么区别[②]。

也有研究者对网络剧的概念界定加入了传者和受者的特征分析,认为"网络剧不仅仅是传者向受者进行的一种意义传输,更是一种意见的表达,具有集聚效果,通过网络剧,具有相同或者相似意见的个体会产生自己的圈子,不断地进行意见交流与互动"[③]。这个定义以文化社会学的研究视角切入用户对网络剧的收视行为,较前面几个定义更加突显网络剧收视的文化意义与社群特征,但是对内涵、外延的解释又过于宽泛。实际上,本书所分析的微电影、微纪录片、动画片、网络脱口秀节目等都具有本定义所指出的"意义传输"与"圈子化"功能。

有人注意到,当前网络剧"已经成为国内视频网站未来发展的战略重点,从发展历程来看,网络剧经历了三个阶段"[④]:第一阶段网络剧指的是网络电视剧,即传统电视剧、电影等在网络平台上播放,用户可根据自己的喜好和需求进行内容的点播;第二阶段网络剧则是以优酷网为代表的 UGC 模式的网络互动剧,有

---

① 刘扬:《新媒体语境下的网络影视剧传播与本体美学特征》,《民族艺术研究》2010 年第 5 期,第 160—164 页。

② 《爱奇艺张语芯:网络剧与电视剧没有本质区别,原创 IP 是未来方向》,http://www.xinhuanet.com/video/2016-05/19/c_128997658.htm。

③ 于希:《中国网络剧的内容生产与传播机制研究》,山东大学 2013 年硕士论文,第 13 页。

④ 翟梦瑶:《爱奇艺自制剧发展策略研究》,广西大学 2017 年硕士论文,第 4 页。

网友自行拍摄、制作并上传到网络平台上的视频内容,与网友分享并通过互联网来进行互动和讨论;第三阶段网络剧则发展成网络自制剧,网络自制剧是由专业视频网站投资进行拍摄的影视内容,自制内容囊括自制电视剧、自制电影、自制节目等。网络自制剧大行其道,不少研究者专门研究网络自制剧,"网络自制剧,顾名思义就是由网络媒体自己投资拍摄,专门针对网络平台制作并播放的影视剧"[①]。"网络自制剧"就是"视频网站独立、参与或委托制作并以网络媒体为主要播出渠道的剧情类节目"[②]。

综合来看,大部分学者、业界人士都认为存在独立的网络剧概念,并在以下方面达成一致:一是网络剧以互联网为载体,通过网络传输并在网络上首播;二是网络剧由草根网民、视频网站或影视公司独立、投资或参与制作;三网络剧是一种新的视听综合艺术。争议主要集中对传输内容的确定上,有学者认为,网络剧的传输内容仅包括连续剧或系列剧,但有学者提出网络剧包含的内容更广,它应该包括网络电影、自制视频短片、网络连续剧或系列剧等,一切按照影视剧规律进行创作的影视视听艺术都可以称之为网络剧。

本书认为,可以从广义与狭义两个层面来理解网络剧。广义的网络剧在外延上包括三大部分内容:一是专门针对网络用户制作,仅在网络新媒体上播放的网络连续剧或系列剧;二是专门在网络新媒体上播放的网络视频短片、网络微电影等视频内容(参见本书"微电影"一章);三是仅以网络新媒体为载体,以传统方式制作的电视剧和电影。狭义上的网络剧特指专门以网络用户为制作对象,且在网络新媒体平台上播出的、连续的影视剧集。本书所介绍的网络剧又名网络自制剧,属于狭义网络剧的子集,由主流视频网站独立出品或者联合出品或者由影视公司制作,只在视频网站播出的连续剧集。

考虑到网络剧内涵、外延上的独特性,本书将网络剧定义为:由视频网站独立、合作参与或委托制作,以网络新媒体为主要播出平台,以演剧为审美形式,深入展示历史、社会、生活的方方面面,给人以普遍深切的人生体验,受众主要针对年轻网民的视听类型节目。

---

① 曹慎慎:《"网络自制剧"观念与实践探析》,《现代传播》2011年第10期,第113—116页。
② 陆地、郑施:《中国网络自制剧发展的现状、问题和建议》,《阜阳职业技术学院学报》2015年第1期,第9—16页。

二、网络剧的类型特征①

不管摄录手段是手机、单反相机、DV,还是种种广播级专业设备,网络剧终究是以影像的方式存在,以影像为媒介来叙事,来组合"剧"的界域特性。就此而言,网络剧与电视剧没有本质性的差别,换言之,网络剧的场面调度、画面的色彩与光线、蒙太奇剪辑、时间规定性、节奏的把控等美学原理与传统的电影、电视剧等一脉相承。但由于自媒体、移动互联网等传播技术的独特性,网络剧在题材类型、制播定位、影像叙事、叙事结构以及传播方式等方面已经发生很大的变化。

1. 题材类型的多元化与社会指向性

与传统电视剧的题材类型相比,网络剧既延续了传统,又打破了传统,呈现出两个相互关联的明显趋势:题材类型多元化,题材本身具有一定的社会时效性。针对网络受众的年龄和心理特征,其题材更加年轻化,除了情景喜剧、都市情感剧、青春偶像剧等传统电视剧类型,网络剧还推出悬疑剧、穿越剧、科普剧、奇幻剧、广告剧等新的题材和类型。

悬疑推理剧,尤其是近年来大火的盗墓题材网络剧符合年轻人猎奇、追求刺激的心理需求,与传统电视剧形成差异化选题,拥有一批忠实的粉丝群体。但由于剧情尺度大,审核方式较传统电视剧宽松,也成为最易触及政策红线的题材。播放量较高的剧目有盗墓探秘类的《盗墓笔记》《老九门》等;犯罪刑侦类的有《暗黑者》《心理罪1》《余罪》;奇幻科幻类的有《执念师》《穿越谜团》等,这些剧集也同样因为题材而备受欢迎。另外情景喜剧也有着不俗的收视市场,如草根段子喜剧,具有小制作、大创意、剧情短的特点,同时抓住网络用户会懂的"梗",直戳网络用户的笑点,辅以吐槽和恶搞的方式,用平民视角解构与重构当下的热点话题。

网络剧虽然充满各种搞笑、恶搞、吐槽内容,类型多样,但是细究起来,这些轻松、不烧脑的穿越、奇幻等具有深刻的社会现实土壤,无不指向年轻群体在成

---

① 参见冯宗泽:《网络剧的创作方式与传播机制研究》,中国文联出版社2016年版;李谭龙:《我国网络自制剧发展现状及策略研究》,曲阜师范大学2015年硕士论文;黄宝贤:《中国网络剧的叙事艺术研究》,南京艺术学院2011年硕士论文;章文宜:《网络自制剧的内容生产与营销模式研究》,南京师范大学2015年硕士论文;杨君琴:《大数据在网络自制剧中的应用研究》,江西师范大学2016年硕士论文;张越:《新媒体视角下的中国网络剧特征探析》,大连工业大学2016年硕士论文。

长过程不得不面对的各种问题,既深入社会热点、焦点、难点、痛点或"痒点",又将镜头聚焦于一个个鲜活的生命个体。《杜拉拉升职记》中的杜拉拉从一个默默无闻的职员成长为一名企业高管,职场规则、办公室性骚扰、隐婚族等话题,对于都市女性白领们也多见怪不怪,网友看后轻松之余亦获得感触。《钱多多嫁人记》《剩女进化论》更是讨论了近来受到人们热议的"剩女"话题,不论是"事业至上"的女强人钱多多还是奉行"将单身进行到底"却不断被相亲的韩小雅,最终都找到了自己的真爱,在事业上也取得了成功,通过她们的故事向网友们宣扬一种正面价值观:只要相信真爱,有自信,"剩女"就可以变成"胜女"。穿越剧《寻秦记》《宫锁心玉》《神话》的走红,与青年人在现实生活中紧张忙乱、烦躁压抑,内心深处渴望单纯美好的精神家园密切相关。

2. 游戏化的叙事逻辑

网络剧的叙事模式、语言风格及人物形象塑造都与传统电视剧形成差异。传统电视剧的叙事遵循"开端—发展—高潮—结局"的固定模式,而网络剧试图颠覆这种模式,在叙事方式上不讲述复杂的故事,也并未试图去营造复杂的人物关系,不在意人物形象是否浑圆或者扁平,它更倾向于采用游戏叙事模式,不追求时间的连续性,也不拷问剧情内容之间的关联性,是否与历史相符,是否符合现实生活的真实性等,而是多条人物关系线的穿插、倒叙、插叙等方式并用。《太子妃升职记》让一个现代花花公子张芃芃穿越回古代,"母鸡变凤凰",摇身一变成为太子妃,一路过关斩将,顺利升职为太后。这样颠覆传统、脑洞大开的剧情设计足够吸引网民们的好奇心。主角芃芃是"女儿身,男儿心",她不改原先花花公子的本色,在后宫上演各种大胆的戏码,再加上主角们充满戏剧张力的演绎,完全颠覆了电视穿越剧在"穿越"之后剧情设计上的"规定情境"。

以《太子妃升职记》为代表的网络剧游戏叙事方式要求受众接受并进入它所设定好的情境之中,如同玩游戏的闯关一样,不需要严谨的背景,也不在乎严密的真实生活逻辑。因而在这种叙事方式之下,许多网络剧的剧情逻辑是跳跃的,时空是任意的,意指关系是多元的。这显然是一种叙事行为的反逻辑,是游戏逻辑①。

受众无法用生活常态逻辑去推断网络剧的剧情,因为这种游戏叙事很明确地告诉受众,这不是真的,这是游戏。而观众在观看网络剧的过程中也不会去追

---

① 吕梦艺、王黑特:《论网络剧的发展演变和审美特征》,《中国电视》2017 年第 6 期,第 67—70 页。

究人物的生活真实性,而是投入这个游戏情境,配合剧情一起游戏。游戏叙事仅仅是一种追逐狂欢感受的叙事方式,它与追寻现实主义精神的电视剧文本是一种互见分野的对话关系。因此游戏叙事不是游戏,它既不同于体育竞赛类的游戏,也不同于成人的游乐活动,更不是孩子的幼稚玩耍,它只是电视剧艺术的一种审美类型和形式。网络剧中的游戏叙事打破了传统电视剧线性叙事的桎梏,以游戏的方式消解和颠覆了传统的叙事方式,并以此种方式来创建符合互联网属性的审美观。游戏叙事的叙事手法迎合了网民的游戏心态和当下受众的心理,极大地满足了大众对繁琐、压抑的日常生活的反抗心理。游戏叙事是大多数网络剧的特征之一。

在人物塑造方面,不同于传统电视剧构建复杂的人物关系,深入挖掘人物内心,网络剧偏爱用夸张的手法塑造人物的某一面,这种夸张、反转的漫画式人物形象符合互联网的语境,得到了深受互联网和二次元思维影响的年轻群体的喜爱。

3. 以交互式为中心的创作流程

与观众进行互动并及时根据观众意见加以调整是电视剧市场化运营不可或缺的部分,但是传统电视剧的互动只能采取市场调查的"前馈""反馈",邀请重点观众试看新的电视剧集等方式加以实现。反观网络剧,则可以在策划、创意、演剧、制作、剪辑乃至最后的播出等,全流程地听取网络剧用户的意见,甚至可以说,观众就是网络剧创作团队的核心成员之一。目前大多数网络剧都借鉴美剧、英剧边拍边播的方式,通过社交化媒体上的互动来征集观众的意见和反馈,包括剧本创作、角色挑选、剧情发展、演员表演、道具服装等方面的讨论,从而根据广大网民"民意"修改剧本、人物关系、台词、服装等,有时甚至连编剧、导演都无法真正主宰故事的最终结局,"一切可尽是未知,未来充满想象"。比如根据网络小说《我和美女同事在电梯被困一夜的故事》改编的《赵赶驴电梯奇遇记》采取了边拍边播的模式,通过网络互动搜集观众的意见并根据网友意见改写剧本。网友还可以与演员视频聊天,票决接下来的剧情发展,故事的最后"给高总设局,被踢出公司"就是由网友投票决定的。《唐朝好男人》第一季播完当天就发出了"《唐朝好男人》下一季拍摄意见征集"的英雄帖。网友们热情地提出了各种建议,有人建议使用儿童演员,有人建议把王府和农庄扩展一些,还有人建议给王府多加个保安,等等。这些都对《唐朝好男人》第二季的拍摄产生了积极影响,第二季在剧情的观赏性、人物的情感、演员的选择、场面的营造等方面都比第一季有明显改善。

曾拍摄过《甄嬛传》的导演郑晓龙表示，网络剧跟网友结合非常紧密，因此剧集的情感、价值观将与网友更契合，"电视台做不到的，没法儿播的，网络却可以做到。比如，拍一部片子，网络剧可以跟观众做互动，但电视台却没法做。电视台做的是我拍你看，而互动网络剧则是我和你一块制作，让网友参与制作或者参与剧里面人物关系、故事走向"①。

网络剧的用户还通过弹幕的方式参与到网络剧的互动中，有人说弹幕的内容远比剧情本身更精彩。弹幕成为了解用户意见的重要依据，可以让制作方得到更多的反馈，同时将反馈渗透到创作的方方面面，"有的主创会在作品播出时，自行打一遍'弹幕'，继而观察预先设置的槽点是否与爆点契合，并为下集修改剪辑提供思路；根据'弹幕'反馈修订作品的叙事走向，按照用户意愿，设置多个版本的结尾；根据用户需求定制'弹幕高频词'，为后续传播做足准备。于是，'弹幕'将用户'拉'到作品的制作中，每个用户都有可能成为作品传播的源头，使网络剧作品获得放射式的同步传递"②。

4. 恶搞戏谑、解构传统的后现代主义风格

有学者认为，"习惯于通过电脑或手机观看影视剧及视频内容的消费群体通常不将传统审美作为欣赏影视作品的唯一标准。这一欣赏标准的改变必然导致评价体系的错位，传统艺术及价值体系中对影视剧优劣的评判标准不再能有效地解释一部作品在互联网环境下的成败"，"碎片化、直观化、快节奏的感官享受才是通过新媒体平台观看视频内容的主要目的"③。如《万万没想到》以夸张幽默的方式描绘拥有百变身份的王大锤的故事。剧中对部分历史故事和神话传说等传统文化进行解构，如"刘备摔子""后羿射日"等。在第一季第五集中，为了通过"九九八十一难"中的最后一难，唐僧和孙悟空请求路过的妖怪王大锤绑架唐僧。唐僧步步利诱："只要你能绑架我，我就把我的肉给你吃，我的肉体很新鲜的呦，吃了可以长生不老的呦，你考虑一下呀。红孩儿、黑熊精这些妖怪都在绑架贫僧之后在观音娘娘那里获得很好的工作，现在工作多难找呀。"而在第二季第

① 《郑晓龙试水互动网络剧〈唐朝好男人〉》，http://ent.sina.com.cn/v/m/2013-05-21/15213925739.shtml.
② 张成：《"弹幕"如何改造网络剧》，《人民日报》2016年2月26日第24版。
③ 余韬、苏玲：《"互联网+"多屏的互动式狂欢——从〈太子妃升职记〉谈网络自制剧的模式与特点》，《北京电影学院学报》2016年第2期，第22—25页。

八集中,音乐制作人告诉想要当歌手的王大锤,"没有苦难的人生,你在舞台上根本就抬不起头来,像你这种家庭美满的少年,选秀初赛都过不了;你以为单亲家庭就足够了吗? 有一个不幸的背景是远远不够的,你要是没一两个惨绝人寰的故事,你上台干什么,谁愿意听唱歌,怎么让观众唰唰唰地流泪,收视率怎么噌噌噌地上去;你以为有悲伤的故事就足够了吗,你得有创意,唯有创新,才能让你在千军万马中异军突起,故事都千篇一律,你的竞争在哪?"王大锤的母亲为了支持儿子梦想签署了断绝母子关系协议书;他的父亲为了支持他的梦想一连扶了几个摔倒的老奶奶赔得倾家荡产,破产跳楼;他的女友为了支持他的梦想劈腿。面对一连串的"悲惨遭遇",王大锤用精神胜利法麻痹自己,"燃烧吧,我的梦想"。剧中用恶搞的方式,在极度夸张、荒诞的情节中映射了社会中选秀节目过分谈梦想、煽情比惨的桥段。同时扶摔倒老人被告也映射了现实社会中的碰瓷现象。此外,该剧的台词也巧妙地运用了解构、拼贴等后现代手法,自我嘲讽、自我勉励,"相信用不了多久我就会升职加薪当上总经理,出任 CEO,迎娶白富美,走向人生巅峰。想想还有点小激动呢"。这一"万万没想到体"也爆红网络。

总的来说,网络剧呈现出快乐主义、解构传统、消解崇高的后现代主义风格。很多剧情看起来非常无厘头,为了娱乐而娱乐,通过搞怪的方式,大量采用网络流行词汇,结合社会热点话题,解构传统文化价值观念,带来视听快感的同时也引发对现实问题的思考。

三、网络剧演进简史[①]

我国网络剧的发展大致经历了预备期(2001—2008 年)、发展期(2009—2013 年)、成熟期(2014 年至今)三个基本阶段。

1. 网络剧的预备期(2001—2008 年)

预备期是指网民通过掌握简单的影视拍摄与剪辑技巧,在新的互动性传播技术支持下自我赋权,从专业人士手中夺得影视"制作权",制作带有先锋性与实验性的视频,其中部分类型元素有恶搞、反讽、戏谑模仿、夸张乃至低俗、恶俗等。

有论者坚称,我国第一部网络剧是 2000 年 3 月 18 日发布于中国长春信息

---

① 参见李谭龙:《我国网络自制剧发展现状及策略研究》,曲阜师范大学 2015 年硕士论文,第 15—18 页。

港网站上的《原色》。这部剧由长春邮电学院(现合并为吉林大学)管理系大一学生董一萌和4名同学共同创意并自编、自导、自演,讲述了高中同班同学互相帮助的故事——他们各自因为疯狂炒股和自闭等原因逐渐偏离了学习的轨道,一次偶然的网上相遇使他们从此敞开心扉,帮助对方找到自我,重新投入到学习生活中。该片采取了多方案、多情节的形式,网上、网下结合拍摄,用时一个半月,拍摄资金仅2 000元,真实生动地反映了当代高中学生的内心世界。这部剧的制片、拍摄制作以及上传到网络播放的全部过程都处于自发状态①。

从前史的视角而言,2001年制作、2002年初红遍网络的《大史记》系列可谓中国网络恶搞剧的源头。《大史记》将《东邪西毒》《野蛮女友》《不见不散》《有话好好说》《霸王别姬》《荆轲刺秦王》《董存瑞》《苦菜花》《智取威虎山》等多部影片拼贴剪辑在一起,讲述了当年中国发生的一系列大事。以戏谑模仿的方式对这些电影进行形式修改和主题偷换,其戏谑和反讽的意图十分明显:对权威和正统价值观进行批评与颠覆。从艺术审美的角度来看,《大史记》是基于影像资料的简单拼贴,旁白与对话力求通俗化,但语言粗俗。更重要的是,《大史记》开创了恶搞的先河,被称为"恶搞鼻祖"。

有研究者认为,2005年自由职业者胡戈创作的网络短片《一个馒头引发的血案》是大陆网络剧的源头②。2008年的《Y. E. A. H》显示出一种另辟蹊径的创作方式,一经问世,便引起强烈反响,由观众决定剧情发展的互动模式更显独树一帜。同年诞生于优酷网的首部办公室情景喜剧《嘻哈四重奏》更是将人们的认知推向了新高度。《嘻哈四重奏》主要讲述了一个风趣幽默的经理和几名员工之间的轶事趣闻,借用欧美夸张时尚的表现手法展现以70、80后为主的白领一族在工作中积极乐观、自娱自乐的精神态度,使得剧情妙趣横生。它不仅给观众带来网络自制剧的新样貌,同时也创造了中国第一部点击率破1亿次的网络剧里程碑。

《Y. E. A. H》《嘻哈四重奏》《原色》等跟《一个馒头引发的血案》都有一个共同点:皆为网民制作完成,以挑战精英话语权、解构主流文化为主要特征;以传统的电视剧为主要模仿对象。随后网络上涌现出大量同质化的恶搞视频,却再

---

① 黄宝贤:《中国网络剧的叙事艺术研究》,南京艺术学院2011年硕士论文,第4页。
② 在本书的类型划分体系中,长度为20分钟的《一个馒头引发的血案》属于单本/集的网络自制短视频,属于微电影类型,不宜归类于以系列或连续为形式特征的网络剧。

也没有引起像胡戈作品那样的轰动。手机和摄像器材的普及使网民参与拍摄、上传视频更加便利,然而创作热情高涨的同时也带来了视频质量的参差不齐,同时此类以恶搞与解构为主要手段的视频尚未纳入监管部门的权力之下,一些为博点击率而制作的低俗视频频频见诸各门户网站、视频网站。

2. 网络剧的发展期(2009—2013 年)

这个阶段,"视频网站认识到网络自制剧是加强内容生产、拓展盈利渠道的重要战略和必然选项,网络自制剧是它们区别于其他同类网站的战略部署,对于网站塑造自身品牌形象,增强用户黏性以及长久和个性发展具有重要意义"①。

客观上说,网络剧是国家出台相关网络版权政策的背景下视频网站不得不"救亡图存"的自我救赎之举。2009 年,国家广电总局出台《关于加强互联网视听节目内容管理的通知》,规定"未取得许可证的电影、电视剧、动画片、理论文献影视片,一律不得在互联网上传播",之后的《广播影视知识产权战略实施意见》加大对网络资源中没有版权的美剧和日韩偶像剧的打击力度。无奈之下,视频网站只能"自古华山一条道"——高价购买正版。版权费随行就市,行情看涨:2006 年,电视剧《武林外传》的单集成本仅为每集 1 300 元,81 集的总集数只要10 万元的版权费;2008 年,电视剧《潜伏》的单集费用成本增长至每集 10 000元,30 集版权费共需 30 万;2011 年的《甄嬛传》,其网络版权是每集 30 万元。

此情此景,自制剧似乎成为网站的唯一选择。土豆网于 2010 年推出了"橙色盒子网络自制计划",并在该网成功上线第一部网络自制剧《欢迎爱光临》。斥资 600 万试水,带来的却是一个崭新时代。不仅在 11 个国家和地区完成版权销售,还加速了新媒体网站自制剧的推进浪潮,单集最高收入 3 万多美金,实现自制盈利的跳跃征程。其他视频网站持续跟进,爱奇艺、优酷、凤凰视频、乐视等纷纷开始打造拥有独立版权的影视产品,包括网络剧和微电影。2011 年 5 月,土豆网推出第二部网络自制剧《乌托邦办公室》,优酷网紧接着推出"11 度青春"系列电影计划,酷 6 网提出"made in ku6"新媒体整合战略,门户网站新浪网和搜狐网分别推出"4+1 电影计划"和"搜狐制造"等"门户剧"计划。一大批优秀网络自制剧涌现在各大视频网站上,《老男孩》《真枪假证》《泡芙小姐》等一批网络自制剧获得颇丰的市场回报同时,更是成就了一大批影视人才,映射出影视市场与网络市场贯通后的巨大前景。

----

① 章文宜:《网络自制剧的内容生产与营销模式研究》,南京师范大学 2015 年硕士论文,第 11 页。

不得已而为之的自制内容开发使视频网站咸鱼翻身，不仅在一定程度上摆脱了高额版权问题的困扰，更丰富了自身的网络视频资源，并在商业化的逻辑下持续占领市场、吸引更多的网络用户：一是重视独家内容的开发与利用，重视视频制作和发行质量的提高；二是着力培养专业影视制作团队，并积极与专业的影视制作公司进行合作，甚至收购影视剧制作公司来提升自身实力；三是网络自制剧使网站牢牢掌握了视频版权，改变了自身在制作与播出市场上一贯的弱势地位，拥有了更多的自主权和更大的商业利益。可以说，网络剧的自制不仅在电视剧之外成就了一种新的艺术形态与艺术产业，更提升了视频网站的整体实力，成为视频网站生存发展的重要举措。

3. 网络剧的成熟期（2014 年至今）

在成熟阶段，"大制作、大投入、高质量"的精品影视剧集成为视频网站占有网络剧市场的通用模式。视频网站不断加大制作投入和宣传力度，同时借鉴国外影视制作公司的制播方式，推出网络"季播剧"。"季播剧"是视频网站持续吸引受众关注的创新举措之一，一定程度上是视频网站在经营和市场上进一步成熟的标志。

2014 年是网络剧井喷的一年，包括优酷土豆集团、爱奇艺 PPS、乐视、搜狐视频等在内的主流在线视频企业均加大了对网络剧的重视与投入力度，纷纷打出"网络自制剧元年"的称号。2014 年共制作网络剧部数 205，大于 2007 年至 2013 年累计制作的网络剧部数；全年共制作网络剧集数 2 918 大于 2007 年至 2013 年累计共制作网络剧集数[1]。根据骨朵数据显示，2014 年全网网络剧总流量 123 亿，2015 年上升到 229 亿，至 2016 年攀升至 892 亿，实现三年流量翻三番。单部网剧播放的天花板也不断被突破：据骨朵数据（2014 年、2015 年）、艺恩咨询（2016 年）统计，2015 年爱奇艺《盗墓笔记》以 27.54 亿的播放量问鼎 2015 年网剧王；2016 年爱奇艺推出的《老九门》更创造了 114 亿播放量，创下当年网剧单部播放量最高值。

这一阶段传统影视公司如克顿传媒、慈文传媒、欢瑞传媒等陆续加入网络剧产业，制作水平飞速提升，单集投资超过 100 万元的项目日益增多。资本的迅速聚集使盈利模式更加多元，产业链更加清晰。也就是在这种状态下，受政策束缚

---

[1] 《2015 年中国网络剧市场发展现状分析》，http://www.askci.com/news/chanye/2015/12/14/145262 f2q.shtml.

较少的网络剧产业迅速生长,题材更加丰富。同时,伴随网络剧市场的日渐成熟,越来越多的优质 IP 通过网剧市场实现影视化,IP 改编剧的数量与播放量涨势明显。2016 年,全年 IP 改编剧播出数量为 55 部,较 2014 年增幅达 189.5%,同比 2015 年增长 48.6%。从播放量角度看,IP 改编剧势头强劲,2016 年 IP 改编剧总播放量为 490.6 亿,较 2014 年增幅达 1 535.3%,同比 2015 年增长 227%。

此外,部分网络剧开始一反原先的"先台后网"播出模式,转型为"先网后台"模式。2015 年 9 月,爱奇艺上线第一部"先网后台"大剧《蜀山战纪》,其网络播放量达 35.24 亿,东方卫视平均收视率为 1.053%,最高收视率达 1.254%;同年 10 月,《他来了请闭眼》网络播放量达 14.9 亿,东方卫视收视率为 0.574%,最高收视率达 0.675%。

繁荣之后也有隐忧,主要是低俗、恶俗、庸俗等"三俗"问题以及部分网络剧突破既定的政策红线。2016 年 2 月,广电总局表态将加强对网络剧和网络自制节目的监管,并提出线上、线下统一标准等一系列规定,对网络剧制作机构的管理要求进一步提高。2016 年 12 月广电总局发布《关于进一步加强网络原创视听节目规划建设和管理的通知》,需要备案的不仅仅是网剧和网络大电影,满足以下四条标准之一的所有网络视听产品都需要备案:一,网站招商主推的节目(重点推荐宣传的);二,拟在网站(客户端)首页推广的节目;三,拟优先供网站会员观看的节目;四,投资超过 500 万的网剧或投资超过 100 万的网络电影。备案登记的网络大电影和网剧,除了需要填写不少于 1 500 字的内容简介外,还需要对思想内涵作出不少于 300 字的概括说明。

2017 年 3 月 1 日,网络大电影的审查标准与院线电影统一,"自审自查"成为历史。2017 年 2 月 7 日晚,腾讯视频在公众号上发布 109 部网剧下架的重要通知,其原因是 107 部网剧因未在片头添加网络试听节目信息备案编号,不满足网络视听节目上线条件。2018 年 3 月,国家新闻出版广电总局下发特急文件《关于进一步规范网络视听节目传播秩序的通知》,针对当下部分网络视听节目非法抓取、剪拼改编的行为以及各类节目接受冠名、赞助等方面进一步规范管理。

总体而言,2014 年以来网络剧存在着几个明显的发展走向:一是网络自制剧从用户生产内容阶段全面跨入专业生产内容阶段,逐渐与电视剧进行接轨,这也是中国电视剧市场化的必然结果。二是网络剧的播出平台由"先台后网"转向"先网后台"。短短几年间,电视台与视频网站的互动关系发生了显著变化。起初是"先台后网"的状态，电视台先播，播火了视频网站再播出；随后是"网台同步"的状态，电视台与视频网站同步播出，网台同步宣传，优势互补；2015年开始出现"先网后台"的状态，视频网站付费会员先睹为快，之后电视台再播出。三是剧目监管从原先"自审自播"转向电视剧、网络剧同样遵守"先审后播"的规范。网络视听内容的审核权下放到网站等播出平台，对网络剧、微电影一律采取先审后播、不审不播的原则，平台的审核员要经过总局的培训才能上岗，如果审核不力，总局会亲自派人来审核。这无疑更加强调播出平台的主体责任。四是IP剧独占鳌头。除了网络小说外，电影、游戏、漫画、动画等多形式文本也被作为IP资源开发。原有的IP资源经过沉淀形成了一定的知名度和影响力，积累了一定的用户基础，获得了原著粉丝的情感众筹，这是IP改编剧的先天优势。

有学者指出，随着审查愈加严格，各网络剧制作主体对内容质量的把控责任意识会提升。未来立项的网络剧项目也会因为规避政策风险而失去打题材擦边球的空间。如果立项的项目无法通过审查或下线，将给制作方、播放平台、广告主造成巨大损失。所以产业主体将在今后的网络剧项目创作环节调整原有的思路和操作方法，整个产业链也将产生一系列的连锁反应。可以预见，今后我国网络剧行业中制作粗糙、跟风严重、题材冲击底线、故意打擦边球的现象将会被有效遏制，网络剧市场将会越来越净化，优质和高制作水准的网络剧是未来发展的大趋势，而中小网络剧企业则应创新开发多元内容，在垂直领域深耕细分市场①。

第二节　网络剧的类型划分

网络剧的类型众多，如果按照播出时长，通常将如《万万没想到》《废柴兄弟》等时长在25分钟以下，有的甚至单集只有5到10分钟，制作成本较低，以典型的非线性叙事为主，符合网络用户碎片化使用习惯的片子归为网络剧"短剧"；而单集时长在25分钟以上的归为"长剧"，如《盗墓笔记》《最好的我们》《余罪》，因制作成本较高，为降低风险，通常属于IP剧。

倘若按照电视剧的题材划分，腾讯视频网站出品的网络剧分为偶像爱情、玄

① 崔保国、孙平：《近十年来我国网络剧发展趋势探析》，《电视研究》2016年第8期，第69—71页。

幻史诗、罪案谍战、历险科幻、喜剧、青春校园、时代传奇等类型;优酷将网络剧分为言情、古装、都市、家庭、偶像、历史、警匪、搞笑、军事、武侠、时装、神话、农村、科幻、儿童等类型;爱奇艺将网络剧分为言情、古装、偶像、青春、宫廷、武侠、穿越、家庭等类型。有些类型之间彼此交叉。本书根据剧目和内容,将网络剧分为情景喜剧、都市情感剧、青春偶像剧、悬疑推理剧、犯罪刑侦剧、古装传奇剧和科幻奇幻剧。

　　1. 悬疑推理剧

　　近几年盗墓题材网络剧大火,其实《盗墓笔记》和《鬼吹灯》等小说很早就大红,但由于盗墓题材包含迷信色彩,尤其是僵尸、鬼、诅咒之类的内容,在过去是大家不敢触碰的题材。然而随着两部《鬼吹灯》试水市场反应良好,越来越多的同类题材开始涌现。基于猎奇、探险心理,此类悬疑推理题材拥有一群忠实的粉丝群体,如《盗墓笔记》(2015 年)、《老九门》(2016 年)、《鬼吹灯之精绝古城》(2016 年)等。

《老九门》

　　2016 年网络剧剧王《老九门》以足够优秀的成绩口碑与现象级影响力,集齐播放成绩、口碑、话题三冠,成为当之无愧的国产自制剧剧王。同时,在反输东方卫视期间,《老九门》稳居同时段收视榜首,并带动卫视周播剧收视新高,以1.138％的平均收视率刷新 2016 年各卫视周播剧的收视纪录。

　　然而,近几年晋升为网剧新宠的悬疑推理剧成为 2016 年网络剧下架风波的主角。此类受卫视黄金档播出限制的题材,在尺度相对宽松的网络平台上大放异彩,然而,政策风险也伴随左右。

《余罪》

2. 犯罪刑侦剧

犯罪刑侦剧是指反映犯罪与反犯罪故事的电视剧,其特征是在叙事文本中存在着犯罪与反犯罪故事,或涉及犯罪与反犯罪叙事元素的剧种。如果再行细分,涉案剧可分为反黑、反腐、刑侦等不同题材。因剧情紧凑,情节跌宕起伏,该题材网络剧有不错的市场表现,如《暗黑者》《心理罪》《灭罪师》《余罪》《十宗罪》《法医秦明》等。

犯罪刑侦剧也是下架的"重灾区",《心理罪》《余罪》《灭罪师》《暗黑者》都经过"优化处理"。《心理罪》制片人曾证实,该剧被要求下线重剪,修改意见主要包括"警察不能骂脏话,审问的时候不能用暴力","连环杀手是精神病人有歧视精神病人的嫌疑"等。

《余罪》这部以痞子卧底为主线的警匪剧,带着几分热血青春,刻画了复杂的人性和正邪的对抗。没有大明星,不是热IP,也没有太多宣传推广,却凭借新奇的题材和环环相扣的剧情赢得了良好的口碑。在爱奇艺播出两季,获得总计40亿的点击量。

《白夜追凶》和《无证之罪》也双双斩获超高人气,豆瓣评分分别为9.1和8.3,而榜单中豆瓣评分最高的电视剧《那年花开月正圆》为7.5。2017年11月,视频网站Netflix买下《白夜追凶》海外发行权,这是该公司首次买下中国内地网络电视剧版权,计划在全球190多个国家和地区上线。主导话语权的年轻观众审美水平日益提高,倒逼行业以优质内容为王,而网剧经历了粗制滥造的草莽时期后,正向精品化的方向发展,也吸引了越来越多的资本和人才涌入。

3. 情景喜剧

以段子、精品短句为主打的情景喜剧是网络剧的重要组成部分。利用通俗、搞笑的方式在短时间内组织人物关系、设计情节、构建场景、激发情绪,用自我解嘲的形式化解生活的压力,给受众带来快乐,更加贴近网民的喜好。而且此类情景喜剧多为系列剧,如《嘻哈四重奏》《万万没想到》《废柴兄弟》《极品女士》《报告老板》《学校里的疯子》系列。

《废柴兄弟》是一部都市职场情景喜剧,共有四季,讲述了一群创业者的奋斗

《嘻哈四重奏》

和情感故事。《废柴兄弟》的幽默和喜感,正是他们对充满挫折的生活的自嘲,而这种喜欢自嘲的人生态度正源于他们的梦想,也让观众看到这群看似是"loser"的废柴,其实是积极向上、追求上进的青年。

4. 都市情感剧

都市情感剧是以表现都市人情感故事、情感历程、情感生活为主要内容的电视剧,贴近都市人的生活,反映都市人的价值观、伦理观和道德观为主旨的。在都市情感剧中,家庭类、友情类、爱情类等细分领域已逐步类型化,爱情、友情、亲情的界限不再那么明晰,多种情感交相纠缠、渗透,同时会侧重某一个或几个主题,如职场、婚恋、家庭伦理等。情感都市剧已经形成较为成熟的制作模式,在人物设置、情节脉络、叙事结构上也有一定规律可循。如《欢迎爱光临》《爱啊哎呀,我愿意》《钱多多炼爱记》《我的朋友陈白露小姐》《不得不爱》等。

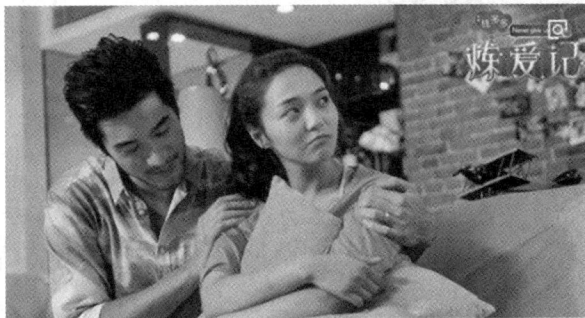

《钱多多炼爱记》

《爱啊哎呀,我愿意》讲述了在保护圆舟岛免遭商业侵害的过程中,身份和地位悬殊的集团继承人季翔恩和平凡女孩秦瑗亚陷入爱河的故事;《钱多多炼爱记》主要讲述钱多多和许飞这对恋人在婚前所面临的种种令人瞠目结舌的问题,大有对当下两性话题进行颠覆性诠释的用意;《我的朋友陈白露小姐》讲述了女主角陈白露在生活境遇一落千丈后,仍保持高贵姿态,不向命运低头,一路坎坷地追求属于自己的生活与爱情的成长励志故事。

5. 青春偶像剧

《匆匆那年》描述了"80后"一代人的情感与生活历程,方茴、陈寻、乔燃、赵烨、林嘉茉五人因一场闹剧相识,又因矛盾化解结成死党。故事以方茴和陈寻的早恋故事为主线,交织五人青春时期纯真懵懂的感情和友谊,充满了青春和怀旧元素,激发了年轻人的青春情怀与共鸣。同时,《匆匆那年》完全打破互联网剧的传统推广形式,在五大电影院线进行了巡回4K高清观影的尝鲜会,也让这部网络剧开启大电影式的宣发规格和模式。首播后连续登上微博1小时话题热榜、热门电视剧榜、影视热搜榜等。著名导演高群书在点映后表示:"没想到现在的网络剧可以做得这么高级,直接搬到影院办首映,这部小说有很多人喜欢,青春题材也是容易引起大家共鸣的题材,画面的掌控也很到位,整体非常好。"

类似《匆匆那年》这样的青春偶像剧叙事节奏轻松明快,内容反映了年轻人关于美好爱情和真挚友情的希望,贴近年轻人尤其是处于青春期的学生们的生活,能引起同龄人的共鸣,非常受年轻人的欢迎。如《匆匆那年》《白衣校花与大长腿》《校花的贴身高手》《最好的我们》《亲爱的,公主病》《恶魔少爷别吻我》《鲜肉老师》等。

《最好的我们》改编自八月长安同名小说,平实的剧情、精良的制作、接地气的怀旧剧情让该剧一上线便获得了好评,打破了"青春剧必狗血"以及"IP剧泛滥"的瓶颈,用一个"真"字撑起了全剧的脉络。豆瓣8.5的高分、单日播放量突破7 900万的数据、大结局上线后20亿的播放量,都代表了《最好的我们》的成功。

《最好的我们》

6. 古装传奇剧

古装剧是指时代背景设定在古代的电视剧,按题材类型大致可分为武侠剧、历史剧、神话剧、魔幻剧、宫斗剧、穿越剧、宫廷戏等。近几年以穿越为题材的网络剧越来越多地出现在荧屏上。如《我为宫狂》《唐朝好男人》《拐个皇帝回现代》《太子妃升职记》《调皮王妃》《纳妾记》《超级大英雄》等。

穿越剧可以连接并游走在历史与现实两个时空,交错的时空、古代与现代智慧的碰撞和摩擦给创作者更大的创作空间。尽管如此,这些穿越剧还是被一些专家认为太肤浅,结构不够紧凑,对历史的解读不够严谨。在 2011 年的中国电视剧导演委员会上,广电总局电视剧管理司司长李京盛对影视创作的乱象提出反思,"现在穿越剧毫无历史观可言,整体思想内涵没有提升,只是好玩、好看、新奇、怪异,而人物设置更是天马行空,这类穿越题材对历史文化不尊重,过于随意,这种创作主张不足以提倡"①。

《太子妃升职记》堪称 2015 年岁末年初的一匹黑马,自开播以来就获得了不俗的成绩,单日播放量最高超 2 亿,收官之际已取得 26 亿播放量,更是连续 10 天占据新浪微博话题总榜第 1 名。该剧讲述了都市花花公子穿越成为古代太子妃,凭借着男儿心女儿身从"太子妃"一路闯荡,最终顺利成为"太后"的故事。《太子妃升职记》在内容上独辟蹊径,轻松、劲爆的情节颠覆了传统古装剧风格。不过该剧也曾因部分大尺度画面而被要求下架修改,延后播出。

7. 科幻奇幻剧

这类题材常常将未来世界作为故事背景,或建立在幻想性情境下展开叙事,可能包含魔法、超自然现实事件、时间旅行等,主人公往往具有超能力,如《灵魂摆渡》《执念师》《我的奇妙男友》等。

《执念师》是由上海聚力传媒技术有限公司联合出品的中国首部科幻网络周播剧。夜行的大巴经过陡峭山路时意外失控飞出悬崖,命悬一线的瞬间,诡异的事情发生了——时间突然静止,大巴悬在半空中纹丝不动。在静止的世界中,唯有曲小弯和柳心行动自如,原来两人都是被触发激活的执念者,他们拥有超乎寻常的能力。接下来的诡异事件一个接一个袭来,两人一起走上了波折又神秘的逃亡之路。有影评人说:"整体来说,《执念师》的创意不错,丰富了我们的剧作类型,且具备了成为经典的可能。"

---

① 陈颖:《广电总局:暂不批准翻拍"四大名著"》,《华西都市报》2011 年 4 月 2 日第 10 版。

《执念师》

《灵魂摆渡》作为多年未见的鬼神灵异题材,一经上线就吸引大批网民。虽然画面粗糙、特效一般,但其剧作扎实,题材新颖,数据力压同期同题材大咖网剧《探灵档案》。

当然,网络剧也有类型混杂现象。一些网络剧可以归入某一种类型,但是另一些网络剧很难归入某一种类型,往往体现出两种类型或三种类型网络剧的特征。有言情剧与悬疑推理剧混杂,如《他来了,请闭眼》《如果蜗牛有爱情》;奇幻剧与言情剧混杂,如《我的奇妙男友》;科幻剧、悬疑剧、言情剧混杂,如《执念师》;穿越剧、言情剧混杂,如《来自星星的继承者们》等。

第三节　网络剧的策划

改编自麦克尔·多布斯同名小说的《纸牌屋》并非影视公司一手打造,而是美国视频网站 Netflix 在对 2 700 万订阅用户的各项数据研究之后,依据受众喜好专门制作出的网络剧,而且导演大卫·芬奇和男一号"坏蛋专业户"凯文·斯派西也是通过网络数据筛选出来的。《纸牌屋》花费过亿美金,一次性放在网络上,通过付费的方式点播,不但受到中国观众追捧,更占据全球 40 多个国家点击率的榜首。这给国内的网络剧创作带来的启发是:大数据分析可以实时跟踪受众的需求,进行全面、科学、客观的分析,为视频网站内容生产提供决策支持。用户的需求与内容生产是伴生关系,先生产后销售的影视制作逻辑被颠覆;内容的生产和经营同步进行且相互关联[1]。

　　大数据分析已经成为互联网的代名词,而相关技术的运用成功改变了传统电视剧内容生产的不足,为网络剧的创作带来了全新模式[2]。限于篇幅,本书只介绍大数据方法之下的选题、演员、营销等。

一、选题策划

　　对于传统的影视剧拍摄,编剧、导演最有发言权,他们往往仰仗个体的艺术经验以及自身社会交往圈子来筛选剧本。理论上来说,面对市场,最好的选择是能与受众发生共振、共鸣的内容题材,大数据分析则使个人艺术经验、艺术交往圈子与公众的共振、共鸣变为可能。网络自制剧剧本选择的一个最重要的入口是拥有 IP 的网络文学、网络小说或网络游戏。网络空间的文艺作品或网络游戏可以天马行空、恣意想象,但是改编成网络自制剧则要充分考虑到现有的技术条件、改编难易度、受众接受度等相关因素。总的来看,网络剧的选题策划需要注意以下三个方面。

　　一是寻找题材突破口。从网络剧的预备期、发展期一直到今天所谓的成熟期或"井喷期",吐槽剧、言情剧、涉案剧、古装剧、超现实题材剧一直是网络上集中出现的题材类型。2017 年在豆瓣评分排名前十的《白夜追凶》《河神》《盲侠大律师》《杀不死》《无证之罪》《你好,旧时光》《九州·海上牧云记》《致我们单纯的小美好》等剧集中,多以悬疑、古装、青春为主,基于现实生活的少之又少,都市情感剧、家庭情感剧、励志创业剧基本无大制作出现。相比 2017 年《人民的名义》《鸡毛飞上天》《我的前半生》《猎场》等现实题材电视剧的红火,同类型网络剧不论是在数量还是质量上都难以与之匹敌。寻找突破,特别是题材的突破,成为当下网络剧策划的第一要务。

　　爱奇艺推出的《来自星星的你》《鬼怪》等韩剧都是在爱情剧的基础之上将其中的概念进行重新释义,对观众来说形成了题材和内容的新鲜感。同时,挖掘新的题材和内容填补市场空白至关重要,例如盗墓题材《盗墓笔记》和青春校园题材《最好的我们》就从类型上给观众带来很大的惊喜感。

---

[1]　参见杨君琴:《大数据在网络自制剧中的应用研究》,江西师范大学 2016 年硕士论文。
[2]　冯宗泽:《网络剧的创作方式与传播机制研究》,中国文联出版社 2016 年版,第 51 页。

韩国电视剧《来自星星的你》

二是突出选题的个性化和差异化。在寻找题材突破口的同时还强调题材的独特性。电视剧在同一时期往往内容相似或题材相近,同一部电视剧同时在几家卫视播放,网络剧跟风现象同样严重,制作不可避免地出现雷同化、同质化。比如,由于 2017 年《河神》《无证之罪》《白夜追凶》等剧的大热播出,很多观众和视频网站把目光集中到悬疑推理剧上面,在剧本内容的供应上,这类题材一时间泛滥成灾。《琅琊榜》《欢乐颂》等片的制片人侯鸿亮直言不讳:"每一个创作者还是要看得见自己的内心想要什么,千万不要考虑这个市场现在流行什么,就去拍什么。我特别骄傲的是,我之前所拍过的所有戏,我个人都是喜欢的。"[1]

爱奇艺自制的《灵魂摆渡》是一部灵异悬疑剧,但电视台无法播放此类题材电视剧,但该剧并没有太多恐怖镜头甚至不失教育意义,在网络上的好评如潮也弥补了国产灵异悬疑剧的空缺。

三是选题要有生活趣味和社会现实性。突破口的指向在哪里?那就是在充分坚持多元化的同时保持对社会生活的介入和参与,特别是对社会热点、难点、焦点等问题。这需要选择网络剧题材时更多地向现实生活看齐,聚焦社会现实中的热点问题,从现实生活中找寻灵感,用贴近现实生活的手法去描绘富有魅力的人物。在进行人物刻画的时候,既要体现戏中角色在现实生活中的典型性,又要突出典型人物的独特性,既进行高于社会现实的剧情创作和形象塑造,又能够

---

[1]《侯鸿亮直指电视剧顽疾:什么火拍什么是自己骗自己》,www. sina. com. cn/article_1288429914-4ccbe15a0200050sf. html。

让观众感受到主角生活的悲欢离合,既让观众感同身受,又保持一种剧情无法猜透的神秘感。《报告老板》每一集改编一部电影,并且在剧情中加入很多对当下热门话题的探讨,在第三集《备胎正传》中讨论了"摔倒老人该不该扶"的问题。

二、演员策划

基于海量用户信息而进行的大数据调研,改变了原本由片方完全决定演职人员或创作班底的情况,开始将受众的选择和喜好纳入考量。由爱奇艺自制出品的《盗墓笔记》和《最好的我们》在挑选男女主角时,通过对多个网络平台上受众意见的大量汇总与分析整合,才最终敲定主演人选。开拍之前,制片方会不定时发布一系列定妆照和花絮,能够在不间断地引起受众讨论度和作品话题度同时,反映出其需求和态度的变化。

有学者指出,"时下风头强劲的网络剧'标配'包含两个重要元素:一是以网络小说为代表的流行文学 IP;二是'小鲜肉'(年轻俊美、有粉丝基础与话题性,却受到演技质疑的男女演员)和自嘲自黑型演员"[①]。网络剧的演员类型是有特定要求的,一类是"小鲜肉",凭借出众外形给人以情感愉悦,主攻女粉丝;另一类是带有"尤厘头"自嘲自黑特点的演员,这类人特别受动漫"二次元"文化中成长起来的年轻人欢迎。以 2016 年上半年十分火爆的网络剧《盗墓笔记》为例,这部被誉为网络文学第一 IP 剧的《盗墓笔记》,以网络剧的形式与观众见面,并请来"小鲜肉"代表李易峰、杨洋担纲主演。虽然该剧对原著的大幅度改编激起粉丝的巨大不满,剧情本身也时常令人摸不着头脑,特效更是被吐槽粗糙,但短短 12集《盗墓笔记》的点击量还是冲破了 20 亿。

有人把《余罪》视为 2016 年网络剧的"黑马",在同期作品中遥遥领先。5 月23 日开播仅半小时就获得了破千万的点击量,播出一个月后,仅在爱奇艺上的点击量就有 5.7 亿。这部剧的成功,张一山的表演是重要因素。因为"张一山演活了余罪这个人物。张一山表演经验丰富,小时他就饰演过《家有儿女》中的刘星,是个不折不扣的小童星。而在《余罪》当中,他更是将余罪这一人物形象恰当自如地呈现在观众面前,仿佛他就是余罪,这个角色就是为张一山而生。形体动

---

① 杨丽雯:《情感消费视角下网络剧"圈地"青年群体现象研究》,《中国青年研究》2016 年第 2 期,第 84—87 页。

作方面,张一山淋漓尽致地展现出余罪每一个时期该有的形态,最初作为警校差生时,他站立时抖腿,眼神飘忽;后来作为一名合格卧底时,他足智多谋,眼神中充满坚毅与灵动,行动时沉稳有力,还有这两个时期过渡时的纠结、彷徨和最终幡然醒悟的蜕变"[1]。

三、营销策划

网络剧的营销策划需要站在视频网站长远发展的角度,要有完善的前期筹划、中期制作包装、后期的宣传推广发行、衍生产品的后续开发等一系列流程,目的在于构建网络剧从生产、制作到消费的完整产业链。

网络剧为"自产自销"或"准自制自营"模式提供了播出平台,既解决了版权问题,又降低了购剧成本,这是视频网站迫于版权压力和购剧成本的创新发展之路。因此,除传统的宣传推广外,网络剧丰富了内容营销渠道,包括剧集冠名、植入广告、定制剧等形式。

随着在线视频版权问题逐步解决,付费也已经成为网剧到达受众的主流方法,网络剧直接面向网络用户收费,形成了会员抢先看、单部收费、特定集数(如结局)收费等多样化付费模式,用户的付费习惯也逐渐养成。如《盗墓笔记》开创会员抢先看剧模式,引发爱奇艺会员增长高峰;《太子妃升职记》则采取付费可看不同结局的新商业模式,充分满足观众需求。据统计,《太子妃升职记》为乐视带来了巨大的商业成功,其会员播放量达到3.99亿次,为乐视吸引新增乐次元影视会员220万人,带来了4 100万收入[2]。所以,网络剧的营销策划需要做好以下四个方面的工作。

第一,培育核心受众群。视频行业存在着残酷的竞争已经是一个不争的事实,如何在竞争中赢得受众的青睐和关注? 网站需要做到利用自身的资源和优势,打破传统影视剧集的制作模式,根据目标受众的定位和喜好来生产和制作剧集;对自制剧的内容和受众进行细分,了解用户关注的剧集类型以及形式,进而不断推出用户喜爱的剧集,巩固核心用户群体的使用体验,提升用户的关注度,增强用户黏性,从而也获得更加客观的广告收益和品牌影响力。比如"爱奇艺"

---

[1] 李岩:《从〈余罪〉表演艺术看当下网络剧发展》,《青年记者》2017年第2期,第101—102页。
[2] 《〈太子妃升职记〉庆功》,http://ent.163.com/16/0129/08/BEG00TQV00032DGD.html。

通过大数据分析技术了解到近期娱乐热点，以及收视率最高的节目和尚未被发现的用户阶层，从而提高客户的产品忠实度，并且引导用户的娱乐需求。为实现大众创造的 C2B，即由用户需求决定生产，节目制作团队从受众解析、受众定位、受众接触到受众转化，每一步都由精准而细致的数据引导。根据数据库反馈的数据，节目制作团队可以根据用户喜好总结收视习惯，并精准分析进行初期创作，最终节目形式、节目内容与节目嘉宾都由受众喜好决定。还通过保底加分成的模式，希望可以让制作方把内容做好，不一定要去挣前端的钱；如果剧集优秀，双方可以一起分享后端的收益。核心还是在追求好的内容。也就是说，制作方愿意拿出更多的蛋糕分给合作伙伴，合作伙伴如果够优秀，那就可以拿到更多的收益[①]。

第二，加强与受众的互动。视频网站需要重视网络用户互动平台建设，激励网民发挥能动性，在网络自制剧的策划、制作和播出过程中提出宝贵见解和创意，从而推动网络自制剧的发展，增强网络用户的黏性和忠诚度。还需全方位借助社会化媒体如微博、论坛、社区等吸引观众的关注和互动。通过微博话题引发大量的讨论和病毒式的传播；通过自媒体和用户产生的内容挖掘网络剧背后的故事，提高整部剧的影响力；通过斗鱼、B 站等直播平台进一步扩大影响力。

在《太子妃升职记》播出初期，因为经费等问题并没有进行大力的宣传，开播后借助微博、微信等新媒体"卖穷"，并在斗鱼平台直播主创见面会，"斗鱼直播"再加上乐视的"全球云直播"，同时在线的人数超过 100 万，直播产生的"只有一台鼓风机""一个榴莲吃好多天"等内容又被进行二次传播。通过微信点赞等方式进行推广，将槽点转变为话题讨论，随着剧情不断被推向高潮，话题热度也持续走高，最终以较低的营销成本实现了较大的收益。

第三，加强网络剧品牌建设，开发相关衍生产品。进行影视自制剧品牌建设，打造具有自身差异化特点的网络剧，吸引更多用户观看。同时在塑造品牌基础上要进行深度的拓展和研发，对产品营销推广环节进行延伸，形成具有核心品牌的完整产业链。

实行网络自制剧的多渠道、多形式发行，并开发衍生产品。《万万没想到》系列就是一个典型的例子，其先后推出三季"迷你"情景喜剧，贺岁特别档《万万没

---

① 萧盈盈、许心雨：《养成优质内容，打造网络剧生态闭环——专访爱奇艺副总裁、网络剧自制开发中心总经理戴莹》，《南方电视学刊》2017 年第 5 期，第 18—21 页。

想到之小兵过年》等,延续天马行空的喜剧风格,并与大电影深度绑定,共同升级"万万"系列经典品牌。电影《万万没想到之西游篇》改编自同名网络剧,配备网络剧原班人马,也增加了包括演员和技术人员的商业电影配置。导演兼编剧易小星表示,西游篇在"万万系列"网剧中是人气最高、互动最好的,因此在无数的选题中顺应粉丝愿望选中这个题材。

第四,借助传统媒体的影响力和资源优势进行推广,将用户范围扩展到传统媒体,实现传统媒体与新媒体的合作共赢。值得一提的是一些优秀的网络剧反向输出给电视台的现象。电视与视频网站的受众结构差异明显,将在网络平台上成功播出的自制剧反输给电视台,将覆盖更多的电视和网络用户,提高收视率。其次,版权销售给电视台可获得二次销售的收益,同时广告主可以通过电视投放实现对网络投放的有效补充。比如《他来了请闭眼》《老九门》等剧集就实现了向电视台的反向输出,并且产生了良好的受众反响,提升了自制品牌的知名度和影响力。

思 考 题

1. 什么是网络剧?如何给网络剧下定义?

2. 网络剧与电视剧有何联系?又有何区别?

3. 网络剧具有哪些类型特征?请结合你熟悉的案例加以分析。

4. 从内容角度来看,网络剧可以分为哪几种不同的亚类型?它们之间有何区别?

5. 网络剧的发展可以分为几个阶段?各阶段有何基本特点?

6. 网络剧如何利用大数据方法进行营销?

7. 试结合网络剧策划的相关工作要点策划一部网络剧,并写出策划文案。

第十一章

动画

案 例 11.1 《疯狂动物城》

《疯狂动物城》是迪士尼出品的一部 3D 动画电影,影片于 2016 年 3 月 4 日在全球上映,到 2016 年 6 月 5 日,影片的全球总票房累计超过 10 亿美元。

影片展现了一个高度现代化的动物世界,这里有良好的秩序、公平的环境,动物们和平友爱地相处着。居住在小城市的兔子朱迪从小就有一个远大的梦想,那就是她希望自己能够成为一名优秀的警察,虽然就连她的父母都觉得她难以实现这个愿望,不过朱迪并不为所动,依然为着自己的梦想努力拼搏着,最终朱迪顺利从警校毕业,进入了几乎都是大型食肉动物的动物城警察

《疯狂动物城》

局,成为动物城第一个食草动物警官。不过,才华横溢的朱迪一开始并不顺利,因为她的上司牛局长并不看好她,只给她安排了一份交通警察的工作,这让朱迪感到非常懊恼。在一次例行的执勤中,朱迪意外发现了一件离奇的事情。与此同时,动物城内接连发生动物失踪的案件。为了证明自己,她决心与不打不相识的狐狸尼克一起追寻真相,但又意外发现原来在动物失踪案件的背后隐藏着一个巨大的惊天阴谋。在尼克的帮助下,朱迪成功揭开了主谋,让动物城回归到了

从前的和平,尼克也如愿成了动物城的一名警察,和朱迪成为同事。

《疯狂动物城》从上映以来受到各国观众的喜爱,获得第89届奥斯卡金像奖最佳动画长片、第74届全球奖电影类最佳动画长片、2016美国电影学会十佳电影等20多项国际大奖。

案例 11.2 《名侦探柯南》

"人与人之间的邂逅充满了神奇,各种疑案更是谜题重重。但唯一看透真相的是一个外表看似小孩,智慧却过于常人的名侦探柯南。"对于柯南迷来说,这句开场白再熟悉不过了。《名侦探柯南》改编自日本漫画家青山刚昌创作的同名侦探漫画。它自1996年开始在日本播放,至今仍未完结,在这20多年的时间里,片中的主人公高中生侦探柯南以其精彩绝伦的推理和破案能力俘获了全球一众粉丝。

《名侦探柯南》

对事物有着敏锐观察力的工藤新一在游乐园的游玩中发现了两名行动诡异的男子,在跟踪他们的时候被发现,被神秘男子灌下了毒药。虽然工藤新一并未因此丧命,不过在药物的副作用下,工藤新一的身体竟然缩小到孩童时代。为了掩人耳目,在阿笠博士的帮助下,他化名江户川柯南,并寄住在父亲是侦探、青梅竹马的同学毛利兰家中。因为毛利兰父亲身份的关系,柯南接触到一个又一个杀人案,在每一次的案件中,柯南都通过阿笠博士专门为他发明的一款手表型麻醉枪让毛利兰的父亲小五郎睡着,接着用蝴蝶结变声器模仿毛利小五郎的声音对案件进行推理。在这个过程中,柯南也并未放弃寻找黑衣人组织的下落,让自已变回原来的样子。

案例 11.3　《秦时明月》

秦时明月是当下中国最具影响力的原创动画品牌。这部大型武侠 3D 动画片从 2007 年开始播出,已播出 4 部共 100 集。目前,第 5 部《秦时明月之君临天下》与《天行九歌》还在更新当中。

《秦时明月 2》

《秦时明月》的故事背景从秦灭六国开始,一直延续到项羽灭秦,不仅有历史事件,还有包括许多民间传说,其人物囊括仗剑天涯的江湖名士、与世无争的各派隐士、称霸一方的各路诸侯等英雄豪杰,演绎出乱世时代中一个又一个荡气回肠的故事。

截至 2014 年,《秦时明月》系列动画在新媒体的点击量突破 20 亿次,获得了包括法国戛纳电视节亚洲展映会最佳作品、日本动漫产业白皮书推荐、美国 AUTODESK 最佳作品、亚洲电视节 3D 最佳推荐影片奖等在内的一系列国际大奖。

动画的发展历程已有 170 年,它作为一个独特的影片种类,以独特的影像元素、丰富的情感、超越时空的想象为众多观众所喜爱。21 世纪以来,动画业已成为带动巨大经济效益与文化传播效益的核心产业,集影视、音像、印刷、广告、教育、服装、玩具、网络等众多传播产业为一体,2005 年,动画在全球总产值达 2 228 亿美元,与动画产业相关的周边衍生产品则在 5 000 亿美元以上[①]。

---

① 动画产业年报课题组:《中国动画产业年报》,海洋出版社 2006 年版,第 2 页。

第一节　动画的界定与类型特征

一、动画的定义

　　动画这一节目类型对大多数人来说不仅不陌生,还可以说熟悉而亲切。不少人从幼童时期接触动画并对动画有了一些基本的认识,而这些认识首先来自一个个经典的动画角色——《大闹天宫》里的齐天大圣孙悟空、《阿凡提的故事》里机智的阿凡提、《山水情》里的牧童和老琴师、以米老鼠和唐老鸭为代表的迪士尼动画角色以及以哆啦 A 梦和樱桃小丸子为代表的日本动画人物,等等。有关动画的概念,"国内出版的《动画概论》《动漫概论》等高等院校教材迄今已有不下五六十种,众说纷纭,彼此抵牾,无法统一。这一现象对于动画高等教育和动画学科,都是一个令人难堪的局面"[1]。目前国内被研究者们所采信的"动画"定义主要有以下几种[2]:"动画"是"不活动的物体被赋予了生命和灵魂"(爱森斯坦);"动画,不是会动的画的艺术,而是被画出来的动作的艺术;每格画面彼此之间所产生的效果,比起每格画面本身的效果要更为重要;因此动画是针对暗藏于画面之间的空隙加以操控的艺术"(麦克拉伦);"动画"是"除了真人实景的拍摄方法以外,借由各种技术的操控来创造动态影像"(国际动画电影协会);"动画片制作是使图画、模型或无生命物产生栩栩如生的幻觉的一种方法。基本原理是逐格拍摄,动作以每秒 24 格的速度进行,因此每一格画面与前一格画面的差别是微乎其微的。其工艺基本上是在透明的底版上绘制物体的各个动作,然后依次重叠在固定的背景上,盖住重叠部分的背景。拍摄时要用一种逐格拍摄的摄影机,俯拍已牢固地叠套在背景图上的若干层面"(《不列颠百科全书》)。

　　本书从"动画""动画片""美术片""动漫"等几种不同称谓的演变入手,在辨析厘清的过程中认识动画的本质、特征,进而作出一个较为合理且符合现实情况的定义。

　　"动画"这个概念实际上源自日本,最初指的是漫画。由于日本著名漫画家

---

[1] 聂欣如:《"动画"的概念》,《文艺研究》2017 年第 8 期,第 109—116 页。
[2] 同上。

手冢治虫首次运用电影技巧来绘制漫画,故而产生了动画以"凸显画面的叙事性特征"。二战后,日本又将以木偶、线绘等形式制作的影片统称为"动画"。二战以后的"动画"显然已经不再局限于平面和静态,而是指涉一种非真人拍摄的活动影像。朱剑、凌清对"动画"概念的界定作了考察,他们发现,20世纪50年代以后,学术界对"动画"的媒介不再作硬性的规定,因为,"当新兴的计算机动画出现后,传统动画动作停格、逐格拍摄、逐格变化的技巧(stop motion)与计算机动画设定'原画'(key frames)动作的起点与终点的关键帧,然后基于足够的参数由计算机自动完成连续的技术(go motion)大相径庭,'动画'已经没有在每一格动作与下一格动作之间停格制作与停格拍摄的必要,故而也就不能再用传统动画所谓的逐格记录的特性来规定了"①。

国内对动画的称谓名目繁多,1949年前后通常使用"美术片"来表示动画这种新生事物。《中国大百科全书·电影卷》中对"美术片"的解释是:"美术片是一种特殊的电影,'美术片'是中国的名词,在世界统称'animation',是动画片、木偶片、剪纸片的总称。美术片主要运用绘画或其他造型艺术的形象(人、动物或其他物体)来表现艺术家的创作意图,是一门综合艺术。美术片有短片、长片和系列片多种,题材和形式广泛多样,在世界影坛占有重要地位。在电视领域更受重视,为少年儿童和成年观众所喜闻乐见。"中国电影出版社出版的《电影艺术辞典》中对"美术片"的解释是:"美术片,电影四大片种之一,是动画片、木偶片、剪纸片、折纸片的总称。它以绘画或其他造型艺术形式作为人物造型和环境空间造型的主要表现手段,不追求故事片的逼真性特点,而运用夸张、神秘、变形的手法,借助于幻想、想象的象征,反映人们的生活、理想和愿望。是一种高度假定性的艺术。美术电影一般采用逐格拍摄方法,把一系列分解为若干环节的动作依次拍摄下来,连续放映时便在银幕上产生活动的影像。"

总体上来看,以上两本著作对"美术片"的定义都将美术片归为电影的一种,并且认为动画片、木偶片、剪纸片等同属一个层次,绘画是其最主要的创作手法,美术片主要是在电影和电视上传播。显然,"美术片"概念中的这些要素在新媒体时代都已经不适用了,从人们日常使用习惯上也会发现,"美术片"这一称谓实际上已经过时了。

---

① 朱剑、凌清:《动画·动画片·美术片——中国动画理论研究中的基本概念辨析》,《美术教育研究》2012年第1期,第84—86页。

"动画片"是目前来说使用最广泛、接受度最大的称谓。《动画艺术辞典》中对它的解释是:"动画片,亦称'卡通片'(cartoon),电影四大片种之一,是动画片、剪纸片、木偶片、折纸片等类影片的总称。它以绘画或其他造型艺术形式作为人物造型和环境空间造型的主要表现手段,不要求故事片的逼真性特点,而运用夸张、神似、变形的手法,借助于幻想、想象和象征,反映人们的生活、理想和愿望,是一种高度假定性的电影艺术。动画电影一般采用逐格拍摄方法,把一个系列分解为若干的动作依次拍摄下来,连续放映时便在银幕上产生活动的影像。"从这个解释中可以看出,这个解释和前文"美术片"的解释实际上大同小异,并且它更多是在电影的范围内对动画片进行诠释而忽略了电视以及新媒体时代中最重要的媒介——网络。在动画片的分类方面,该解释似乎是一个矛盾,一方面将动画片作为剪纸片、木偶片、折纸片等的统称,另一方面又将动画片和这三者放置在同一层次上。因此,无论如何,"动画片"的这种定义是和实际不符的。

"动漫"一词在近几年开始流行起来,甚至出现了一种用"动漫"取代"动画"的说法。在一般的日常使用中,"动漫"被认为是"动画"和"漫画"的简单结合,即动漫是会动的漫画。这种定义不仅太过简单随意,同时也无法解决动画和动漫的关系问题。聂欣如教授对"动漫"一词进行了考原。根据他的论述,是一位名叫"iki1096"的网友对"动漫"进行了考证。

"动漫"这个词语是中国所特有,没有一个国家的人,或者没有一个内行会这么说,因为动画和漫画是两种不同的东西。

个人认为这个词语的提出应该与大陆第一本"动漫画"资讯杂志《动漫时代》(Anime Comic Time,简称 ACT)有关(1997 年创刊),但是《动漫时代》一开始是一本偏向漫画的杂志,可能当时内部的编辑想出这个名字的时候是取的广义,结合"时代"这个词,可以理解为"动画和漫画的时代杂志"。因为结合了"时代"这个词,所以其实并不存在意义不清。但是后来由于官方的介入,各种官方途径对于"AC"的解释开始偏于一致化,也就是所谓的混淆了"动画"和"漫画"的意义,从而让"动漫"这个词,相当的不专业而且庸俗。这一次那些高层的老头子们和可爱的记者同志们功不可没。

分析一下"动漫"这个词,你们可以发现两个意思,一个是"动之漫画"其实就是动画的意思,另一个是"动画与漫画",但是后者更接近"动漫"的原意,这点毋庸置疑。

最后再次指出动画和漫画是两种不同的东西,直接说"动漫"是很不合逻辑的,比如很多在百度中问问题的人就经常犯这样的错误,要别人推荐 1 月的"动漫",你说是动画还是漫画呢?"动漫"后面加上一些名词可以使这个词语更加专业化,如"动漫周刊""动漫画"之类①。

据聂欣如对从 2000 年至 2011 年各级行政机关文件的统计分析,发现在 2003 年之前"动漫"的概念根本没有出现在任何政府文件中,但从 2004 年开始,尤其 2005 年以后,"动漫"概念开始被大量使用,使得"动画"概念的出现频率直线下降。结合中国十多年来动画业、电影业、出版业等文化产业的发展状况以及相关的国家政策,聂欣如得出结论——动漫概念——"这是一个饱含 GDP 意识、指代含混的概念"。同时,聂欣如还进行了一个大胆的猜想,"动漫"概念在未来有两种可能——"一种是在官方放弃使用的条件下彻底死亡,成为历史的化石;另一种可能便是依然存在,但仅作为具有清晰所指的概念出现,比如可以作为广告的一种类型,或网络短片的一种类型,以区别于漫画、动画、广告、游戏等,而不是涵盖它们"②。

不同的动画研究学者对动画的定义虽然有所不同,但是在对动画本体的认知方面却所差无几——动画是一种多元多维的艺术整体。动画研究学者佟婷在讨论动画的艺术性特征时认为,动画艺术构成的多元性包含了三个层面,即"表层——直观的符号性元素(包括线条、色彩、动作、声音和语言);中层——感受的表意性元素(包括动画造型、叙事、蒙太奇结构);深层——解析的潜在性元素(包括绘画、文学、戏剧、音乐、电影)"③。

通过对以上常用的"动画"相关词汇的讨论辨析,本书认为"动画"这一称谓相比于"美术片""动画片""动漫"等词语,更具开放性和包容性,主要表现在:第一,"动画"的概念并没有像"美术片""动画片""动漫"等概念那样对所表现的载体作出限制,符合动画定义不断发展、完善的现状,并且"便于对动画艺术进行历史性的考察"④;第二,"动画"概念的开放性有利于新形势下不同艺术形式的进入和参与;第三,随着技术的日新月异,"美术片""动画片"等概念已经无法适应

---

① 转引自聂欣如:《什么是动画》,复旦大学出版社 2016 年版,第 196 页。
② 聂欣如:《什么是动画》,复旦大学出版社 2016 年版,第 203 页。
③ 佟婷:《动画艺术论》,中国传媒大学出版社 2007 年版,第 4 页。
④ 朱剑、凌清:《动画·动画片·美术片——中国动画理论研究中的基本概念辨析》,《美术教育研究》2012 年第 1 期,第 84—86 页。

动画在新形势下的发展变化了,而"动漫"一词由于一直试图囊括所有内容,致使概念模糊而混乱,如同聂欣如教授所说,大凡务实的场合,人们都将弃之不用。在"动漫"的概念尚未得到有效厘清、界定并为各方认可的情况下,取"动画"的概念更为明智。

综上所述,结合新媒体环境的特点,本书尝试对"动画"作出如下定义:动画是一种通过各种技术手段绘制而成的,集绘画、漫画、文学、戏剧、音乐、电影、数字媒体等多种艺术形式于一体,能够连续放映和叙事的动态视听节目类型。

二、动画的影像特征

动画是通过把人、物的表情、动作、变化等分段画成许多画幅,再用摄影机连续拍摄成一系列画面,给视觉造成连续变化的图画。它的基本原理与电影、电视一样,都是视觉原理。作为一种影像传播介质,动画是用影像讲故事的综合艺术类型。在叙事性上,动画与小说、戏剧、电影等叙事艺术有着不可割裂的历史渊源,但也有其自身明显的类型特性。

1. 造型的抽象性和拟人化

动画明显不同于同为视听艺术范畴的电影的特点之一是造型,包括对故事中行为主体以及故事环境的塑造,行为主体的造型主要是通过抽象和拟人化来完成的。所谓抽象,是指抽取对象物中的某些突出特征,以造型的手段将这些特征表现出来。比如《猫和老鼠》这部动画作品,创作者在创作猫的形象时,主要将猫观察力强、忠于人类但又贪玩任性的特点提纯,在老鼠的造型上则着重突出的是老鼠行动灵敏、贪吃狡猾的特点。值得注意的是,由于不同创作者对创作对象的认知不同,有的会遵循普罗大众对该对象的理解进行创作,而有些则有可能会按照自己的认知进行陌生化处理,这就意味着动画的抽象机制并没有一定之规可循[1],但不可否认抽象化表现的确是动画造型上的一大特点。即使是一部以人为主体的动画,也需要对人物的造型进行抽象,因为我们会发现,那些以人为故事主体的动画,其人物的造型比例和现实中的人并不是匹配的。

拟人,顾名思义就是赋予无生命的事物或者人以外的生命体人的生命表征、行为能力和思考能力,例如《玩具总动员》中原本属于静态物体的玩具不仅在外

---

[1] 陈奇佳:《日本动漫艺术概论》,上海交通大学出版社 2006 年版,第 11 页。

貌上有人的特点,还能跟人一样讲话,甚至有跟人一样的行动力和思辨能力。对人以外的生命体进行拟人化处理的情况在动画中是最常见的,会说话的树、会开汽车的兔子、能制造机器的狐狸等。

2. 变形与夸张

阿恩海姆在其《视觉思维》一书中说,"在问题解决者的头脑中,当然会进入一种他想要达到的目的本身特有的'意象',这种意象会对头脑中原有的意象施加压力,而且竭力迫使它按照目前任务的需要而发生变形。这就是说,正是这种'目的意象'的需要,才促使了对现有结构的重新组织"[①]。由此可知,变形首先是以抽象为基础进行的,变形的主要特征表现为夸张。夸张主要是指通过变形的手法使对象某些细节的特点被放大,与原来的形象产生明显的差异。比如迪士尼动画《木偶奇遇记》里一旦说谎鼻子就会变长的匹诺曹,《冰河世纪》里嘴巴被拉长、眼睛突出的松鼠奎特,五官奇特但看起来十分滑稽的憨豆先生等,都是夸张的表现。将夸张发展到某种极致,就形成了一种怪诞的风格。

《匹诺曹》

上面所讲的变形,主要是在动画形象造型上的一种属于已经完成的或者说静态的变形,实际上在动画的创作过程中还有一种可被表述为动态的变形。我们在观看《猫和老鼠》的时候会发现,无论是那只看起来有点笨拙的猫,还是那只狡猾聪明的小老鼠,经常会出现身体被压扁或脑袋在打斗中变成正方体的情形,这也是一种变形,只不过这种变形和前面所说的变形有所不同,前述的变形更多

---

① 鲁道夫·阿恩海姆:《视觉思维》,光明日报出版社 1987 年版,第 293 页。

的是造型变形,而后面的这种变形则偏向于动作变形,比如《玩具总动员》《铁甲小宝》《精灵世纪》等动画中的主角们在遇到危险或与敌人战斗时的"变身"就属于这种动作的变形。

3. 万物皆灵

在动画的世界中,万物皆有灵性,这一点是以动画高度假定性的特点为基础的,在这个前提下,不仅人、动植物这样的生命体可以作为动画的主角,即使像玩具、器皿、交通工具等无生命的物体也可以开口"表达自己"。在动画的世界里,一切东西都是有生命的,这也是使动画世界丰富多彩和现实世界与众不同的重要原因,可以说,万物皆有灵性正是动画这种艺术的核心价值所在。

4. 高度假定性

影视剧创作中的虚构虽然和动画创作有相通之处,但是影视剧作的虚构必须建立在符合客观世界运行规律的基础上,而动画则是高度假定的。动画的假定性有两层含义:一是虚拟的创作,二是夸张的表现。虚拟是假定性的基础,夸张是动画假定性独特的表现形式。动画的假定性比影视拍摄现实的再现性更假定化,作品中所呈现的一切都是完全的假定设计,包括假定的剧情、假定的角色、假定的场景、假定的时空和假定的摄影机运动等[①]。比如,假定的剧情:动画题材的选择多是神话、童话或传说,具有假定的幻想色彩。剧情的一切也都是假定的,无论时间、地点、角色和事件。比如,押井守的《攻壳机动队》的时间设定在未来的 2029 年,安德鲁·斯坦顿的《海底总动员》的剧情是小海鱼父亲玛林在澳洲海洋里寻救自己儿子尼莫的故事。假定的摄影机:动画的摄影机仅存在创作者心里,动画师可以自由伸展、缩放、切换;施展多种拍摄手法和技术手段;创造各种真实世界里摄影机所无法做到的天马行空的拍摄角度等。如《人猿泰山》中泰山在原始森林中穿梭的速度感和空间感,以及和动物们互相嬉戏的场景。

正是这种高度假定性使动画的创作更为自由和开放,创作者在其中充分发挥自己的想象力,将头脑中的世界借助动画展现出来,观众则通过在广袤神奇的动画世界中畅游得到感官和心灵的满足与享受。

5. "萌"的属性

"萌"源起于日本动漫(画),主要集中在对物品、事件、人物、宠物以及语言等方面的形象化、个性化以及戏剧化的表达与重塑。动画的这种"萌"化能让观众

---

① 高婵娟、周乐生:《浅谈动画的假定性》,《现代交际》2011 年第 10 期,第 107 页。

产生不同于观看电影、电视剧或其他节目类型时的、持续性的精神愉悦和享受，这种观感既是一个过程也是结果。虽然"萌"是不同类型的动画的共性，但不同国家、不同地区的动画的"萌"的特征却各有不同，比如日本动画的"萌"主要表现在动画形象以及动画语言上，美国动画的"萌"主要集中在故事的戏剧性上，法国动画的"萌"主要体现在动画角色的动作上，中国动画由于重在说教，其"萌"的属性相对弱化。

《熊出没》系列动画借鉴萌态可掬的日本轻松熊、滑稽可爱的美国泰迪熊等成功范例，以长久以来给人"萌"视觉体验的"熊"角色作为角色设定，显示出动画设计者对中国儿童心理的深入了解和把握，符合儿童的审美情趣和童心特征，更容易产生良好的传播效果。

三、中、美、日三国动画演进简史

标志着动画作为一种独立艺术形态的是 1928 年美国迪士尼动画王国推出的第一部音画同步的有声动画片《汽船威利号》，以米老鼠为主角，它"乐观进取，顽强生存"的精神使当时的人们受到了鼓舞。而 1937 年的第一部彩色动画长片《白雪公主和七个小矮人》作为影院片独立放映，则使人们开始重新审视动画艺术的魅力。从此，动画发展成为一种独立的艺术样式进入商业运作时期。

1. 美国动画简史

布莱克顿是美国动画的先锋，他在 1907 年制作的《一张滑稽面孔的幽默姿态》标志着美国动画片史正式开始。与布莱克顿同一时期的美国著名动画师主要有温瑟·麦凯、佛莱雪、苏利文和迈斯莫尔以及缔造了一个超级动画王国的华特·迪士尼。

温瑟·麦凯长于为动画着色和设定动画情节，是美国发展全动画的第一人；佛莱雪兄弟被誉为美国最富有创造力的动画家；苏利文和迈斯莫尔创造的最有影响力的动画角色是菲利克斯猫，它也是默片时代动画片中最有名的动画明星。

华特·迪士尼带给全世界的不仅仅是一个迪士尼公司，还是一个崭新的美国动画神话，他是缔造了美国动画王国的天才人物。迪士尼一生共获得 32 座奥斯卡奖、7 座格莱美奖、950 项全球范围的奖项，其创造的迪士尼动画直到今天依然在动画界占据着无法企及的地位，这些足以证明他为人类动画事业所作的贡献。从 1928 年开始,迪士尼陆续推出了多部作品,如第一部有声动画片《汽船威利号》,彩色动画片《花与树》(1932)、《三只小猪》(1933)、《龟兔赛跑》(1934)、《三只小猫咪》1935、《乡下表亲》(1936)、《丑小鸭》(1939)等,并连续六年获得奥斯卡影片奖,这样的纪录堪称动画史上的壮举。

《米老鼠》

1937 年,迪士尼公司推出了《白雪公主和七个小矮人》,片长 74 分钟,这在美国动漫历史上是史无前例的,也成就了美国动画产业的初步发展。这部长片的收入大大超过他们的期望,仅在国内上映就获得了 800 万美元的收入。该片的成功鼓舞了迪士尼,紧接着他又拍了《木偶奇遇记》《小飞象》,还有 1940 年的《幻想曲》《小鹿斑比》。迪士尼的风格在 1935 年到 1955 年的美国动画中发挥着巨大的影响力,随后也影响了英国、法国、意大利等国的动画,甚至在苏联和中国都有很大影响。

20 世纪 30 年代到 40 年代末这一时期的美国动画片往往改编自童话和寓言,其角色大都以动物为主,角色的动画规律完全遵循已经形成的全套迪士尼经典动画规律。50 年代以后美国动画业进入繁荣阶段,这一时期的迪士尼公司几乎每年都会推出一部经典动画片,如《仙履奇缘》《爱丽丝梦游仙境》《睡美人》等。这一阶段的迪士尼已经认识到电视对动画的价值,开始将动画与电视进行结合。与此同时,迪士尼开始创办自己的动漫主题游乐公园。时至今日,迪士尼乐园已成为其娱乐产业王国的主要收入来源,占利润总收入的 70%。

威廉·汉纳和约瑟夫·巴伯拉于 1939 年共同创作的《猫和老鼠》是一部享誉世界的动画作品,它是美国华纳兄弟公司的著名动画品牌,也是世界上最优秀的动画片之一,从 1941 年的第 13 届奥斯卡金像奖一直到 1953 年的第 24 届奥斯卡金像奖,《猫和老鼠》连续十二年都获得了奥斯卡最佳动画短片的大奖。20世纪90年代,《猫和老鼠》被引进中国后,受到中国观众的热烈欢迎和喜爱,总是一根筋的汤姆猫和可爱顽皮的老鼠杰瑞成为许多中国人的童年记忆。

《猫和老鼠》

1966年华特·迪士尼去世,迪士尼公司失去了"灵魂",陷入萧条时期。四年后,迪士尼公司内部为争夺控制权发生内讧,因而一直到1989年,迪士尼出品的动画并不多。迪士尼动画片产量的减少和动画片质量的降低直接影响了当时美国动画业的发展。70年代的美国动画电影开始衰退,电视动画却在这个时期开始慢慢发展起来。

到了20世纪80年代,随着美国经济的复苏和发展,民众的生活水平和生活质量逐步提高,对动画片的品质越来越重视,这就使得美国动画制片公司对动画的制作品质要求也越来越高。美国从70年代中后期便开始利用电脑技术来研究和模仿人的活动。在美国动画的历史上,皮克斯工作室(Pixar Animation Studio)是利用新科技进行动画制作和创新的领军力量。1987年,皮克斯工作室制作的《顽皮跳跳灯》成为获得奥斯卡提名的第一部立体电脑动画影片。正如皮克斯工作室的一个成员所说,《顽皮跳跳灯》改变了一切,在皮克斯成名后,电脑动画成了所有人的目标。从此之后,这台蹦蹦跳跳的台灯成了皮克斯动画工作室的象征,代表着皮克斯的乐观与决心。1989年,皮克斯凭借《小锡兵》(Tin Toy)迎来了它第一个奥斯卡最佳动画短片奖,这也是世界上第一部得奖的电脑动画影片。之后,皮克斯开始尝试和迪士尼合作,结果不仅促使2D动画技术层次的提升和数码色彩系统的出现,同时也推动了美国立体动画的进程。在随后的 2000 年,皮克斯工作室首次成为获奥斯卡奖的电脑动画软件技术团队。皮克斯工作室和迪士尼合作的最经典的动画作品莫过于《玩具总动员》,这也是动画史上第一部电脑动画电影长片。从这部动画开始,电脑动画工业迎来了发展的大好形势。自 1986 年起,皮克斯动画王国出产了 11 部动画长片和 19 部动画短片,不仅给全球影迷带来无数欢乐与感动,更实现了动画电影票房、技术上的完美飞越。

《玩具总动员》

同时期的迪士尼也因美国经济的重新繁荣而佳作频出。1991 年由迪士尼推出的《美女与野兽》是第一部获得奥斯卡最佳影片提名的动画片。1994 年的《狮子王》赢得了全世界的关注和青睐,取得了史无前例的成功和辉煌,在很长一段时间内,它都是电影史上惟一进入票房排名前十的卡通片,成为迪士尼不朽的巅峰之作。2000 年,迪士尼耗巨资推出首部完全自制的计算机动画片《恐龙》,堪称好莱坞有史以来最具视觉震撼力的动画电影之一,它的数字特效使观众完全沉浸于亦真亦幻的奇妙世界之中。

2. 日本动画简史

2016 年日本动画《你的名字》在日本国内,甚至全球掀起了一股热潮。这是日本第一部宫崎骏作品以外的、票房突破 100 亿日元的动画电影,影片上映后受到日本国内外高度好评。英国电影月刊杂志 *EMPIRE* 给《你的名字》打了五星的满分评价,称这部作品"是 2010 年代能与《千与千寻》比肩的作品"。

虽说美国是世界动画的最早诞生地,但世界动漫强国却是日本。虽然从特

效上来说日本动漫不及美国动漫高
超炫目，但是凭借扣人心弦的故事
和精致的画面以及浓厚且独特的民
族风格，日本动漫在全球拥有广泛
的粉丝群体。对于日本动漫的发展
史，一般认为，日本动画的发展经过
了四个阶段。也有一些动画教材有
不同的分法，如刘萍、丁艳主编的

《千与千寻》

《动画概论》中就将日本动画的发展划分为战前草创期、战后探索期、题材确定
期、画技突破期、路线分化期和风格创新期六个发展期。

　　日本京都精华大学教授津坚信之在其著作《日本动画的力量——手冢治虫
与宫崎骏的历史纵贯线》中提出了"动画热"这一概念，对此，津坚信之解释道：
"（'动画热'）出现具有新的模式和风格的作品，给动画界的潮流造成巨大影响，
在生产大量作品的同时显著扩大观众范围的现象。"在这一定义下，他将 1917 年
开始的日本动画的发展分成了三个"热"阶段。

《铁臂阿童木》

　　第一次动画热出现在 20 世纪 60 年
代。津坚介绍说，这一时期以《铁臂阿童
木》放映为契机，日本电视动画不断面世，
其中科幻类动画作品尤为流行。

　　第二次动画热是在 20 世纪 70 年代
后半期至 80 年代后半期。津坚认为这是
日本动画观众大范围扩展的时期。这一
时期"动画迷"（其后还有近义词"御宅
族"）一词被广泛使用。

　　第三次动画热则是从 20 世纪 90 年
代延续至今。由于《幽灵公主》的成功，
"动画"一词在海外普及，这是人们认识到
动画不仅代表日本，还是源于日本的世界性大众文化的时期。津坚特别指出，这
一时期和前两次的明显不同在于，这一时期"原本和动画无关的领域也在推动
动画"。

　　日本动画在 20 世纪 80 年代初开始输入中国，获得中国观众极大的欢迎和

喜爱。从日本动画进入中国至今的近四十年的时间里,日本动画凭借其独特的魅力培养了一代又一代的日漫迷群。

3. 中国动画简史

中国动画从诞生至今大致经历了如下四个阶段的发展。

(1) 早期探索阶段(1922—1949 年)。万氏兄弟是公认的中国最早的动画创作者,有"中国动画之父"之称。1922 年,当时在商务印书馆工作的万氏兄弟四人摄制了中国第一部动画广告《舒振东华文打字机》,为动画电影开辟了一个时代。20 世纪 40 年代,美国迪士尼制作的《白雪公主与七个小矮人》正在上海放映,国人竞相观看,这件事对万古蟾、万籁鸣震动很大,二人慎重考虑之下,决定以《西游记》中"孙悟空三调芭蕉扇"的故事为底本,绘制一部大型动画片《铁扇公主》。《铁扇公主》将中国的山水画搬上了银幕,中国的山水画第一次动了起来。

《乌鸦为什么是黑的》

(2) 成长发展阶段(1950—1976 年)。20 世纪 50 年代前期(1950—1956 年)是中国动画的成长阶段。在这一阶段中,出现了《好朋友》《乌鸦为什么是黑的》《骄傲的将军》和木偶片《机智的山羊》《神笔》等一批优秀的动画电影。1956 年,我国第一部彩色动画片《乌鸦为什么是黑的》在国外首次获奖。

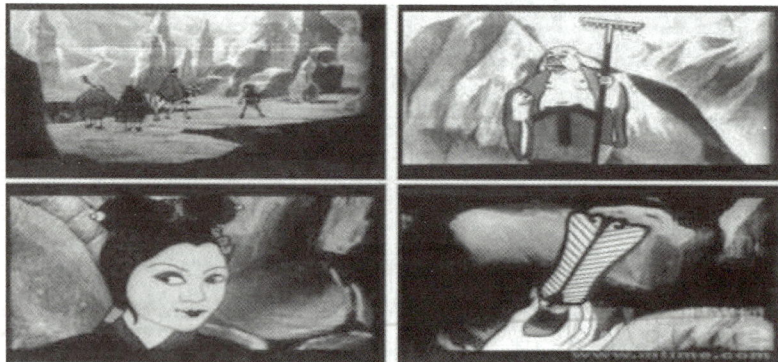

《铁扇公主》

也是自这一年起,中国动画片的拍摄进入了全色彩片的阶段,并摸索和发扬了民族风格的创作道路。可以说,从上海美术电影制片厂成立一直到"文化大革命"之前的这段时间,是中国动画的第一次创作高峰期。在这期间,中国动画的产量不断增加,质量也不断提高,中国动画的艺术特点得到了充分发挥。

20世纪60年代的中国水墨动画《小蝌蚪找妈妈》和《牧笛》获得了极大成功,优美的画面和诗一般的意境使中国动画艺术的审美境界更上一层楼,堪称动画史上的创举,受到了国际的认可。

1963年,万氏兄弟原本泡汤的《大闹天宫》动画梦终于变成现实,并连续在国际电影节上夺魁,还在全世界几十个国家上映,《大闹天宫》获得的成功标志着当时中国动画电影已经进入世界先进行列。

《大闹天宫》

1972—1976年间,上海美术电影制片厂共拍摄了17部动画片,如《放学以后》《小号手》《骏马飞腾》等,但大多都因为政治色彩过分强烈而被否定。这一时期,中国的动画创作陷入了僵局。在"文化大革命"十年浩劫中,动画创作遭受严重破坏,极大地影响了这一事业前进的速度。可以说这一段时期的中国动画事业几乎处在原地停滞的状态。

万氏兄弟工作照

(3)恢复与繁荣阶段(1977—2000年)。随着"文革"的结束,1977年中国动画开始恢复创作和生产。中国动画迈向了第二次繁荣。从结束"文化大革命"到1984年的八年时间里,共拍摄了一百多部影片,题材内容、艺术形式和制作技巧等都有很大突破和进步。

1979年拍摄的动画长片《哪吒闹海》被誉为"色彩鲜艳、风格雅致,想象丰富"的作品。木偶片《阿凡提的故事》以其夸张的造型和幽默的语言,生动地刻画出新疆维吾尔族的一个传奇人物,并在后来发展为系列动画片。《三个和尚》虽然篇幅短小,但其寓意却很深刻。这部作品既继承了中国传统的动画艺术形式,又吸收了外国动画的现代表现手法,是对发展民族风格的一次新的尝试。

这一时期,值得一提的还有一部水墨动画作品《山水情》,这部产生于20世纪80年代末,没有任何对话,只有十几分钟的动画作品,在1988年至1993年五年时间内斩获国内外共12项大奖,但这样一部可以说在中国水墨动画中获奖最多的作品,却成了"中国水墨动画片的绝唱",被公认为水墨动画至今无人超越的典范,也成了"中国动画彻底商业化之前的最后一部艺术精品"。

《葫芦兄弟》

《黑猫警长》

除此之外,我国电视动画系列片也是从这一时期开始生产的,代表作有《葫芦兄弟》《邋遢大王奇遇记》《黑猫警长》等。

总体而言,改革开放以后的中国动画,题材更为广阔,出现多部内容深刻、讽喻尖锐的动画作品,如《超级肥皂》《新装的门铃》等。随着改革开放步伐加快和体制改革的深入,中国动画片的发展也发生了转折。传统的独立生产力方式渐渐终止,数字生产手段逐渐取代了以往的手工绘制方式,大大提高了制作效率。国产动画从影院动画艺术短片唱主角,转向了电视动画"大型化、连续化、系列化"制作生产的国际潮流,并形成了从策划、创作、传播到系列产品开发的全新"大动画体系"概念,推动了中国动画的发展。

(4)多元化、商业化时期(2000年至今)。千禧年之后的中国市场经济对外开放日渐深入,中国动画也逐渐朝着商业化的方向发展。1999年开播的《宝莲灯》是中国动画走向商业运作的第一步。这部动画电影当时在全国共取得2 500万元的票房,是中华人民共和国成立之后的五部动画长片(前四部分别为《大闹天宫》《哪吒闹海》《天书奇谭》《金猴降妖》)中投资最大、篇幅最长的一部,同时还

《宝莲灯》

是中国动画史上首次聘请故事片电影导演、录音师并采用电影演员为片中角色配音的动画作品。

2008 年北京奥运会吉祥物"福娃"风靡全球，与其对应的动画周边产品更是行销各地。《隋唐英雄传》《风云决》《魁拔》《喜羊羊与灰太狼》等优秀作品相继面世，特别是《喜羊羊与灰太狼》成为最受欢迎和商业运作最成功的国产动画。

新世纪以来，随着技术的不断进步以及市场的不断扩大，人们对动画的需求也逐渐增加，动画开始呈现多样化发展。与此同时，电脑技术的发展使动画制作不再仅限于传统的二维动画，三维动画作品层出不穷，逐渐走向观众的视野并赢得喜爱，尤其在新媒体环境下，一些网络视频平台正逐步成为动画的主要发布地和播放地，并在题材上得到很大程度的扩展，使动画不论从题材还是从受众群等方面，其分类都更为细致和具有针对性。近几年，在新的网络时代和网络环境中，出现了以哔哩哔哩弹幕视频网（俗称 B 站）和 AcFun 弹幕视频网（俗称 A站）为代表的网络平台，聚集了各类动画作品，成为动画爱好者观看和追看动画的首选，深受国内动画爱好者的喜爱。这几年在这两个平台上连载更新的动画中不乏优秀之作，如《狐妖小红娘》《全职高手》《风灵玉秀》《中国惊奇先生》《少年锦衣卫》《画江湖》《纳米核心》等，都是新媒体时代网络动画的代表作。但总体而言，国产动画的层次和水平依然不高，缺乏创意、有量无质、受众面窄的状况尚未得到根本改变。

第二节　动画的主要类型划分

　　李彦、曹小卉《日本动画类型分析》一书中认为,"类型动画片"是伴随动画的产业化发展以及动画的动能地位不断上升而出现的。"不同的观众群体会对某一种类型的动画产生特别的爱好,在较长时期内形成相对稳定的欣赏习惯和美学趣味。而创作者和制片人便有意迎合这种市场需求,按照相同的风格和创作模式,制作成同类型作品。于是形成类型片。"①从现有的国内高等院校动画教材来看,对动画类型的划分,或从内容,或从传播方式,或从艺术风格,或从受众群体等。本书的类型划分参考佟婷所著的《动画艺术论》一书中动画类型划分②,并结合新媒体时代的特征加以补充。

一、按内容题材划分

1. 写实类动画

　　写实类的动画,顾名思义就是贴近现实,以现实世界的人、事、物为表现对象的动画。这类动画基本遵循现实主义创作的原则,即保证细节描写的真实性,描写的事物需要具备典型性以及追求从生活出发的客观性。

　　就具体内容来看,写实类的动画还可以作进一步的细分,主要是两种情况。第一种是真人真事。动画电影《我在伊朗长大》改编自伊朗女插画家玛嘉·莎塔琵(Marjane Satrapi)的同名漫画,以自传的形式讲述了插画家在伊朗的成长经历,反映了伊朗的社会变迁——爆发于 1979 年之后的一次伊斯兰教革命导致整个伊朗社会陷入动荡不安的局面,而革命的失败则致使伊朗日渐变得保守,民主的希望逐渐破灭。从内容题材上来看,《我在伊朗长大》完全取材于原漫画作者的个人经历,涉及伊朗的政治、历史、宗教、党派等一系列现实因素;在艺术表现上,这部动画最大的特点就是摒弃了彩色画面而只取黑白两色作为基调,强烈的黑白对比更能够衬托出现实和美好愿望间的巨大差距;在叙事手法上,该动画采

---

① 凌纾:《动画编剧》,湖北美术出版社 2006 年版,第 42—43 页。
② 佟婷:《动画艺术论》,中国传媒大学出版社 2007 年版,第 124 页。

用颠倒式蒙太奇手法,过去、现在相互交替,配合灵活多样的场面调度,营造出强烈的时空感,这种时空感使整个叙事更显张力。

　　写实类动画的第二种类型是虚构类型,准确地来说,这类动画只是在人物和故事上是虚构的,而人物所处的环境、故事发生的时代背景、故事中出现的事物等都是写实的,并且夸张程度不大,尽可能地在细节处理、人物情感的刻画上贴近现实。动画《围棋少年》以明朝末年为背景,讲述了一名叫江流儿的少年如何成长为一代棋圣的故事。虽然片中的人物和故事都是虚构的,但是他们所生活的时代却是真实存在的,甚至可以这么说,主人公江流儿的形象实际是对中国古代众多棋手的综合反映。《秦时明月》的时代背景从秦灭六国、建立中国首个帝国开始,到咸阳被楚军攻陷结束,时间跨度 30 年(包括回忆),讲述一个

《围棋少年》

体内流淌英雄之血的少年——天明,最终成长为盖世英雄,影响历史进程的热血励志故事[①]。这部动画同样也是将虚构的人物放在一个特定时代叙事的作品。

　　以家庭生活为主题的动画也属于写实类动画,这类动画有根据真人真事改编的,也有纯属虚构的。不论哪一种,反映和表达的内容无外乎都是一个或几个家庭的生活琐事,以及温馨的亲情和乐观的生活态度。《樱桃小丸子》《蜡笔小新》《大头儿子小头爸爸》《大耳朵图图》等都是我们耳熟能详的家庭生活类的动画。

　　总体来说,写实类动画虽然以"实"和贴近生活的风格见长,但也正是由于这点,这种类型的动画创作很难突破"实"的束缚,动画之所以会有持续性受欢迎程度和接受度,原因在于动画的世界是想象的,人们可以在动画世界里暂时忘记现

---

① 《中国首部长篇 3D 武侠动画〈秦时明月〉》,http://www.qinsmoon.com/qinsmoon/data/qs/jqgy/2014-12-20/86.html。

实环境,得到一种同样具有暂时性但却具有持续影响力的愉悦感。而这一点恰恰是写实类动画无法提供的。

2. 童话类动画

《现代汉语词典》中对"童话"的解释是"儿童文学的一种体裁,通过丰富的想象、幻想和夸张来编写适合于儿童欣赏的故事"。童话类的动画虽然不一定都是儿童观看欣赏的作品,但从其特点上来看,和作为文学体裁之一的童话却并无二致。首先,想象或者说幻想性是这类动画的基本特征,这是区别于写实类动画的最大不同。童话类动画的想象主要表现在:对人物的想象——如天使、精灵、妖怪、外星人等;对环境的想象——仙境、外星球、地狱、人妖共存的世界等;对事物的想象——会说话的动植物、魔法、可以自动变形的玩具等;对世界的想象——善恶、美丑对立且善终将战胜恶的信念。

国内观众耳熟能详的童话类动画作品有:美国的《白雪公主》《灰姑娘》《玩具总动员》《小马宝莉》等;日本的《魔女宅急便》《龙猫》《百变小樱》等;中国的《宝莲灯》《精灵世纪》《魔豆传奇》《东方神娃》等。《龙猫》是由日本吉卜力工作室与德间书店于1988年推出的一部动画电影,由宫崎骏执导。该片以20世纪50年代日本乡村的夏日为背景,因妈妈生病住院(现实生活中,宫崎骏的母亲患有腰椎结核),小梅和小月两姐妹随同父亲搬入新家,影片正是讲述了这样一个温馨的亲情故事。《龙猫》重现了童年画面,把大自然比作慈祥的父亲和父亲的权威。

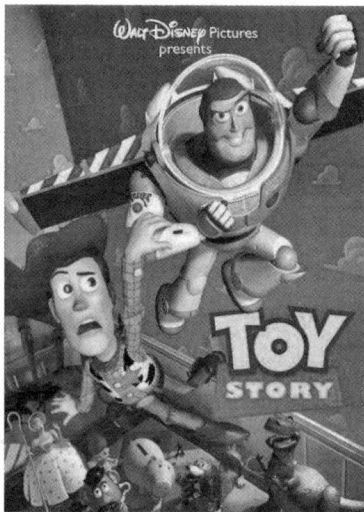

《玩具总动员》

大自然有自己的规律,有自己的激动和悲哀、失望和喜悦。通过特特罗活跃的世界,对大自然孕育的母子关系进行了完整的描述,显示了孩子们的特权,他们可以像小精灵一样,带着理所当然的神色眺望大人的世界,成为现实社会中纯真、开朗的理想典型。本片还反映了日本民族的传统心理和对大自然馈赠的深情。

《玩具总动员》是皮克斯的动画系列电影,截至2015年共制作了三部,由华特·迪士尼影片公司和皮克斯动画工作室合作推出。《玩具总动员》《玩具总动员2》分别于1995年和1999年的同一天11月24日在北美首映。《玩具总动员3》是皮克斯的首部IMAX影片,于

2010 年 6 月 18 日在北美上映。三部影片都另外发行有原声带和游戏，且都有立体版本上映。

3. 玄幻科幻类动画

"玄幻"一词和"魔幻""奇幻"的词义大体相同，"玄幻"和"科幻"在内容上的最大不同在于前者是无科学根据的、超自然的想象，而后者则是有科学根据但脱离常识的。

郭沫若曾经说过："科学需要创造，需要幻想，有幻想，才能打破传统的束缚，才能发展科学。"科学幻想类动画是以已被揭示或尚待揭示的科学原理、科学成果作为剧作的基础，创作出一个虚幻的科学世界①。这类动画虽然也有幻想的成分，但相比于童话类动画的幻想因素，科幻类动画更多的是对科学技术的想象，这种想象扎根于对未来世界的美好憧憬，并最终回归和服务于人类和世界的发展。代表性的科幻类动画有《铁臂阿童木》《宇宙战舰大和号》《超时空要塞MACROSS》《天空之城》等。

《宇宙战舰大和号》讲述了突如其来的外星神秘敌人格米拉斯向地球发起了进攻，世界各国集结全部战力进行防卫却惨遭覆没，大部分人类被炸死。2199年，距离宇宙大战过去了五年，被炸弹放射能污染的地球即将消亡，地球军王牌飞行员古代进由于家人在格米拉斯的攻击中死去，悲伤过度而消沉不振，离开了军队。某天，有不明物体落到地球，那是从十四万八千光年外的星球伊斯康达尔来的讯息包。根据其中的信息，伊斯康达尔有能够净化放射能的装置，这是人类最后的希望。地球防卫军制造了最后的宇宙战舰大和号，将之派往伊斯康达尔。古代进决定登上"大和号"，重返宇宙战场，在距离地球末日还有一年时间的紧急关头，"大和号"踏上了战斗之旅。

"玄幻"一词最早来自香港作家黄易的作品，原本指的是一种新兴的、集"玄学、科学和文学"②为一体的小说类型，文学界对"玄幻小说"的一般定义是："建立在思维想象基础上，叙述具有特异能力的人物与事件的幻想类小说，多以神话、传说、民间故事等为母体，糅合了各种天马行空的奇思妙想"，其背景"通常较

① 佟婷：《动画艺术论》，中国传媒大学出版社 2007 年版，第 127 页。
② 于省吾：《释中国》，《中华学术论文集》，中华书局 1981 年版；转引自高冰峰：《中国网络玄幻小说的前世今生——浅论中国网络玄幻小说的发展与现状》，《重庆社会科学》2006 年第 12 期，第 56—59 页。

偏向不可预测的世界,内容多有魔法、剑、神、先知等"①。由于剧本创作是动画创作的一个关键步骤,因而从动画剧本的文学性这点上来看,玄幻类动画是具备"玄幻小说"的特点的。

有趣的是,玄幻类的动画事实上也具备童话类动画的一些特点,但玄幻题材的动画之所以没有放在童话类动画类别而单独加以讨论,主要原因在于童话类动画的故事基本都是简单、单纯和美好的,善恶分明,善有善报,恶有恶报,没有太多的阴谋诡计,没有复杂的人性,世界总是纯真美好的。而玄幻题材动画所塑造的世界则是复杂多变的,没有纯粹的好也没有纯粹的恶,人们在弱肉强食的世界里对力量充满了无限的渴望,无论好人、坏人都历经一番近乎剥皮去骨的挣扎、痛苦和无奈,最终"修成正果",得到幸福的人少之又少。

玄幻类动画以网络动画居多,代表性的作品有:《灵域》《狐妖小红娘》《镇魂街》《斗破苍穹》《全职法师》;玄幻类的电视动画也有一些不错的作品,如日本的《境界触发者》《全职猎人》《火影忍者》《银魂》等,中国的《侠岚》《东方神娃》《虹猫蓝兔七侠传》《中华小子》等。

《虹猫蓝兔七侠传》

动画《斗破苍穹》讲述的是被视为天赋异禀的少年武者萧炎,他九岁时母亲被人追杀致死,父亲对此讳莫如深,萧炎将母亲留给他的戒指视为珍宝从不离身。而萧炎的功力一直到十五岁仍然没有进步,早已订好婚约的家族也来退婚,

---

① 高冰峰:《中国网络玄幻小说的前世今生——浅论中国网络玄幻小说的发展与现状》,《重庆社会科学》2006 年第 12 期,第 56—59 页。

《斗破苍穹》

令萧家蒙受奇耻大辱。在无意中萧炎唤醒了戒指的主人药尘老人，在药尘老人的帮助下，萧炎的武功进步惊人，并且得知了杀害母亲的主谋。萧炎进入迦南学院学习艺技，在这里结交了一群良师益友，再次引起了敌人的注意。一次特殊修炼中，萧炎遭到陷害，死里逃生后，发现他的家族也遭到了灭顶之灾。为了一雪杀母之仇，也为了江湖的正义，萧炎毅然选择只身一人向邪恶的势力发起挑战。

《斗破苍穹》系根据天蚕土豆创作的知名网络小说《斗破苍穹》改编，2017 年 1 月 7 日于腾讯视频平台独家播出，是继网络小说《鬼吹灯》改编真人版网剧《鬼吹灯之精绝古城》之后腾讯视频的又一 IP 大作的改编。

4. 侦探类动画

侦探类动画以日本动画最为知名，主要有《七虹香电击作战》《黑之契约者》《死亡笔记》《名侦探柯南》《金田一事件簿》《素敌侦探拉比林斯》《魔人侦探食脑奈罗》等，其中《名侦探柯南》的知名度最高。《名侦探柯南》改编自日本漫画家青山刚昌创作的同名侦探漫画《名侦探柯南》，它从 1996 年开始播放，至今仍在播出，目前已更新至 933 集。

《名侦探柯南》的故事发展以主角柯南的故事为主线，主要按照故事情节的顺序进行铺垫和展开，以每一集或每几集作为一个案件发生始末的小单元，形成了相当长的篇幅，并在故事情节的中部或者尾部插入主人公柯南回忆的片段。柯南破案的风格类似他的偶像福尔摩斯，从现场的蛛丝马迹中寻找线索，使观众跟随柯南的视线，调动自己的智慧参与案件的推理。因此，离奇的案件、复杂的作案手法以及主角的命运成为这部作品的最大魅力所在，在处理各个案件时使

《金田一事件簿》

用多种叙事手法,使案件扑朔迷离、牵动人心,也使故事精彩纷呈、高潮迭起。

侦探类动画最显著的特点就是层出不穷的杀人事件,巧妙复杂的谋杀手段以及层层推进、严谨有据的推理过程,使得每一个事件都扣人心弦,加上这类动画基本不会有结局,因此这类动画的创作可以连续不断地进行,这也是为什么十多年来《名侦探柯南》可以长盛不衰的主要原因。

侦探类动画在主题、叙事结构、视听效果上也独树一帜。在人物塑造的指向上,侦探题材有一个能够震撼人心的创作视角,即对人性中的"恶"予以真实、生动的揭示。这些作品包含对人性丑陋、罪恶一面的刻画,让人们不得不面对人性之恶。侦探题材作品中呈现出的名目繁多的犯罪事实并非意在展示残忍和血腥,而是通过揭露人性恶的一面,让观众对人类本身进行一种浮世观察,从而实现人类自我反省和自我控诉的社会价值。在叙事结构上,侦探类动画混合使用因果式、交织对比式、缀合式、回环形式的套层结构以及梦幻式等多种结构形态,"其目的在于设计一种叙述性诡计,使观众在观看时产生各种疑惑和问题,并最终将整个事件的来龙去脉完整叙述出,破解遗留在观众心中的疑惑。这些叙述结构打破了传统叙事的时间线性"①。

《魔角侦探》是一部原汁原味的国产原创侦探题材动画片,它改编自著名少儿节目主持人陈岳的畅销书《齐乐天和老舅侦探》,于 2010 年正式开播。这部针

① 陈静:《侦探类动画〈乡村别墅杀人案〉设计与实现》,东南大学 2017 年硕士论文,第7—10页。

对儿童和青少年的侦探题材动画作品基调较为轻松明快,将推理、科幻和搞笑元素融为一体,讲述了在金枪鱼小镇上,少年齐乐天与伙伴们一同破案,击败邪恶的故事。跟《名侦探柯南》相比,该片还略显粗糙,但真实鲜活的动画形象和跌宕起伏的故事情节让观众感受到了国产侦探类动画的艺术魅力。

二、按照艺术风格划分

艺术风格不同于一般的艺术特色或创作个性,是通过动画作品所表现出来的相对稳定,更为内在和深刻,从而更为本质地反映出时代、民族或艺术家个人的思想观念、审美理想、精神气质等内在特性的外部印记。艺术风格的形成是时代、民族或艺术家在艺术上超越了幼稚阶段,摆脱了各种模式化的束缚,从而趋向或达到了成熟的标志。

1. 抒情性动画

抒情性的动画,其创作者的目的不在于给观众讲述故事,重点在于寄情于动画之景,借动画人物表达志向和情怀。动画《牧笛》《鹿铃》以及宫崎骏的一系列动画作品都属于抒情性的动画。《牧笛》是由上海美术电影制片厂 1963 年摄制的水墨动画片,由盛特伟、钱家骏担任导演,盛特伟兼任编剧,段孝萱担任摄影,是继《小蝌蚪找妈妈》之后的第二部水墨动画片,1973 年获丹麦第三届欧登塞城国际童话电影节金质奖。该片以牧童寻牛的故事为明线,以笛声为暗线,讲述了一个小牧童在放牛时睡着了,梦到自己的牛离开了,寻牛过程中,他吹起自己用竹子做的笛子,牛听到笛声回到了他身边,梦醒后他用笛声引着牛回家的故事。

《牧笛》是根据国画大师李可染先生的水墨画风格来创作的,气势葱郁凝重,以牧童和水牛之间的关系来表现一种日常的生活情境,充满诗意地阐释了"艺术美高于生活美"这样一个简单的真谛。

宫崎骏的电影以保护自然为主题,常常给人一种温馨的感觉,他从动物—人类—自然中找到合适的素材,从中挖掘出感动,让人找回久违的童真。《天空之城》描述了女孩希塔在小男孩帕索的陪伴下,寻找自己失落故乡的故事,最终得出人离不开赖以生存的土地的宗旨;《风之谷》以极其丰富的想象力和深沉的内容,描述了"人与自然"不可调和的冲突;《千与千寻》则刻画了在困境中勇于战胜挫折的平凡小女孩。其动画中别具一格的时代人文气息,使观众在享受视听完美结合的同时,也感受到画面背后深藏的内在联系,其影片特有的主题与元素充分展现了浓郁的人文情怀①。

宫崎骏的动画给所有的风景都赋予了极其鲜活、生动的生命,同样的海水、天空、萤火虫,只因多了一层朦胧的光,便带来令人心动的感觉。而动画本身便如诗一般,无论是美,是沉重,都无法被观众拒绝。

2. 写意性动画

写意是中国绘画的一种画法。所谓写意,《现代汉语词典》中定义这是一种"用笔不求工细,注重神态的表现和抒发作者情趣"的画法。写意性的动画也是这样,其"景物多为象征性的意象,环境、背景、时空多是'虚'的,任凭想象的,人物、动作也是象征性的,故事情节的进展很少细节描写,往往点到为止"②。

《山水情》

动画《山水情》可以说是写意性动画的代表作,是中国水墨动画创作的最高峰,却也是中国水墨动画的绝唱。《山水情》讲述的是渔家少年偶然间救下了在风雪中晕倒的一位琴师,琴师苏醒后,利用在少年家中休养的时间收他为徒,教授其琴艺。琴师康复后,一日,琴师偶然看到雏鹰翱翔天际的情景,与少年乘一叶扁舟,顺流而去,途经许多山川。琴师和少年登上其中一座山,放眼望去,群山巍峨,琴师将自己的古琴赠送给少年后翩然而去。少年望着茫茫山野,盘坐于高山之上,抚琴送师。

《山水情》中出现的风、霜、雨、雪、流水、鹰、琴声、船、山林等景物以及文士形象的琴师和心地善良的渔家少年,都是充满象征意味的中国式比喻和指代,表现出一种幽远清淡、志存高远的境界。

3. 抽象性动画

抽象性类型的动画借鉴了抽象绘画艺术流派的创作方法,"在作品中不再现

① 郎小颖:《让梦飞翔——宫崎骏动画的人文元素》,《视听界》2009年第6期,第63—64页。
② 佟婷:《动画艺术论》,中国传媒大学出版社2007年版,第141页。

客观世界中任何人、事、景、物等具体形态,而是用点、线、图形、色块的运动,以及'光和力的运动感'来表达创作主体的某种主观感受或内在冲动"①。

一些实验性动画如《修士与鱼》《街角的故事》《一滴水》《回忆积木小屋》《世界的另一端》等都属于抽象性的动画类型。

三、按播放终端划分

按播放终端划分,可分为影院动画、电视动画、DV 动画以及网络动画。

1. 影院动画

影院动画一般是指在电影院上映的动画。尽管在媒体大众化、移动化、智能化的今天,影院动画几乎都可以传输到其他媒体如电视、网络、移动终端等上播放和观看,但是影院动画必须在电影院上映一段时间后才会将版权提供给其他媒体。

影院动画的特点主要有四个。其一,影院动画的时长一般在 60 至 90 分钟之间,这是因为一般影院动画的故事节奏快、画面变化多样且变化频率快,如果时间过长,很容易致使观众因为视觉疲劳而分散注意力,进而影响观看效果;其二,影院动画的故事或者剧情通常是曲折而完整的。和电影一样,影院动画在叙事结构上具有鲜明的起承转合,戏剧性突出;其三,从拍摄手法上来看,由于是在大银幕上进行放映,因而影院动画十分注重影像的三维立体感、

《大鱼海棠》

画面构图以及镜头的丰富性;其四,影院动画的动画形象一般呈现特点突出,个性分明,活泼灵动的特点。

观众熟悉的影院动画主要有《疯狂动物城》《冰雪奇缘》《功夫熊猫》《冰河世纪》《玩具总动员》《小王子》《料理鼠王》《天空之城》《千与千寻》《你的名字》《西游

---

① 佟婷:《动画艺术论》,中国传媒大学出版社 2007 年版,第 142 页。

记之大圣归来》《大鱼海棠》《山水情》《大闹天宫》等。

2. 电视动画

电视动画一般是指在电视平台上播出的动画作品。相比于电影,电视不仅在屏幕上比电影小,而且从影像的播出质量上来说,电视的影像质量也较为粗糙。

电视动画的主要特点有三个。其一,多以系列作品为主,按内容长度分集播出,每集长度一般在半小时以内;其二,电视动画多以适宜青少年观看的题材为主;其三,电视动画一般不像电影动画那样有紧凑的叙事节奏,电视动画的叙事节奏通常较为缓慢,情节设计也比电影动画更为丰富和曲折多变。

观众熟悉的这类动画主要有《猫和老鼠》《海绵宝宝》《樱桃小丸子》《棋魂》《围棋少年》《喜羊羊与灰太狼》《小鲤鱼历险记》等。

3. 网络动画

网络动画,又称新媒体动画,是伴随互联网出现并随着互联网技术的更新进步而不断发展完善的,在 20 世纪末就开始崭露头角,21 世纪以后更是发展迅猛,产生了大量网络动画作品。学者刘佳认为应从新媒体动画的根源——新媒体和动画这两个角度对新媒体动画的概念作界定——"新媒体动画主要是指,建立在数字技术和网络技术的基础之上,通过以数字化信息存、存储、传输、接收、共享的虚拟平台传播的以人工方式创造的动态影像。"作者进一步解释,广义上来说,新媒体动画指"在新媒体平台传播的数字化动画作品(包括早期数字化的影视动画)"[1]。广义范畴下的新媒体动画似乎无所不包,只要是可以在新媒体上播放和传播的动画都可以归入新媒体动画之中。按照这个广义的概念,在网络尚未发达之前的动画作品经过数字化处理并在新媒体平台上进行播放的所有传统动画都可以列入新媒体动画中,在这种情况下新媒体动画形态的特殊性就被忽视,无法对传统动画和新媒体动画进行明确的区分。因而,对新媒体动画或许更应该从狭义的角度去理解,并且"新媒体动画"这个名称从某种程度上来说也无法直观地说明这种动画的特点,加上新旧媒体之辨更多地是指媒体出现的时间先后,就如同电视相对于纸媒是一种新媒体,文字传播相对于口语传播是一种新媒体一样,因而,本书认为以"网络动画"代替"新媒体动画"更能体现这种基于数字技术和网络技术上的动画形式的特点。

---

[1] 刘佳:《新媒体动画研究》,北京联合出版公司 2016 年版,第 12—13 页。

网络动画的主要代表性作品有《狐妖小红娘》,由优酷网和互象动画公司共同出品的《泡芙小姐》,由 AcFun、和哔哩哔哩网站共同发布的《那年那兔那些事儿》等。

《那年那兔那些事儿》

《那年那兔那些事儿》又称《小白兔的光荣往事》,根据逆光飞行的同名网络漫画改编而成。这部动画作品将每个国家拟人化,以中国为主角,讲述中华人民共和国建国以来与不同国家间的一系列政治、军事、外交事件。这部动画作品在很大程度上突破了次元壁,吸引了不同亚文化圈的观众,如动漫爱好者、女性网络文学爱好者等,在网络上培养了一批"兔粉"。

第三节　动画的策划

一部完整的动画作品从创意到与观众见面,一般主要经历三个流程:前期策划、中期制作、后期编辑合成。这些流程之间有着计划的承接性和操作规程的严谨性,具有分工细密、程序复杂的特点,需要各个环节的工作人员各司其职,相互配合,共同为凝聚成高质量的动画作品而努力。其中前期策划处于生产流程的"上游",作为关键性的起点直接影响着"中游"与"下游",因而前期的创意策划与周全筹备尤为重要[1]。前期策划是动漫整个流程中不可或缺的重要一环,是整体思路的梳理,奇迹产生的源头,动画制胜的关键。本书主要对前期策划中的受众定位、动画主题、剧本、角色设计以及营销推广等作简单说明。

---

[1] 张涵:《幻觉世界里的真实生命——由〈犬夜叉〉的编创探析动漫前期策划的重要性》,上海戏剧学院2012 年硕士论文,第 2 页。

1. 受众定位策划

动画创作,不管这个创作主体是传统媒体机构或宣传部门,也不管是动画制作公司还是初出茅庐的动画专业学生,首先需要解决"讲故事给'谁'听"这个问题。这个"谁",也就是目标受众,确定动画的目标接受人群,以满足"理想的受众"需要为主要旨归。

包括动画在内的视频行业存在着残酷的竞争已经是一个不争的事实,要在竞争中赢得受众的青睐和关注,动画创作需要做到:利用自身的资源和优势,打破传统的动画"靠天吃饭""靠运气"的制作模式,根据目标受众的定位和喜好来生产和制作动画;对动画的内容和受众进行细分,了解用户关注的动画类型以及形式,进而不断推出用户喜爱的动画作品;巩固核心用户群体的使用体验,提升用户的关注度,增强用户黏性,从而也获得更加可观的广告收益和品牌影响力。

众所周知,关于动画"给'谁'看"这个问题,国内一直存在着是"儿童"还是"成人"的争论。《大闹天宫》《小蝌蚪找妈妈》《哪吒闹海》《三个和尚》等曾为中国动画获得过极高的世界声誉,截至 1986 年,共有 31 部作品在国际上获奖 46 项。"中国学派"动画的受众定位靶向清晰,目标直指 10 周岁以下的少年儿童。反之,从 1999 年至 2006 年,国内先后推出了《气球上的五星期》《蝴蝶梦:梁山伯与祝英台》《魔比斯环》等动画长片,多数作品都在尝试增加成年人内涵。2006年起,受众定位开始两级分化,一部分创作团体如玄机科技与青青树动漫科技有限公司坚持动画"成人化"之路,创作出完全摒弃 10 周岁以下儿童观众的动画电影《秦时明月》《魁拔》等。另一部分创作团体如广州原创动力和深圳华强数字动等公司则对动画成人化进行了彻底的反叛,将受众定位于 6 周岁以下,代表作有《喜羊羊与灰太狼》《熊出没》等。"成人化"的《魁拔之十万火急》《魁拔之大战元泱界》《魁拔之战神崛起》《魁拔之梅零落》四部动画已经于 2013 年 5 月到 2018年 1 月间上映。影片无论从剧情到角色设定,还是台词对白,都带有明显的"成人风",该系列动画制作精良、场面宏大,但在轰轰烈烈地进入市场后,却遭到票房冷遇。有作者就此指出,"简单的动画成人化无益国产动画脱困,定位儿童的动画创作观并未落后于时代,儿童动画依然具有广阔前景"[①]。

比较起来,热播的《喜羊羊与灰太狼》在这方面就很有启发。《喜羊羊与灰太

① 田保峰、桂宇晖:《国产动画受众定位的审视与思考》,《江西师范大学学报(哲学社会科学版)》2017 年第 6 期,第 84—89 页。

狼》一开始就把市场观众定位为 15 岁以下观众,并针对这一群体进行了测试。首先通过不记名形式在公司内部进行人物形象调查,选择出最受喜爱的动画形象并加以改进,然后通过市场调查了解消费者的喜好,最后才开始动画片的制作。

《喜羊羊与灰太狼》

　　定位目标受众是动画策划的第一步。任何动画创作主体必须在前期调研受众人群。

　　2. 主题策划

　　解决了"给谁看"这个问题,创作者还需要解决"我想说什么"这个问题。主题或者说概念是身为主创者要向观众传达的主旨、内容。明确主旨,某种意义上也就明确了自己所要表现的思想,或轻松娱乐,或耐人寻味。

　　主题思想是动画的灵魂,也是动画能否赢得市场的关键,在电影剧本中占有主导地位,它将电影剧本中的人物、故事情节、细节、对话、结构乃至电影中的各种表现手段都统帅起来,使之服从于主题的体现,并以电影剧作艺术上的完整和谐与统一风格呈现在读者和观众面前。因此,动画剧本的创作必须始终围绕表达主题这一重要目标。《冰雪奇缘》打破传统童话"王子公主经历种种磨难之后幸福地生活在一起"的童话故事,以亲情为主题,也是一部让迪士尼华丽蜕变的电影。影片根据安徒生的童话《白雪公主》改编,讲述了自幼拥有冰雪魔力的艾莎因为一次意外令自己的王国被冰雪覆盖,为了寻回夏天,艾莎的妹妹安娜用姐妹真情,以真爱之名展开了一段拯救王国的历险,最终使王国重获新生,姐妹幸福相拥。

　　主题的选择源于创作者对现实的思考与反省,往往与时代发展潮流有着密切的联系。比如宫崎骏关于人类生存主题的三部影片《风之谷》《天空之城》和《幽灵公主》，题材虽然不尽相同，却都展现了史诗般宏大的篇章和震撼的画面，通过讲述跨越生死的追寻之旅，来探索人类和自然的关系、人类生存的意义以及对大自然的敬畏和爱，体现了动画创作者对环境保护和人文主义的深入思考。《风之谷》中，人类愚昧的战争和过度掠夺导致自然的反噬，巨大菌类组成的腐海因为人类产生的毒素而散发出毒气，人与自然的主题，飘浮在空中的伟大都市拉普塔最终的毁灭，仿佛在告诫世人：在机械和钢铁的世界里，人类面对着的其实是末日般的将来。文明社会的危机是人类自身所招致的，如核战争、资源枯竭、全球变暖等危机，这只能靠我们人类自己找到解决的办法，靠人类自己担负起"自我救赎"的责任，人类才能更好、更安全地生存下去。《千与千寻》则是借由小女孩千寻的经历，积极探索一条入世的道路。千寻由一个物质世界跌入对于她来说全然陌生和充满着困境的神灵世界，"回归"是一切努力的终极目标，取胜的魔法只有一句话——"为了他人而做一件事"。不屈的千寻最终发现了自身存在的意义，动画片以成长的主题去审视对世界的怀疑与期待，而精神层面的成长也是对现代人生存困惑的一种提示。

《熊出没》不仅有着萌态百出、幽默有趣的角色设定和生动俏皮、接地气的语言风格，而且紧扣时代脉搏，剧中熊兄弟奋力保护森林家园紧扣环保意识，切合时代主题，惩恶扬善、合作互助的行为符合社会主流价值观。剧中光头强的职业被定位为伐木工而不是传统偷猎者的角色。职业角色的设定不仅紧扣当下环保热点话题，而且颠覆了传统动画创作中动物和猎人的天敌模式，如此设计，可以巧妙而深刻地将故事的主要冲突聚集在引人深思的环保问题上。在全国绿色生态动漫作品展上，表达环保主题的《熊出没》系列动画片荣获"最受受众喜爱动画片"奖。

概而言之，动画作品要"把重心倾向于对文化符号与生态保护的渲染，无论是生命的回归，自然本身的努力，还是文化价值判断的回归；无论影片的主题模式如何，对真与善的归依总是影片难以割舍的母题情结"①。

3. 剧本策划

剧本，乃"一剧之本"，是动画创作的根本。更重要的是，剧本是创作者给受众讲述的故事，承载着创作者主题传达的重大使命。

---

① 周明、沈浩：《动画创作主题的审美嬗变》，《电影文学》2012年第6期，第56—57页。

《熊出没》

剧本来源基本有两种类型：一种是原创剧本，指动画编剧自己或动画公司雇佣、购买职业编剧从事创作的、独一无二、拥有版权的独家作品；另一种是改编剧本，指在已有作品的基础上重新编写，改变原作的主题、体裁、风格或人物形象，用目前业内外流行的一个说法，即 IP 剧。改编也分不同程度，有忠于原作的，有剧本改编的，也有颠覆原著的。

（1）原创剧本。"动画"的英文单词是"animation"，"anima"有"灵魂"和"生命"之意，其动词"animate"则有"赋予生气"和"给予生命和能量"的含义，可见其蕴涵着"活力""生机"与"动感"的意味。这就要求剧本必须有鲜活、灵动的剧本创意。创意通常在一个动画剧本的创作中具有举足轻重的作用，发掘动画剧本的创意是动画制作前期最关键、最核心的工作，也是一部好动画的源头所在。"剧本的创意构思必须是表达情感的、有一定主题内涵的，归根结底还是要深入表现人性、传递感动和打动人心的，否则就不能让观众产生共鸣。好的创意往往是在意料之外又在情理之中。动画剧本在开掘创意上要大胆突破常规和惯性思维，擅于从人们的心理需求出发，找出动画片与观众的共鸣点。切入市场，才能收到事半功倍的效果。"①

有创意的剧本必须包含以下几个要素：一是如何将故事讲得精彩，讲得引人入胜，这成为动画剧本创作中需要解决的核心关键问题。《花木兰》角色的设

① 蔡志军：《问渠哪得清如许，为有源头活水来——浅谈对动画剧本创作的几点思考》，《中国电视》2014年第 4 期，第 93—95 页。

计者张振益认为,优秀的动画作品首先源于出色的剧本创作,也就是说,要学会编故事的技艺,同时对人物的塑造更多要寻找人物表象背后的个性和人格内涵,而不是一味迷恋外表的酷炫造型。好的故事在一定程度上是遵循故事情节构成的基本规律——戏剧式结构,也就是人们常说的"开端、发展、高潮、结局"四部分的情节进行合理的连接来完成的。

《怪物史莱克》

当然,传统的故事讲述通常采用"正邪""善恶"等"二元对立"模式,即存在着明显的正义与邪恶的对立角色或者矛盾冲突,故事由"二元对立"开始,如《小鸡快跑》中小鸡与农场主的对立等,而在《怪物史莱克》中,这样的"二元对立"模式被处理得比较模糊。国王法尔奎德虽然经常给史莱克带来一些麻烦,但因其威力有限,并不对史莱克构成致命的威胁。这样,故事的矛盾冲突没有了"正邪"之间的紧张感,反而增加了影片的娱乐性、喜剧感,同时让观众的注意力更多地投射在"怪物与公主"这段情感中,传达了创作者的爱情观。这样的故事结构的创意确实在意料之外,但又在情理之中。

二是挖掘有特色的中国元素和贴近中国观众的情感点,挖掘所谓的"中国故事",这恰恰是大多数创作者容易忽视的,也正是我国动画剧本创作值得开掘的"活"源。这是社会主流价值观塑造的要求,也是本民族认知共同体建构的需要。

三是利用中国传统的民族文化资源时,也要结合运用现代意识,赋予其新的思想内涵和时代元素,比如环保、生存、人性等。

四是要把握细节和整体上的完整,保证每个要素如故事情节、人物状态、动作、台词等的清晰准确。

(2)改编的剧本。剧本改编的题材非常广泛,许多经典作品往往取材于小说、童话、民间故事、寓言、神话、戏剧、宗教等各种艺术形式,比如《大闹天宫》《金猴降妖》取材于小说《西游记》,《神笔马良》取材自洪汛涛的同名童话,《阿凡提》来自新疆维吾尔民间传说,《南郭先生》取材于中国成语故事,《狮子王》取材于莎士比亚的戏剧《哈姆雷特》,《埃及王子》取材自《圣经》故事等。《犬夜叉》就改编自同名少年漫画。改编之前,《犬夜叉》少年漫画自1996年起在小学馆出版社

《少年星期日周刊》上连载了全558话,发行了56册单行本,2002年获得第47届小学馆漫画奖。根据日本动画协会提供的数据,2006年,包括面向少年、男性以及少女的漫画单行本销售排行中,《犬夜叉》以100万部的销售量位居第四。

动画剧本的改编方式可以分为忠实于原著的改编、创造性改编、颠倒剧情的改编、戏说以及故事新编等。20世纪90年代播出的《大头儿子和小头爸爸》是一部生活气息浓郁、人物形象鲜明的现实题材动画片,它无疑成了那一代青少年儿童成长中的美好记忆。但如果原封不动地拿给现在的儿童看,便显得老套而不合时宜。央视动画于2013年重新打造的新版电视动画片《大头儿子和小头爸爸》,既保留了原版的人物形象,依旧是"合家欢"的现实生活题材,又结合了新一代少年儿童的视角和情感需求,选取了更为多样化的现实题材,如将防火、环保等生活小常识寓教于乐,风格上更加明快活泼,节奏更为紧凑生动,自播出以来,得到了新一代小朋友和家长的喜爱和好评。这充分体现了"活"思路对于动画剧本创作的重要性。在此基础上,央视动画再次重拳出击,立足于这个深入人心的"合家欢"品牌形象,倾力打造央视第一部动画电影《大头儿子和小头爸爸》①。

《大头儿子和小头爸爸》

改编剧本首先必须充分了解原作品本身的魅力,也就是要搞清楚原作的主题或核心灵魂。只有抓住原作中的主要人物和故事情节,才能理解这些情节与人物的作用,以便改编中作取舍。原作的基本风格,包括作者的基本风格或原著的基调不能轻易动摇,昂扬或压抑的基调要慎重调整。央视曾经热播的《快乐驿站》就是运用动画形式对经典小品进行重新诠释,但仍保持原作的故事、人物以

---

① 蔡志军:《问渠哪得清如许,为有源头活水来——浅谈对动画剧本创作的几点思考》,《中国电视》2014年第4期,第93—95页。

及基调。加上观众对这些小品本身就耳熟能详，同时又与时尚的动画形式相结合，获得了不同地域、不同年龄观众群体的普遍接受，取得了高收视率。

此外，剧本改编还需要依据动画院线片、动画连续剧、实验性短片等各种不同类型的要求，对原作重新打散、组装，确定开场、发展、高潮、结局，分别采取各种不同手法，如欲扬先抑或欲抑先扬，研究剧本的节奏，设置各种不同的情节等。

4. 角色策划

有人说，角色带动着动画，一言一行推动着情节的发展，思想感情深化着故事的主题。动画角色设计一般包括性格、造型、动作与表情三个方面。动画角色设计是动画策划与制作的重要环节，动画中的各种角色，如唐老鸭、米老鼠、千寻、柯南、熊二、猛犸象等，一如真实世界的人生一样，或睿智、灵动，或性如烈火，或沉默果敢，或胆小如鼠。由此，角色设计就成为剧本策划之中极为重要的一环，直接影响着故事传播效果的高低。角色策划与设计需要注意以下三个方面。

（1）强调真实性与虚构性统一。动画是所有艺术形式中假定性最高的艺术形态之一，从故事情节、主题、故事情节到人物关系、角色行动等都建立在虚构性、假定性基础上。换言之，动画作品中的角色都是虚构的，在现实社会中是完全不存在的，无法像小说一样，"脑袋在河北，身子在浙江，穿着又像在陕西"，但同时角色又是世界、社会、人生的真实反映，"角色是以现实原型和想象力为基础的，强调的是虚构身份的真实性。所以，在前期需加强形象的审美性和真实性，充分挖掘可以调动观众情绪、构成吸引力的因素。而每一个因素都应该是经过深思熟虑的设计，明确到哪些因素能够令观众过目不忘，引发人产生兴趣和感想，哪些因素能够满足观众的审美要求和认知需求"。

（2）角色设定的差异化。"动画角色品性、情感的差异化是指动画角色之间内在性格是不同的、有差异的，如果动画角色都是同一类性格和心理特征，动画角色的思想和行为都是趋同的，就不可能有任何故事了。动画会有很多生动的角色，或是可爱或是令人憎恨，或是灵动或是孤僻，或是喋喋不休或是沉默寡言，这些品性和情感迥异、鲜活的动画角色给受众以视觉和心理上的刺激，使其在感动、紧张、欢愉中感知动画独有的魅力，留下长时记忆。"[1]动画片《冰河世纪》深得人们的喜爱，片中的角色更加让人津津乐道，比如《冰河世纪 2》中的 Manny

---

[1] 居全伟：《动画角色设计的差异化》，《长春工业大学学报（社会科学版）》2011 年第 3 期，第 154—156 页。

（猛犸象）意志坚强，不惧困难，遇事果断，有强烈的进取精神和责任感，有极强的号召力，是团队的领军人物；Dicgo（剑齿虎）个性内敛，深藏不露，不张扬，行事谨慎，仗义，有责任心；Sid（树懒）随和，易于相处，乐于助人，没有目标，随遇而安，常处于被动状态，希望得到别人的认同。还有一个角色设计得更为巧妙，就是在《冰河世纪 2》才出现的 Epic（雌性猛犸象），Epic 和 Manny 都是猛犸象，只是性别的差异，外形上没有太大的差别，这样就会在几个有限的主要角色中产生趋同，为了实现其品性、情感上更大的差异化，影片将 Epic 设定为从小跟身材矮小的 Crash 和 Eddic（一对负鼠）一起长大，Epic 身躯巨大却有着小负鼠的品性和情感，这种矛盾和冲突自然会产生戏剧性效果。

（3）角色设定需要注意形象问题。动画角色首先是一个视觉形象，角色的外部形象直接影响着观众对作品的观看效果和好恶程度。高辨识度的鲜明形象便于观众区分。比如犬耳朵、蓬松长发、穿着宽大的古代狩衣的是"犬夜叉"；草帽、背心短裤、瘦小的身材是《海贼王》中的主人公路飞；儿童比例、大大的脑袋、一缕翘发可以辨出是名侦探柯南；立领运动服、鸭舌帽、持网球拍可以辨出是《网球王子》主人公越前龙马等。高明的形象设计在外形上就已经取胜，达到独一无二，令人记忆深刻的目的。而脱离人物塑造，一味地在结构上添加繁复的形象设计，只会扰乱观众注意点，没有说服力，缺乏统一性，更提不上开发的潜质了[①]。

角色设定还需要紧扣主题，外形、语言和性格都需围绕主题设计。主角往往代表某一类人群，他（她）的行为、着装、语言等会在这类人中产生似曾相识的感觉。如《父与女》中表现的父女间细腻的情感仿佛从银幕倾泻出来，深深地感染了观众。女儿对父亲的思念，不知疲倦的追寻，点滴细节悄然将观众带到人物的内心世界，不由得产生情感回应。配角设计也可以为片子增添笑点和卖点，如《悠嘻猴》中喜欢发明创造的配角木吉。巧妙的角色设定还能直接产生盈利点，如《饼干警长》就是以"饼干"作为动画片的主角，主角本身就很适合商业开发。

角色的设计还需要注意声音的使用。动画角色的声音通常是由配音来完成的，在动画配音方面，日本动画界的配音是相对成熟的，日本动画的配音称为"声优"，声优在日本动画已经形成一个初具规模的行业。动画的配音需根据不同的内容、情境、角色性格进行，对如何准确传达角色的情绪提出了很大的挑战，因为

---

① 张涵：《幻觉世界里的真实生命——由〈犬夜叉〉的编创探析动漫前期策划的重要性》，上海戏剧学院 2012 年硕士论文，第 19 页。

角色语言是动画片塑造角色,叙述故事,表现人物性格,营造矛盾冲突和展现角色内心世界最重要的载体。比如《熊出没》中憨厚的熊二满口东北混合腔的配音让动画形象的塑造显得俏皮接地气,如"快救救俺""熊大,咋办呀""俺来了"等,打破了以往千篇一律普通话的模式,显得新颖生动,更引发了小朋友们争相模仿的热情,同时也会让人不禁想起赵本山的小品,容易引发情感共鸣。富有时代气息的幽默化语言带来意想不到的效果①。

5. 营销策划

动画制作的最终目的是吸引观众观看,并取得一定的回报。因而,在动画制作完成之后,如何把作品宣传出去,为作品的上映或播出造势,就成了制片方和出品方需要着重考虑的问题了。动画的发行宣传主要有几种形式。

(1)人员促销,即组织专人进行组织宣传。他们可以通过自己特有的渠道和方法,将影片的亮点、看点制作成文字图片或宣传预告片的形式②,借由各种媒体及公共宣传平台展现和传播动画作品。

(2)媒体广告。借助新闻媒体的力量,如举办发布会,邀请记者进行宣传报道。

(3)公共展示。借助各种动画文化节、动画展览会等公共平台进行展播也是一种常见的宣传方式。

动画作为一种文化商品,除了具有娱乐审美的功能,更重要的还在于形成对动画的产品消费,这个消费不仅包括对动画作品本身的消费,还包括对动画衍生产品的消费。动画衍生产品范围广阔,涵盖书籍、游戏、文具、玩具、服装、食品、包装设计、文化设施、主题乐园等一系列创意。比如红极一时的动画《喜羊羊与灰太狼》在播出以后,就有同名电影、动画同款玩具、书包、文具等产品出现。动画衍生产品是动画产业链上一个至关重要的环节,它甚至可以说是动画产业最主要的利润来源。比如《喜羊羊》系列动画片及其电影版的成功上映,把国产动画片的发行与运作机制推进到产业链上下游各平台深度整合、衍生品前后期营销各渠道广泛集纳的发展时期,为金融危机下拓宽动画片的发行渠道提供了一个科学、立体的深层营销思路③。

---

① 王芳:《"萌"视觉动画的情感传播策略——以〈熊出没〉为例》,《传媒》2016年第8期,第62—63页。

② 邢国金、项建华:《影视与动画:制片与项目管理》,华东师范大学出版社2014年版,第100页。

③ 黄春雷:《电视动画片的创作与策划》,《中国西部科技》2011年第14期,第72—73页。

思 考 题

1. "动画""动画片""美术片""动漫"这几个概念之间有何联系与区别?

2. 请结合相关案例,说明动画"变形与夸张"的类型特征?

3. 请结合熟悉的动画片,分析说明什么是动画的"萌"属性。

4. 从内容和形式角度来看,动画可以分为哪几种不同的亚类型? 它们之间有何区别?

5. 抒情型动画与写意型动画有何不同?

6. 试结合我国动画发展的实际情况,分析国产动画应该如何进行受众定位。

7. 如何进行动画角色的设计?

主要参考文献

著作类

1. 许鹏:《新媒体节目策划论》,中国人民大学出版社 2009 年版。
2. 约翰·菲斯克:《电视文化》,商务印书馆 2005 年版。
3. 赵玉明:《广播电视辞典》,北京广播学院出版社 1999 年版。
4. 常江:《中国电视史:1958—2008》,北京大学出版社 2008 年版。
5. 高红波:《新媒体节目形态》,河南大学出版社 2013 年版。
6. 邓秀军:《新媒体视听节目制作》,北京大学出版社 2014 年版。
7. 周建青:《新媒体视听节目制作》,北京大学出版社 2014 年版。
8. 郝建:《影视类型学》,北京大学出版社 2004 年版。
9. 竹内敏雄:《艺术理论》,卞崇道等译,中国人民大学出版社 1990 年版。
10. 大卫·麦克奎恩:《理解电视:电视节目类型的概念与变迁》,苗棣等译,华夏出版社 2003 年版。
11. 张海潮:《中国电视节目分类体系》,中国传媒大学出版社 2007 年版。
12. 唐弢:《唐弢文集(文学评论卷)》,社会科学文献出版社 1995 年版。
13. 周笑:《视听节目策划》,高等教育出版社 2015 年版。
14. 李良荣:《新闻学概论》,复旦大学出版社 2001 年版。
15. 甘惜分:《新闻学大词典》,河南人民出版社 1993 年版。
16. 徐舫州、徐帆:《电视节目类型学》,浙江大学出版社 2006 年版。
17. 游飞、蔡卫:《世界电影理论思潮》,中国广播电视出版社 2002 年版。
18. 杨伟光:《中国电视专题节目界定》,东方出版社 1996 年版。
19. 比尔·尼可尔斯:《纪录片导论》,陈犀禾等译,中国电影出版社 2007 年版。
20. 约翰·菲斯克:《解读大众文化》,南京大学出版社 2001 年版。
21. 朱光潜:《朱光潜美学文集》第一卷,上海文艺出版社 1982 年版。
22. 何苏六:《中国电视纪录片史论》,中国传媒大学出版社 2005 年版。
23. 孙宝国:《中国电视节目形态》,新华出版社 2007 年版。
24. 朱羽君、雷蔚真:《电视采访学》,中国人民大学出版社 1999 年版。
25. 胡智锋、江逐浪:《"真相"与"造像":真实再现探密》,中国广播电视出版社 2006 年版。
26. 晏青:《电视文艺理念与形态》,暨南大学出版社 2016 年版。

27. 张凤铸：《中国电视文艺学》，北京广播学院出版社 1999 年版。
28. 胡智锋：《电视审美文化论》，北京广播学院出版社 2004 年版。
29. 潘知常、孔德明：《讲"好故事"与"讲好"故事——从电视叙事看电视节目的策划》，中国广播电视出版社 2007 年版。
30. 尹鸿、冉儒学、陆虹：《娱乐旋风——认识电视真人秀》，中国广播电视出版社 2006 年版。
31. 谢耘耕、陈虹：《真人秀节目：理论、形态与创新》，复旦大学出版社 2007 年版。
32. 任远：《电视纪录片新论》，中国广播电视出版社 1997 年版。
33. 高鑫：《电视艺术学》，北京师范大学出版社 1998 年版。
34. 吴素玲：《电视剧发展史纲》，北京广播学院出版社 1997 年版。
35. 赵玉明、王福顺：《中外广播电视百科全书》，中国广播电视出版社 1995 年版。
36. 张京媛：《新历史主义与文学批评》，北京大学出版社 1993 年版。
37. 杨晓林等：《微电影艺术导论》，中国电影出版社 2015 年版。
38. 冯宗泽：《网络剧的创作方式与传播机制研究》，中国文联出版社 2016 年版。
39. 动画产业年报课题组：《中国动画产业年报》，海洋出版社 2006 年版。
40. 聂欣如：《什么是动画》，复旦大学出版社 2016 年版。
41. 佟婷：《动画艺术论》，中国传媒大学出版社 2007 年版。
42. 陈奇佳：《日本动漫艺术概论》，上海交通大学出版社 2006 年版。
43. 阿恩海姆：《视觉思维》，光明日报出版社 1987 年版。
44. 凌纾：《动画编剧》，湖北美术出版社 2006 年版。
45. 刘佳：《新媒体动画研究》，北京联合出版公司 2016 年版。
46. 邢国金、项建华：《影视与动画：制片与项目管理》，华东师范大学出版社 2014 年版。
47. 张健：《当代电视节目类型教程》，复旦大学出版社 2011 年版。

论文类

1. 封翔：《媒体融合进程中的电视力量——2015 年中国电视收视市场分析》，《现代传播》2016 年第 4 期，第 1—8 页。
2. 董年初、关宇奇、熊艳红：《视听新媒体与广电节目形态的变化》，《中国广播电视学刊》2007 年第 11 期，第 88—90 页。
3. 徐亚萍：《2017 年中国网络视频产业发展综述》，《现代视听》2018 年第 1 期，第 45—55 页。
4. 孙宝国：《电视节目三大概念》，《中国广播电视学刊》2009 年第 10 期，第 33—34 页。
5. 刘燕南等：《电视节目"多维组合"分类法及其编码设计》，《现代传播》2003 年第 1 期，第 74—76 页。
6. 王亚红：《网络视频节目特质探索——以〈奇葩说〉为例看"网生代"节目》，《声屏世界》2015 年第 5 期，第 62—65 页。
7. 邓绍根：《"新闻"一词最早出现可提前 200 多年》，《新闻与写作》2009 年第 11 期，第 74—76 页。
8. 赵振宇：《新闻及其时空观辨析》，《新闻与传播研究》2009 年第 2 期，第 32—40 页。
9. 陈响园：《"新闻实新近信息的媒介互动"——试论新媒体传播背景下"新闻"的定义》，《编辑之友》2013 年第 11 期，第 45—49 页。

10. 周占武:《论电视新闻现场要素的忌干涉性》,《新闻世界》2003 年第 2 期,第 23—24 页。

11. 周小普、刘楠、张翎:《新战略、新融合、新技术——2016 国外广播电视发展与未来趋势》,《中国广播》2017 年第 2 期,第 47—51 页。

12. 王云霞:《电视新闻评论的选题探索和新媒体传播——以深圳卫视〈正午 30 分〉"午观察"板块为例》,《南方电视学刊》2016 年第 3 期,第 110—112 页。

13. 程凯、郎端、陆燕:《新媒体环境下电视民生新闻的发展新路径》,《中国广播电视学刊》2016 年第 2 期,第 9—61 页。

14. 张健、于松明:《对文化的去蔽还是遮蔽?》,《中国电视》2007 年第 4 期,第 43—47 页。

15. 王华、田诺:《2017 年纪录片发展回望》,《山东视听》2018 年第 1 期,第 40—44 页。

16. 刘俊、胡智锋:《多元类型的"井喷":中国电视综艺节目内容生产的新景观》,《中国电视》2015 年第 2 期,第 22—25 页。

17. 吴莉莉:《论当下电视小品的艺术创新》,《中国电视》2016 年第 2 期,第 96—99 页。

18. 陆晔、赵民:《真人秀:基于节目模式的"无脚本娱乐"》,《电视研究》2014 年第 5 期,第 21—22 页。

19. 张斯橙、李翔:《流行电视真人秀节目的价值建构特色评析》,《今传媒》2016 年第 9 期,第 108—109 页。

20. 苗棣、王更新:《纪实话语与戏剧结构——电视真人秀的叙事特点》,《现代传播》2014 年第 11 期,第 78—82 页。

21. 刘永昶:《2017 年革命历史题材电视剧述评》,《中国电视》2018 年第 2 期,第 28—31 页。

22. 张莹:《浅论新英模题材电视剧的叙事特色》,《中国电视》2014 年第 7 期,第 57—60 页。

23. 王昕:《中国历史题材电视剧的类型与美学精神》,《当代电影》2005 年第 2 期,第 114—118 页。

24. 陈晓春:《电视剧的总体策划》,《中国广播电视学刊》2004 年第 7 期,第 69—72 页。

25. 饶曙光:《微电影:新的电影形态、新的产业业态》,《当代电影》2013 年第 5 期,第 117—121 页。

26. 宋丽丽:《艺术终结之后:对微电影美学特征的再思考》,《新闻界》2013 年第 4 期,第 60 页。

27. 阎云霄:《微电影产业链已清晰,8 集影片换亿元广告费》,《中国企业报》2012 年 10 月 30 日第 4 版。

28. 尹鸿:《微电影:互联网时代的艺术新形态》,《电影艺术》2014 年第 5 期,第 67—71 页。

29. 杨晓林:《微电影的特征、分类及传播》,《民族艺术研究》2015 年 2 期,第 18—27 页。

30. 尹鸿:《轻之惑:后现代语境中的中国电影》,《当代文坛》1994 年第 6 期,第 50—54 页。

31. 袁小栓:《恶搞微电影的后现代解读》,《东南传播》2016 年第 9 期,第 85—87 页。

32. 黄心渊、李亦中:《微电影叙事结构类型初探》,《现代传播》2016 年第 2 期,第 157—158 页。

33. 赵淑萍:《国外电视纪录片的发展趋势》,《现代传播》1992 年第 2 期,第 43—47 页。

34. 王家东:《微纪录片的命名与发展》,《中国广播电视学刊》2017 年第 5 期,第 78—81 页。

35. 刘烨:《微纪录片叙事研究》,南京师范大学 2014 年硕士论文,第 9 页。

36. 樊启鹏、黄平茂:《中国新媒体纪录片 2015》,《艺术评论》2016 年第 4 期,第 41—49 页。

37. 焦道利:《媒介融合背景下微纪录片的生存与发展》,《现代传播》2015 年第 7 期,第 107—111 页。

38. 谭天、苗阳:《"微传播":纪录片传播的新阶段》,《新闻与写作》2014 年第 5 期,第 35—37 页。

39. 孙燕:《网络拍客视角探析》,《今传媒》2008 年第 12 期,第 61—62 页。

40. 何苏六、李宁:《2012 年中国纪录片行业盘点》,《电视研究》2013 年第 4 期,第 18—20 页。

41. 王婉妮:《新媒体语境下微纪录片的特性探究》,《现代视听》2017 年第 9 期,第 61—63 页。

42. 陈阳:《PGC＋UEM:微纪录片的生产模式创新——以〈了不起的匠人〉为例》,《中国电视》2016 年第 11 期,第 84—87 页。

43. 王家东:《移动互联时代的微纪录片:视角、叙事与传播》,《当代电视》2018 年第 2 期,第 60—61 页。

44. 李倩:《游走在体制边缘的艰难生存——关于中国独立纪录片生存境遇的思考》,《东南传播》2009 年第 3 期,第 30—32 页。

45. 程群:《宏大叙事的缺失与复归——当代美国史学的曲折反映》,《史学研究》2005 年第 1 期,第 51—60 页。

46. 李雪昆:《〈红色气质〉:时长虽短"气质"不减》,《中国新闻出版广电报》2016 年 7 月 13 日第 7 版。

47. 李慧、张蓉:《微纪录片对传统纪录片的继承与发展——以〈故宫 100〉为例》,《传媒》2016 年第 21 期,第 37—39 页。

48. 王伟:《自媒体时代网络脱口秀节目探析》,南京师范大学 2015 年硕士论文。

49. 李博文:《网络脱口秀节目的话语表达》,《当代电视》2014 年第 4 期,第 49—50 页。

50. 周扬:《喧嚣与失语——网络视频脱口秀节目研究》,湖南师范大学 2016 年硕士论文。

51. 刘全亮:《电视谈话节目的困境及创新策略分析》,《中国电视》2016 年第 9 期,第 106—109 页。

52. 吴位娜:《解析网络综艺节目中的"网感"》,《中国电视》2016 年第 11 期,第 92—94 页。

53. 张隽隽:《网感与美感:互联网环境下何谓"优质"剧集》,《中国艺术报》2018 年 3 月 21 日第 3 版。

54. 闵大洪:《视频内容——宽带网络中的主角》,《电视研究》2004 年第 1 期,第 56—58 页。

55. 赵鹏翼:《传播视域下网络脱口秀〈麻辣书生〉节目形态研究》,陕西师范大学 2015 年硕士论文。

56. 刘存宽:《"说时代"网络脱口秀:小众市场,大众影响》,《视听界》2016 年第 1 期,第 55—58 页。

57. 王佳璐:《我国网络自制脱口秀节目的传播特性研究》,内蒙古大学 2017 年硕士论文。

58. 张少惠:《关于中国网络自制脱口秀节目热现象探究》,山东大学 2015 年硕士论文。

59. 张苗苗:《论全媒体时代我国电视脱口秀节目的发展》,河北大学 2017 年硕士论文。

60. 费冬梅:《沙龙与知识分子系列(之一):"沙龙"概念的引入和兴起》,《社会科学论坛》2015 年第 6 期,第 83—104 页。

61. 刘建新:《引进与重塑:电视模式节目的中国式成长》,《现代传播》2014 年第 2 期,第 84—87 页。

62. 钱珏:《"网剧"——网络与戏剧的联合》,《广东艺术》1999年第1期,第41—43页。

63. 黄宝贤:《中国网络剧的叙事艺术研究》,南京艺术学院2011年硕士论文。

64. 王春英:《大众文化语境下网络剧的传播学分析》,暨南大学2012年硕士论文。

65. 刘扬:《新媒体语境下的网络影视剧传播与本体美学特征》,《民族艺术研究》2010年第5期,第160—164页。

66. 于希:《中国网络剧的内容生产与传播机制研究》,山东大学2013年硕士论文。

67. 翟梦瑶:《爱奇艺自制剧发展策略研究》,广西大学2017年硕士论文。

68. 曹慎慎:《"网络自制剧"观念与实践探析》,《现代传播》2011年第10期,第113—116页。

69. 陆地、郑施:《中国网络自制剧发展的现状、问题和建议》,《阜阳职业技术学院学报》2015年第1期,第9—16页。

70. 李谭龙:《我国网络自制剧发展现状及策略研究》,曲阜师范大学2015年硕士论文。

71. 杨君琴:《大数据在网络自制剧中的应用研究》,江西师范大学2016年硕士论文。

72. 张越:《新媒体视角下的中国网络剧特征探析》,大连工业大学2016年硕士论文。

73. 吕梦艺、王黑特:《论网络剧的发展演变和审美特征》,《中国电视》2017年第6期,第67—70页。

74. 张成:《"弹幕"如何改造网络剧》,《人民日报》2016年2月26日第24版。

75. 余韬、苏玲:《"互联网＋"多屏的互动式狂欢——从〈太子妃升职记〉谈网络自制剧的模式与特点》,《北京电影学院学报》2016年第2期,第22—25页。

76. 章文宜:《网络自制剧的内容生产与营销模式研究》,南京师范大学2015年硕士论文。

77. 崔保国、孙平:《近十年来我国网络剧发展趋势探析》,《电视研究》2016年第8期,第69—71页。

78. 陈颖:《广电总局:暂不批准翻拍"四大名著"》,《华西都市报》2011年4月2日第10版。

79. 杨丽雯:《情感消费视角下网络剧"圈地"青年群体现象研究》,《中国青年研究》2016年第2期,第84—87页。

80. 李岩:《从〈余罪〉表演艺术看当下网络剧发展》,《青年记者》2017年第2期,第101—102页。

81. 萧盈盈、许心雨:《养成优质内容,打造网络剧生态闭环——专访爱奇艺副总裁、网络剧自制开发中心总经理戴莹》,《南方电视学刊》2017年第5期,第18—21页。

82. 聂欣如:《"动画"的概念》,《文艺研究》2017年第8期,第109—116页。

83. 朱剑、凌清:《动画·动画片·美术片——中国动画理论研究中的基本概念辨析》,《美术教育研究》2012年第1期,第84—86页。

84. 高婵娟、周乐生:《浅谈动画的假定性》,《现代交际》2011年第10期,第107页。

85. 高冰峰:《中国网络玄幻小说的前世今生——浅论中国网络玄幻小说的发展与现状》,《重庆社会科学》2006年第12期,第56—59页。

86. 陈静:《侦探类动画〈乡村别墅杀人案〉设计与实现》,东南大学2017年硕士论文。

87. 郎小颖:《让梦飞翔——宫崎骏动画的人文元素》,《视听界》2009年第6期,第63—64页。

88. 张涵:《幻觉世界里的真实生命——由〈犬夜叉〉的编创探析动漫前期策划的重要性》,上海戏剧学院2012年硕士论文。

89. 田保峰、桂宇晖:《国产动画受众定位的审视与思考》,《江西师范大学学报(哲学社会科学版)》2017 年第 6 期,第 84—89 页。

90. 周明、沈浩:《动画创作主题的审美嬗变》,《电影文学》2012 年第 6 期,第 56—57 页。

91. 蔡志军:《问渠哪得清如许,为有源头活水来——浅谈对动画剧本创作的几点思考》,《中国电视》2014 年第 4 期,第 93—95 页。

92. 居全伟:《动画角色设计的差异化》,《长春工业大学学报(社会科学版)》2011 年第 3 期,第 154—156 页。

93. 王芳:《"萌"视觉动画的情感传播策略——以〈熊出没〉为例》,《传媒》2016 年第 8 期,第 62—63 页。

后　记

　　作为一本主要面向广播电视学、播音与主持艺术、网络新媒体、新闻学及广告学等本科专业学生的教学用书，本书在写作中力求博采众家之长，试图较为详尽地说明目前常见、有共同标准可循的视听节目的类型定义、程式、特征或亚类型划分及策划等知识。其中，导论部分主要说明类型、节目类型的主要意涵，涉及类型与类型学方法问题，理解起来相对困难一些；第一至第十一章主要阐释不同的节目类型，再加上案例分析和部分图解，接受起来较为轻松。本书读者或采用本教材的教师完全可以根据自身的教学需求，把导论部分的内容跳过去，直接从第一章开始进入阅读或授课。

　　如"主要参考文献"所列，本书在写作过程中，参阅了郭镇之、胡智锋、尹鸿、朱羽君、钟大年、徐舫州、苗棣、何苏六、聂欣如、佟婷等学者的研究成果，有些在行文中添加了注释，有些则没有特别注明。在此也向注明或未注明的这些大咖、方家们致以谢忱！

　　从 2009 年开始，笔者在苏州大学凤凰传媒学院（2018 年 1 月更名为苏州大学传媒学院）开设"电视节目类型研究"选修课，并编写了《当代电视节目类型教程》（复旦大学出版社 2011 年版），试图对相关的概念、理论等进行辩证与追踪。然而，2011 年以来的 7 年中，不仅传播技术、媒体定义、受众/用户的收视习惯发生了千年未有之激变，包括传统电视节目类型在内的视听公共知识也日新月异。笔者在博士生梅潇、硕士生吉惠娴、方乔杉、李倩、韩艳艳、张春雨等学生的帮助下，试图从激流勇进的节目海洋中勉力追踪相关的知识点。不过限于识见与精力，本书仅是《当代电视节目类型教程》的升级改良版，更加完备、翔实的节目类型知识体系尚待来日！感谢以上同学所付出的时间与努力！

　　本书写作的动力来自那些并未直接参与，却时时刻刻以"目标读者"的隐形身份存在的同学们。《当代电视节目类型教程》先后经过 7 届同学的批评与审视,他们的意见、建议已经直接反映到新修订的这本教材中。掩卷沉思,至今难忘那一张张青春洋溢、朝气蓬勃的脸庞。向已经使用或即将使用本教材的同学们致敬!

感谢复旦大学出版社给本书提供的修订与出版机会,尤其要感谢章永宏先生、刘畅女士为本书出版所付出的热心帮助和辛勤劳动!

张健

2018 年 7 月于苏州阳澄湖畔

图书在版编目(CIP)数据

视听节目类型解析/张健编著. —上海：复旦大学出版社,2018.10（2025.7 重印）
（复旦博学.当代广播电视教程：新世纪版）
ISBN 978-7-309-13907-5

Ⅰ.①视…　Ⅱ.①张…　Ⅲ.①电视节目-高等学校-教材　Ⅳ.①G222.3

中国版本图书馆 CIP 数据核字（2018）第 206408 号

视听节目类型解析
张　健　编著
责任编辑/刘　畅　章永宏
复旦大学出版社有限公司出版发行
上海市国权路 579 号　邮编：200433
网址：fupnet@ fudanpress.com　http://www.fudanpress.com
门市零售：86-21-65102580　团体订购：86-21-65104505
出版部电话：86-21-65642845
上海华业装潢印刷厂有限公司

开本 787 毫米×960 毫米　1/16　印张 25　字数 401 千字
2025 年 7 月第 1 版第 6 次印刷

ISBN 978-7-309-13907-5/G·1889
定价：55.00 元

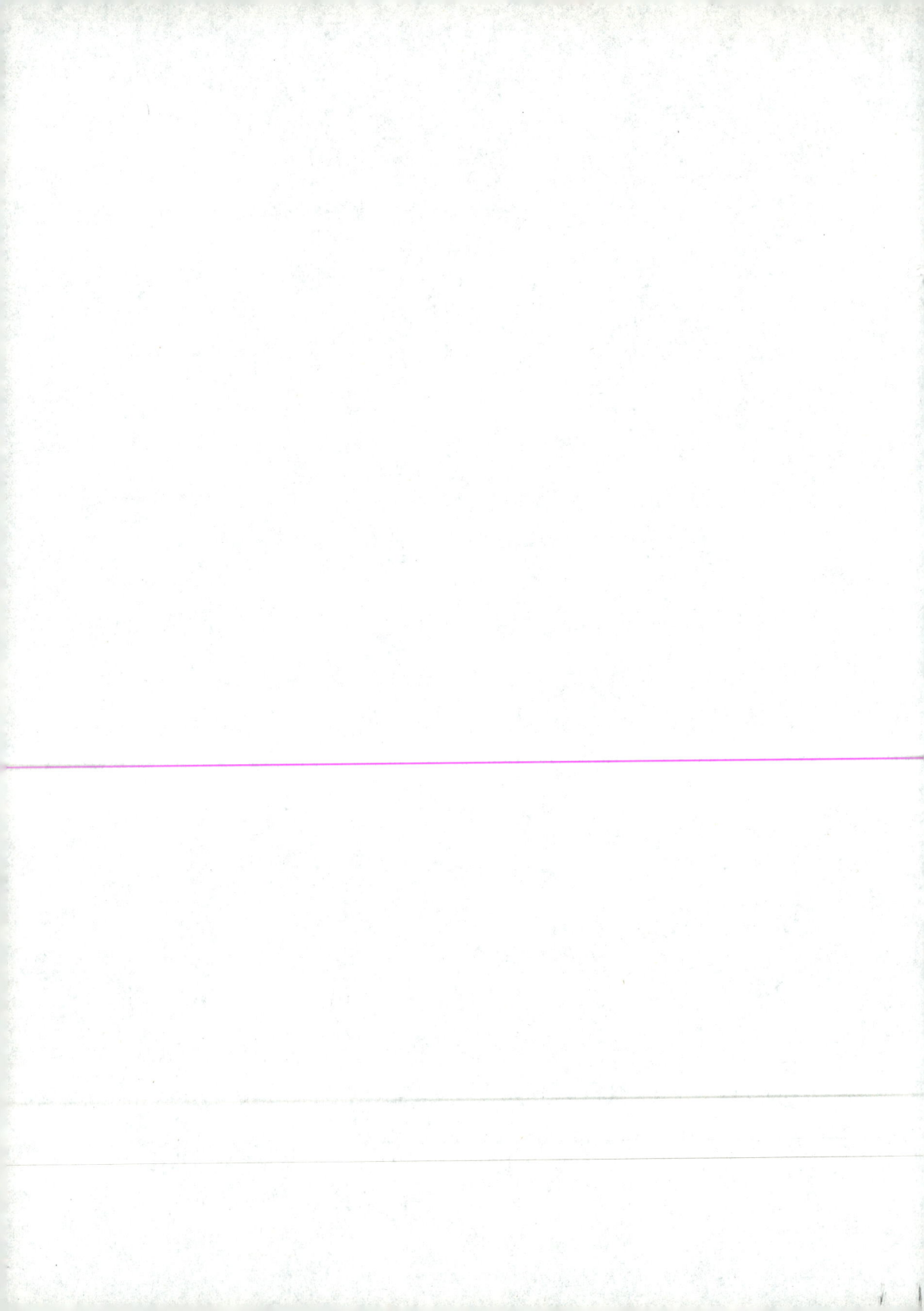